JOURNAL

DE LA

SANTÉ DU ROI LOUIS XIV

Publié par la Société des Sciences morales, des Lettres et des Arts de Seine-et-Oise, en vertu d'une décision prise le 9 Août 1861.

VERSAILLES. — IMPRIMERIE DE AUG. MONTALANT, 6, AVENUE DE SCEAUX.

JOURNAL

DE LA

SANTÉ DU ROI LOUIS XIV

DE L'ANNÉE 1647 A L'ANNÉE 1711

ÉCRIT PAR

VALLOT, D'AQUIN ET FAGON

Tous trois ses Premiers-Médecins,

AVEC

INTRODUCTION, NOTES, RÉFLEXIONS CRITIQUES ET PIÈCES JUSTIFICATIVES

PAR J.-A. LE ROI

Conservateur de la Bibliothèque de la Ville de Versailles, Correspondant du Ministère de l'Instruction publique pour les Travaux historiques.

PARIS

AUGUSTE DURAND, LIBRAIRE-ÉDITEUR

Rue des Grès, 7.

—

1862

PRÉFACE

La Bibliothèque publique de la ville de Versailles possède un manuscrit intitulé : *Journal de la santé du roi Louis XIV*. Ce manuscrit est une copie de celui de la Bibliothèque impériale de Paris, portant le même titre, écrit entier par Vallot, d'Aquin et Fagon, médecins de Louis XIV, et donné à cette bibliothèque, en 1744, par les héritiers de Fagon.

Nous avons pensé que ce curieux *Journal*, cité très souvent par des auteurs dont la plupart n'y ont vu qu'un côté plaisant et ridicule, devait être donné dans son entier, afin que le public pût juger de sa valeur au point de vue historique et médical ; mais nous avons pensé aussi qu'un pareil document, écrit pour un but spécial, et par des hommes bien éloignés de songer à la publicité, devait être accompagné de quelques explications. C'est ce qui nous a décidé à y ajouter une Introduction dans-laquelle nous donnons un aperçu de l'état de la médecine à cette époque, et des notices biographiques sur les divers médecins de Louis XIV, puis des notes explicatives du texte, quelques réflexions critiques et des pièces justificatives.

Nous avons fait notre travail, et nous publions le *Journal de la santé du roi Louis XIV*, d'après le manuscrit de la Bibliothèque de Versailles, nous étant toutefois assuré de l'identité parfaite de ce manuscrit avec celui de la Bibliothèque impériale de Paris.

INTRODUCTION

MALGRÉ tout ce qui a été écrit sur Louis XIV, bien des choses sont encore à connaître de ce long règne, si glorieux à son début et pendant la plus grande partie de sa durée, si rempli de revers et de malheurs pendant ses dernières années.

Il n'en est pas de même de la vie intime du grand roi. Saint-Simon, Dangeau et un grand nombre de Mémoires de cette époque, nous en ont fait connaître les plus petites particularités. Comment, en effet, n'en aurait-il pas été ainsi? Louis XIV était l'idole vers laquelle se tournaient tous les regards. N'était-ce pas en lui que se résumaient en quelque sorte toutes les forces vives de la France? Et n'avait-il pas pu dire avec raison : *l'État, c'est moi?* Aussi tout ce qui regardait sa personne, sa tenue, ses gestes, ses actions les plus indifférentes, a-t-il été recueilli et transmis avec soin à la postérité.

On ne sera donc pas étonné de voir les hommes chargés de la conservation de la santé d'une tête si précieuse, tenir note, presque jour par jour, pendant toute la durée de ce long règne, des plus légères indispositions, comme des plus graves maladies du monarque.

Dans le cours de son existence comme roi, Louis XIV eut successivement pour premiers-médecins chargés spécialement de lui donner des soins : 1° *Cousinot*, déjà son médecin comme dauphin, à la mort de Louis XIII, en 1643, et qui lui resta attaché au même titre jusqu'à sa mort arrivée en 1646; 2° *Vaultier*, depuis 1646 jusqu'en 1652 qu'il mourut; 3° *Vallot*, de 1652 jusqu'à sa mort en 1671; 4° *d'Aquin*, de

1671 à 1693, qu'il fut remplacé par Fagon; 5° et enfin *Fagon*, de 1693 jusqu'à la mort du roi, en 1715.

Trois de ces médecins seulement tinrent les notes qui forment le *Journal de la santé du Roi*. Ce journal, écrit en entier de la main de Vallot, de d'Aquin et de Fagon, commence à l'année 1647 et finit en 1711. — Malheureusement Fagon était alors vieux et souffrant, et il ne s'est plus donné la peine de le continuer. On y a perdu les quatre dernières années de la vie de Louis XIV, celles justement dans lesquelles les malheurs de la France, joints aux terribles catastrophes qui vinrent frapper la famille royale, durent avoir un si grand retentissement sur la santé du roi, et ne furent pas, sans doute, étrangers à l'état maladif qui amena sa mort.

Le manuscrit qui contient ces notes, dont celui de Versailles est une copie, et que nous appelons : *Journal de la santé du roi Louis XIV* (1), est conservé à la Bibliothèque impériale. Il forme deux volumes in-f°, cotés : Supplément, français, n°˚ 1 et 2. On lit au verso de la première page du premier volume : « Ce manuscrit est un original remis à la Bibliothèque du Roy par M. Hulst, qui l'a tiré de madame de Vernejou, héritière de M. Fagon, mort en 1744 (2). Ce 10 septembre 1744. » En tête de ce même volume se trouve une gravure intitulée : *Hortus regius;* c'est celle qui orne le catalogue des plantes du Jardin du Roi, publié par Vallot, en 1655; et plus loin un beau portrait de Louis XIV, gravé par Schuppen, en 1662, d'après Mignard.

Vallot, qui a écrit le premier ce journal, débute par le récit de la petite vérole du roi, en 1647. Vallot était alors médecin de la reine Anne d'Autriche. Appelé comme consultant par Vaultier, premier-médecin du roi, il joua un rôle important dans cette maladie, et il a cru devoir commencer par elle le journal si exactement continué par lui et par ses successeurs.

Ce journal est un véritable recueil d'observations cliniques, faites au lit du grand roi par les trois plus célèbres médecins de cette époque; et, sous ce rapport, il est du plus grand intérêt pour les médecins. Mais il offre de plus, au point de vue historique, un intérêt d'un autre ordre ; il présente Louis XIV sous un tout autre aspect que celui sous lequel on est habitué à le considérer, et peut, il nous semble, aider à expliquer

---

(1) Ce manuscrit n'a point de titre, seulement sur le dos de la reliure est écrit : *Journal de la santé du Roi*, titre que nous avons cru devoir lui conserver.

(2) C'est le fils du médecin de Louis XIV.

certaines de ses actions politiques, et à nous faire connaître la constitution, le tempérament, la nature intime de l'homme, dont jusqu'ici nous n'avons eu que le portrait extérieur, souvent embelli jusqu'à l'exagération par les éloges de ses flatteurs.

Les historiens qui ont cherché à nous peindre le grand roi, se sont attachés surtout à nous faire connaître son aspect, sa grâce, sa majesté : « Au milieu de tous les autres hommes, dit Saint-Simon, sa taille, son port, ses grâces, sa beauté et sa grande mine, jusqu'au son de sa voix et à l'adresse et la grâce naturelle et majestueuse de toute sa personne, le faisaient distinguer jusqu'à sa mort, comme le roi des abeilles... Jusqu'au moindre geste, son marcher, son port, sa contenance, tout mesuré, tout décent, noble, grand, majestueux et toutefois très naturel, à quoi l'habitude et l'avantage incomparable et unique de toute sa figure donnaient une grande facilité. » Voltaire, dans son *Siècle de Louis XIV*, dit aussi : « Le roi l'emportait sur tous ses courtisans par la richesse de sa taille et par la beauté majestueuse de ses traits. Le son de sa voix, noble et touchant, gagnait les cœurs qu'intimidait sa présence. Il avait une démarche qui ne pouvait convenir qu'à lui et à son rang, et qui eût été ridicule en tout autre. »

Voilà le Louis XIV des historiens, le Louis XIV que nous connaissons, mais qui va se modifier, lorsqu'en dehors de ces apparences extérieures, le médecin nous aura fait voir l'homme intérieur, et qu'en nous montrant ses dispositions natives, sa constitution, son tempérament, il aura dépouillé le roi du voile de grandeur qui le cachait à nos yeux, pour nous montrer l'homme ordinaire, soumis à toutes les infirmités que Dieu semble envoyer sur la terre pour rappeler aux monarques, comme aux sujets, leur égalité devant lui.

Voyons donc, maintenant, ce que disent les médecins sur la constitution de Louis XIV, et le portrait qu'ils tracent de ce prince. Vallot entre le premier en scène, et s'exprime ainsi sur la naissance et le tempérament du roi : « Dieu, par une grâce particulière, nous a donné un roi si accompli et si plein de bénédictions, en un temps où toute la France avait presque perdu toutes les espérances d'un si heureux successeur, et lorsque le roi, son père, d'heureuse mémoire, commençait à se ressentir d'une faiblesse extraordinaire, causée avant l'âge par ses longues fatigues et l'opiniâtreté d'une longue maladie qui l'avait réduit en état de ne pouvoir pas espérer une plus longue vie, ni une parfaite guérison; de sorte que l'on avait sujet, durant la grossesse de la reine-mère, d'appréhender que ce royal enfant ne se ressentît de la faiblesse du roi son père; ce qui indubitablement serait arrivé, si la bonté du tempérament de la reine et sa santé héroïque n'avaient rectifié les mauvaises impressions de ses premiers principes. Et je n'ai point douté de cette vérité, puisqu'en la conduite de sa santé, *j'ai remarqué plusieurs fois des incommodités très considérables*, auxquelles, par la grâce de Dieu, j'ai apporté les remèdes qui m'ont réussi fort heureusement, comme j'ai exposé en ce présent livre, où j'ai fait une exacte description de tous les accidents qui sont survenus à Sa Majesté, pour me servir d'instruction et à mes successeurs, aux occasions qui se présenteront à l'avenir durant l'heureux cours de sa vie, pour conserver une santé si précieuse. »

Et plus loin, lorsqu'il vient d'être nommé médecin du roi, et qu'il récapitule tout ce qu'il a pu déjà observer de la constitution de Louis XIV, il ajoute : « J'ai remarqué en Sa Majesté une naissance fort heureuse et une jeunesse accompagnée de force et de vigueur, pourvu que Sa Majesté *veuille croire conseil et se servir de sa vertu pour résister aux excès de la jeunesse*, pour les raisons que je lui ai déjà proposées. La première est fondée sur les premiers principes de sa vie, ayant été engendré par un père fort valétudinaire et sur la fin de ses jours ; et comme la bonté du tempérament héroïque de la reine sa mère avait déjà rectifié, l'espace de neuf mois, la faiblesse et les défauts de la génération, il était bien expédient que le roi usât de grandes précautions à se servir du conseil de son médecin pour *se garantir à l'avenir des accidents qui pourraient troubler sa santé et abréger sa vie*. — L'autre raison était pareillement considérable sur ce que je représentais à S. M. que je remarquais *déjà en elle une délicatesse de poitrine et une faiblesse d'estomac*, et qu'il était temps d'y apporter les choses nécessaires pour empêcher les progrès de ces deux infirmités, qui pourraient, à l'avenir, le rendre sujet à beaucoup d'incommodités qui seraient fort préjudiciables à S. M. Et, en effet, bientôt après cette indication, S. M. a remarqué que j'avais raison, et a trouvé bon que j'aie fait, par mes soins, réussir heureusement ce que j'avais promis. »

Louis XIV avait alors quatorze ans. Passons actuellement à ce qu'en dit d'Aquin, en 1672, c'est-à-dire lorsque le roi était âgé de trente-quatre ans.

A cette époque, Louis XIV était déjà sujet à des vapeurs, à des tournolements de tête, pour lesquels on le saignait quelquefois et on le purgeait fréquemment. Il venait d'en être fortement incommodé, en 1672, l'année où d'Aquin fut nommé son médecin, et à la suite il avait eu un très fort débordement de bile. D'Aquin, en racontant cette incommodité du roi, ajoute, sous forme de réflexion : « Sur ce retour de débordement de bile, je suppliai S. M. de faire réflexion qu'elle était, *dès sa naissance, d'un tempérament extrêmement chaud et bilieux;* — que dans son enfance elle en avait donné les premières marques *par la quantité de gales et d'érysipèles* dont elle avait été couverte, et *la chaleur excessive de son foie,* qui ne se pouvait rassasier par le lait d'un nombre infini de nourrices qu'elle avait taries ; — que dans la suite de son âge, sa grande sagesse avait formé cette égalité surprenante que l'on remarquait en elle, mais que si son cœur voulait nous en donner des nouvelles, nous apprendrions que quoiqu'elle soit plus maîtresse d'elle-même que tous les héros qui nous ont précédés, *la chaleur néanmoins de son sang et la sensibilité de ses esprits* ne laissent pas de lui exciter des mouvements et lui produire des passions comme aux autres hommes; *qu'ainsi son tempérament n'est pas changé,* et qu'étant toute sa vie en de grands besoins de s'humecter et de se rafraîchir, elle en avait encore plus de le faire dans un temps où elle dormait moins, agissait et fatiguait plus, étant tout le jour à cheval et au soleil, qu'elle n'en avait eu de sa vie ; — que cependant depuis quelque temps elle avait quitté l'usage des bouillons rafraîchissants dont elle s'était servie toute sa vie, qu'elle avait laissé la boisson de l'eau fraîche le matin, dont elle avait reçu de grands biens depuis un an ou deux; que j'observais qu'à ses repas, matin et soir, elle buvait du rossolis, que je la suppliais d'en supprimer l'usage que je ne pouvais approuver à S. M. que comme un remède dans les occasions, et jamais comme un ordinaire, étant sûr qu'il était infaillible que son foie et ses parties nourricières n'en reçussent quelque fâcheuse impression ; — que j'étais d'avis que tous les matins elle donnât à son estomac et aux autres parties nourricières la consolation de quelques rafraîchissements ; qu'il était nécessaire que lorsque nous trouverions de bonne eau, elle en bût tous les matins un verre, et lorsqu'elle n'en aurait point, qu'elle prît un de ses bouillons, et que j'espérais que par cette conduite elle se donnerait des forces pour fournir à tous ses desseins qui ne pouvaient réussir s'il lui manquait de la santé ; et que comme il ne fallait rien épargner, ni soins, ni peines, ni veilles pour sa gloire, qu'il était aussi très dangereux qu'elle s'exposât trop pour les choses qui ne demandaient pas sa présence. »

On voit, au milieu de l'ambiguité de ce langage, de ces louanges de courtisan, que le tempérament déjà indiqué par Vallot n'a pas changé, que la faiblesse native du monarque fait toujours la crainte du médecin, et que d'Aquin ne croit pouvoir combattre les incommodités présentes et les maladies dont le roi est menacé que par le régime le plus sévère. Du reste, en parcourant le *Journal*, on verra, par les nombreuses indispositions de Louis XIV, de quelles inquiétudes devait être assiégé l'esprit des médecins.

Arrivons maintenant à Fagon et à l'année 1693, c'est-à-dire au moment où Louis XIV entrait dans sa cinquante-sixième année.

D'Aquin venait d'être disgracié, et Fagon, qui lui succédait, trouvait dans le *Journal* l'opinion de son prédécesseur sur le tempérament du roi ; n'étant pas de son avis sur le rôle qu'il fait jouer au foie et à la bile dans sa constitution, il décrit l'aspect des hommes à prédominance bilieuse, et ajoute :

« Pas une de ces circonstances ne convient au roi. Ses sourcils et ses cheveux bruns ont presque tiré sur le noir. *Sa peau blanche, au-delà de celle des femmes les plus délicates*, mêlée d'un incarnat merveilleux, qui n'a changé que par la petite vérole, s'est maintenu dans sa blancheur sans aucune teinte de jaune jusqu'à présent. Jamais personne n'a eu moins de pente à vomir : même dans le temps de la fièvre, où presque tous les autres vomissent, il ne le peut faire ; et dans sa grande maladie maligne, et dont par conséquent le vomissement est un des plus ordinaires accidents, l'émétique le sauva en le purgeant par en bas sans le faire presque vomir. Il n'est que très rarement dégoûté, même dans ses grandes maladies, et *son appétit dans toute saison et à toutes heures du jour est également grand*, et souvent il ne l'a pas moindre la nuit, quand ses affaires l'ont engagé à prendre ce temps pour manger, et, *en général, il est plutôt excessif que médiocre*. Son ventre est resserré, quelquefois très constipé et jamais lâche que par le trop d'aliments, par leur mélange ou par leur qualité. Personne au monde n'a été maître de soi-même autant que le roi ; sa patience, sa sagesse, son sang-froid ne l'ont jamais abandonné, et avec une vivacité et une promptitude d'esprit qui le font toujours parler très juste et répondre sur-le-champ avec une netteté et précision si surprenante que la plus longue préparation n'en saurait approcher. Il n'a jamais dit un mot qui pût marquer de la colère ou de l'emportement. Si l'on joint à toutes ces circonstances un courage inébranlable dans la douleur, dans les périls et dans la vue des plus grandes et des plus embarrassantes affaires qui soient jamais arrivées à personne, et une fermeté sans exemple à soutenir ses résolutions, malgré les occasions et la facilité de satisfaire ses passions, peut-on douter que le tempérament du roi ne soit celui des héros et de tous les plus grands hommes, et que l'humeur tempérée mélancolique du sang n'en compose le mélange dans sa santé, et qu'étant altérée dans ses maladies, l'humeur mélancolique n'y ait toujours prédominé, comme on l'a remarqué manifestement *par la longueur avec laquelle les plus considérables se sont déclarées, et entre autres sa grande maladie de Calais; les différents mouvements de fièvre et de goutte qui lui sont arrivés, et la tumeur, qui a été suivie de la fistule*, que M. d'Aquin, contre ce qu'il avait avancé de l'humeur bilieuse excédante, a été obligé d'avouer que l'humeur mélancolique avait produite et rendue si lente à se déclarer et si difficile à disposer à la suppuration. »

Il résulte donc, pour nous, de ces différents portraits de la constitution de Louis XIV, donnés par ses médecins, qu'à la faiblesse native reçue de son père, venait se joindre chez lui la prédominance du tempérament lymphatique de sa mère, ce qui explique ses nombreuses indispositions et l'état presque constamment maladif dans lequel il a vécu la plus grande partie de sa vie. Car le Louis XIV des médecins n'est plus le brillant héros que l'histoire nous a dépeint, mais bien un jeune homme valétudinaire, atteint successivement de maladies fort graves, puis un homme toujours souffrant, condamné à un régime sévère, obligé de supporter de graves opérations, et enfin, un vieillard podagre continuellement tourmenté par la gravelle, dont la gangrène vient enfin terminer l'existence.

Tel est le Louis XIV dépeint dans le *Journal de la santé du Roi.*

Au point de vue médical, ce recueil offre beaucoup d'intérêt, car, outre la grandeur du personnage dont il indique l'état de santé, pour ainsi dire jour par jour, il montre mieux que tous les traités la pratique médicale des célèbres médecins qui l'ont rédigé, et il nous fait ainsi, en quelque sorte, assister à leur clinique.

Pour mieux identifier avec ses auteurs ceux qui voudront parcourir ce livre, il nous a paru nécessaire de dire quelques mots de chacun des médecins de Louis XIV, en les faisant précéder d'un court aperçu de la médecine en France à cette époque.

La médecine, comme toutes les autres sciences, s'était éteinte dans les ténèbres du moyen-âge. Les livres des anciens médecins grecs et romains, recueillis encore dans quelques bibliothèques de l'Orient, avaient disparu de l'Europe, et la médecine, réduite à quelques formules grossières, n'était plus, dans les mains qui l'exerçaient, qu'un aveugle empirisme. Mais si les sciences s'étaient ainsi retirées de l'Occident, l'Asie les avait vues briller à son tour. La science médicale, apportée chez les Arabes par quelques médecins de Constantinople, y fit de rapides progrès. De nombreuses écoles s'établirent, et de savants médecins accompagnaient déjà les conquérants de l'Espagne.

La médecine des Arabes n'était autre que celle des Grecs et des Romains appropriée à leur génie. La vive imagination de ces peuples dut les éloigner de la grave et sage observation des médecins grecs et latins, et les pousser vers des sciences plus en rapport avec leur goût pour les choses extraordinaires. De là leur ardeur pour la chimie, et l'introduction dans leur médecine de ces formules et de ces médicaments inconnus aux anciens, et dont quelques-uns sont arrivés jusqu'à nous.

C'est par les Arabes que les écrits d'Hippocrate, de Galien et des autres médecins de l'antiquité furent de nouveau connus dans les écoles. Les Croisades et le séjour des Arabes en Espagne les répandirent dans toute l'Europe, mais accompagnés de leurs commentaires, et souvent altérés par la traduction du grec en leur propre langue. Les livres arabes, traduits à leur tour en latin, furent lus avec enthousiasme dans toute l'Europe, et ont servi de règle à toutes les écoles pendant plusieurs siècles. Mais à la prise de Constantinople par les Turcs, les sciences, presque oubliées dans les révolutions de l'Empire, se réfugièrent de nouveau en Occident, et les livres originaux reparurent. Ce fut alors une réaction contre les Arabes. On voulut lire, étudier Hippocrate et Galien dans le texte original; on rejeta avec une sorte de mépris tout ce que les Arabes y avaient introduit; on en revint à la médecine telle que la pratiquaient les anciens. Galien, surtout, le grand médecin de Pergame, devint l'oracle des écoles. Anatomie, physiologie, médecine, chirurgie, tout s'étudiait dans les livres de Galien; et le plus grand nombre des médecins s'honorait du titre de *médecin-galénique*.

Mais à côté de cette médecine s'en était élevée une autre qui, née de celle des Arabes, devait devenir dominante, et, aidée des découvertes anatomiques, ouvrir plus tard la voie à tous les progrès.

En se livrant avec ardeur aux découvertes chimiques, les Arabes n'avaient d'abord cherché qu'à trouver des composés nouveaux applicables au traitement des maladies. Mais bientôt, entraînés par les résultats inattendus qu'ils obtenaient de leurs travaux, ils crurent pouvoir tout demander à leur art, et se proposèrent pour but la transmutation des métaux et la découverte d'un remède universel. Ils donnèrent à cette partie de la science le nom d'*alchimie*, ou de chimie par excellence.

Sans méthode, sans théorie, mais doués d'une admirable patience, les alchimistes étudiaient, tourmentaient les substances que leur fournissaient les divers règnes de la nature; ils les traitaient par l'eau, par le feu, et les combinaient; ils notaient les différents phénomènes qui se présentaient, et cherchaient à les appliquer à leur système. Dans ce travail, ils ne trouvèrent ni la manière de faire de l'or, ni le moyen de composer une panacée, mais ils rencontrèrent des combinaisons nouvelles, douées de propriétés particulières, qui devinrent bientôt utiles à la médecine ou aux arts.

Des praticiens célèbres firent usage et mirent en renom les remèdes découverts par l'alchimie. Beaucoup de médecins, frappés des résultats obtenus par les maîtres, se rangèrent sous leur bannière, et, usant de ces remèdes dans la plupart des maladies, prirent le nom de *médecins-chimistes*.

Les deux médecines *galénique* et *chimique* divisaient encore les médecins en France à l'époque de Louis XIV.

L'École de Paris, composée en général d'hommes profondément versés dans les langues grecque et latine, se livra avec une grande ardeur à l'étude des textes primitifs, fit de nombreux commentaires sur Hippocrate et Galien, et devint le foyer de la *médecine galénique*. Tandis que l'école de Montpellier, plus rapprochée des écoles arabes de l'Espagne, ayant vécu, pour ainsi dire, au milieu des médecins arabes, et ayant pu apprécier les résultats, souvent remarquables, de leur pratique, fut le point d'où rayonna dans toute la France la *médecine chimique*. De là naquirent de graves contestations entre les deux écoles, dans lesquelles les médecins du roi jouèrent un rôle important.

D'après les anciens règlements, nul ne pouvait exercer la médecine dans Paris s'il n'avait reçu ses grades à l'Université de cette ville. Malgré cette interdiction, bon nombre de médecins des autres facultés du royaume, et particulièrement de Montpellier, exerçaient la médecine dans Paris sans que la Faculté s'y fût opposée. En 1612, un médecin de Montpellier, dont le nom est devenu célèbre par ses querelles avec l'École de Paris, et surtout par la création du premier journal politique en France, *Renaudot*, vint s'établir dans la capitale. Ne manquant ni d'esprit, ni d'activité, ni de ressources dans l'imagination, il ne tarda pas à se faire connaître du cardinal de Richelieu, et obtint, par le crédit de ce ministre, l'office de commissaire-général des Pauvres valides et invalides du royaume, celui de maître des bureaux d'adresses, et enfin le privilége pour l'établissement de la *Gazette*. L'office de commissaire-général des Pauvres de France le mit en rapport avec un grand nombre de médecins; mais comme il était grand partisan de la médecine chimique, ce furent les médecins étrangers à la Faculté de Paris, et surtout ceux de l'École de Montpellier, qui vinrent se grouper autour de lui. Renaudot les réunissait régulièrement toutes les semaines dans son bureau d'adresses. Là, ils donnèrent des consultations gratuites aux pauvres malades et se firent une réputation qui commença à inquiéter vivement la Faculté. A la même époque, régnaient dans Paris de nombreuses fièvres malignes, et les médecins de Montpellier, employant, pour les combattre, outre la saignée et les purgatifs, les opiacés et les préparations antimoniales, réussissaient en général beaucoup mieux que les médecins de Paris qui ne combattaient presque toutes les maladies que par la saignée et de légers minoratifs. L'emploi du vin-émétique, déjà condamné quarante ans auparavant par arrêt du Parlement, à la suite d'un décret de l'École de Paris contre un médecin nommé Mayerne-Turquet, le déclarant *ignorant et incapable d'exercer la médecine par toute la terre* (1), fut surtout ce qui excita la colère de la Faculté contre Renaudot et ses collègues. S'appuyant sur ses réglements, elle demanda l'interdiction de ces médecins. Ce procès produisit beaucoup d'éclat. De nombreux factums furent publiés de part et d'autre.

L'Ecole de Montpellier prit fait et cause pour les médecins sortis de son sein, et son doyen, *Courtaut*, publia une vive satire contre l'Ecole de Paris, à laquelle celle-ci répondit par la plume de *Riolan*. Renaudot mit tout en œuvre pour conjurer l'orage et empêcher l'évocation de cette affaire à la Cour du Châtelet. Malheureusement pour lui, le premier-médecin du roi, dont l'influence pouvait être si grande, était alors *Cousinot*, docteur lui-même de la Faculté de Paris, et, par conséquent, bien plus disposé à la soutenir que celle de Montpellier. L'affaire fut donc appelée au Châtelet de Paris qui rendit, le 9 décembre 1643, une sentence défendant à Renaudot et à tous les médecins étrangers à l'Ecole de Paris, d'exercer la médecine dans cette ville, et de s'assembler, sous quelque prétexte que ce fut, à peine de cinq cents livres d'amende, payables par corps ; sentence confirmée par arrêt du Parlement, du 1ᵉʳ mars 1644.

La plupart des médecins de Montpellier et des autres Facultés de province furent donc obligés de se faire recevoir dans celle de Paris ou d'abandonner la capitale. Mais peu d'années après, un bon nombre de médecins de Montpellier étaient de nouveau établis à Paris et y exerçaient cette médecine chimique si détestée de la Faculté. *Cousinot*, le

---

(1) Voir ce décret dans un ouvrage de Riolan intitulé : *Curieuses recherches sur les Escholes en médecine de Paris et de Montpellier*. P. 9.

premier-médecin du roi, était mort en 1646, et *Vaultier* lui avait succédé. Celui-ci, docteur de Montpellier, protégeait avec autant d'ardeur les médecins de cette Ecole, que son prédécesseur en mettait à les poursuivre. L'arrêt du parlement du 1er mars 1644 ne laissait exercer dans Paris et ses faubourgs que les médecins reçus dans cette ville, mais il permettait cependant cet exercice à ceux d'autres Facultés du royaume exerçant la médecine *près de la personne du roi ou de la famille et maisons royales*. Les lettres de *conseillers-médecins du roi* s'obtenaient par l'intermédiaire du premier-médecin, et la plupart des médecins de Montpellier rentrèrent dans Paris armés de ce titre que leur accordait aisément Vaultier. Soutenus successivement pendant plus de quarante ans par Vaultier, Vallot et d'Aquin, tous trois docteurs de Montpellier, les médecins des Facultés de province purent s'établir dans Paris sans même avoir recours à ce titre de conseiller-médecin du roi, et l'arrêt du 1er mars 1644 tomba ainsi peu à peu en désuétude.

La Faculté n'en continua pas moins sa guerre contre cette rentrée dans Paris des médecins étrangers à son Ecole, et surtout contre l'emploi par ces médecins des remèdes condamnés par elle. Non-seulement elle interdisait l'emploi de ces remèdes aux médecins parisiens, mais elle les poursuivait et les condamnait à l'amende honorable s'ils consultaient ou avaient des rapports avec ces excommuniés.

Déjà, depuis longtemps, les médecins des Universités provinciales sentaient la nécessité, à l'exemple de ce qu'avait fait autrefois Renaudot, de se réunir dans un centre commun afin de résister plus facilement aux attaques de l'Ecole de Paris, et de s'assurer aussi de la réalité des titres de ceux qui venaient exercer la médecine dans la capitale. En 1673, ils présentèrent leur projet à d'Aquin, alors premier-médecin du roi, et, le 1er avril de la même année, ils obtinrent du roi des lettres d'établissement d'une *Chambre royale des Universités provinciales*, devant laquelle tous les médecins des Facultés provinciales voulant exercer dans Paris devaient se présenter et y exhiber leurs brevets. Tous les médecins faisant partie de la Chambre royale se réunissaient une fois par semaine pour s'entendre et discuter sur les meilleures médications, donner des consultations et fournir gratuitement des médicaments aux pauvres.

La Faculté de médecine de Paris s'émut de l'établissement de cette Chambre et chercha par tous les moyens à en obtenir la dissolution. Mais, soutenue qu'elle était par le premier-médecin, celle-ci résista à toutes les attaques, et plusieurs arrêts du Conseil d'Etat et du Conseil privé en consolidèrent l'existence.

Il y avait vingt ans qu'elle était ainsi régulièrement établie et qu'elle résistait à tous les efforts faits pour la détruire, lorsque *Fagon* fut nommé premier-médecin du roi.

Jusqu'à l'élévation de Fagon à ce poste important, les divers médecins qui l'avaient occupé y étaient toujours restés jusqu'à leur mort. Il n'en fut pas ainsi cette fois. D'Aquin, le prédécesseur de Fagon, exilé de la Cour, mourut en disgrâce deux ans après la nomination de celui-ci. On verra dans le récit écrit par Fagon lui-même, dans le *Journal*, quel rôle il joua dans cet événement. Toujours est-il qu'il aimait fort peu d'Aquin, et qu'il devait s'intéresser fort peu aussi aux établissements fondés par lui.

L'élévation de Fagon fut accueillie avec des transports de joie par la Faculté de médecine de Paris, dont il était docteur. Elle pensait qu'elle allait avoir enfin raison de cette Chambre royale qui résistait depuis si longtemps à ses attaques. C'était au mois de novembre 1693 que Fagon fut nommé. Dès le mois de février 1694, elle fait présenter, en son nom, une requête au Conseil d'Etat demandant la révocation des lettres-patentes portant établissement de la Chambre royale des médecins des Universités provinciales, et, grâce au crédit du premier-médecin elle obtient, le 29 juin suivant, un arrêt *ordonnant la suppression de cette Chambre et faisant expresse défense à toutes personnes, de quelque qualité et condition qu'elles soient. de professer la médecine dans la ville et faubourgs de Paris, s'ils ne sont docteurs ou licenciés en ladite Faculté de médecine de l'Université de Paris, ou médecins d'autres Facultés approuvées d'icelle* (1).

La Faculté de médecine de Paris triomphait enfin des médecins de Montpellier, et la médecine galénique de la médecine chimique. Mais, à ce moment, c'était plutôt une question de personnes qu'une question de science, car, depuis l'époque où la Faculté et le Parlement avaient défendu l'emploi de l'émétique, le temps avait marché. Les Moreau, les Guy-Patin, les Riolan, n'étaient plus là pour lancer leurs anathèmes contre la médecine chimique. La Faculté de médecine de Paris autorisa les préparations antimoniales dans une assemblée générale de 1666, et le Parlement, par un arrêt de la même année, revenant sur celui rendu cent ans auparavant (2), en permit l'usage à tous les médecins qui le ju-

---

(1) Voir : *Statuta Facultatis medicinæ Parisiensis*, 1696. 1 vol. in-12°.
(2) Le décret de la Faculté et l'arrêt du Parlement qui en défendent l'usage est de 1566, et celui qui le permet est de 1666.

geraient utile. Un grand nombre de médecins de Paris, Fagon à leur tête, n'avaient pas attendu cet arrêt et se servaient déjà de la pharmacopée chimique sans encourir les censures de la Faculté.

Les médecins composant la Chambre royale firent tous leurs efforts pour résister à l'arrêt qui ordonnait sa dissolution et qui les privait d'exercer leur art dans la capitale, mais ils furent forcés de céder, et plusieurs arrêts, confirmatifs du premier, les obligèrent de cesser leur résistance. Mais ce qui fit surtout disparaître toutes les oppositions, fut le parti pris par la Faculté de Paris de recevoir dans son sein, sans beaucoup de formalités, les médecins de la Chambre royale, dont le savoir du plus grand nombre avait déjà été apprécié par elle.

Depuis longtemps Fagon, quoique médecin de Paris, avait su reconnaître tous les avantages qu'on pouvait retirer de l'emploi des médicaments repoussés avec obstination par la Faculté de médecine de Paris, et savait s'en servir avec habileté. Aussi, sa position élevée et l'immense influence dont il jouissait dans l'Ecole renversèrent bientôt tous les obstacles à l'union de ces deux doctrines, et l'on peut dire que, de ce moment, date le mouvement progressif qu'ont suivi les études médicales depuis cette époque jusqu'à nos jours.

Disons maintenant quelques mots des médecins de Louis XIV, en suivant, pour cette étude, l'ordre chronologique :

COUSINOT.

Cousinot (Jacques) est né à Paris. Il fut reçu docteur de la Faculté de médecine de Paris, en 1618. Si l'on en croit les *Lettres* de Guy-Patin, qui en parle avec éloge, sans cependant donner sur lui de grands détails, il paraissait très érudit. Il fut élu doyen de la Faculté de médecine de Paris, en novembre 1624. Cousinot épousa la fille de Bouvard, premier-médecin de Louis XIII. A la naissance du dauphin, il fut nommé son premier-médecin, grâce à la protection de son beau-père, et lorsque Louis XIV monta sur le trône, il continua sa charge auprès du jeune roi. Il était médecin galénique et, comme Bouvard, Guy-Patin et toute l'École de Paris, grand partisan de la saignée et des purgatifs. Amelot de la Houssaye dit que Bouvard, son beau-père, fit prendre à Louis XIII, en un an : 215 médecines, 212 lavements, et qu'il le fit saigner 47 fois. Cousinot mourut le 25 juin 1646, et ne resta par conséquent médecin de Louis XIV que trois ans.

Ce médecin a écrit un ouvrage intitulé : *Discours sur les eaux de*

Forges (Paris, 1631, in-4°), et une lettre où il *répond à quelques objections faites à l'ouvrage précédent* (1647, in-8°).

VAULTIER.

François Vaultier naquit à Arles, en 1590. Il alla tout jeune étudier la médecine à Montpellier, et y reçut le bonnet de docteur à l'âge de 22 ans. Après sa réception, Vaultier vint à Paris. D'une figure agréable, s'exprimant avec une grande facilité, il réussit rapidement, et ne tarda pas à devenir à la mode. Introduit à la cour, il fut bientôt le médecin de la reine Marie de Médicis. Ses bonnes manières et son esprit lui firent prendre un tel ascendant sur l'esprit de cette princesse, qu'on l'accusa de la gouverner. Louis XIII en fut tellement persuadé, qu'il le déposséda de son emploi. Vaultier se jeta alors à corps perdu dans la cabale qui cherchait à renverser Richelieu. Arrêté après la *journée des dupes*, ainsi que tous les partisans des Marillac, il fut d'abord jeté dans les prisons de Senlis. Marie de Médicis réclamait fortement la liberté de Vautier, et le roi paraissait assez disposé à céder à ses demandes, espérant que la reine-mère quitterait Compiègne, où elle était alors, pour se rendre à Moulins, où il désirait qu'elle restât. Mais quand Richelieu vit qu'elle s'obstinait à rester à Compiègne, et qu'elle semblait même résolue à y prolonger son séjour, il décida le roi à faire transférer Vaultier à la Bastille pour couper court à toute communication entre ce médecin et la reine. Une fois à la Bastille, il n'en sortit plus qu'à la mort de Richelieu, c'est-à-dire qu'il resta dans cette prison d'État pendant près de douze années. Cette longue captivité n'altéra en rien les facultés de Vaultier, et lorsqu'il revint à la cour, il y jouit de la même faveur que du temps de la reine-mère. Il fut l'un des médecins qui soignèrent Louis XIII dans sa dernière maladie, et devint le médecin particulier de Mazarin; enfin, en 1646, à la mort de Jacques Cousinot, il fut nommé premier-médecin du roi Louis XIV.

Vaultier était tellement entré dans l'intimité du premier ministre et de la reine Anne d'Autriche, que depuis plusieurs années on s'attendait à cette nomination.

Guy-Patin le détestait parce qu'il était grand partisan de l'émétique et de tous les remèdes chimiques en horreur à ce satirique médecin. En

1644, il écrivait à Belin, médecin de Troyes, qui lui demandait si Vaultier était en effet médecin du roi, comme le bruit s'en était répandu dans les provinces : « M. Vaultier n'est pas médecin du roi, mais il l'était de la feue reine-mère, et fut mis prisonnier à la Bastille l'an 1630, d'où il ne sortit que douze ans après. Il vit le feu roi en sa maladie, comme M. Moreau et M. de la Vigne. M. le cardinal Mazarin étant tombé malade à Fontainebleau, il y est allé comme étant son médecin ordinaire. On ne parle pas de lui pour cela davantage du tout, et, je vous prie de m'en croire, M. Séguin, premier-médecin de la reine, l'a vu tous les jours avec lui, et un troisième qui était de quartier. Ce n'est pas grand cas d'avoir guéri une double-tierce assez légère en un homme fort, tel qu'est M. le cardinal Mazarin, qui est de bonne taille et de bon âge. Pour *premier-médecin du roi*, il ne le sera pas de sitôt ; il faudrait bien du changement. *Le bruit que vous avez ouï* courut ici le mois passé et fut aussitôt étourdi par une réponse que fit la reine. Il est en une posture pour n'y venir jamais, étant médecin du premier ministre, *qui serait une affaire fort suspecte*. Le cardinal de Richelieu ne voulut pas mettre son médecin, M. Citois, en cette première place, combien qu'il eût tout pouvoir, de peur d'augmenter le soupçon qu'on avait déjà de lui, et de ruiner la grande fortune à laquelle il était déjà parvenu. La reine le connaît bien et ne l'aime point, et je sais bien pourquoi. Elle sait bien aussi *qu'il n'est pas grand médecin*, joint que M. Cousinot est si bien dans son esprit qu'il ne sortira de cette charge qu'en quittant la vie... M. Vaultier est fort riche, il a une bonne abbaye, force argent comptant, mais peu de crédit, hormis qu'il peut être considéré comme médecin du cardinal Mazarin, *qui n'est pas si grande chose*, vu qu'en cette nature d'affaires, tel qui est aujourd'hui en *faction* n'y sera pas dans un mois. M. Cousinot, d'un autre côté, se tient assuré. Le pauvre homme n'a besoin que de santé, encore vivra-t-il ? *habet adhuc patrem in vivis*. M. Vaultier médit de notre Faculté assez souvent, et nous le savons bien, il dit que nous n'avons que la saignée et le séné, et se vante d'avoir de grands secrets en chimie..... Quand M. Vaultier serait premier-médecin du roi (ce qui n'est point viande prête), il ne nous pourrait pas nuire; au contraire, il aurait besoin de charrier droit et de nous avoir pour amis, ce qu'il ferait infailliblement pour se conserver. Tous les hommes particuliers meurent, mais les compagnies ne meurent pas... Que peut faire M. Vaultier, dont le plus grand crédit qu'il ait, est qu'il est médecin d'un premier ministre ; ce qui lui donnera plus de vogue, quelque argent ou quelque bénéfice d'avantage, et rien de plus. Il se pique de trois choses qui ne firent jamais un homme plus sage : de savoir de la chimie, de l'astrologie et de la pierre philosophale; mais on ne guérit point de malades par tous ces beaux secrets. L'Hippocrate et le Galien sont les beaux secrets de notre métier, qu'il n'a peut-être jamais lus. Et en voilà assez sur ce fait, sur lequel je me suis étendu afin de vous faire entendre ce que dessus. Il y a encore d'autres raisons plus mystiques pour lesquelles il ne serait pas premier-médecin du roi, quand même M. Cousinot mourrait devant, *quod malum dii avertant*. Mais ces raisons-là ne peuvent être sûrement couchées sur le papier, ce qu'autrement je ferais très volontiers à cause de vous. Je vous assure qu'on ne parle pas de lui ici plus que d'un autre, et que s'il avait une si grande réputation, il la perdrait bientôt, vu qu'il n'est pas capable de la soutenir *plura coram*, si jamais le bon Dieu permet que nous nous rencontrions en même lieu (1). »

Guy-Patin n'aimait pas plus le cardinal Mazarin que Vaultier, mais malgré toutes ses assurances, celui-ci n'en fut pas moins nommé premier-médecin du roi, à la mort de Cousinot, et le caustique médecin de Paris l'annonce en ces termes dans une autre de ses lettres : « Je n'ai point encore vu M. Vaultier depuis son exaltation : il y a bien des choses à dire là-dessus, qui pourront être dites et sues de tout le monde quelque jour. Il est médecin du premier ministre de l'État, et on le fait premier-médecin du roi. Il a été douze ans prisonnier du père, et aujourd'hui il est maître de la santé du fils, etc. Tout cela est fleur de notre politique, *quæ magis spectat ad fæcem Romuli, quam ad* πολιτεια *Platonis*. » Les insinuations malveillantes de Guy-Patin furent démenties par le fait, car, peu de mois après, le roi fut atteint d'une petite vérole qui mit ses jours dans le plus grand péril, et pendant laquelle Vaultier se montra, comme on peut le voir dans la première relation de ce *Journal*, médecin prudent et expérimenté, mais de plus sujet plein de dévouement et d'attachement à son souverain.

Médecin du roi, Vaultier en réclama toutes les prérogatives. L'une des plus importantes était la surintendance du Jardin des Plantes, créé par Guy de la Brosse. Bouvard, médecin du roi Louis XIII à l'époque de la mort de ce monarque, avait eu le crédit de faire nommer Cousinot, son gendre, premier-médecin de Louis XIV, et il avait réservé la surintendance du Jardin-Royal pour son fils. Cette place était encore entre les mains de Bouvard fils quand Vaultier devint premier-médecin. Deux

---

(1) P. 345, t. I*er*. — Lettre 181.

arrêts du Conseil, du 14 juillet 1646 et du 28 mars 1647, donnèrent gain de cause à Vaultier. Malgré ces arrêts, Bouvard fils resta dans sa place et conserva un vain titre, puisque Vaultier garda pour lui tout le pouvoir administratif. Cette querelle ne tourna point au profit du Jardin dont elle retarda le développement. L'on doit cependant à Vaultier l'établissement, au Jardin-Royal, d'un cours d'anatomie bientôt en grande réputation. Vaultier resta célibataire toute sa vie. Il était fort riche, et sa fortune s'augmenta encore, en 1649, des revenus de l'abbaye de Saint-Taurin d'Évreux, donnée par le roi *pour marque particulière du souvenir de la cure par lui faite en la personne de Monsieur, frère unique de Sa Majesté* (1).

Guy-Patin ne laisse échapper aucune occasion d'attaquer le premier-médecin du roi ; aussi dit-il à propos de ses richesses : « M. le premier-médecin se plaint qu'il n'est pas assez riche ; ce n'est pas que je le hante ni le voie, c'est lui qui l'a dit à un de mes amis qui est le sien, combien qu'il ait plus de 25,000 écus de rente, tant de ce qu'il a de sa charge, de son abbaye et du revenu de l'argent qu'il a en banque, que de ce qu'il gagne encore tous les jours avec les courtisans. (J'entends ceux qui ont encore bonne opinion de lui : *Plures enim quibus pulchre innotuit ab eo abstinent, propter infaustum et infelicem successum quem in multis viderunt ex illius stibio.*) Il dit qu'il ne sera content s'il ne lui vient encore un bon bénéfice de 20,000 livres de rente. Cet ami lui dit qu'il se devrait contenter de tant de biens qu'il avait, qu'il n'était chargé ni de femme ni d'enfants, et qu'ayant déjà une abbaye, il ne devait pas souhaiter d'avoir davantage de biens de l'Église. M. Vaultier lui répondit qu'il ne se tenait point la conscience chargée, ni son âme en danger pour le bien qu'il avait, et qu'il ne serait pas plutôt damné pour trois abbayes que pour une. »

Malgré les sarcasmes de Guy-Patin, Vaultier paraît avoir été aussi habile médecin qu'homme d'esprit. Très arrêté dans toutes ses opinions, il fut l'un des premiers qui employa les préparations chimiques, les émétiques, l'opium, etc., enfin tous ces remèdes alors en horreur à la plupart des médecins de cette époque, et il le fit avec bonheur. Il conserva sa charge de premier-médecin du roi jusqu'à la fin de sa carrière, arrivée en 1652. — Guy-Patin, dont la haine ne savait pas s'arrêter, même devant la mort, raconte ainsi celle de Vaultier : « Hier, 4 juillet, est ici mort dans son lit, d'une fièvre continue maligne, le sieur Vaultier, qui

(1) *Gazette de France*, 24 avril 1649.

était premier-médecin du roi, et le dernier du royaume en capacité; et afin que vous sachiez qu'il n'est pas mort sans raison, il a pris de l'antimoine par trois fois, pour mourir dans sa méthode, par le consentement et le conseil de Guénaut. S'il fût mort il y a sept ans, il aurait épargné la vie à plusieurs honnêtes gens qu'il a tués par son antimoine. Enfin, il est mort lui-même âgé d'environ soixante-trois ans. »

VALLOT.

Antoine Vallot, né à Arles, en 1594, était docteur de la Faculté de médecine de Montpellier. Très actif, et hardi dans la pratique de l'art, Vallot vint s'établir à Paris et fut très recherché des grands personnages de cette époque. Quand Vaultier sortit de la Bastille et reparut à la Cour, Vallot, ayant les mêmes idées médicales, se lia d'amitié avec le médecin de Mazarin, et obtint par son crédit la charge de premier-médecin de la reine Anne d'Autriche. Ce qui le mit surtout en renom fut le rôle important qu'il joua, en 1647, dans le cours de la petite vérole du roi Louis XIV. Appelé en consultation par Vaultier, alors premier-médecin du roi, il entra en lutte avec les autres médecins consultants sur les remèdes à appliquer, fit adopter ses avis et parvint avec un grand bonheur à maîtriser les symptômes les plus graves et les plus fâcheux. Tous les détails de cette première maladie de Louis XIV sont minutieusement relatés dans le *Journal de la santé du roi*. De ce moment, Vallot fut regardé comme le plus habile médecin de la Cour, et lorsque Vaultier mourut, le 4 juillet 1652, il fut nommé pour le remplacer dans la charge de premier-médecin du roi. Il raconte ainsi sa nomination dans le *Journal* : « Le dimanche, huitième de juillet, mil six cent cinquante-deux, le roi étant à Saint-Denis avec son armée, m'a fait la grâce, après la mort de M. Vaultier, de me recevoir en la charge de premier-médecin, m'ayant fait appeler deux jours auparavant de Paris, pour servir Sa Majesté en cette dignité. Mes lettres furent expédiées le huit du même mois, et le lendemain j'ai prêté le serment de fidélité entre les mains de Sa dite Majesté, avec protestation d'employer toutes les lumières que Dieu m'a données, toutes les expériences que je me suis acquises par un long travail et une continuelle application à la médecine l'espace de vingt-huit ans (1), et même ma propre vie pour la conservation d'une vie si précieuse. Ayant reçu cet honneur par la grâce de Dieu, par le choix et agrément de Leurs Majestés, et par l'entremise de Monseigneur le cardinal de Mazarin, qui leur a représenté la réputation que je m'étais acquise en ma profession et les bons et agréables services que j'avais si utilement rendus au roi au traitement de sa petite vérole, en l'année mil six cent quarante-sept. Je me suis entièrement appliqué à la connaissance du tempérament et des inclinations particulières du roi, ayant pris une forte et utile résolution d'employer tous les moments de ma vie pour me rendre capable de pouvoir prévenir tous les accidents dont il pourrait être menacé. » On verra, en effet, dans le *Journal*, que, depuis ce moment, Vallot ne cessa d'entourer le roi des soins les plus attentifs et les plus minutieux, et qu'il se tira avec bonheur et, dans quelques circonstances, avec adresse, de plusieurs indispositions, qui, négligées, auraient pu avoir les suites les plus fâcheuses. Mais, où l'habileté et la hardiesse de Vallot, comme médecin praticien, brillèrent d'un vif éclat, ce fut dans la grande maladie que fit, en 1658, le roi à Calais. On sait que l'emploi du vin émétique parut surtout avoir sauvé le roi, ce qui mit ce médicament fort en vogue et attira à Vallot la haine et les sarcasmes de Guy-Patin. Vallot était, comme Vaultier et les médecins de l'École de Montpellier, partisan de la médecine chimique, tandis que Guy-Patin et presque tous les médecins de l'École de Paris, pratiquaient la médecine galénique. De là les critiques amères de Guy-Patin sur ce qui avait été fait à Calais : « Ç'a été une fièvre continue-putride qui avait besoin seulement de la saignée et d'une diète rafraîchissante, avec de légers purgatifs, sans aucun besoin de vin émétique, comme ils publient qu'on lui a donné. S'il en a pris, apparemment ils ne lui en auront pas donné plus d'une once dissoute dans quelque infusion de séné. Et ce que notre maître Guénaut a fait mettre dans la *Gazette* de son ami Renaudot (2), n'a été que pour tâcher de canoniser ce poison, que les charlatans appellent un remède précieux, et qu'on pourrait plus véritablement nommer pernicieux.»

Vallot fut aussi le médecin et de plus l'ami de Fouquet. Malgré la haute position qu'il occupait auprès du roi, il n'en conserva pas moins une grande amitié pour le surintendant après sa disgrâce et son arres-

---

(1) Vallot avait alors 58 ans, ce qui annoncerait qu'il fut reçu docteur à 30 ans.

(2) Le fondateur de la *Gazette de France*.

tation. On dit même que le roi ne put s'empêcher de le lui faire sentir, tout en lui conservant sa confiance et le gardant pour son premier-médecin.

Comme premier-médecin du roi, Vallot était chargé de la direction du Jardin des Plantes de Paris. Bouvard fils s'y trouvait encore, et il fallut renouveler les discussions que ce dernier avait eues avec Vaultier. Mais étant enfin parvenu, en 1658, à enlever à Bouvard ce titre de surintendant du Jardin des Plantes, toujours attribué aux premiers-médecins, il en devint le plus zélé protecteur, et, prévoyant avec un grand sens tout ce que ce jardin, dirigé par des mains habiles, pouvait offrir de ressources à la science, il appela les hommes les plus instruits et les encouragea dans leurs travaux par les faveurs qu'il sut attirer sur eux. Il confia la place de démonstrateur de botanique à Vespasien Robin, botaniste des plus instruits, et à la mort de celui-ci, arrivée en 1663, il la donna à Joncquet, l'un des médecins de cette époque les plus versés dans la connaissance des plantes. Le jeune Fagon, qui, plus tard, joua un rôle si important, fut chargé par lui de parcourir le midi de la France, les Alpes, les Pyrénées, et de repeupler le jardin d'une foule de plantes que la négligence et le mauvais vouloir de Bouvard avaient laissé périr. Il chargea d'autres voyageurs d'en aller chercher dans tous les climats, ainsi qu'il le dit au roi dans la dédicace du catalogue des plantes de ce jardin, publié en 1665 : « J'espère, dit-il, augmenter le nombre de vos plantes de plus de deux mille des plus rares et des plus curieuses de la terre, dont une bonne partie nous sera bientôt envoyée des deux extrémités du monde, sous les auspices de Votre Majesté, par le moyen de cette belle et généreuse navigation qu'elle a voulu si glorieusement entreprendre en faveur de ses peuples et pour étendre la grandeur de son nom. » Ce curieux catalogue fut publié sous le titre : *Hortus Regius*. Il est orné d'une fort belle gravure représentant Louis XIV sous la figure d'Apollon, conduisant le char du Soleil ; au-dessous est une vue du Jardin des Plantes sur le devant de laquelle la ville de Paris, sous la figure d'une femme ornée d'une couronne murale, montre au roi une belle tige de lys entourée de plusieurs rejetons. Enfin, entre la vue du jardin et le char du Soleil s'élève un Génie portant dans ses bras une corbeille de fleurs avec cette devise : *Hoc numine floret* (1). L'épître dédicatoire au roi est de Vallot. Puis vient une autre épître adressée au lecteur, par

---

(1) Cette même gravure se trouve en tête du *Journal*, dans le manuscrit de la Bibliothèque impériale.

Joncquet, dans laquelle il explique tout ce qui a été fait et tout ce que se propose de faire le premier-médecin du roi pour rendre ce jardin le plus utile et le premier du monde. A la suite de cette épître se trouve un poème en vers latins, de Fagon, consacré à la louange de Vallot, le *Restaurateur du Jardin-Royal*.

On peut voir, dans le *Journal de la santé du roi*, combien la médication de Vallot était énergique. Elle fut néanmoins presque toujours heureuse. On lui reprocha cependant la mort de la reine d'Angleterre, Henriette, fille de Henri IV, et femme de Charles Ier, réfugiée en France depuis la mort de son mari. Guy-Patin détestait Vallot comme il détestait tous les médecins chimistes, aussi attribue-t-il la mort de la reine à une pilule d'opium que lui aurait fait prendre le premier-médecin : « Les charlatans, dit-il, tâchent, avec leurs remèdes chimiques, de passer pour habiles gens et plus savants que les autres ; mais ils s'y trompent bien souvent, et, au lieu d'être médecins, ils deviennent empoisonneurs. » Et enfin il ajoute une épigramme qui, dit-il, court contre Vallot, et que voici :

> Le croiriez-vous, race future,
> Que la fille du grand Henri
> Eût, en mourant, même aventure
> Que feu son père et son mari ?
> Tous trois sont morts par assassin :
> Ravaillac, Cromwel, médecin.
> Henri, d'un coup de bayonnette,
> Charles finit sur un billot,
> Et maintenant meurt Henriette,
> Par l'ignorance de Vallot.

A la mort de Belleval, chancelier de la Faculté de Montpellier, Vallot fut nommé pour le remplacer. Cette place lui donna la haute main sur cette Faculté, et lui permit de nommer, aux régences vacantes, sans cesser pour cela son service auprès du roi. « *Habenti dabitur*, s'écrie Guy-Patin à cette nouvelle, ainsi la fortune de la Cour fait tout. »

Vallot était d'une constitution délicate, et, de plus, sujet à de fréquents accès d'asthme accompagnés souvent de crachements de sang, ce qui ne l'empêcha pas de pousser assez loin sa carrière, car il était âgé de 76 ans lorsqu'il mourut, le 9 août 1671, au Jardin des Plantes, où il s'était retiré depuis qu'il sentait sa fin approcher. Voici comment Guy-Patin rend compte à Falconnet de la maladie et de la mort de Vallot;

c'est l'oraison funèbre du premier-médecin du roi écrite par son impitoyable ennemi : « Vallot est au lit, fort pressé de son asthme ; peu s'en fallut qu'il n'étouffât avant-hier au soir, mais il fut délivré par une copieuse saignée ; il a reçu l'extrême-onction, c'est pour lui rendre les genoux plus souples pour le grand voyage qui lui reste à faire. Il n'a été qu'un charlatan en ce monde, mais je ne sais ce qu'il fera en l'autre, s'il n'y vient crieur de noir à noircir, ou de quelqu'autre métier où on puisse gagner beaucoup d'argent, qu'il a toujours extrêmement aimé. Pour son honneur, il est mort au Jardin-Royal, le 9 août, à six heures après midi ; on ne l'a point vu mourir, et on l'a trouvé mort en son lit. »

Vallot laissa une très grande fortune à ses enfants. Il avait quatre fils dont aucun ne fut médecin, et trois filles. L'aîné de ses fils était conseiller au Grand-Conseil ; le second, évêque de Nevers ; le troisième, chanoine de Notre-Dame de Paris, et le quatrième, capitaine aux gardes. Quant à ses filles, elles se firent toutes trois religieuses.

D'AQUIN.

Antoine d'Aquin est né à Paris, vers 1620. Son grand-père, savant rabbin de Carpentras, du nom de *Mardochée*, fut obligé de quitter Carpentras, en 1610, à cause du penchant qu'il montrait pour le christianisme. Il alla dans le royaume de Naples et se fit baptiser à *Aquino*, dont il prit le nom. A son retour en France, il supprima la terminaison et se fit appeler *d'Aquin*.

Arrivé à Paris, Louis XIII le nomma professeur au Collége de France et interprète pour la langue hébraïque. Le père d'Antoine fit aussi sa principale étude de la science rabbinique, et se rendit très habile dans les langues orientales. Le goût d'Antoine d'Aquin fut plus porté vers les sciences médicales, que vers les études de ses pères. Il alla étudier la médecine à Montpellier et fut reçu docteur en 1648. Revenu à Paris après ses études, il se lia avec Vallot et épousa la nièce de sa femme. Ce mariage lui ouvrit le chemin de la fortune. *François Guénaut*, premier-médecin de la reine Marie-Thérèse d'Autriche, femme de Louis XIV, étant mort en 1667, il obtint cette charge par le crédit de Vallot. Guy-Patin annonce ainsi cette nomination dans une de ses lettres : « Le roi a donné la place de médecin de la reine, que tenait Guénaut, au jeune d'Aquin, à la recommandation de M. Vallot, dont la femme est tante de la femme de ce M. d'Aquin : *Sic vara sequitur vibiam.* »

Vallot, souvent arrêté par son asthme et ses crachements de sang, se faisait remplacer auprès du roi par d'Aquin. Dans les premiers jours de l'année 1671, le roi, se préparant à commencer la campagne de Flandre, et Vallot ne pouvant l'accompagner, fit venir d'Aquin qui le suivit et lui donna des soins pendant tout le temps qu'il resta à l'armée. Vallot mourut le 9 août de cette même année. « Enfin, le pauvre M. Vallot, que l'affection et l'inquiétude avaient amené tout mourant en Flandre auprès de S. M., dit d'Aquin dans le *Journal*, après s'être bien défendu, laissa en mourant, le huitième d'août, la charge de premier-médecin vacante, et ouvrit la porte à toutes les brigues et toutes les poursuites de quantité de prétendants qui ont si longtemps partagé la Cour. »

Ce fut, en effet, huit mois après la mort de Vallot, en avril 1672, que le roi lui donna un successeur, et l'on doit penser à combien d'intrigues dut donner lieu la nomination à une place aussi importante. D'Aquin, déjà premier-médecin de la reine, et depuis la mort de Vallot remplissant ses fonctions auprès du monarque, avait sans doute de grandes chances de lui succéder. Mais, dans ce pays de la Cour, le sol est si mobile que, malgré ses chances de succès, d'Aquin aurait bien pu échouer, si, en habile courtisan, il n'avait eu le soin de s'assurer un protecteur tout puissant auprès de Louis XIV. Depuis plusieurs années Mme de Montespan avait remplacé Mme de la Vallière dans le cœur du roi. D'Aquin avait eu l'adresse de s'insinuer dans les bonnes grâces de la nouvelle maîtresse, et, par son influence, il l'emporta sur ses concurrents. D'un esprit suffisant et hautain, il paraissait si sûr de sa nomination que, dans le *Journal de la santé du roi*, il l'annonce comme une chose à laquelle il s'attendait parfaitement, et d'une manière assez légère, entre deux purgatifs donnés au roi : « Sa Majesté, dit-il, ne se ressentant plus de ses vapeurs et jouissant d'une santé digne d'elle, voulut continuer dans la précaution dont elle avait tant de fois ressenti si visiblement les effets, et se préparer, le 26 du mois de mars, par un lavement, à son bouillon purgatif, qu'elle prit le 27, et duquel elle fut fort bien purgée. *Et enfin, le 18e d'avril, le roi étant à Saint-Germain dans le dessein de remplir la place de premier-médecin, vacante depuis neuf mois, me demanda à la reine, à laquelle il m'avait donné depuis cinq ans, pour me mettre auprès de lui, et me faire succéder à M. Vallot, ainsi que j'avais fait à M. Guénaut ;* et pour se préparer d'autant mieux aux grandes fatigues qu'il prévoyait bien avoir dans la guerre qu'il entreprenait pour mettre les Hollandais à leur devoir, il se voulut purger encore une fois, quoiqu'il l'eût été il n'y avait pas un mois. »

La pratique médicale de d'Aquin était à peu près celle de Vallot ; mais l'on voit dans le *Journal* une différence sensible dans l'application de cette médecine aux indispositions du roi.

Vallot, médecin avant tout, confiant dans sa science et hardi dans sa pratique, ne cédait à aucune considération lorsqu'il croyait l'application d'un remède nécessaire à la santé de son auguste malade. D'Aquin, au contraire, encore plus courtisan que médecin, craignant souvent de contrarier son malade et de nuire par là à son crédit, lui faisait de fréquentes concessions pouvant ne pas être toujours sans inconvénients pour la santé du roi. C'est ainsi, par exemple, que Louis XIV ayant une très grande peur de la saignée, il n'ose pas lui tirer de sang, quoiqu'il fût sujet à de violents étourdissements, et qu'il est obligé d'entrer dans les théories les plus extraordinaires pour expliquer sa conduite (1).

S'il n'osait pas prescrire de saignée au roi, il n'en était pas ainsi pour les autres, et le mauvais emploi qu'il en fit dans la dernière maladie de la reine Marie-Thérèse, lui attira une scène fâcheuse qui eut un grand retentissement parmi les courtisans du château de Versailles, et ne fut pas sans influence sur la disgrâce dont il fut frappé quelques années après.

Le 20 juillet 1683, Louis XIV et Marie-Thérèse étaient revenus à Versailles, après un voyage en Bourgogne, dans lequel ni l'un ni l'autre n'avait paru éprouver le moindre malaise. La reine, depuis son retour, prenait grand plaisir à voir jouer tous les jours les eaux du parc. Rien chez elle n'indiquait l'apparence d'une maladie. La fraîcheur de son teint et l'embonpoint qu'elle avait pris depuis son voyage, semblaient au contraire annoncer la plus brillante santé. Le 26, elle ressentit quelques légers malaises qui se continuèrent le lendemain et auxquels on fit peu d'attention. Mais, dans la nuit du 27 au 28, les malaises étant devenus plus considérables et la fièvre s'étant développée, le médecin de la reine, Fagon, fut appelé et s'aperçut qu'une tumeur s'était développée sous l'aisselle du côté gauche. Une saignée fut immédiatement pratiquée. Le soir, les douleurs augmentèrent et la fièvre redoubla pendant la nuit suivante. Le 30, l'on eut des inquiétudes sérieuses. D'Aquin, Fagon et Moreau, premiers-médecins du roi, de la reine et de la dauphine, se réunirent en consultation. On discuta longuement sur les remèdes à employer contre cette maladie, dont la marche rapide et insi-

(1) Voir l'année 1675.

dieuse semblait déconcerter la science des médecins. D'Aquin proposa une saignée du pied, contre laquelle Fagon s'éleva avec force, la regardant comme inopportune et devant affaiblir inutilement la reine. Mais d'Aquin tint fortement à son opinion, et cette opinion ayant été partagée par Moreau, la saignée fut prescrite. Dionis, chirurgien de la reine, et, comme tel, chargé de la faire, appela, avant de l'exécuter, l'attention des consultants sur la tumeur de l'aisselle, de beaucoup augmentée, et qui lui paraissait la cause de tous les accidents. Son opinion n'eut aucune influence sur la résolution des médecins, et la saignée fut pratiquée. Peu d'instants après la saignée, la reine se trouva dans une grande faiblesse. Son état devenant de plus en plus alarmant, les médecins se réunirent de nouveau, et décidèrent de lui donner l'émétique; mais ce remède, sur lequel on avait paru compter, ne produisit aucun effet, et quelques instants après, la reine expirait dans les bras d'une de ses dames l'aidant à se retourner. L'autopsie, faite le lendemain, montra combien les médecins avaient eu tort de repousser les observations du chirurgien, car on reconnut alors que cette tumeur de l'aisselle gauche, dont on n'avait pas voulu s'occuper, n'était autre qu'un abcès considérable. N'ayant pu trouver issue au dehors, il s'était fait jour dans l'intérieur de la poitrine en traversant la plèvre, et avait en quelque sorte asphyxié cette malheureuse princesse.

Cette mort, si extraordinaire et si rapide, frappa d'effroi toute la Cour. Personne ne s'en rendait compte, et comme elle était survenue peu de temps après la saignée ordonnée par d'Aquin, et à laquelle Fagon avait voulu s'opposer, tout le monde l'attribua à cette saignée. On en était tellement persuadé que, peu d'instants avant que la reine expirât, M. de Villacerf, ayant rencontré d'Aquin dans l'antichambre et s'étant laissé aller à toute l'exaspération causée par cette mort, la lui reprocha hautement et s'emporta contre lui jusqu'à le frapper.

Malgré cette scène fâcheuse et le retentissement qu'elle eut à la Cour, d'Aquin sut encore se maintenir dans les bonnes grâces du roi. Par son crédit, il fit nommer son frère médecin-ordinaire du roi; l'aîné de ses fils était déjà dans le conseil, et son autre fils, évêque de Fréjus. Mais d'Aquin, dit Saint-Simon, *était grand courtisan, mais rêtre, avare et avide;* ses demandes incessantes commençaient à fatiguer le roi. Un fait, raconté par Astruc, laisse voir ce que Louis XIV en pensait, et montre en même temps toute la suffisance de d'Aquin. « On vint dire au roi, un matin à son lever, qu'un vieil officier que Louis XIV connaissait et aimait, était mort dans la nuit; sur quoi le roi répondit qu'il en était fâché, que c'était un ancien domestique qui l'avait bien servi, et qui avait une qualité bien rare dans un courtisan, c'est qu'il ne lui avait jamais rien demandé. En disant ces mots, le roi fixa les yeux sur d'Aquin, qui comprit ce que le roi voulait lui reprocher; mais, sans se déconcerter, il dit au roi : *Oserait-on, Sire, demander à Votre Majesté ce qu'elle lui a donné?* Le roi n'eut rien à répondre, car il n'avait jamais rien donné à ce courtisan si discret. » Ainsi d'Aquin sortit glorieux de cette attaque, qui fut comme l'annonce de sa disgrâce prochaine.

Depuis plusieurs années, madame de Montespan avait cessé d'être la maîtresse du roi, et madame de Maintenon était devenue l'épouse du monarque. Quoiqu'il eût perdu son appui le plus grand auprès de Louis XIV, d'Aquin, ébloui par sa vanité, et depuis plus de vingt ans premier-médecin, ne croyait pas que le roi pût penser à le remplacer de son vivant, et se croyait certain de rester en place jusqu'à la fin de ses jours. Madame de Maintenon ne pouvait souffrir ses manières, tandis qu'au contraire elle accordait toute sa confiance à Fagon. Survint alors la fameuse opération de la fistule, faite au roi par Félix, son premier-chirurgien. Félix était grand ami de Fagon, et par conséquent peu aimé de d'Aquin. Aussi dans les réflexions dont il fait suivre la narration de cette opération dans le *Journal de la santé du roi,* tout en louant l'habileté avec laquelle Félix avait fait l'opération, il émet cependant un doute assez injurieux pour le chirurgien sur la manière dont l'intestin aurait pu être percé par lui dans la recherche antérieure à l'opération. Puis il se vante avec complaisance de s'être opposé au voyage de Barèges que l'on voulait faire faire au roi, afin d'essayer si l'action de ces eaux pourrait être assez efficace pour empêcher l'opération ; voyage pour lequel Fagon, Félix et Bessières avaient donné un avis favorable. Malheureusement pour lui, d'Aquin ne se contentait pas d'écrire ses réflexions dans le *Journal,* il les disait à qui voulait les entendre, et se créait ainsi des ennemis implacables qui ne devaient pas tarder à lui faire payer bien cher ses paroles imprudentes.

A toutes ces causes de mécontentement, accumulées comme à plaisir contre lui, il faut ajouter son ambition, non-seulement pour lui, mais encore pour les siens, et le roi commençait à être tout à fait las de ses importunités et de ses demandes continuelles pour sa famille. Dans de telles circonstances, on conçoit qu'il dut être facile de le renverser de son importante fonction.

Depuis fort longtemps le roi était atteint de fièvres intermittentes ; madame de Maintenon en était fort inquiète. Elle consultait alors Fagon. Celui-ci attribuait la persistance de la fièvre à la mauvaise forme sous laquelle d'Aquin administrait au roi le quinquina, et l'empêchait de réussir. Peu à peu l'opinion de Fagon, constamment répétée au roi, la haute réputation dont il jouissait auprès de tous les courtisans, sa présence auprès de Louis XIV dans l'intervalle des visites de d'Aquin, et la lassitude qu'éprouvait le roi des airs de hauteur de ce dernier, causèrent enfin sa chute. Le 2 novembre 1693, M. de Pontchartrain lui porta l'ordre de se retirer à Moulins, *le roi étant mal content de sa conduite*, et défense lui fut faite de se présenter devant le roi ni de lui écrire. La disgrâce était complète. « Jamais le roi n'avait tant parlé à d'Aquin que la veille à son souper et à son coucher, dit Saint-Simon, et n'avait paru le mieux traiter. Ce fut donc pour lui un coup de foudre qui l'écrasa sans ressource. »

Le roi lui accorda 6,000 livres de pension ; son frère, le médecin-ordinaire, reçut aussi l'ordre de quitter la Cour avec 3,000 livres.

Ce coup imprévu porta un grand trouble dans la santé de d'Aquin, et le jeta dans un état de langueur qui ne tarda pas à l'entraîner au tombeau. Il mourut en 1696, à Vichy, où il était allé prendre les eaux, dans l'espoir d'améliorer son état.

FAGON.

Guy-Crescent Fagon naquit à Paris le 11 mai 1638. Son père, Henri Fagon, commissaire-ordinaire des guerres, avait épousé Louise de la Brosse, nièce de Guy de la Brosse, médecin-ordinaire de Louis XIII, qui obtint de ce prince, en 1626, la permission d'établir un jardin botanique à Paris. C'est dans le Jardin des Plantes, dont la Brosse était intendant, que Fagon vit le jour. « Ainsi, dit Hazon (1), Fagon naquit et dans le Jardin-Royal et dans le centre de la botanique et de la chimie : les distillations les plus odoriférantes, les fleurs les plus éclatantes environnèrent son berceau ; les premiers objets qui s'offrirent à ses yeux furent des plantes, les premiers mots qu'il bégaya furent des noms de plantes, la langue de la botanique fut sa langue maternelle. » Son père étant mort au siége de Barcelone, en 1649, le jeune Fagon fut placé au collége Sainte-Barbe, où il fit des études brillantes. Entraîné par son goût, et conseillé par le docteur Gillot, professeur en Sorbonne, auprès duquel il fut placé

(1) *Notice des hommes les plus célèbres de la Faculté de médecine de Paris.*

en sortant du collége, la médecine devint l'objet spécial de ses travaux. Toutes les thèses qu'il soutint successivement pour arriver au doctorat, présentèrent le plus grand intérêt. Mais il se distingua surtout en osant soutenir, dans une de ses dissertations, la circulation du sang, que les vieux docteurs regardaient encore comme un paradoxe. Cette dissertation, dans laquelle il pose la question : *An à sanguine impulsum cor salit?* fut soutenue en 1663. Un an après, il était admis au doctorat.

Né au milieu des plantes, en ayant constamment entendu parler dans son enfance, Fagon conserva toujours la passion de la botanique. Aussi lorsque Vallot, devenu premier-médecin du roi, eut entrepris de relever le Jardin-Royal presque abandonné par ses deux prédécesseurs, le jeune docteur ne manqua pas de lui offrir sa coopération, acceptée avec joie. Il alla en Auvergne, en Languedoc, en Provence. Il parcourut la Suisse, les Alpes, les Pyrénées, les Cévennes, et il n'en revint qu'avec une abondante moisson de plantes destinées à enrichir le Jardin-Royal.

Revenu à Paris, Fagon s'occupa avec Joncquet de la classification des plantes du Jardin. Lorsque Vallot publia, en 1665, le catalogue de ces plantes, Fagon, enthousiasmé du zèle que montrait le premier-médecin pour sa science chérie, et encore tout plein de ses études classiques, le fit précéder d'un petit poème latin en l'honneur de Vallot, le nouveau créateur du Jardin-Royal, et du roi, dont la bonté, en rétablissant ce jardin, savait ainsi pourvoir à la guérison de ses sujets malades. Vallot ne pouvait laisser sans récompense les talents et le zèle du jeune médecin, et il fut nommé professeur de botanique et de chimie au Jardin du Roi.

Dans ses leçons, Fagon fit briller un très grand savoir joint à une élocution facile. Ses cours finis, il allait parcourir les provinces qu'il n'avait point encore explorées et rapportait au Jardin du Roi et à ses élèves ce qu'il avait découvert. Un pareil enseignement, et si nouveau, lui attira une foule d'élèves et commença sa réputation.

Fagon n'était pas seulement un botaniste distingué, c'était encore un très bon médecin. Mais il faisait la médecine avec le plus grand désintéressement, et les malheureux le trouvèrent toujours prêt à leur donner des soins. Sa réputation était déjà fort grande lorsque madame de Maintenon fut chargée de l'éducation des enfants du roi et de madame de Montespan. Il fut appelé à diriger leur santé, et c'est des rapports qu'il eut à cette époque avec madame de Maintenon que date leur liaison et sa fortune.

En 1680, il devint médecin de la dauphine et, quatre mois après, premier-médecin de la reine. A la mort de cette princesse, en 1683, il fut chargé du soin de la santé des enfants de France, et enfin, en 1693, Louis XIV le déclara son premier-médecin.

On se rappelle que cette dernière nomination se fit du vivant de d'Aquin, exilé de la Cour. Fagon joua-t-il un rôle actif dans la disgrâce de son prédécesseur? Il n'y a pas à en douter, quoiqu'il dise dans le *Journal :* « Dieu sait si j'ai de l'animosité contre la mémoire de M. d'Aquin, puisque les soins qu'il avait pris de me nuire m'en avaient si peu donné contre lui pendant sa vie, que je fus beaucoup plus touché de son malheur dans le moment que le roi m'apprit sa disgrâce, que je ne fus sensible à l'honneur que S. M. me faisait en me mettant à sa place. » Il est certain que d'Aquin et Fagon ne pouvaient se souffrir, et que chacun de son côté faisait tout ce qu'il pouvait pour perdre l'autre. D'Aquin, esprit hautain, ambitieux et avide, créature de madame de Montespan, voyait avec peine Fagon s'élever tous les jours de plus en plus dans la faveur du roi par le crédit de madame de Maintenon. Il en était jaloux et cherchait par tous les moyens à rabaisser les talents de son compétiteur et à lui nuire dans l'esprit de Louis XIV. Fagon, de son côté, protégé par madame de Maintenon dont il avait toute la confiance, *ennemi qui ne pardonnait pas,* dit Saint-Simon, confiant dans sa propre science, et par ses succès, et peut-être un peu par l'écho de tout son entourage, qui le regardait comme le médecin le plus instruit de la Cour et de la ville, Fagon était toujours en opposition avec d'Aquin sur la nature des remèdes qu'il donnait au roi. Le *Journal de la santé du roi* vient montrer cette animosité des deux médecins l'un contre l'autre, et la manière adroite dont Fagon s'y prit pour faire triompher ses propres idées et montrer sa supériorité sur son rival.

Depuis plusieurs années, le roi se trouvait constamment, soit à Versailles, soit à Marly, au milieu de marais qu'il fallait dessécher, et de terres remuées pour l'agrandissement et l'embellissement de ses jardins. Il était fréquemment atteint de fièvres à types intermittents, souvent fort graves, et l'on craignit plus d'une fois quelque fatale terminaison. Madame de Maintenon en était vivement alarmée. Dans ces cas sérieux, on appelait toujours Fagon en consultation : celui-ci, attribuant le peu de réussite des moyens employés pour combattre ces fièvres au vin de Champagne que le roi buvait et dont l'action troublait l'effet de celui de Bourgogne dans lequel on lui faisait prendre le quinquina, *au pain plein de levure et de lait* qu'il mangeait, et à la trop petite quantité de quinquina qu'il prenait dans son vin, proposait à d'Aquin de changer entièrement ce régime, et surtout le mode d'administration du quinquina. Plus Fagon insistait pour que d'Aquin changeât sa méthode, plus celui-ci y tenait et cherchait à en montrer au roi la bonté.

La fièvre continuant et devenant plus opiniâtre : « je pris le parti, dit Fagon dans le *Journal*, de ne rien proposer directement, de peur que M. d'Aquin ne continuât de s'y opposer. Je déclarai en secret à madame de Maintenon ce que je pensais et la raison pour laquelle je ne le disais point, afin qu'elle prévint M. d'Aquin en lui parlant de la maladie du roi, et qu'elle lui insinuât, *comme d'elle-même*, d'essayer le quinquina en bol, ou du moins, comme on le prenait autrefois, en poudre, au poids d'un écu à chaque prise, dans du vin. » D'Aquin était trop bon courtisan pour refuser de suivre une méthode proposée par madame de Maintenon, et dont il ne supposait pas Fagon d'être l'auteur. Cette manière d'administrer le quinquina réussit et le roi resta un an sans avoir de nouveaux accès.

On peut se figurer le triomphe de Fagon, et combien ce succès dut rehausser son mérite aux yeux de madame de Maintenon. La fièvre étant revenue, Fagon l'attribua à ce que d'Aquin avait trop vite abandonné sa méthode : « Il y a sujet de croire, ajoute-t-il alors dans le *Journal*, que le levain de la fièvre aurait été entièrement amorti si l'on avait soutenu plus longtemps cette méthode qui m'avait souvent réussi dans des occasions de fièvres très opiniâtres; et j'aurais été ravi que M. d'Aquin se fût applaudi de ce succès entier, comme il a fait de celui qui resta imparfait, *étant très content de n'y point paraître avoir de part, pourvu que le roi fût bien guéri*. » Mais le roi n'étant pas guéri, il fit de nouvelles observations sur la mauvaise manière de procéder de d'Aquin. Madame de Maintenon répétait au roi ce qu'il lui disait en particulier, et elle faisait venir Fagon auprès de lui en l'absence du premier-médecin, sous le prétexte que celui-ci ne voulait pas suivre ses avis dans les consultations. Insensiblement, le roi s'habitua à la présence de Fagon, et, *déjà las des demandes et des importunités* (1) de d'Aquin, il résolut de remplacer l'un par l'autre. « La Cour fut fort étonnée, dit Saint-Simon, quand on vit, le jour des Morts (2 novembre 1693), Fagon déclaré premier-médecin par le roi lui-même qui le lui dit à son lever, et qui apprit par-là la chute de d'Aquin à tout le monde qui l'ignorait encore, et qu'il n'y avait pas deux heures que d'Aquin l'avait apprise lui-même. »

(1) Saint-Simon.

Saint-Simon aimait peu madame de Maintenon et ceux qu'elle protégeait; tout en expliquant la chute de d'Aquin, par le désir qu'elle avait de placer auprès du roi un premier-médecin habile et homme d'esprit, pouvant agir sur lui à mesure qu'il viendrait à vieillir et sa santé à s'affaiblir, il fait de Fagon un portrait qui explique sa grande renommée, et montre combien il était digne de la faveur qu'il venait de recevoir de Louis XIV. « Fagon, dit-il, était un des beaux et des bons esprits de l'Europe, curieux de tout ce qui avait trait à son métier, grand botaniste, bon chimiste, habile connaisseur en chirurgie, excellent médecin et grand praticien. Il savait d'ailleurs beaucoup; point de meilleur physicien que lui; il entendait même bien les différentes parties des mathématiques. Très désintéressé, ami ardent, mais ennemi qui ne pardonnait point, il aimait la vertu, l'honneur, la valeur, la science, l'application, le mérite, et chercha toujours à l'appuyer sans autre cause ni liaison, et à tomber aussi rudement sur tout ce qui s'y opposait, que si on lui eût été personnellement contraire. Dangereux aussi, parce qu'il se prévenait très aisément en toutes choses, quoique fort éclairé, et qu'une fois prévenu, il ne revenait presque jamais; mais s'il lui arrivait de revenir, c'était de la meilleure foi du monde, et il faisait tout pour réparer le mal que sa prévention avait causé. Il était l'ennemi le plus implacable de ce qu'il appelait charlatans, c'est-à-dire des gens qui prétendaient avoir des secrets et donner des remèdes. »

Arrivé au poste important de premier-médecin du roi, Fagon donna à la Cour le spectacle d'un rare désintéressement. Il diminua les revenus de sa charge; il abolit les tributs établis sur les nominations aux chaires de professeurs dans les différentes Universités, et tout ce qui faisait la plus belle partie du revenu de ses prédécesseurs.

On a vu déjà que la Faculté de Médecine de Paris profita de son élévation pour obtenir du roi la dissolution de la Chambre royale des Universités provinciales. Mais en obtenant la dissolution de cette chambre, dont il regardait l'établissement comme contraire aux priviléges de la Faculté, il n'ignorait pas que beaucoup de médecins de mérite en faisaient partie, et ce fut lui qui eut la bonne pensée d'ouvrir à la *Chambre royale* une porte honorable, en engageant la Faculté à admettre les médecins de cette chambre à une nouvelle licence, sous le nom de *Jubilé*, dont le plus grand nombre profitèrent.

La Faculté de médecine de Paris ne pouvait rester indifférente au service que Fagon venait de lui rendre. Elle fit faire son portrait par le célèbre Rigaud, et le plaça dans le lieu le plus éminent de ses assemblées. Elle voulut encore, par un acte public, lui montrer toute sa reconnaissance. Joseph Piton de Tournefort, le célèbre botaniste, sorti de la Chambre royale, était admis au *Jubilé* académique. Tournefort avait dédié à Fagon sa thèse: *An ab ex lege sanguinis circuitu, morbi.* La Faculté profita de cette circonstance pour décerner, en quelque sorte, un triomphe au premier-médecin. L'École avait été magnifiquement décorée. Fagon fut reçu par la Faculté venue en corps au devant de lui, et assista à la lutte académique. La thèse, portée devant le candidat, était magnifiquement encadrée et sous verre. Elle était ornée de sculptures et de dorures. Au frontispice, on avait placé le portrait du premier-médecin, et au bas, on lisait les vers suivants composés par *Santeul :*

> *Quam sibi rex legit medicis ex omnibus unum,*
> *Jam, per vota diù publica lectus erat :*
> *Quæ sortes! quæ fata viro concredita! regni*
> *Dùm venit à salvo principe tuta salus.*

Tournefort soutint sa thèse d'une manière digne de son auditoire, et de celui qui savait si bien apprécier ses talents, et qui fut toujours son plus ardent protecteur.

A la mort de Vallot, la surintendance du Jardin du Roi avait été détachée des attributions du premier-médecin, pour être réunie à la surintendance des bâtiments. Fagon, né dans ce Jardin, et dont la plus grande partie de sa vie s'était passée à le rétablir dans toute sa splendeur, désirait voir attribuer à sa charge ce qu'il regardait comme l'une de ses plus belles prérogatives. Lorsque la surintendance des bâtiments passa dans les mains de Mansart, il sollicita et obtint du roi que celle du Jardin des Plantes fut réunie à la fonction de premier-médecin.

Fagon, et c'est là sans contredit l'un de ses plus beaux titres de gloire, estimait et admirait les savants et les artistes. Il les recherchait et les protégeait, et particulièrement ceux qui s'occupaient de sa science chérie, la botanique. Armand de Mauvillain, Tournefort et de Jussieu se succédèrent dans l'enseignement de cette science au Jardin du Roi. Ce fut par ses soins et sa recommandation, que Louis XIV envoya *Plumier* en Amérique, *Feuillée* au Pérou, *Lippi* en Égypte et en Grèce, *Tournefort* en Asie. Il prodigua surtout à ce dernier les marques de la plus haute considération. Pour lui en témoigner sa reconnaissance, *Tournefort* consacra, à un genre des plantes rosacées, rapporté par lui, le nom de son protecteur, en l'appelant *Fagonia*.

La haute réputation de Fagon, ses connaissances variées attirèrent sur lui l'attention de l'Académie des Sciences. Elle crut devoir se l'attacher comme membre honoraire en 1699. Fagon n'écrivit cependant aucun ouvrage, les fonctions actives qu'il remplit toute sa vie ne lui en laissèrent point le loisir ; et tous les moments dont ses emplois lui permirent de disposer, il les consacra à l'exercice *gratuit* de sa profession. Une fois nommé médecin du roi, il remplit cette fonction avec un zèle infatigable. Fagon était cependant d'une santé délicate. Il était asthmatique et sujet à des accès de suffocation qui le forcèrent à suivre le régime le plus sévère. En 1702, il fut attaqué de la pierre et opéré par *Maréchal*. Saint-Simon parle ainsi de cette opération : « Fagon fut taillé par Maréchal, chirurgien célèbre de Paris, qu'il préféra à tous ceux de la Cour et d'ailleurs. Fagon, asthmatique, très bossu, très décharné, très délicat, et sujet aux atteintes du haut-mal, était un méchant *sujet* en termes de chirurgie ; néanmoins il guérit par sa tranquillité et l'habileté de Maréchal, qui lui tira une fort grosse pierre. Cette opération le fit quelque temps après premier-chirurgien du roi. S. M. marqua une grande inquiétude de Fagon, en qui, pour sa santé, il avait mis toute sa confiance. Il lui donna 100,000 francs à cette occasion. » Malgré toutes ces infirmités, il parvint cependant, à l'aide d'une vie régulière, d'une sobriété constante et scrupuleuse, jusqu'à près de quatre-vingts ans. « Son existence, dit Fontenelle dans son éloge, était une preuve de son habileté. »

En 1715, après la mort de Louis XIV, auquel Fagon était vivement attaché, et par devoir et par reconnaissance, il se retira au Jardin du Roi, dont l'administration lui fut laissée, et y vécut toujours très solitaire, dans l'amusement continuel des sciences et des belles-lettres, et des choses de son métier, qu'il avait toujours beaucoup aimées (1). Il

---

(1) Saint-Simon. — On trouve dans le *Journal de Dangeau* les deux notes suivantes, qui se rapportent au séjour de Fagon au Jardin des Plantes, après la mort de Louis XIV. — « Lundi, 11 mai 1716. — Le roi alla l'après-dînée se promener au Jardin-Royal où M. Fagon est retiré depuis la mort du feu roi, et il donna la collation à S. M. qui se promena beaucoup. —Mercredi, 7 avril 1717. — Madame Fagon, femme du premier-médecin du feu roi, est morte au Jardin du Roi. C'était une femme de beaucoup d'esprit, mais fort extraordinaire ; elle était toujours malade et passait presque toute sa vie à Bourbon où elle était fort honorée ; elle y faisait beaucoup de bien. Elle se croyait plus grand médecin que son mari qui était généralement reconnu pour le plus grand médecin de France.

mourut le 11 mars 1718, dans ce même Jardin du Roi qui avait été son berceau (1).

Fagon eut deux fils. L'aîné fut évêque de Lombez, puis de Vannes, et le second, conseiller d'État et intendant des finances.

Il ne reste comme écrits de Fagon, qu'un petit livre intitulé : « Les admirables qualités du Quinquina, confirmées par plusieurs expériences, avec la manière de s'en servir dans toutes les fièvres, pour toute sorte d'âge. Paris, 1703. In-12, » et ce qu'il a écrit dans ce Journal sur la santé de Louis XIV.

---

(1) Le 12 mars 1718, toute la cour a fait compliment à M. Fagon, conseiller au conseil des finances, sur la mort de M. Fagon, son père, décédé la veille. On parle fort de son testament qui ne contient que deux lignes : *Il recommande son âme à Dieu, implore sa miséricorde et fait Monsieur son fils son légataire universel, et signe Fagon.* Le billet d'enterrement que M. Fagon, son fils, a envoyé à ses amis et parents, n'est pas moins simple : « *Messieurs et Dames, sont priés d'assister à l'enterrement de M. Fagon, docteur en médecine, décédé au Jardin-Royal, il sera enterré à Saint-Médard, sa paroisse.* » — *Mercure de France*, mars 1718.

JOURNAL

DE

LA SANTÉ DU ROI LOUIS XIV

†

J. N. D. A.

Louis XIV, dit Dieudonné, par son heureuse et miraculeuse naissance, par la grâce de Dieu, roi de France et de Navarre, fils de Louis XIII et d'Anne d'Autriche, naquit à Saint-Germain-en-Laye, le 5 septembre 1638, et succéda à la couronne le 14 mai 1643; fut sacré à Reims le 7 juin 1654; et après une longue guerre, tout couvert de lauriers, s'étant exposé dès le bas âge à mille dangers, a donné la paix tant désirée à son peuple en l'année 1660; et ensuite a épousé Marie-Thérèse d'Autriche, infante d'Espagne, à Fontarabie, le 3 juin de la même année, par l'archevêque de Pampelune, où don Louis de Haro, qui avait la procuration et pouvoir du roi de France, épousa la reine en son nom, le sixième dudit mois, et le septième se fit l'entrevue des deux rois en l'île de la Conférence. La double cérémonie du mariage s'acheva à Saint-Jean-de-Luz, le 9, jour où S. Em. fit sa charge de grand-aumônier.

Remarques générales sur la naissance et le tempérament du Roi.

Dieu, par une grâce particulière, nous a donné un roi si accompli et si plein de bénédictions, en un temps où toute la France avait presque perdu toutes les espérances d'un si heureux successeur, et lorsque le roi son père, d'heureuse mémoire, commençait à se ressentir d'une faiblesse extraordinaire, causée avant l'âge par ses longues fatigues et l'opiniâtreté d'une longue maladie qui l'avait réduit en état de ne pouvoir pas espérer une plus longue vie, ni une parfaite guérison; de sorte que l'on avait sujet, durant la grossesse de la reine-mère, d'appréhender que ce royal enfant ne se ressentît de la faiblesse du roi son père. Ce qui indubitablement serait arrivé, si la bonté du tempérament de la reine et sa santé héroïque n'avaient rectifié les mauvaises impressions de ses premiers principes. Et je n'ai point douté de cette vérité, puisqu'en la conduite de sa santé, j'ai remarqué plusieurs fois des incommodités très considérables, auxquelles, par la grâce de Dieu, j'ai apporté les remèdes qui m'ont réussi fort heureusement, comme j'ai exposé en ce présent livre, où j'ai fait une exacte description de tous les accidents qui sont survenus à S. M., pour me servir d'instruction et à mes successeurs aux occasions qui se présenteront à l'avenir, durant l'heureux cours de sa vie, pour conserver une santé si précieuse.

Relation exacte de la petite-vérole du Roi, du 11 novembre 1647 (1).

Lorsque l'on croyait le roi en parfaite santé et qu'en effet S. M. n'avait aucune marque de la moindre incommodité du

---

(1) Louis XIV avait alors neuf ans.

monde, la joie de la reine et de toute la Cour fut bientôt troublée par une soudaine et violente douleur des reins et de toute la partie inférieure de l'épine du dos que S. M. ressentit le lundi 11 novembre 1647, à cinq heures du soir.

Ce mal inopiné étonna fort la reine, et l'obligea de faire appeler M. Vaultier, pour lors premier-médecin, lequel, après avoir bien considéré cet accident, avec toutes ses circonstances, jugea d'abord qu'il y avait plus d'apparence de petite-vérole que d'aucune autre maladie. La nuit suivante fut fort inquiète, et la fièvre parut le lendemain assez forte, ce qui obligea ledit sieur Vaultier de faire tirer du sang à S. M.

La nuit du mardi au mercredi fut plus inquiète et plus fâcheuse, c'est pourquoi l'on réitéra la saignée le mercredi matin. On remarqua le bon effet de cette seconde saignée le jour même, par l'éruption des pustules qui commencèrent à paraître au visage et en plusieurs parties du corps; et quoique pour lors la maladie fût connue, elle donna néanmoins beaucoup d'alarmes à toute la cour, par l'appréhension que l'on avait d'un mauvais succès, parce que la cause était bien maligne, et l'on remarquait déjà un redoublement sur les quatre à cinq heures du soir, avec un délire assez considérable.

Le jeudi matin, 14 du mois et quatrième de la maladie, les sieurs Guénault et Vallot, médecins des plus fameux et des plus employés de Paris, furent appelés par le sieur Vaultier pour être ajoutés à MM. Séguin, oncle et neveu, premiers-médecins de la reine, et n'ayant rien remarqué d'extraordinaire, ni de plus fâcheux que par le passé, ils se contentèrent de proposer la continuation des remèdes cordiaux, disant qu'il fallait voir et observer les mouvements et les forces de la nature.

La journée se passa assez bien, n'y étant arrivé aucun autre symptôme que le délire qui retourna sur les quatre heures du soir et dura jusqu'à dix heures de la même journée. Le reste de la nuit se passa avec un peu plus d'inquiétude que la précédente, ce qui obligea, le vendredi matin, le sieur Vallot, qui depuis a succédé au sieur Vaultier en la charge de premier-médecin, de proposer et faire ouverture en la consultation d'une troisième saignée, assurant qu'en l'état où était S. M. l'on ne devait point différer ce remède, autrement qu'il y aurait sujet de craindre un mauvais succès, dont S. M. était menacée, non-seulement à raison de la petite-vérole, qui semblait déjà être bien maligne et bien dangereuse, mais particulièrement par l'accélération d'une fièvre essentielle qui l'accompagnait et qui avait ses redoublements déjà réglés ; disant, ledit sieur Vallot, que si l'on consentait à cette proposition, la fièvre se rendrait plus modérée, et que sans doute les redoublements s'apaiseraient, qui donnaient déjà beaucoup d'appréhension ; et que pour le regard de la petite-vérole, qu'il était assuré qu'elle sortirait en très grande abondance, avec un soulagement notable et une diminution de tous les accidents.

Cette proposition fut reçue et approuvée par le sieur Guénault, et rejetée par MM. Séguin, oncle et neveu. Sur cette diversité d'opinion, le premier-médecin, considérant la grandeur du mal et la nécessité du remède, confirma les sentiments de ceux qui approuvaient la saignée, qui fut faite sur-le-champ et sans différer davantage, quoique ceux qui n'étaient pas de cet avis fissent grand bruit en se retirant de la chambre du roi, et protestassent devant la reine que ce remède était dangereux et contre les règles de la médecine. L'effet néanmoins en fut admirable, et, sur le soir, le redoublement ne parut point, non plus que le délire, et la reine, après avoir visité le roi par tout le corps, avoua que les pustules étaient augmentées au centuple depuis ladite saignée, suivant et confirmant ce que le sieur Vallot avait assuré et prédit le matin en sa consultation.

Cet amendement ne diminua ni les soins ni les inquiétudes de la reine, qui ne perdit pas un seul moment pour assister avec plaisir aux moindres offices nécessaires à cet illustre malade, et, dans sa plus grande tristesse, témoigna une gaieté d'humeur, quoique S. M. fût dans les alarmes et appréhension à cause de la grandeur de la maladie et de l'incertitude du succès. Et en effet, après le calme de quelques jours, et après que la nature eût semblé avoir suffisamment travaillé à faire sortir et mûrir les pustules, elle parut dans le dernier accablement, le 21 du mois, par une nouvelle ébullition qui augmenta la fièvre et tous les autres symptômes avec tant de violence, que les pustules parurent toutes sèches et d'une mauvaise couleur! Mais, après quelques remèdes cordiaux qui furent donnés à point nommé et bien à propos, la nature, reprenant ses forces, poussa avec vigueur le reste de la matière, qui forma une espèce d'érysipèle sur tout le dos et une bonne partie de la poitrine ; ce qui obligea la compagnie des médecins, le 22 du mois, à se porter unanimement à une quatrième saignée, qui réussit si heureusement que, quelques heures après, la fièvre diminua beaucoup et S. M. en reçut un soulagement si notable qu'elle passa la journée avec moins d'inquiétude que la précédente. La fièvre néanmoins continua, mais avec moins de violence.

Trois jours après cette modération, deux accidents assez considérables survinrent à S. M. Le premier a été un amas d'une matière maligne, corrosive et sanieuse, qui s'est jetée sur les doigts des pieds, qui pouvait gâter et faire tomber les os, si l'on n'y eût apporté les remèdes nécessaires par des incisions et applications des eaux, et des baumes si excellents, que l'on peut dire avec vérité qu'en fort peu de temps l'on a délivré S. M. d'un accident qui était de la dernière conséquence, parce que l'on voyait non-seulement la carie, mais aussi des marques d'une gangrène qui s'était déjà attachée aux parties voisines.

L'autre accident a été une soif si grande et si extraordinaire, qu'elle a donné beaucoup de terreur aux médecins, quoique le mal fût déjà dans son déclin. L'on demeura longtemps à délibérer sur la cause de cette extrême altération, et sur les moyens de l'apaiser. Enfin, après plusieurs consultations et des propositions sur ce sujet de part et d'autre, le sieur Vallot s'opiniâtra à une purgation qu'il avait proposée à la consultation, laquelle fut rejetée par les autres médecins qui étaient d'avis que l'on préférât la saignée, laquelle vraisemblablement paraissait, en un accident de cette nature, plus propre et plus convenable que la purgation. Mais le sieur Vallot, étant assuré que l'altération ne provenait point de l'extrême chaleur de la fièvre, qui pour lors était beaucoup diminuée, ni de l'inflammation, ou disposition inflammatoire des entrailles, mais plutôt d'un amas de bile pourrie qui s'était jetée dans l'estomac, demeura ferme dans le sentiment qu'il avait de purger le roi, et fit revenir les autres à son opinion. En effet, après avoir pris de grand matin un verre de calomel et de séné, le roi se trouva, deux heures après l'avoir avalé, si soulagé et si peu altéré, qu'il passa toute la journée sans témoigner aucun besoin de boire, et, par ce petit remède, S. M. reçut toute la satisfaction que l'on pouvait espérer, mais contre l'attente de ceux qui avaient l'honneur de la soigner. En effet, depuis cette purgation, on a remarqué que toutes choses ont très heureusement réussi, parce qu'elle a fait sortir l'humeur qui fermentait dans le bas-ventre et particulièrement dans l'estomac. Ainsi, le roi se trouva hors de cet accident, qui donna beaucoup de frayeur, et avec une diminution si notable de la fièvre, que toute la face de la Cour fut trouvée changée par cet amendement presque inespéré, lequel continua de telle sorte, que ce bon effet de la première purgation donna lieu à une seconde qui a si bien réussi, que le roi fut trouvé sans fièvre le vingt-neuvième jour du mois et dix-huitième de sa maladie; et, depuis ce temps, la vigueur est revenue plus tôt que l'on n'avait cru.

Le roi a témoigné en cette grande et dangereuse maladie, que l'on devait avec raison concevoir de très grandes espérances de la grandeur de son courage, puisque, en l'âge de dix ans, il témoigna de l'assurance et de la fermeté dans les plus fortes douleurs et dans l'accablement de plusieurs accidents qui lui sont survenus, n'ayant refusé ni la saignée, ni les incisions, ni tous les autres remèdes extrêmes que l'on a proposés à Sa Majesté.

La constance de la reine a été admirable en cette occasion, et ses soins et ses inquiétudes ont surpassé l'imagination, ayant demeuré nuit et jour proche du roi avec tant d'assiduité, que S. M., par l'excès de ses veilles et de ses peines, tomba dans une fièvre continue qui, par la grâce de Dieu, n'a pas été de longue durée.

Son Éminence a souffert d'étranges inquiétudes de voir son maître en un si pitoyable état et en un extrême danger de sa vie; et, pendant qu'il gémissait sous le faix de tant de douleurs, il ne laissait pas de donner ordre aux affaires les plus importantes de l'État.

On ne peut pareillement exprimer l'entière confiance que la reine témoigna avoir en la suffisance du sieur Vaultier, premier-médecin du roi, qui s'est conduit avec une grande prudence en cette maladie, ayant appelé les sieurs Guénault et Vallot qui ont donné, en une occasion si considérable, des preuves de leur suffisance, et ont fait voir à toute la France que l'on avait besoin de leurs conseils en un état si déplorable et si désespéré (1).

Remarques particulières sur l'année 1652 (2).

Le dimanche huitième de juillet mil six cent cinquante-deux, le roi, étant à Saint-Denis avec son armée, m'a fait la grâce, après la mort de M. Vaultier, de me recevoir en la charge de premier-médecin, m'ayant fait appeler deux jours auparavant, de Paris, pour servir S. M. en cette dignité. Mes lettres furent expédiées le huit du même mois, et le lendemain j'ai prêté le serment de fidélité entre les mains de sadite Majesté, avec protestation d'employer toutes les lumières que

---

(1) Voir le n° 1 des pièces justificatives.

(2) Le roi avait alors quatorze ans.

Dieu m'a données, toutes les expériences que je me suis acquises par un long travail et une continuelle application à la médecine l'espace de vingt-huit ans, et même ma propre vie pour la conservation d'une santé si précieuse (1).

Ayant reçu cet honneur par la grâce de Dieu, par le choix et agrément de LL. MM., et par l'entremise de Monseigneur le cardinal de Mazarin, qui leur a représenté la réputation que je m'étais acquise en ma profession, et les bons et agréables services que j'avais si utilement rendus au roi, au traitement de sa petite-vérole, en l'année mil six cent quarante-sept, je me suis entièrement appliqué à la connaissance du tempérament et des inclinations particulières du roi, ayant pris une forte et utile résolution d'employer tous les moments de ma vie pour me rendre capable de pouvoir prévenir tous les accidents dont il pourrait être menacé.

Enfin, après avoir bien examiné toutes les particularités et circonstances nécessaires à mon dessein, j'ai remarqué en S. M. une naissance fort heureuse et une jeunesse accompagnée de force et de vigueur; pourvu que S. M. veuille croire conseil et se servir de sa vertu pour résister aux excès de la jeunesse, pour les raisons que je lui ai déjà proposées. La première est fondée sur les premiers principes de sa vie, ayant été engendré par un père fort valétudinaire et sur la fin de ses jours. Et comme la bonté du tempérament héroïque de la reine sa mère avait déjà rectifié, l'espace de neuf mois, la faiblesse et les défauts de la génération, il était bien expédient que le roi usât de grandes précautions à se servir du

---

(1) Le sieur Vallot ayant été pourvu de la charge de premier-médecin du roi, vacante par le décès du sieur Vaultier, il en a prêté le serment de fidélité entre les mains de S. M. De quoi toute la Cour a témoigné un contentement non pareil, suivi d'un applaudissement presque universel de ceux qui connaissent son mérite et sa grande capacité dans la médecine, qu'il a particulièrement fait paraître dans l'heureux traitement de la petite-vérole dont le roi fut périlleusement malade, il y a près de cinq ans; où il avait été appelé par son prédécesseur, avec quelques autres fameux médecins de cette Faculté.

Gazette de France, 13 juillet 1652. P. 684.

conseil de son médecin, pour se garantir à l'avenir des accidents qui pourraient troubler sa santé et abréger sa vie.

L'autre raison était pareillement considérable, sur ce que je représentais à S. M. que je remarquais déjà en elle une délicatesse de poitrine et une faiblesse d'estomac, et qu'il était temps d'y apporter les choses nécessaires pour empêcher les progrès de ces deux infirmités, qui pourraient à l'avenir le rendre sujet à beaucoup d'incommodités qui seraient fort préjudiciables à S. M. Et en effet, bientôt après cette indication, S. M. a remarqué que j'avais raison, et a trouvé bon que j'aie fait, par mes soins, réussir heureusement ce que j'avais promis à sadite Majesté, comme l'on verra par la suite de ce discours.

Le roi ayant séjourné quelque temps à Saint-Denis fut obligé, pour le bien de son État et pour la plus grande commodité de son armée, de quitter ce poste et d'aller à Pontoise, où il demeura assez longtemps, sans que le grand nombre des maladies l'ait fait penser à un autre lieu, jusques à tant que ses affaires l'aient appelé ailleurs. Les fièvres malignes et pourprées augmentant de jour en jour firent un plus grand ravage parmi les habitants de la ville que parmi ceux de la Cour où, en effet, pour lors, il ne mourut personne de marque, à la réserve de M. le duc de Bouillon, qui mourut par la malignité et la violence d'une fièvre populaire dans ladite ville de Pontoise (1), pendant que son frère, M. de Turenne, faisait tant et résistait avec de très heureux succès aux ennemis de l'État, qui prétendaient abattre l'autorité du roi, et se rendre maîtres du royaume.

Après quelques semaines de séjour, S. E. désirant avec passion et une prudence extraordinaire rompre et empêcher les mauvais desseins de ses ennemis et de ceux de l'État, prit résolution de se retirer hors de France. Pour ôter toute sorte de prétexte aux factieux, il s'en alla de propos délibéré, et de son propre mouvement, à Bruges, où il demeura jusques à

(1) Mort le 9 août.

tant que toutes choses ayant été pacifiées et en état, il n'y avait plus rien à craindre.

Le roi, cependant, pour donner ordre aux affaires de Picardie et des Pays-Bas, s'en alla à Compiègne, de là retourna à Mantes, et de Mantes à Pontoise. Durant tous ces voyages, l'armée du roi faisait de grands progrès, et celle des ennemis commençait à déchoir par la mauvaise intelligence des chefs du parti adversaire ; ce qui obligea le roi de prendre une forte résolution d'aller dans Paris pour s'en rendre le maître, et pour exterminer ses ennemis. Pour ce sujet il partit de Pontoise, alla droit à Mantes d'où, après quelques instants, il se rendit à Saint-Germain-en-Laye, où là, depuis ce temps, les colonels de la ville de Paris se rendirent pour témoigner à S. M. le déplaisir qu'ils avaient de tout ce qui s'était passé, demandèrent pardon, et firent des vœux et protestations si solennels de leur fidélité et obéissance, que le lendemain le roi se rendit à Paris, où il fut reçu avec tant de joie et d'applaudissements que l'on n'avait jamais rien vu de semblable. Mais comme le roi était en chemin il envoya un ordre à Monsieur le duc d'Orléans, de sortir de la ville, qu'autrement il irait la tête baissée dans son palais pour le faire sortir. Ce Prince, voyant la résolution du roi, monta à cheval pour exécuter son ordre, se retira à Limours, laissant Madame prête d'accoucher, qui demeura jusques à la fin de ses couches.

Le roi demeura à Paris en paix, et maître absolu de toutes choses, et peu de jours après fit arrêter le cardinal de Retz, pour être mené au château de Vincennes.

Durant toutes les fatigues et les voyages de S. M. j'ai fait tous mes efforts pour conserver sa santé, et Dieu m'a fait la grâce d'y réussir assez heureusement. Mais comme le roi a travaillé extraordinairement en ces mauvaises conjonctures du temps, et au-dessus de ses forces, il se trouva travaillé d'un léger flux de ventre, qui fut promptement apaisé par un bon régime de vivre, et par un seul lavement qui fut composé suivant l'ordonnance suivante :

LAVEMENT POUR LE ROI.

Recipe : Olei amygdalium dulcium   ℥j.
Mellis violacei   ℥jβ.
Electuarii lenitivi   ℥β.

Dissolve in decocto hordei. — Fac clister. injiciend. hodie mane.

Après avoir gardé le lit un jour sans se tourmenter, et pris de la nourriture facile à digérer, comme je l'avais ordonné, les douleurs se sont apaisées, et le flux de ventre s'est arrêté beaucoup plus tôt que l'on n'avait espéré. Les déjections étaient bilieuses en quantité, avec des tranchées et des douleurs assez violentes, qui m'obligèrent de faire dissoudre de l'huile d'amandes douces dans le lavement.

Le seizième jour de novembre, le roi se trouva incommodé d'une tension de ventre un peu douloureuse, causée par un petit désordre, et pour avoir mangé trop de fruits. Je proposai à S. M. une petite abstinence, avec lavement suivant l'ordonnance qui suit :

LAVEMENT POUR LE ROI.

Recipe : Elect. lenitivi   ℥β.
Mellis violacei   ℥ij.
Olei amygdalium dulcium   ℥j.

Dissolve in decocto hordei furfuris et seminis lini.
Fac clyster. injiciend. hodie.

16 novembre 1652.

Ce remède réussit si heureusement qu'incontinent après l'avoir rendu, avec quantité de matières fort glaireuses et corrompues, S. M. s'est trouvée hors de toutes sortes de douleurs, et son dérangement s'arrêta bientôt après.

Le reste de l'année s'est passé sans aucune incommodité considérable, le roi croissant en force de jour en jour, et jouissant d'une parfaite santé.

Remarques sur l'année 1653.

Le commencement de la présente année a été fort heureux et conforme à la fin de la précédente, S. M. n'ayant aucune apparence de mal, ni aucun ressentiment de la moindre incommodité du monde. Néanmoins, sur la fin de janvier, prévoyant que sa santé commençait un peu à s'altérer et qu'une petite et légère disposition à la fièvre pouvait nous donner beaucoup d'alarmes, je proposai à S. M. une petite abstinence, avec un lavement, et, par ces deux expédients la réplétion étant ôtée, le roi s'est trouvé entièrement soulagé, après avoir rendu le lavement qui suit :

LAVEMENT POUR LE ROI.

Recipe : Mannæ ℥j
Bullire leviter in sufficienti quantitate decoctione hordei furfuris et seminis lini. — In colatum dissolve.
  Mellis violacei ℥iβ.
  Elect. lenitivi ℥β.
  Olei amygdal. dulcium ℥j
Fac clyster. — Ejiciend. hodie mane.
      28 januario 1653.

Dureté squirreuse du roi.

Au mois de février en suivant, le roi a été incommodé d'une dureté squirreuse, entièrement dure, et de la grosseur d'une grosse fève, au bout du tétin droit. Laquelle m'a donné beaucoup d'appréhension, quoiqu'elle fut sans douleur, ne pouvant pas m'imaginer qu'une dureté de cette nature put arriver à une personne de cet âge, qui doit d'ailleurs être fort saine, ou du moins qui avait les marques d'une heureuse complexion.

Cette appréhension me donna sujet d'y apporter promptement les remèdes nécessaires pour amollir la tumeur et pour empêcher ses progrès, et faire en sorte qu'elle ne dégénérât pas en un mal de plus grande conséquence.

Les remèdes, en cette conjoncture, furent appliqués si heureusement, qu'en moins de temps que je m'étais proposé, ils firent diminuer et la grosseur et la dureté, en telle manière que trois semaines après, le mal fut entièrement guéri. Cela s'est fait par la vertu spécifique d'un emplâtre qui m'avait déjà réussi très heureusement aux duretés squirreuses, aux ganglions, aux loupes et aux écrouelles. Lequel j'avais, quelques années auparavant, inventé en faveur des religieuses de l'Ave-Maria de Paris qui, à cause de l'austérité de leur vie et de la nudité des pieds, sont très sujettes aux loupes des genoux, et dont fort peu manquent de recevoir une parfaite guérison, quand elles se servent de cet emplâtre, après avoir fomenté la partie avec de l'urine quelques jours auparavant que de s'en servir ; ce qui m'oblige d'écrire ici sa description, non-seulement pour faire savoir de quelle manière le roi a été délivré de cette tumeur, mais très particulièrement pour donner connaissance du remède, qui a des vertus admirables en semblable occasion. Voici l'ordonnance :

EMPLATRE POUR LE ROI.

Recipe : Emplastri divini palmari
Et de ranis, simplex et compositum } *ana* ʒiij.
Et de mucaginibus.
Malassa simul, cum oleo amygdal. dulcium.
Fiat emplastrum, et extendatur in aluta, et admoventur partem affectam.

7 février 1653.

Vers la fin du même mois, le roi, s'étant très échauffé à répéter un ballet, fut incommodé d'un rhume qui lui tomba particulièrement sur le nez, dont il fut si considérablement incommodé, qu'il avait de la peine à parler et à respirer, et, voyant qu'il s'en plaignait extraordinairement, je lui fis préparer un parfum qui arrêta le cours de l'humeur en deux jours. Voici la préparation dudit parfum :

PARFUM POUR LE ROI.

Recipe : Carabi
Sacchari candidi } ana ʒj.

Fac pulvim projiciendam super prunas, pro suffimigio in gravedine et incipiente coryza, paulo ante ingressum lecti, quod optime successit.

18 februario 1653.

En même temps le roi ressentit au visage quantité de dartres vives et farineuses, avec démangeaison et écorchure de l'épiderme. Nous avions appréhension qu'elles ne fussent de même nature que celles qui arrivèrent à S. M. ensuite de sa petite-vérole. Mais bientôt nous avons été délivré et du mal et de l'appréhension, par la seule application de ma pommade de baume, qui m'a réussi heureusement en semblable occasion, et l'incommodité s'est bientôt passée.

POMMADE POUR LE ROI.

Recipe : Ceræ albissimæ   ʒij.
Olei amygdal. dulcium   ʒx.

Liquefac simul et agita cum spatula lignea.

Addendo post coagulationem. Balsami Peruviani nigri, q. s.

Fac balsamum.

Peu de temps après, le roi s'étant échauffé à danser et répéter son ballet (1), fut saisi, le huitième jour de mars, après avoir soupé, de frissons par tout le corps, qui lui durèrent plus d'une heure, et furent suivis d'un accès de fièvre très considérable qui lui dura toute la nuit avec beaucoup d'inquiétudes. Tous ces accidents se trouvèrent arrêtés fort heureusement, et sans retour, après une saignée qui fut faite le lende-

---

(1) Le *Ballet-Royal de la nuit*. — Ce ballet avait été dansé au Petit-Bourbon, le 23 février 1653.

main matin. Le jour suivant, S. M. prit un lavement, et le lendemain une médecine qui fut préparée de la manière qui suit :

BOUILLON PURGATIF POUR LE ROI.

Recipe : *Crystalli mineralis* } *ana* ʒj.
Cremoris tartari
Mannœ ʒjβ.
Folliculorum senœ ʒij.

Bulliant leviter in infusione carnis vituline, herbis refrigerantibus attente.
Fac colaturam.
Sumende mane in aurora.

Ce remède a purgé le roi si doucement et avec tant de succès, que j'ai pris résolution de ne purger jamais S. M. que de cette manière, à moins qu'il n'arrivât quelque maladie considérable qui demandât une autre purgation ; et comme le roi s'est fort bien trouvé de ce remède, il y a de l'apparence qu'il en ressentira les mêmes effets quand il aura besoin d'être purgé, étant certain qu'il n'a pu se résoudre à prendre une médecine selon les préparations ordinaires, outre qu'il n'a aucune répugnance maintenant en l'opération dudit remède.

N. B. — Je me suis bien trouvé en la suite des temps et en plusieurs occasions de l'effet de ce bouillon.

Flux de ventre du roi, fort opiniâtre, qui approchait de la dyssenterie et de la nature du flux mésentérique, lequel dura plus de huit mois. — Sa cause et sa guérison.

Sur la fin du mois de mars de la présente année, après plusieurs fatigues durant un ballet dansé à plusieurs reprises par S. M., entremêlées de quelques désordres et déréglements à l'égard du roi, sur des vivres, et même ensuite de quelques excès de breuvages sucrés et artificiels, particulièrement de limonades, et pour avoir trop mangé des oranges de Portugal, le roi ressentit une douleur et faiblesse d'estomac fort extraordinaire; et comme il voulut, à son ordinaire et contre les avis que j'avais donnés, garder religieusement le carême, S. M. fut, après Pâques, si fort travaillée d'un flux de ventre si considérable qu'elle rendait les aliments par les selles sans aucune coction, avec abondance de glaires et autres matières de mauvaise condition. Ce mal, s'augmentant de jour en jour, n'empêcha pas S. M. de commencer bientôt après une des plus rudes campagnes qu'elle eût faites par le passé, sans se pouvoir résoudre à faire en repos et à l'aise les remèdes que j'avais proposés. Il est bien vrai que quelques jours auparavant j'avais commencé une manière de régime qui lui avait fait du bien; mais l'impatience d'aller à la guerre et de s'exposer à des fatigues extraordinaires, renversa tout l'avantage que S. M. commençait déjà à recevoir des remèdes, et, continuant ses voyages, son mal empirait à vue d'œil. En effet, si, après avoir campé avec son armée en plusieurs lieux fort incommodes, on n'eût pas séjourné quelques jours à Ribémont (1) pour attendre des nouvelles de la marche des ennemis que l'on croyait avoir dessein d'assiéger Saint-Quentin, son mal se fût rendu beaucoup plus grand et plus incommode. Je me servis de cette occasion pour lui faire prendre quelques remèdes particuliers qui nous donnèrent un peu de relâche pour supporter plus facilement les fatigues de la guerre. Quelques jours après, son mal augmentant, S. M. donna beaucoup d'appréhension aux principaux de la Cour, ce qui m'obligea d'avoir recours aux remèdes lorsque nous arrivâmes à Montmédi, où je fus contraint de lui faire prendre un lavement en descendant de cheval, étant encore tout botté, et en un lieu le plus désolé et le plus incommode de tout le royaume. L'effet de ce remède donna un peu de force et de courage au roi, en sorte qu'il partit le lendemain matin pour continuer ses desseins et sa marche. Durant toutes ces fatigues et les incommodités d'une si longue et si fâcheuse campagne, le roi, ne pouvant faire exactement ce qui était

---

(1) 24 juillet 1653.

nécessaire pour rétablir sa santé, et ne voulant pas perdre une seule occasion, consentit au moins à suivre et garder le régime de vivre le plus régulièrement qu'il lui serait possible, puisque d'ailleurs il ne pouvait donner le temps aux remèdes que je lui proposais, remettant toutes choses après la campagne, alors qu'il serait de retour à Paris, S. M. m'ayant dit plusieurs fois, après la remontrance que je lui faisais de la conséquence de son mal, qu'elle aimait mieux mourir que de manquer la moindre occasion où il y allait de sa gloire et du rétablissement de son État. En quoi l'on a sujet d'admirer la grandeur de son âme et la patience extraordinaire de ce prince, accompagnées d'une volonté admirable ; m'ayant accordé de se priver de toutes les sortes d'aliments que je croirais être contraires à son mal ; qu'il ne mangerait que ce que je lui ordonnerais, et se coucherait un peu plus tôt et plus régulièrement qu'à l'ordinaire. En effet, S. M. s'est empêchée huit mois entiers de manger ni fruits crûs, ni salades, ni aucune viande de dure digestion ; sinon qu'elle a été obligée quelquefois de manger des viandes froides aux haltes où elle ne pouvait pas avoir, comme devant, les officiers de la bouche.

Cependant la continuation de son mal me donna beaucoup d'inquiétude, parce que je prévoyais bien que la suite en pouvait être très dangereuse. En cette grande perplexité, j'ai pris enfin la résolution, après avoir bien examiné toutes choses, de tenter quelques remèdes spécifiques et particuliers pour suspendre en quelque façon le mal et pour empêcher son progrès ; et, comme nous n'avions point de repos, j'ai trouvé moyen d'inventer et de préparer moi-même des compositions qui n'étaient pas difficiles à prendre et n'empêchèrent pas S. M. de monter tous les jours à cheval et de continuer ses grandes entreprises ; de sorte que l'on peut dire avec vérité, que Dieu m'ayant inspiré ces remèdes, le roi a reçu un soulagement sensible, sans perdre aucune occasion de la campagne.

S. M., ravie de cette invention, continua de prendre tous

les jours ce que je lui avais préparé, n'ayant aucune aversion à semblables remèdes, qui, petit à petit et insensiblement, diminuaient son incommodité; ce qui lui donna espérance et l'obligea d'être encore plus ponctuel à son régime et à se coucher de meilleure heure.

Ce soulagement fit passer à S. M. toute la campagne avec plus de courage et de vigueur, et supporter les fatigues de la guerre avec de très heureux succès; de manière que le roi eut la satisfaction de voir, à la fin de ladite campagne, ses affaires en meilleur état et sa santé plus affermie que quand il la commença; et, incontinent après son retour, nous avons achevé l'usage de nos remèdes avec un peu plus de repos et plus de suite, qui ont si heureusement réussi, qu'après avoir reconnu leurs bons effets, j'ai assuré S. M. qu'elle était entièrement guérie, et qu'il n'y avait plus rien à craindre à l'avenir, voyant son estomac et toutes les parties nourricières en meilleur état qu'elles n'avaient été depuis qu'il était au monde. Ce qui a réussi comme je l'avais prédit.

Et puisque Dieu m'a donné la lumière des remèdes que j'ai inventés pour l'entière guérison du roi, j'ai sujet de lui rendre grâce et de faire ici une exacte relation de l'ordre que j'ai tenu pour les faire pratiquer à S. M., afin que les mêmes remèdes lui puissent servir si elle retombait en semblables maux, ou du moins que ses enfants ayent cet avantage si la même chose leur arrivait.

Ordre et suite des remèdes dont je me suis heureusement servi pour la guérison du flux de ventre lientérique du roi. 1653.

Après l'usage des lavements faits et préparés avec des têtes de *bouillon blanc* et de *graine de lin*, l'*eau rosée*, l'*huile d'amandes douces* et la *manne*, je me suis servi de mon *eau martiale*, qui ne m'a jamais manqué en semblable occasion, non pas même à *flux mésentérique, hépatique*, et autres, invétérés d'un an ou deux; laquelle pourtant n'a pas guéri le roi, comme j'avais espéré au commencement de son mal, mais elle a disposé au passage de la matière, de sorte que les autres remèdes ont produit des effets admirables, comme l'on peut connaître par la suite de ce discours, en une occasion où il y avait fort peu d'espérance d'un semblable succès, non-seulement à l'égard de la faiblesse des parties et de la longueur du mal, mais particulièrement pour les grandes et extraordinaires fatigues que S. M. était obligée de faire pour l'urgente nécessité de ses affaires et pour le rétablissement de son État.

Le second remède a été inventé, voyant que le premier était incommode et que le roi, après en avoir usé quelque temps, ne le pouvait plus supporter, ayant une aversion à ladite *eau martiale*. Ce qui m'a obligé de préparer l'eau d'une manière particulière et excellente, de laquelle j'ai fait des tablettes, afin que S. M. les put avaler sans peur et sans aversion, outre que ce remède ne l'empêchait pas de monter à cheval et de fatiguer à son ordinaire.

Le bien que nous avons tiré de ce remède a été assez considérable, vu que son estomac s'est un peu fortifié et que les matières n'ont pas été aussi mauvaises. Si, durant son usage, le régime de vivre avec le repos eût été ponctuellement gardé, je ne doute pas que la guérison n'eût été parfaite, comme j'ai remarqué en plusieurs personnes travaillées de la même incommodité.

Le troisième, que j'appelle *specificum nostrum stomachicum*, a été par nous inventé pour fortifier l'estomac et toutes les autres parties nourricières, voyant que les premiers remèdes n'avaient pas réussi comme je m'étais promis. En une si urgente nécessité, nous avions besoin d'un si excellent remède, qui non-seulement a arrêté le flux de ventre, mais a rétabli toutes les parties susdites en un meilleur état qu'elles n'avaient été depuis la naissance de S. M. De sorte que j'ai grand sujet de rendre grâce à Dieu de m'avoir donné les moyens et la lumière pour la parfaite guérison du roi, d'une incommodité qui était de la dernière importance. Et, comme les remèdes que j'ai employés pour un si heureux succès peuvent servir en d'autres occasions, j'ai voulu laisser par écrit les ordonnances, avec toute l'exactitude et la fidélité qui m'a été possible.

AQUA NOSTRA MARTIALIS.

Recipe : Limaturæ chalybis ℥jβ.
Succi mali aurantii ʒj.

Digere simul in vase vitreo viginti-quatuor horis in balneo-maris. Postea affunde ℔iiij *aquæ fontanæ purissimæ. Fac iterum omnis digestio in eodem balneo-maris, per viginti-quatuor horas, vase optime clauso. Facta tandem levi ebullitione per horam. Separata aqua à fœcibus servanda in vase vitreo in loco frigido, de qua capiat* ʒvj *pluribus diebus continuis in aurora duabus horis ante jentationem.*

Pour le roi. — 1653.   VALLOT.

TABELLA NOSTRA MARTIALIS.

Recipe : *Pulveris nostri martialis nostro marte concinnati,*
quinque grana. — Tere in marmore, cum de ij g^r sacchari candidi.

Misce ex arte, cum sacchari albissimi ʒj.

Et addito quinque g^r tragachanti aquæ rosarum vel buglossi tantillo soluta.

Fiat tabella sumenda mane jejuno ventriculo paulò ante jentationem.

Hausta pluribus diebus continuis sine custodia.

TABELLA NOSTRA STOMACHICA.

Recipe : Specifici nostri stomachici   g^{r}vj.
Auri nostri diaphoretici   g^{r}jv.
Margaritam preparatam   g^{r}viij.

Misce simul cum S. Q. sacchari, et addito gummi tragacanthi aquæ rosanæ solutæ.

Fiat tabella sumenda horis matutinis pauli ante jentationem, per mensem julii.

Pour le roi. — 1653.   VALLOT.

Ces trois remèdes ont parfaitement réussi pour la parfaite guérison du flux de ventre du roi, qui avait duré plus de huit mois, et n'a cessé que sur la fin d'une campagne fort longue et fort rude qui dura jusque dans le fort de l'hiver, et après le siége et la prise de Sainte-Menehould (1), durant lequel le roi ne voulut perdre aucune occasion d'aller de sa personne, et n'aurait jamais été maître de ladite place, qui était pour lors la plus importante de tout le royaume, pour rabattre les desseins des ennemis de S. M. Lorsque j'ai vu sadite Majesté en un si bon état, je lui ai donné des assurances qu'elle ne retomberait jamais en une semblable incommodité, les parties étant beaucoup mieux rétablies que par le passé. En effet, j'ai vu, par expérience, que ma prédiction a été bien véritable.

Comme nous avons eu besoin d'autres remèdes pour achever glorieusement cet ouvrage, particulièrement de lavements de différentes manières, j'ai été obligé d'en laisser ici les ordonnances, afin que, en pareille occasion, elles puissent servir à l'avenir à S. M.

LAVEMENTS POUR LE ROI EN SON FLUX DE VENTRE.

Recipe : *Jalapi Alexandrini*
Mellis rosacei } *ana* ʒβ.
Confectionis mineralis ℈vj.
Olei amygd. dulcium ʒj.
Aquæ rosanæ ʒiiij.

Diffuse in ℔β *decoctionis hordei furfuris et seminis lini.* — *Fac clyster.*

AUTRE LAVEMENT.

Recipe : *Aquæ rosanæ* ʒiiij.
Olei amygd. dulcium ʒij
Jalapi Alexandrini
Mellis rosacei } *ana* ʒj.

Dissolve in ʒv *decoctione foliorum Thlaspi-verbasci et seminis lini.* — *Fac clyster.*

(1) 26 novembre 1653.

AUTRE LAVEMENT.

Recipe : Confectionis mineralis ℥β.
Olei amygdal. dulcium ℥j.
Mellis rosacei ℥jβ.
Aquæ rosanæ ℥iij.

Dissolve in decoctione seminis lini et hordei furfuris. — Fac clyster.

AUTRE LAVEMENT.

Recipe : Mannæ } ana ℥jβ.
Mellis communis

Bulliant leviter in decocto althææ totius radicis et symphiti majoris.

Dissolve : Olei amygdalium dulcium ℥jβ.
Electuarii lenitivi ℥iij.

Fac clyster.

AUTRE LAVEMENT.

Recipe : Aquæ rosanæ } ana ℥x.
Decoctionis seminis lini

Dissolve : Axongiæ gallinæ } ana ℥jβ.
Butiri recentis

Fac clyster. — Injiciendum urgente dolore.

AUTRE LAVEMENT.

Recipe : Confectionis mineralis ℥j.
Mellis rosacei ℥jβ.

In decocto capitis veronici ad talem cum semine lini et radice althææ. — Fac clyster.

AUTRE LAVEMENT.

Recipe : Mannæ ℥ij.

Bulliant in decocto capitis veronici.

In cola. — Dissolve : Jalapi Alexandrini ℥j.
Mellis nenupharii ℥jβ.

Fac clyster.

AUTRE LAVEMENT.

Recipe : *Mellis rosacei*
Jalapi Alexandrini } *ana* ʒj.
Electuarii lenitivi ʒvj.
Aquæ rosanæ ʒjβ.

Dissolve in decocto Thlaspi verbasci et furfuris h... ... — *Fac clyster.*

AUTRE LAVEMENT.

Recipe : *Mucilaginis seminis psyllii et lini in aqua rosana extracta* *ana* ʒj.
Butiri recentis ʒii.

Dissolve in decocto althææ totius folii Thlaspi verbasci et veronica fœmina ex aqua et lacto parvulo. — *Fac clyster.*

Depuis la parfaite guérison du flux de ventre, le roi n'a ressenti aucune incommodité considérable, sinon qu'il fut un peu travaillé d'un rhume, et sur le commencement de l'hiver, après avoir souffert beaucoup de peine et de fatigue au siége de Sainte-Menehould, S. M. ressentit une grande douleur de tête, accompagnée d'une fièvre symptomatique, qui l'obligea de retourner à Châlons et de quitter le camp, après avoir fait la revue de son armée, et visité tous les quartiers où il y avait quelques désordres à cause des différends des généraux et autres officiers ; et, quoiqu'il fut fort pressé de douleur et de sa fièvre, il ne voulut jamais quitter le camp qu'il n'eût pacifié toutes choses et donné ses ordres pour l'avenir.

Enfin, après une longue fatigue, il arriva le soir à Châlons, par un grand brouillard, sans avoir voulu monter en carrosse depuis la tranchée jusqu'à Châlons.

Se voyant ainsi accablé de douleur, il se coucha sitôt qu'il fut arrivé. En même temps, je lui ordonnai un lavement, et, le jour d'après, on lui tira trois poêlettes de sang (1). Ce re-

---

(1) Le 30 d'octobre, le roi ayant eu quelque légère indisposition, en fut sou-

mède fit diminuer la fièvre et les autres accidents si considérablement, que, deux jours après, il se porta fort bien, contre son attente et l'opinion de toute la Cour qui appréhendait avec beaucoup de raison que ce prince ne tombât dans des accidents fâcheux et de longue durée, après avoir fatigué toute la campagne et supporté si longtemps des flux de ventre si opiniâtres et si importuns.

Le roi, ayant été si promptement et si heureusement guéri de sa fièvre et de sa douleur de tête, demeura quelques jours à Châlons pour reprendre ses forces, puis retourna au siége de Sainte-Menehould, où il continua ses soins et ses fatigues avec autant d'ardeur que s'il n'eût jamais ressenti aucune incommodité. C'est une chose surprenante que la rigueur de la saison, ni les mauvais chemins, ni la difficulté des passages, ne l'empêchèrent point d'être une bonne partie du jour à cheval. J'étais pour lors dans des appréhensions que S. M. ne tombât malade, outre la crainte que j'avais de sa personne qui s'exposait si librement. Aussi, priais-je Dieu, par sa sainte grâce, de le protéger en toutes ces occasions, de manière qu'il en est sorti glorieusement, ayant forcé les assiégés de se rendre et de remettre la place à son obéissance, ce qu'ils n'auraient pas fait sitôt, si S. M. n'eût été présente et payé de sa propre personne.

Remarques pour l'année 1654.

La présente année a été très heureuse, et très considérable principalement par quatre choses : la première, est la parfaite

---

lagé par la saignée ; et tout ce jour-là, comme aussi le lendemain, S. M. fut visitée par les grands de la Cour, particulièrement sur le midi et sur le soir par Son Eminence, qui ne prend pas moins de soin d'une santé si précieuse qu'est celle de ce grand monarque, que de la gloire de son État et du progrès de ses armes.

Gazette de France, 3 novembre 1653. P. 2,000.

santé du roi, qui n'a été troublée d'aucun accident de conséquence; la seconde, est le sacre de S. M. ; la troisième, le siége fameux, fait par sadite Majesté, de Stenay, et la prise d'une place si forte et si considérable ; la quatrième, est le secours de la ville d'Arras.

Je m'arrêterai seulement à faire la relation d'une dureté squirreuse, qui est survenue, à Sédan, au tétin gauche, au mois de juillet, semblable à celle dont je l'avais guéri l'année précédente au tétin droit. Ladite tumeur était un peu plus dure et un peu plus grosse que la première, pour la guérison de laquelle le premier-chirurgien s'était ingéré, sans nuls ordres et sans m'en donner avis, de la vouloir traiter par l'application de son emplâtre de céruse brûlée, qui n'a aucun rapport à cette manière de tumeur, ni aucune vertu pour la consumer. J'ai été contraint, après avoir différé huit jours, de faire ôter ledit emplâtre, S. M. se plaignant qu'elle en recevait de l'incommodité, et que son mal augmentait avec quelque sorte de douleur, qui n'avait encore paru en cette dernière tumeur, ni en la première. Au lieu dudit emplâtre, j'ai fait mettre le mien, qui, en peu de temps, a ôté la douleur, amolli la dureté et guéri entièrement ce mal, qui ne paraissait pas beaucoup dans ces commencements, mais qui pouvait augmenter et dégénérer en un mal plus fâcheux et de plus grande conséquence ; et, comme j'ai fait une forte réflexion sur la première tumeur squirreuse, en cette partie où elle a parue, j'ai eu sujet d'appréhender davantage quand j'ai vu que le même mal renaissait de l'autre côté, c'est-à-dire, sur la tête de la mamelle droite, ne pouvant pas me figurer qu'un mal de cette nature pût survenir en l'âge et au tempérament du roi, s'il n'y avait quelque mauvais principe qui était de grande conséquence, et qu'il n'était pas seulement question de se servir de remèdes résolutifs, mais qu'il était nécessaire d'employer les remèdes internes pour arrêter le cours, ou plutôt la génération d'une matière qui était capable de faire quelque grand désordre dans les parties nobles dont il tenait sa racine, ou du moins produire quelque tumeur carcinomateuse quand le roi serait dans un âge plus avancé ; ce qui m'a fait prendre résolution de faire préparer des tablettes avec la pierre d'écrevisse, la craie, la perle, le diaphorétique. Le tout m'a fort bien réussi par la grâce de Dieu (1).

Remarques pour l'année 1655.

La parfaite santé dont a joui le roi l'année dernière, nous a donné, par la grâce de Dieu, de très beaux commencements et de très belles espérances pour la présente année. En effet, il y avait beaucoup d'apparence que S. M. la pouvait passer aussi heureusement que la précédente, puisqu'on la voyait tous les jours croître en force et en vigueur ; mais, comme les plus grands rois ne sont point exempts des atteintes des maladies et des infirmités qui arrivent aux hommes, S. M., dans le plus beau de ses jours et dans une jeunesse si tendre et si florissante, s'est ressentie d'un mal si grand et si extraordinaire, que je me suis vu dans la dernière confusion et dans un tel accablement, que je ne crois pas qu'aucun de tous les premiers-médecins qui m'ont précédé ait eu jamais plus d'inquiétude que moi, ni remarqué un accident plus étrange, ni plus considérable que celui qui est arrivé au roi, en l'âge de dix-sept ans (2).

Les quatre premiers mois de l'année se sont heureusement écoulés sans la moindre incommodité du monde. Au commencement du mois de mai, ma joie a été troublée après avoir re-

---

(1) Ces engorgements glanduleux viennent encore établir la constitution lymphatique du roi.

(2) Pour bien comprendre l'embarras de Vallot, dans le récit de cette affection du roi, il est nécessaire de se rappeler que Louis XIV désirait souvent jeter les yeux sur ce *Journal*, qu'il savait tenu par son premier-médecin. Quant à la nature de cette maladie, nous laissons aux médecins qui en liront le récit à la caractériser.

connu les marques d'un mal auquel je ne m'attendais pas et qui m'a semblé le plus étrange du monde, n'ayant jamais rien vu de semblable, ni dans les livres, ni dans les expériences de tant de maladies que j'ai traversées en si grand nombre, depuis vingt-huit ans; et, après avoir consulté les plus habiles médecins de l'Europe, sous des noms empruntés, je me suis trouvé aussi peu instruit que la première journée. Enfin, après un étonnement ou plutôt une interdiction extraordinaire, je me suis si fort appliqué à rechercher la cause de cette maladie nouvelle et inconnue, et aux moyens de la pouvoir guérir, que Dieu m'a fait la grâce de rendre un service si considérable au roi et à son État, que j'ai sujet de reconnaître les bontés que Dieu a eues pour le roi et pour ma conduite, dont il s'est voulu servir pour le délivrer d'une incommodité de cette nature qui le menaçait de ne pouvoir jamais avoir d'enfants, et d'être dans une infirmité le reste de ses jours.

Au commencement du mois de mai de l'année 1655, un peu auparavant que d'aller à la guerre, l'on me donna avis que les chemises du roi étaient gâtées d'une matière qui donna soupçon de quelque mal, à quoi il était besoin de prendre garde. Les personnes qui me donnèrent les premiers avis n'étaient pas bien informées de la nature et de la qualité du mal, croyant d'abord que c'était ou quelque pollution, ou bien quelque maladie vénérienne; mais, après avoir bien examiné toutes choses, je tombai dans d'autres sentiments et me persuadai que cet accident était de plus grande importance. En effet, je ne me suis pas trompé, car Dieu, ayant donné une si heureuse naissance à ce grand prince, a voulu imprimer en son âme toutes les vertus en un degré si éminent, et inspirer en sa personne toutes les belles inclinations, que je n'avais pour lors de doute de la pureté de sa vie, non plus que de sa chasteté (1), étant assuré de cette vérité, non-seulement de sa

---

(1) Si l'on en croit tous les écrits sur la jeunesse de Louis XIV, sa chasteté n'était pas très grande, et l'on voit encore ici l'embarras de Valiot. — C'était justement l'année de ses amours avec Olympe Mancini.

propre bouche, mais parce qu'il n'avait pas fait réflexion sur cette décharge qui lui arrivait presque à tous moments, sans douleur et sans plaisir, de sorte que je fus obligé de lui faire connaître que c'était une incommodité considérable et extraordinaire à laquelle on devait apporter les remèdes nécessaires, en une occasion de cette conséquence ; et si je ne lui avais parlé de la sorte il aurait demeuré encore quelque temps sans savoir si s'était une chose ordinaire ou non.

Après avoir représenté à S. M. la conséquence de cet accident, elle fit réflexion sur l'avis que je lui donnais, particulièrement après lui avoir représenté qu'elle pourrait être valé-

---

Nous avons cru devoir réunir, comme documents, divers extraits tirés des œuvres de la princesse-palatine, de Saint-Simon et de Voltaire, se rapportant à cette époque de la jeunesse de Louis XIV.

« J'ai vu encore cette vieille créature de *Beauvais*, la Beauvais, première femme de chambre de la reine-mère ; elle a vécu quelques années depuis que je suis en France. C'est elle qui, la première, apprit au feu roi ce qu'il a si bien pratiqué auprès des femmes. Cette borgne entendait fort bien à faire de ces élèves. » (*Mélanges hist.*, par Elisabeth-Charlotte de Bavière.)

« Le feu roi a été très galant assurément, mais il est souvent allé jusqu'à la débauche. Tout lui était bon alors ; paysannes, filles de jardinier, servantes, femmes de chambre, femmes de qualité, pourvu qu'elles *fissent semblant de l'aimer*. » (*Mélanges hist.*, par Elisabeth-Charlotte de Bavière.)

« Il eut une fille d'une jeune jardinière. (Saint-Simon. 1828. in-8°, tom IV, page 182).

« Cette madame de Beauvais était une créature de beaucoup d'esprit, d'une grande intrigue, fort audacieuse, qui avait eu le grapin sur la reine-mère, et qui était plus que galante. On lui attribue d'avoir la première déniaisé le roi à son profit, qui a toujours eu de l'amitié et de la considération pour elle et pour les siens. » (Note de Saint-Simon, dans le *Journal de Dangeau*, publié par MM. Soulié, Dussieux, etc. tom. III, page 191.)

« Il y a dans les mémoires de Laporte, une anecdote sur l'enfance de Louis XIV, qui rendrait la mémoire du cardinal Mazarin exécrable, s'il avait été coupable du crime honteux que Laporte semble lui imputer. Il paraît que Laporte fut trop scrupuleux et trop mauvais physicien, il ne savait pas qu'il y avait des tempéraments fort avancés, il devait surtout se taire, il se perdit pour avoir parlé, et pour avoir attribué à la débauche un accident fort naturel. » (Voltaire. *Siècle de Louis XIV.*)

« Il n'y a guère d'historiens qui n'aient publié les goûts de Louis XIV pour la baronne de Beauvais, pour Mlle d'Argencourt, pour la nièce du cardinal Mazarin, qui fut mariée au comte de Soissons, père du prince Eugène, surtout pour Marie Mancini, sa sœur, qui épousa ensuite le connétable Colonne. » (Voltaire. *Siècle de Louis XIV*, tome II, page 223, Édition Beuchot.)

tudinaire le reste de ses jours et en état de ne pouvoir avoir des enfants, ce qui la surprit extrêmement, et me demanda avec instance les moyens de la sortir de cette incommodité.

La matière qui découlait sans douleur, et sans aucun chatouillement, comme j'ai dit ci-dessus, était d'une consistance entre celle d'un blanc d'œuf et du pus, et s'attachait si fort à la chemise que l'on ne pouvait ôter les marques qu'avec la lessive ou bien avec le savon. La couleur était d'ordinaire fort jaune mêlée de vert; elle s'écoulait insensiblement, en plus grande abondance la nuit que le jour. Toutes ces circonstances m'étonnèrent fort, et me firent avoir la pensée qu'un mal si extraordinaire ne pouvait survenir que de la faiblesse des prostates et des vaisseaux spermatiques. M'étant fixé à cette opinion, Dieu m'a fait la grâce de guérir nettement S. M. comme l'on verra par la suite de ce discours.

Le roi étant donc pleinement informé de l'espèce et de la condition de son mal, m'a commandé de lui faire comprendre la cause, et préparer les moyens de le guérir.

Pour satisfaire au premier point, et pour lui faire comprendre la cause, je lui ai dit qu'il avait une délicatésse de naissance, ou plutôt une faiblesse aux parties qui servent à la génération, et que cette faiblesse avait été augmentée pour avoir trop tôt monté à cheval, et particulièrement pour s'être rendu un peu trop assidu à faire les exercices de l'Académie et pour avoir voltigé avec un peu trop de passion. Comme ce prince a toujours eu de très belles dispositions à toutes sortes d'exercices, il a souhaité de surpasser tous ceux de son âge, et même ceux qui étaient plus avancés; et, en effet, l'on a toujours reconnu qu'il surmontait toutes sortes de difficultés, et qu'il s'est rendu plus adroit que tous ceux de son âge et de sa portée.

Cet exercice du cheval, et celui de l'Académie pour apprendre à voltiger, ont enfin meurtri les parties qui servent à la génération, qui pour lors étaient déjà fort faibles, et, par la succession des temps, le mal s'est déclaré de la manière que j'ai exprimée ci-dessus.

Pour le regard des mesures qu'il fallait prendre pour arrêter le flux et fortifier les parties affligées, je confessai à S. M. que j'étais fort embarrassé, et que, sur-le-champ, je ne pouvais pas satisfaire à S. M., ni lui dire au vrai ce que je pourrais faire en cette occasion pour son service, mais que je m'appliquerais à ce dessein avec toute l'attention que S. M. pouvait désirer de moi, ajoutant à ces assurances que le mal était d'autant plus difficile à guérir, qu'il paraissait extraordinaire et sans exemple ; outre que les remèdes qui devaient servir à cette intention seraient indubitablement interrompus, puisque je voyais S. M. résolue de mourir plutôt que de perdre l'occasion d'une campagne qui se présentait, et qui, selon toutes les apparences, devait être longue et fort pénible. En effet, lorsque j'ai voulu commencer quelque remède, j'ai été contraint de le quitter pour satisfaire à la passion qu'il avait pour rétablir son État et ses affaires ; et l'on peut dire, avec vérité, que nous avons fort peu avancé durant ladite campagne, et que tout ce que nous avons fait, à bâtons-rompus, ne servit que pour arrêter le progrès du mal. Voyant qu'il n'y avait point de temps à perdre, après avoir bien examiné toutes choses, je commençai les remèdes à Paris, peu de jours auparavant le départ de S. M., et pris une forte résolution de les continuer jusques à la fin du mieux qu'il me serait possible, Dieu m'ayant donné des forces et des lumières toutes particulières pour traiter S. M. selon l'ordre que j'avais projeté en mon esprit, sans en donner aucune communication à personne de la profession, *parce que j'avais reçu commandement exprès de ne déclarer à personne une affaire d'une telle conséquence.*

La saignée a été le premier remède, qui a été précédé d'un lavement et suivi d'un léger purgatif ; et, pour dissimuler le sujet qui m'obligeait de faire ces remèdes, je publiai partout que le roi avait consenti à cette préparation pour mieux supporter la campagne, outre qu'il y avait quelque nécessité de le rafraîchir, ce qui m'obligea de le baigner une seule fois, d'autant que les affaires pressaient S. M. de partir en diligence pour commencer cette belle campagne qui l'a rendu maître de trois villes de Flandres.

Le roi, étant arrivé à Compiègne, ne put faire aucun remède, parce que l'on fut obligé d'aller à La Fère, où je donnai avis à la reine et à S. Ém. de la conséquence de ce mal et de la nécessité qu'il y avait de commencer les remèdes que S. M. pratiqua selon l'ordre que j'avais donné à ce sujet. Le roi fut saigné, purgé, et se servit de quelques lavements. Après cette préparation, on usa des balsamiques et des émulsions. Ces remèdes furent interrompus, parce que les affaires obligèrent le roi de partir de La Fère pour aller à Soissons, où les remèdes furent continués avec l'usage de l'eau de pimprenelle. Comme l'on était pour lors obligé de changer souvent de lieu suivant les occurrences, le roi retourna à La Fère, où l'on ne fit pas un long séjour, parce que le voyage de Flandres pressait. Il fut absolument nécessaire de quitter toutes choses pour satisfaire à l'impatience du roi, qui voulait absolument se rendre en diligence à son armée, pour des affaires de la dernière importance (1).

Enfin, le roi étant engagé en son voyage de Flandres, on ne peut pas exprimer la peine qu'il a prise durant une si fâcheuse campagne, et la fatigue qu'il a soufferte, non-seulement dans la marche, mais dans ses logements qui ont été très incommodes, et, quoique le cheval fût très désavantageux et contraire à son mal, S. M. n'a jamais voulu être dans son carrosse. Cependant, j'étais dans une inquiétude continuelle, voyant qu'il n'y avait aucune apparence de lui faire des remèdes, S. M. me remettant à un autre temps, et m'assurant qu'elle ne se résoudrait jamais à faire aucune chose pour son mal, qu'elle n'eût achevé ses desseins, et qu'elle ne fût en un lieu de repos; qu'elle aimait mieux mourir ou demeurer toute sa vie dans son incommodité, que de perdre de si belles occasions; ce qui me fit résoudre à lui préparer des remèdes qui pourraient fortifier les parties affligées, et empê-

(1) Il partit le 30 de juillet.

cher le progrès du mal, puisqu'il ne m'était pas, pour lors, permis de faire davantage. Je commençai par l'usage de mes tablettes martiales, composées avec mon sel de mars, mon spécifique stomachique, les pierres d'écrevisses préparées, les perles et les coraux. Je lui en faisais prendre tous les matins dans son lit, sans que personne en eût connaissance. J'ai continué quelque temps de cette manière, puis, par certains intervalles, je faisais prendre d'autres remèdes à S. M. pour rafraîchir les entrailles, particulièrement l'eau de pimprenelle durant les grandes chaleurs; et ainsi, entremêlant les remèdes et donnant aussi quelque repos, ou plutôt interruption, j'ai remarqué que les choses allaient mieux, quoique le flux n'ait jamais quitté.

Après toutes ces fatigues dans les pays étrangers, le roi arriva à Paris le septième jour de septembre. Ce fut alors que je pris résolution de parler au roi, et lui dire qu'il n'était plus question de différer plus longtemps les remèdes. Après lui avoir représenté au vrai la conséquence de son mal et l'inquiétude en laquelle j'étais pour trouver les moyens de le guérir, S. M. me fit réponse qu'elle avait une entière confiance en moi, et si je n'en pouvais venir à bout, elle était toute persuadée que personne ne le pourrait faire. Sur quoi, je lui répliquai, qu'après avoir bien examiné toutes choses, je trouvais que les eaux de Forges (1) étaient fort excellentes pour commencer la cure de S. M., et pour bien faire réussir ce que j'avais projeté de faire pour en venir à mon honneur. En quoi se trouverait pourtant quelque chose à redire qui regardait ma personne et ma réputation, c'est que, durant l'usage desdites eaux, il pouvait arriver quelque accident au roi, et même longtemps après les eaux prises, qui donnerait sujet à mes ennemis de blâmer lesdites eaux, et imputer à mon im-

---

(1) Forges, situé dans le département de la Seine-Inférieure, à dix lieues de Rouen. — Ces eaux ont eu une très grande réputation sous les règnes de Louis XIII et de Louis XIV ; — elles contiennent des carbonates de fer et de chaux, des hydro-chlorates de soude et de magnésie, du sulfate de magnésie, un peu de silice, et du gaz acide carbonique.

prudence tout ce qui arriverait à S. M. La reine se moqua de cette appréhension, et me commanda de continuer mon dessein et de faire toutes les choses que je croirais être nécessaires.

La dernière résolution étant prise, je fis connaître à la reine qu'il fallait chercher un lieu commode pour prendre les eaux, et, peu de temps après, le roi partit de Paris pour Fontainebleau (1), où je faisais apporter, par des officiers du Gobelet à cheval, des eaux de Forges, puis des relais d'hommes à pied en apportaient toute la matinée une flottée, dont le roi usait à la manière ordinaire, après avoir été préparé par la saignée, après la purgation.

Le roi commença le dix-huitième jour de septembre à boire les eaux à Paris, et en prit cette journée seulement six verres. Le lendemain, le roi partit de Paris pour aller à Fontainebleau sans prendre les eaux. Le 20, le roi but huit verres ; il les a fort bien rendues par les urines, et a continué de la même manière, et avec un heureux succès jusques au dimanche 30 d'octobre, lequel jour je les fis quitter à S. M. qui les devait continuer encore quatre ou cinq jours, me voyant obligé de lui donner ce conseil, parce que je reconnus quelque altération en son pouls, avec une légère douleur de tête, qui avait même paru le jour précédent sur les sept heures du soir.

Le lundi 9 octobre, croyant purger le roi à cause des eaux, je fus contraint de changer de dessein et de lui faire tirer du sang, pour avoir passé la nuit avec beaucoup de chaleur et d'inquiétude. Le reste de la journée se passa fort bien ; mais le soir, la douleur de tête survint plus forte qu'auparavant, avec une fièvre assez forte et assez considérable qui lui donna une mauvaise nuit, et m'obligea le lendemain suivant de lui tirer du sang, ayant pris le soir un lavement. La saignée donna une heure et demie de repos, et, un peu devant les onze heures du matin, l'émotion recommença avec chagrin et inquiétudes, douleur de tête, pesanteur sur les yeux. Le tout

(1) Le 19 septembre.

dura jusques à trois heures, et, après une heure de repos et de tranquillité, la douleur de tête s'augmenta avec fièvre et inquiétudes, ce qui dura environ une heure, et après avoir pris et rendu un lavement, S. M. se trouva fort soulagée. Sur les six heures, le redoublement parut, à quoi on ne s'attendait pas, avec assez de violence, et dura une partie de la nuit, qui ne fut pourtant pas trop fâcheuse, particulièrement sur la fin de l'accès.

Le mercredi matin, sixième d'octobre, on donna un lavement, et, sur les onze heures et demie, l'accès parut avec les inquiétudes ordinaires, quoique la douleur de tête fût un peu plus médiocre. L'on donna le lavement sur le déclin de l'accès. Sur les six heures du soir, le roi ressentit un froid aux pieds, contre son ordinaire, qui fut le commencement de son accès, ou plutôt du redoublement, car dès ce temps-là, nous n'avons remarqué aucune intermission notable, de sorte que la fièvre s'est rendue de ce temps double-tierce continue, et non pas une hémitritée, comme quelques médecins avaient voulu persuader à toute la Cour. Le redoublement dura assez longtemps et avec plus de violence que les jours précédents. Sur la fin de ce redoublement, le roi, un peu soulagé et beaucoup plus en repos qu'il n'avait espéré, s'endormit assez tranquillement jusques à quatre heures du matin. Le sommeil néanmoins était quelquefois interrompu par des plaintes et une légère inquiétude. A son réveil, je trouvai le roi assez paisible et sans sa douleur de tête; ayant pris pour lors un bouillon, il continua à dormir jusques à six heures du matin.

Le matin, à son réveil, je ne trouvai pas son pouls sans une émotion considérable, et, comme je voyais que les accidents commençaient à augmenter avec la fièvre, je fis tirer du sang du pied à S. M. entre huit et neuf heures du matin.

Cette saignée du pied fut faite si à propos, qu'elle diminua visiblement la fièvre avec tous les accidents, en telle sorte que, sur les onze heures du matin, le redoublement ne parut point comme nous appréhendions. Retardé de deux heures et demie, et commençant alors, il fut confondu, dès ce jour-là avec celui qui devait paraître sur les une heure et demie du soir, ce qui arriva le jeudi de la saignée du pied.

Le commencement de la nuit fut assez fâcheux ; mais enfin, après quelques inquiétudes causées par l'ardeur et la violence de la fièvre, le roi s'est endormi pour quelques heures. A son premier réveil, on lui donna de la nourriture, et peu de temps après, S. M. a dormi, même plus tranquillement que toutes les nuits précédentes, ce qui me fit espérer qu'à son réveil on pourrait le purger, et, par ce moyen, déranger la cause de la fièvre, qui était causée plutôt par abondance d'humeur, que d'une forte intempérie des entrailles ; et quoique la purgation nous semblât très nécessaire en cette occasion, je fus pourtant obligé de changer d'avis et de la différer à un autre jour, parce que le réveil de S. M. fut suivi d'inquiétude extraordinaire, et le redoublement fut si fâcheux, que je me préparais encore à une autre saignée, qui aurait été faite, si je n'avais voulu commencer par un lavement qui réussit si bien, qu'en fort peu de temps je remarquai une modération très considérable en la fièvre et en tous les accidents, et que je fus persuadé qu'il était expédient de la différer, et de prendre garde cependant à ce qui nous pourrait arriver durant ce redoublement. Comme les matières étaient déjà bien préparées, nous remarquâmes un très bon effet de notre lavement, qui fit des évacuations de bile tout extraordinaires, avec autant d'effets et de secours que l'on aurait pu espérer d'une médecine. Pour dire la vérité, la journée fut assez calme après cette décharge, et le redoublement de six heures du soir fut assez médiocre. La nuit même, que nous appréhendions, fut beaucoup plus douce et plus tranquille que la précédente, de sorte que je pris résolution de donner la médecine au roi, puisque nous avions toutes indications nécessaires pour faire un coup de maître. Ce remède, néanmoins, fut assez longtemps combattu par quelques médecins (1) qui supposaient

---

(1) Il n'y a que trop de médecins à la Cour : Vallot et Lachambre, Seguin et Esprit, Yvelin et Bodineau. — Guy-Patin. *Lettre* 445, à Falconnet.

que la fièvre n'était point encore assez modérée, et que, dans la vigueur d'une maladie de cette nature, il n'y avait aucune apparence ni de purger le roi, ni d'espérer que les humeurs fussent assez préparées pour avoir un bon succès de la purgation. Mais comme dans de semblables occasions, il se trouve souvent des difficultés qui, la plupart du temps, ne sont fondées que sur l'envie et la jalousie que l'on a d'ordinaire contre les premiers-médecins, je commençai, en cette première ouverture d'un remède purgatif, à reconnaître la force de la cabale qui avait déjà jeté son feu et vomi son venin contre moi et ma réputation, espérant y donner quelqu'atteinte si l'effet de la médecine ne réussissait point, comme cela pouvait arriver. Par ce moyen, ils prétendaient soutenir leur imposture, et faire paraître à toute la France que j'avais, sans sujet, sans raison et trop témérairement, fait prendre des eaux minérales au roi, ignorant, ou plutôt feignant d'ignorer cette grande incommodité qui m'avait justement porté à l'usage de ce remède (1).

(1) Voici, en effet, ce que dit Guy-Patin :
« Le roi est à Fontainebleau, malade d'une fièvre continue, pour laquelle il a été saigné des bras et du pied. Ce mal a succédé à l'usage des eaux minérales de Forges, desquelles il n'avait point de besoin, mais c'est que les médecins de Cour ne savent que faire pour tâcher de se faire payer de leurs gages. Les princes sont malheureux en médecins, et il y a longtemps qu'ils le sont. *Quid quid delirant medici, plectuntur principes.* »

Lettre 279, à Ch. Spon.

« La reine a refusé à Vallot la permission de faire venir des médecins pour traiter avec lui le roi et consulter pour lui à Fontainebleau ; il lui avait nommé d'Aquin et Veson ; elle lui répondit en colère : Je me doutais bien du choix que vous feriez. Voilà de beaux médecins pour le roi ! Je m'en rapporte bien à vous ! Je veux avoir Guénault, qui l'a déjà traité autrefois en sa petite-vérole. Guénault y a donc été mandé et y est à présent. On tient Vallot en danger d'être chassé, combien qu'il n'ait pas encore touché l'argent depuis trois ans, qu'il avait avancé pour y entrer ; au moins en est-il en grand danger, si le cardinal ne le maintient et ne le remet aux bonnes grâces du roi et de la reine, avec lesquels il est fort mal. Martial fait mention d'un certain barbier qui fit grande fortune à Rome, lequel s'appelait Cinnamus, etc.

Cinname, quid facies? Cinname, tonsor eris,

Ainsi que sera Vallot. Avant son élévation et assomption à l'apostolat, il n'était qu'un charlatan; quand il en sera déchu, il retournera et reviendra au même

Enfin, le vendredi huitième octobre et cinquième de la maladie s'étant passé presque à l'ordinaire, je remarquai, sur le soir, une décharge d'une quantité de bile par le bénéfice d'un lavement, et je pris une forte résolution de donner la médecine qui avait été fort contestée.

Le samedi matin, sixième de la maladie, le roi fut purgé, presque de ma seule autorité, avec de la casse et du séné. Ce remède le purgea sept fois avec un soulagement si notable, que la fièvre commença, ensuite des évacuations, à diminuer d'une telle manière, qu'elle n'a pas fait un grand progrès depuis ce temps. Les accidents se calmèrent plus tôt et plus avantageusement que l'on n'avait espéré, et, ce qui est de remarquable en l'effet de cette purgation, c'est que les humeurs ont obéi à la nature et au remède si heureusement, qu'après la sixième selle, il survint une sueur universelle, et qu'une heure après, le roi ayant fait une septième selle, se trouva tout-à-fait hors de fièvre et dans une intermission si complète, que tous les médecins furent obligés de dire que le succès avait été plus heureux qu'ils ne s'étaient persuadés.

Il restait pourtant encore un foyer et un amas d'humeurs assez considérable pour ne point espérer, en si peu de temps et avec aussi peu de remèdes, une guérison parfaite. En effet, quoique le reste de la journée de la médecine et la nuit suivante aient été fort tranquilles, nous eûmes néanmoins le lendemain un petit retour de fièvre, mais avec beaucoup de

---

état : *Sic fortuna sibi ludos facit, ex rhetoribus consules, ex consulibus rhetores.* »   *Lettre* 179, à Ch. Spon.

« Je viens d'une consultation avec MM. Riolan et Moreau, où j'ai appris que Vallot est fort mal en Cour ; que la reine l'a rudement traité et presque chassé ; que le roi l'a menacé, et qu'il ne tient plus qu'à un filet. Le Mazarin semble le maintenir, mais si la colère du roi continue, sans doute qu'il sera obligé de l'abandonner. Le roi l'a appelé ignorant et charlatan. Dès devant que le roi fut malade, on lui avait refusé un bénéfice qu'avait un sien fils, qu'il voulait donner à un autre sien fils, d'autant que l'autre était mort. Ce refus est une marque qu'il n'y avait guère de crédit. Guénault a été renvoyé prestement, *sive quod minus placeret*, soit à cause du prince de Condé, duquel il est créature. Il y en a d'autres sur le bureau, *sed nullus assumetur nisi vacante comitivâ archiiatrôn.* »   *Lettre* 279, à Ch. Spon.

modération, de sorte que le roi se trouva presque à son ordinaire ; de quoi j'avais donné des assurances à S. Em., qui était demeurée proche de Condé, pour assurer les affaires du roi et les conquêtes de cette dernière campagne. Comme les affaires étaient de la dernière importance, S. Em. s'en reposa sur les avis que je lui avais donnés touchant la maladie du roi, et en cette occasion donna des témoignages de l'estime qu'elle faisait de moi, ne s'étant pas arrêtée à plusieurs lettres que l'on lui écrivait tous les jours, de la part de personnes de grande qualité et des premiers du royaume, mais principalement de ceux qui avaient fait une forte cabale contre moi, entre lesquels il y avait grand nombre de domestiques du roi qui prétendaient lui donner des alarmes pour le faire revenir, et pour le faire de suite ; outre qu'ils étaient persuadés par quelques médecins qui avaient mauvaise opinion de la maladie du roi, et qui voulaient rejeter sur moi tous les mauvais succès qui pouvaient arriver. Enfin après tant d'avis, et des lettres même de quelques-uns des secrétaires de S. Em., M. le cardinal Mazarin ne quitta ce qu'il avait si glorieusement commencé qu'après avoir mis la dernière main à des affaires de cette importance, disant qu'il ne voulait pas perdre un moment de temps, puisque je lui avais écrit plusieurs fois pour l'assurer qu'il n'y avait aucun danger en la maladie du roi et qu'elle ne serait ni si longue comme on lui avait mandé, ni si fâcheuse qu'on la faisait, et qu'il se fiait davantage à mes lettres qu'à toutes les autres qu'il recevait tous les jours par des courriers qui lui étaient envoyés de la part de plusieurs personnes de grande condition. Et en effet, lui ayant écrit pour la dernière fois le jour de la médecine, qu'il devait être assuré que le roi serait bientôt guéri, S. Em. fut confirmée davantage dans les bons sentiments qu'elle avait de moi et, sans cette dernière lettre qu'elle reçut de ma part, elle était prête de prendre la poste pour revenir en diligence, ayant reçu plusieurs lettres qui l'avaient alarmée, et donné des appréhensions terribles d'un mauvais succès, parce qu'on lui donnait avis que tous les médecins avaient mauvaise opinion de cette fièvre, qui leur semblait maligne et accompagnée de très fâcheux accidents. Mais enfin, après avoir bien examiné ce que je lui mandais, il demeura en une ferme confiance, et partit sans aucune précipitation pour revenir en Cour à Fontainebleau, à ses journées, où il arriva avec toute la satisfaction imaginable, ayant trouvé le roi guéri au temps que j'avais prédit, et de la même manière que je lui avais fait savoir par cinq de mes lettres. S. M. prit sujet, pour lors, de lui dire avec combien de soins et d'affection je l'avais traitée, et, quoique j'eusse trouvé beaucoup de contrariété en l'esprit de messieurs de la Cour, et particulièrement des médecins, elle s'était toujours arrêtée à ce que je lui disais, et qu'elle s'était mis en l'esprit de suivre mes sentiments durant le cours de sa maladie, quand même ceux des autres médecins auraient été contraires. Cet entretien fut fort avantageux pour moi et pour ma conduite, et le roi donna assez de marques de mon affection et de ma capacité par des paroles très obligeantes. Monsieur le cardinal ne manqua pas de son côté de faire connaître à S. M. la joie qu'il avait de me voir bien en son esprit, et, après lui avoir représenté ce que je lui avais mandé par cinq de mes lettres, pour l'assurer du bon succès de sa maladie, lui répéta ce qu'il lui avait déjà dit plusieurs fois auparavant, que, s'il avait connu un plus habile et plus expérimenté que moi en la médecine, il n'aurait pas manqué de le présenter à S. M. pour être son premier-médecin, et qu'en cette occasion il fallait chercher celui qui avait plus de réputation. J'ai fait cette digression pour ne point omettre aucune circonstance de cette maladie, et pour faire connaître que les premiers-médecins sont toujours fort enviés des autres, et particulièrement de ceux qui sont en passe d'aspirer à une si belle dignité (1).

(1) Le Mazarin est arrivé le mardi 12 d'octobre au bois de Vincennes, où il a couché, et, dès le lendemain matin, il est allé à Fontainebleau pour voir le roi qui y est malade d'une double-tierce, *et aliis aliquot symptomatis.*
Guy-Patin, *Lettre* 179, à Ch. Spon.

Je viens d'apprendre que le Mazarin, dès qu'il fut arrivé à Fontainebleau,

Le samedi, sixième de la maladie, se passa fort bien de la manière que j'ai ci-dessus exposée, et la médecine fit tout ce que l'on pouvait espérer. On remarqua néanmoins quelque léger redoublement qui ne fut point de durée, et n'empêcha point la tranquillité de la nuit.

Le dimanche matin, septième de la maladie et le sixième du mois d'octobre, le roi se trouva assez bien, la nuit précédente n'ayant point été trop pénible, ce qui m'obligea de me contenter d'un lavement qui donna du repos à S. M. jusques à neuf heures du matin que le redoublement commença à reparaître, mais très légèrement, puisque la chaleur ne dura que jusques à trois heures après midi; et, au lieu d'avoir un ressentiment sur les six heures du soir, le roi se trouva si calme et si en repos, qu'il s'endormit doucement et si agréablement, qu'à son réveil je le trouvai entièrement hors de fièvre, après avoir sué très copieusement. Le reste de la journée et la nuit suivante se passèrent fort bien et sans aucune inquiétude.

Le lundi matin, après avoir passé une si bonne nuit, le roi prit la médecine que je lui avais fait préparer avec casse, manne, séné et rhubarbe. Ce remède réussit si heureusement, que le roi se trouva presque à son naturel après avoir été purgé plusieurs fois sans douleur et sans tranchées. Ensuite d'une si grande et si favorable évacuation, le roi se trouva le soir en fort bon état, et passa la nuit aussi tranquillement que s'il n'eût point été malade.

Le mardi se passa fort bien, sans fièvre et sans la moindre apparence d'émotion; mais, comme je connus que S. M. était

---

renvoya Guénault à Paris, ne trouvant pas le roi assez malade pour avoir tant de médecins; joint qu'il ne veut pas avoir créance en celui-ci, tant à cause qu'il est créature du prince de Condé, qu'à cause de l'antimoine, et de ce que Guénault est un homme scélérat et dangereux, auquel il ne faut pas se fier. La reine l'avait fait venir, se souvenant qu'il avait vu le roi en sa petite-vérole, avec Vaultier, il y a huit ans. Aujourd'hui le Mazarin défend Vallot, et tâche de le remettre aux bonnes grâces du roi et de la reine, en disant qu'il n'a rien fait que par son ordre : c'est que l'on lui faisait prendre des eaux de Forges, sous ombre de le rafraîchir, afin de l'empêcher d'aller à la chasse, et que personne ne parlât à lui en l'absence du Mazarin, tandis qu'il était à La Fère.

Guy-Patin, *Lettre* 280, à Ch. Spon.

en disposition de suer, je la fis couvrir en son lit un peu plus qu'à son ordinaire, ce qui me réussit si heureusement, qu'en fort peu de temps le roi se trouva dans la plus grande sueur du monde, et, après avoir été bien essuyé et pris du linge blanc, je trouvai le roi tout-à-fait hors de fièvre, et sans aucune apparence de rechute. Et ainsi, je ne me suis point en aucune façon trompé en cette maladie, en ayant fait la prédiction à toute la Cour, et à M. le cardinal Mazarin par mes lettres, comme j'ai exposé ci-dessus, qui a dit plusieurs fois, depuis, au roi et à toute la Cour, qu'il admirait en moi cette manière de pouvoir prédire les mouvements des maladies avec tant de justesse que je ne m'étais pas trompé en celle-ci, non plus qu'en plusieurs autres, d'un seul moment (1).

Le roi ayant donc recouvré sa santé au temps que j'avais prédit, prenait plaisir à faire exactement tout ce que je lui proposais pour la confirmer et pour empêcher toutes les rechutes; et S. M. avait une si forte créance en tout ce que je lui proposais, tant pour son régime que pour les remèdes, qu'elle ne refusait aucune chose; de telle manière, qu'en lui donnant la dernière médecine, elle me demanda si je me contenterais bien encore de six autres, qu'elle était résolue d'en venir à ce nombre-là, pourvu que je lui donnasse ma parole de ne lui faire prendre que cette quantité-là. Voyant qu'elle était parfaitement et qu'il n'y avait plus rien à craindre pour l'avenir, je lui dis que je ne lui en donnerais pas une seule des six qu'elle me demandait, pourvu que S. M. gardât le régime de vivre fort exactement. Ce que le roi effectua avec tant d'exactitude, qu'il ne fut point purgé davantage, et guérit si

---

(1) Voici comment la *Gazette* parle de cette maladie :

« Fontainebleau, le 14 octobre 1655. — Cette Cour reprend ses premiers divertissements depuis que le roi, après quelques atteintes de fièvre, est rétabli en sa parfaite santé. Dieu ayant béni les remèdes qui, en une occasion de cette importance, ont été donnés si à propos qu'ils ont produit un effet tout extraordinaire et causé un succès si heureux, que toute la France a sujet d'en rendre grâces, pour une guérison si prompte et si assurée. »

Gazette de France, 14 octobre 1655. P. 1175.

nettement et avec tant d'assurance, que bientôt après S. M. se mit en campagne, c'est-à-dire le lendemain de la Toussaint pour réprimer les entreprises et les mauvais desseins du maréchal d'Hocquincourt, et demeura en Picardie jusques au huitième décembre, pour terminer cette affaire qui était de la dernière importance, et ainsi revint à Paris victorieux de toutes ses belles entreprises. En ce même temps, quoique rude et incommode, j'achevai la guérison de son mal, qui avait commencé sept mois auparavant, et qui était de la dernière importance, non-seulement pour la santé du roi, mais pour la procréation des enfants que Dieu lui a fait la grâce de lui donner.

Cette incommodité a été si grande et si fort considérable que j'ai réservé un chapitre pour en parler à fond, et pour faire mention des moyens dont je me suis heureusement servi, afin que si quelqu'un de la maison royale tombait en semblable accident, comme cela pourrait bien arriver, ceux qui viendront après moi fassent des observations et des réflexions sur ce que Dieu m'a inspiré de pratiquer si heureusement en une occasion la plus importante du monde.

Digression sur les Eaux de Forges.

S. M. ayant achevé sa campagne si heureuse de Flandres, retourna des Pays-Bas à Compiègne pour y rejoindre la reine-mère qui l'attendait avec impatience, non-seulement pour se réjouir de ses heureuses conquêtes, mais particulièrement pour le conjurer de songer aux remèdes que j'avais proposés pour l'incommodité dont j'ai parlé ci-dessus, et qui a bien fait du bruit, non-seulement à la Cour, mais en toute la France, et qui menaçait S. M. d'une vie languissante et d'un déplaisir de ne pouvoir espérer d'enfants.

Après le retour de S. M., la reine me fit la grâce de me demander mes sentiments de cette incommodité, et, après avoir su de moi les causes et les conséquences d'un mal si extraordinaire, elle me commanda de lui exposer les moyens que j'avais pour le guérir ; enfin, après lui avoir fait connaître que cette cure était presque impossible, vu la grandeur et la rareté d'un mal de cette nature, S. M. m'assura et me donna courage pour entreprendre cette guérison, me disant que si je ne tirais le roi de cet accident-là, personne ne le pourrait jamais faire, ce qui m'obligea de représenter à la reine que nous avions besoin des eaux de Forges pour commencer cette belle entreprise et pour la faire réussir heureusement. Et, *comme c'était un mal qu'il fallait tenir caché* (1), je m'expliquai fort sur l'usage des eaux de Forges, assurant que le succès n'en pouvait pas être bien certain, et que si ensuite de ce remède, qui semblait extraordinaire et extravagant à ceux qui n'avaient pas connaissance du sujet qui m'obligeait de le proposer, il arrivait quelque maladie au roi, comme l'on pouvait pour lors appréhender à cause des longues fatigues d'une si rude campagne, toute la terre accuserait le remède, et le conseil que j'avais donné. La reine me reprocha cette vaine appréhension sur ce que le roi savait fort bien la conséquence de son mal, et que par son approbation à ce qui avait été déjà plusieurs fois résolu entre elle et M. le cardinal Mazarin, je ne devais point différer davantage. Toutes ces précautions étant prises, je m'en retournai à Paris pour baigner le roi et lui faire prendre les eaux minérales. On commença le premier jour à Paris, qui était le dix-huitième jour du mois de septembre. Le lendemain, S. M. partit de Paris pour aller à Fontainebleau prendre ces eaux, comme j'ai ci-devant exposé ; mais, par malheur, le roi se trouvant mal au commencement d'octobre, je fus obligé de les lui faire quitter et de souffrir en même temps les injustes plaintes que l'on faisait de moi (2). Mais le roi, la reine et

(1) L'usage des eaux minérales était fondé sur la politique de la Cour et du temps.

Personne ne sait ici la qualité du mal du roi. Guénault même n'en fut pas d'accord avec Vallot, *inde iræ et lacrymæ.*

Guy-Patin, *Lettre* 445, à Falconnet.

(2) Le roi est malade à Fontainebleau ; il a été saigné des bras et du pied ; c'est une fièvre continue qui lui est survenue ensuite des eaux de Forges, dont

M. le cardinal Mazarin prirent mon parti, et témoignèrent que l'on m'accusait à tort, et que c'était encourroucer S. M., en parlant de la manière qu'elle avait fait par mes conseils. En effet, le succès n'en fut point mauvais, puisqu'il est certain que la fièvre du roi aurait été plus longue et plus fâcheuse s'il ne s'était précautionné de ce remède, ce que l'on a bien reconnu par la longueur et par l'opiniâtreté des fièvres de même nature que celle du roi, qui sont survenues à plusieurs particuliers qui avaient accompagné le roi en ses derniers voyages de Flandres, entre autres M. le grand-maître, fils de M. le maréchal de la Meilleraye, qui fut même pris presque en même temps et d'une même maladie, avec tant de violence et de fâcheux accidents, qu'il fut réduit à la dernière extrémité, après avoir été travaillé plus de six semaines avec tant de violence et d'accablement qu'il fut très longtemps à se tirer de ce mauvais pas.

De sorte qu'il n'y a eu aucun sujet de blâmer les eaux de Forges, puisqu'elles ne font aucune mauvaise impression sur les parties ni sur humeurs.

Digression sur l'incommodité du roi, dont j'ai parlé ci-dessus.

Les eaux de Forges n'ayant été par nous ordonnées au roi que pour le préparer aux autres remèdes spécifiques, nous n'en avons pas reçu un si grand avantage que nous aurions pu espérer si la fièvre ne fut point survenue, et que les affaires du roi, de la dernière importance, ne l'eussent pas obligé de partir bientôt après sa guérison, pour aller en diligence, et même durant le régime de l'hiver, arrêter les mauvais desseins et les

---

il a par ci-devant usé. Dieu sait à quelle raison faire boire de l'eau de lessive à un jeune prince de dix-sept ans, et dans le bel état de santé dans lequel était le roi. Les princes sont malheureux en médecins, il y a longtemps ; je souhaite de tout mon cœur que Dieu lui renvoie la santé, et qu'on ne lui donne pas d'antimoine. Notez qu'en toute la Cour il n'y a pas un bon médecin, et que celui qui y est en plus grand crédit, *soli famœ studuit, et rei faciendœ.*

Guy-Patin, *Lettre* 127, à M. Belin.

entreprise du maréchal d'Hocquincourt (1). Enfin, après plusieurs voyages et négociations, le roi séjourna quelque temps à Compiègne, ce qui m'obligea de me servir de ces diverses occasions pour délivrer le roi d'un mal qui m'était d'autant plus sensible, qu'il était important à sa santé et au bonheur de pouvoir espérer des enfants, ce qui eût été tout-à-fait impossible si, par une grâce particulière du ciel, je n'avais entrepris courageusement d'arrêter le cours, ou plutôt un flux continuel, d'une matière séminale corrompue et infectée, non point d'aucun venin que les jeunes gens débauchés contractent d'ordinaire avec des femmes impudiques, parce que le roi n'avait pour lors couché avec aucune fille, ni femme (2). Ce même mal n'avait point pareillement été produit par des pollutions sales et déshonnêtes, puisque le roi vivait en une chasteté toute pure et sans exemple (3). Mais je puis dire qu'il y avait deux causes principales qui nous ont donné ces alarmes : la première, est la faiblesse des vaisseaux spermatiques que j'ai remarquée avec toute l'exactitude qui m'a été possible, et dont il n'est pas nécessaire de donner ici des raisons et des lumières. Il suffit de dire que par mes soins ces parties lui ont été si heureusement rétablies, qu'il n'y a personne dans le royaume qui ait plus de sujet que S. M. de se louer d'être si bien sorti d'une infirmité qui lui était naturelle, et qui, certainement, ne se serait point rétablie, si je n'en avais eu une particulière connaissance qui m'a obligé de m'y appliquer avec tous les soins imaginables.

L'autre cause qui a fait naître ce flux ou perte continuelle de cette matière séminale corrompue et infectée, de plusieurs couleurs, qui s'échappait continuellement nuit et jour, sans douleur, sans plaisir et sans chatouillement, a été l'action violente que le roi a faite journellement à marcher à cheval et à voltiger lorsqu'il a commencé ses exercices à grande volée. Il

---

(1) Gouverneur de Péronne et de Ham, qui menaçait de remettre ces deux places aux Espagnols.

(2) et (3) — Voir la note de la page 27.

a fait aussi des voyages fort rudes et fort longs en des saisons fort incommodes, par les excessives chaleurs et durant la rigueur de l'hiver, faisant gloire d'aller en guerre à cheval et non en carrosse, et préférant les exercices violents à toutes les douceurs et les commodités que S. M. pouvait prendre en plusieurs occasions. Ces raisons suffisent pour expliquer la cause et la grandeur de son mal.

Il reste maintenant à exposer les remèdes dont je me suis servi, par la seule conduite de Dieu qui s'est voulu servir de moi pour retirer un si grand prince d'une incommodité si préjudiciable à sa santé et à sa satisfaction.

Le roi étant donc à Compiègne, je commençai à lui donner des remèdes qui fortifient, et, entre autres, je me suis servi de mon baume de mars, préparé à ma manière, mêlé et incorporé, premièrement avec les perles préparées; le tout en forme de tablettes dont le roi s'est servi trois semaines durant.

Pendant lequel temps, S. M. gardait un bon régime de vivre, buvait pour son breuvage habituel de la décoction de râclure de corne de cerf et d'ivoire, dans laquelle je faisais quelquefois dissoudre deux ou trois grains de mon sel de mars.

Ensuite de ces remèdes, je me suis servi d'autres tablettes, que j'ai fait préparer avec mon or diaphorétique, les perles préparées et mon specificum stomachicum.

J'ai pareillement fait des liniments sur les parties et la poitrine, avec l'essence de fourmis, l'esprit d'écrevisses préparé selon ma recette, et le baume du Pérou.

J'ai pareillement préparé des fomentations de même nature; mais, entre autres remèdes, les injections faites avec l'eau sucrée, le sel carabé fort adouci avec un peu de baume de Saturne, ont fort heureusement réussi ; ce à quoi j'ai ajouté un peu de teinture de miel rosat.

L'opiat de roses de Provins vitriolé, avec les perles et le magister de pierres d'écrevisses, a aussi beaucoup réussi.

Remarques pour l'année 1656.

Le roi, par la grâce de Dieu, et par les soins et par les services très particuliers que j'ai rendus à S. M. sur la fin de l'année précédente, s'est trouvé en un état si avantageux, et en une santé si parfaite, ensuite des deux maladies considérables qui lui sont arrivées en l'année 1655, que je ne vois rien maintenant à craindre pour la présente année, en laquelle nous sommes menacés de petites-véroles, rougeoles, pourpres, fièvres malignes et populaires, comme aussi de flux de ventre, dyssenteries et morts subites, desquelles, moyennant la grâce de Dieu, le roi se garantira, pourvu que S. M. se conserve mieux que par le passé, et qu'elle garde un bon régime de vivre, et passera, comme je l'espère, la présente année en une parfaite santé accompagnée d'une prospérité extraordinaire qui le comblera de toutes sortes de bénédictions et le fera triompher de ses ennemis, en quelque lieu qu'ils puissent faire des entreprises contre son État et contre le bonheur de son royaume. Ce sont les vœux que je fais pour la présente année, espérant que Dieu les exaucera.

Fait ce troisième janvier 1656.

. VALLOT.

Remarques pour l'année 1656.

Dieu m'ayant inspiré de faire au roi les prédictions contenues en la précédente page, particulièrement sur le sujet des bonnes espérances que j'avais que S. M. serait exempte de toutes sortes de maux, et en particulier des maladies populaires que j'ai prédites dès le commencement de l'année, et au temps de mars, la divine Majesté a conservé le roi si heureusement, qu'il n'a eu aucun ressentiment d'aucune maladie populaire, quoiqu'elles aient été fort fréquentes et très pernicieuses. C'est pourquoi je n'ai ordonné aucun remède durant le cours de ladite année.

Il est bien vrai que le roi avait un poireau fort gros à la main, auquel son premier-chirurgien ayant appliqué quelques remèdes sans mes ordres, il s'est tellement irrité et accru, qu'il en survint encore un autre tout proche le premier; ce qu'ayant bien observé, et après avoir reçu les ordres du roi pour le délivrer de ces deux poireaux qui l'incommodaient, je fis appliquer mon huile d'or, qui, en peu de temps, pénétra jusques aux plus profondes racines, et emporta l'un et l'autre sans douleur et sans aucun retour.

Remarques pour l'année 1657.

Le roi ayant passé l'année précédente sans aucun ressentiment de maladie, et sans avoir besoin d'aucun remède, s'est si extraordinairement fortifié et du corps et de l'esprit, que l'on peut dire avec vérité que c'est une œuvre de Dieu et un miracle de la nature. Et comme je suis persuadé que son rétablissement est dans la dernière perfection, je ne doute point aussi qu'il ne reçoive de Dieu les mêmes bénédictions que S. M. a reçues l'année précédente, ne croyant point qu'il doive être attaqué des maladies populaires dont nous sommes menacés pour cette année, comme fièvres, catharres, rhumes, rhumatismes, fluxions sur la poitrine, pourpres, rougeoles et petites-véroles, flux de ventre, et dyssenteries, qui doivent indubitablement arriver la présente année, si Dieu n'y met la main. Dont j'ai fait mes prédictions à mon ordinaire au commencement de la présente année. VALLOT.

Après la fatigue du siége de Montmédy (1), le roi étant à

(1) Août 1657.

Péronne, soit à cause des mauvaises eaux, ou de la quantité de fruits que S. M. mangeait pour lors, elle fut incommodée d'un léger flux de ventre qui n'a point duré longtemps, et ne m'a point paru de conséquence. En effet, après avoir commencé l'usage de mon spécifique stomachique, que je lui ai fait préparer en tablettes, cette incommodité s'est passée avec un très heureux succès et sans faire aucun autre remède.

Les prédictions que j'ai faites à S. M. pour la présente année, se sont trouvées trop véritables. Comme les maladies spécifiées dans lesdites prédictions se sont rendues populaires aux villes et à la campagne, l'on peut dire avec vérité que l'on n'en a point vu presque d'autres, et qu'elles n'ont pas été beaucoup dangereuses, et que nous avons sujet de rendre grâce à Dieu que la France n'ait point été affligée de la peste comme beaucoup d'autres pays, mais très particulièrement d'avoir garanti le roi de toute sorte d'incommodité, ayant passé la présente année sans avoir fait aucun remède, et sans en avoir eu besoin; à la réserve des tablettes que S. M. a prises pour fortifier son estomac, et pour arrêter un petit flux de ventre, comme j'ai dit ci-dessus. S. M. en a pris cinq jours seulement, et ce remède lui est si salutaire et si familier, qu'elle en prend sans peine et sans aucune aversion, et qu'il ne manque jamais de lui faire du bien. Je l'ai inventé fort heureusement pour le guérir de ce grand flux de ventre, ou plutôt pour une entérie qui lui arriva l'année 1655, dont S. M. s'est si bien trouvée qu'elle n'en a eu aucun ressentiment.

Remarques pour l'année 1658.

La présente année ne sera pas si heureuse que les précédentes, principalement depuis l'année 1653, parce que nous sommes menacés non-seulement de la continuation des maladies qui ont duré presque toute l'année passée, comme la rougeole et la petite-vérole, mais de quelques autres maladies populaires et contagieuses, comme rhumes, coqueluche, flux de ventre, dyssenterie, fièvres malignes et pourprées, qui doivent être fort fréquentes, particulièrement durant l'été et une bonne partie de l'automne, si Dieu, par sa sainte grâce, ne détourne cet orage dont nous sommes menacés.

Ces prédictions, que j'ai été accoutumé de faire à S. M. dès le commencement de l'année, sont fondées sur mon expérience et sur la connaissance des astres et des dispositions des vents qui ont paru au solstice d'hiver, et ont continué leur inégalité une bonne partie de l'hiver, lequel a été très bizarre et très fâcheux, tant par les inondations extraordinaires que par l'excès de la longue gelée très violente. Nous étions pareillement menacés de quelques maladies épidémiques et pestilentielles, si les vents favorables, qui ont un peu purifié l'air, ne fussent survenus dans l'équinoxe de mars, et ont duré jusques à la fin d'avril, et causé un froid et une sécheresse très extraordinaires, particulièrement aux Pays-Bas et à Calais, où le roi commença sa campagne.

Le roi, par la grâce de Dieu, jouissant d'une parfaite santé, et méditant une belle campagne, pour remédier aux affaires pressantes que les ennemis du dedans et du dehors lui donnaient pour empêcher son repos et le progrès de ses victoires, prit la résolution de partir de Paris sur la fin du mois d'avril, et, après plusieurs petits voyages sur les frontières de Picardie et devant quelques villes assiégées, dont un perfide officier s'était emparé après la mort du gouverneur (1), S. M., ayant dessein de se rendre maître de Dunkerque et de Gra-

---

(1) Bellebrune, gouverneur d'Hédin, mourut le 16 février 1658. Lafargues, major de cette place, craignant que le comte de Moret, nommé à ce gouvernement par le cardinal Mazarin, lui fît perdre son emploi, résolut de s'y conserver de force. Aidé de La Rivière, s** beau-frère, lieutenant du roi, il s'assura de la garnison, et ferma les portes d'Hédin au comte de Moret lorsqu'il s'y présenta au nom du roi. Cette révolte dura jusqu'à la paix, qui se fit deux ans après.

velines, se rendit à Calais en très bonne disposition. Mais, comme l'air de tout le pays était corrompu, et que la plus grande partie des habitants de ladite ville et de ceux qui suivaient la Cour se trouvaient incommodés d'un rhume fort opiniâtre et accompagné de plusieurs fâcheux accidents, je priai S. M. avec beaucoup d'instance de vouloir user de quelques précautions, pour éviter les maux dont je la voyais menacée. Mais comme S. M. voyait l'occasion présente pour accomplir ses glorieuses entreprises, et désirait payer de sa personne, elle rejeta les conseils que je lui donnais, et s'exposa à toutes sortes de périls et de fatigues, sans vouloir souffrir une seule saignée dont elle avait grand besoin, ayant reconnu en S. M. un changement notable à son pouls et à ses urines. Voyant le roi en une forte résolution de ne songer à aucun remède, je pressai très fort M. le cardinal Mazarin d'obtenir du roi ce que je n'avais pu gagner sur son esprit. Il me fit réponse que le roi, en l'état qu'étaient ses affaires, ne se rendrait à aucun remède ni régime, s'il n'était malade, et qu'il n'avait aucun dessein de se servir de précaution, étant résolu d'aller à Mardik, tant pour le siége de Dunkerque, que pour d'autres desseins qui lui ont heureusement réussi. Il partit de Calais, accompagné de S. E. et de quelques cavaliers, se rendit à Mardik, où il séjourna quelque temps, et, après avoir donné ses ordres, retourna à Calais pour quelques affaires qui regardaient l'Angleterre; puis enfin, fit un second voyage à Mardik, où il se tourmenta nuit et jour, tant pour le siége de Dunkerque que de Gravelines, et pour d'autres occasions de la dernière importance, en sorte qu'il se rendit maître de toutes choses, et ses victoires furent si heureuses et si accomplies, qu'il n'y avait rien à souhaiter davantage pour sa gloire et pour sa grandeur; et si sa maladie ne fût point survenue, toute la Flandre était en état de se soumettre à ses lois et à son obéissance. Mais toutes ces prospérités et glorieuses entreprises ont failli à lui coûter la vie, si Dieu, par une grâce particulière, n'avait inspiré des lumières tout extraordinaires aux médecins, pour le tirer du péril où il était.

Histoire de la maladie du roi à Calais, 1658.

Le roi n'ayant épargné, ni jour ni nuit, ses peines et ses fatigues à Mardik, tant pour le siége de Dunkerque que pour celui de Bergues, et pour d'autres desseins qu'il avait de réduire tous les Pays-Bas à l'obéissance, et ne se donnant aucun repos en un pays où S. M. souffrait beaucoup à cause des incommodités du lieu, de la corruption de l'air, de l'infection des eaux, du grand nombre de malades, de plusieurs corps morts sur la place, et de mille autres circonstances, contracta petit à petit un venin caché, qui, après avoir infecté ses humeurs et troublé son tempérament, le fit tomber dans un état qui me donna beaucoup d'appréhensions du malheur qui lui est enfin arrivé, par la trop grande impatience et âpreté qu'il avait de se trouver aux occasions, sans ménager ni sa vie, ni sa santé. Étant à la veille de tomber dans une terrible maladie, il m'envoya à Calais prendre soin de la personne du maréchal de Castelnault, pour décider les différends des médecins et des chirurgiens qui le traitaient d'une plaie mortelle qu'il avait reçue au siége de Dunkerque (1); et, comme je prévoyais que le roi n'était point en état de se passer de moi, je fis toutes les instances possibles pour ne point quitter S. M. Pour ce sujet, je priai M. le cardinal d'empêcher ce voyage auquel le roi me voulait obliger; et les prières et les remontrances que S. E. put faire à S. M. pour me retenir auprès d'elle en une si fâcheuse conjoncture, n'ayant point été assez fortes pour gagner l'esprit du roi, je pris résolution de moi-même de ne me point présenter auprès de S. M. l'espace de vingt-quatre heures, pour gagner du temps, ou pour éviter un dessein qui me semblait fort préjudiciable à S. M., qui enfin, commanda d'une puissance absolue à M. Le Tellier de me faire partir en diligence, pour me rendre auprès de M. de Castelnault. Enfin, ne pouvant plus résister aux vo-

---

(1) Le maréchal est mort le 15 juillet 1658.

lontés du roi, je fus obligé de partir et de le laisser sans aucun secours, n'ayant aucun médecin, ni chirurgien auprès de S. M.

Quelques jours après mon départ, c'est-à-dire le 29 du mois de juin, le roi se ressentit d'une chaleur extraordinaire, lassitude de tous les membres, furieuse douleur de tête, sans force, sans vigueur et sans appétit. Peu de temps après, la fièvre se déclara avec des faiblesses extraordinaires, au retour d'un voyage qu'il avait fait à Bergues. Mais pour comble de malheurs, S. M. ayant une passion de retourner le lendemain à Bergues, dissimula toutes choses, et ne voulut point témoigner à M. le cardinal les incommodités qu'elle ressentait, espérant qu'elles se passeraient, et qu'elle aurait assez de force pour faire ce qu'elle avait projeté.

Le lendemain, qui était le dimanche, et le dernier jour du mois de juin, il se trouva dans le même accablement qu'il dissimula comme il avait fait le jour précédent. Mais la nuit du dimanche au lundi fut si fâcheuse et si pleine d'inquiétude, que S. M. ne put dissimuler davantage son mal, ce qui obligea M. le cardinal de la faire partir, après que la marée fut passée, pour retourner à Calais.

S. M. étant arrivée à Calais le lundi 1er de juillet, entre dix et onze heures du soir, peu de temps après je lui fis prendre un lavement, et, en le rendant, S. M. eut de si grandes faiblesses, que l'on appréhendait qu'elle ne pût résister à ces accablements, se ressentant de faiblesses extraordinaires, langueurs et sueurs froides.

Cela ne m'empêcha point de lui faire tirer trois grandes poêlettes de sang du bras droit, et durant la saignée les faiblesses avec tous les accidents augmentèrent de telle manière, que cela donnait de l'épouvante à tous ceux qui le voyaient dans cet état. Le reste de la nuit se passa de la même manière, et même avec des douleurs du dos, ou plutôt des lombes, des agitations continuelles, inquiétudes, rêveries, faiblesses, inégalité du pouls, et des froids extraordinaires aux extrémités.

Dans cette violence on lui fit quelques légères frictions sur le dos, avec les mains; on lui donna des cordiaux; et de grand matin, voyant que le mal augmentait, je fus obligé de lui faire tirer du sang de l'autre bras. Ce remède, quoique nécessaire, n'apaisa point son mal. Sur le midi, je lui fis donner un lavement. Le reste de la journée tous les accidents continuèrent de la même force, et même, on peut dire qu'ils se rendirent plus fâcheux, ce qui obligea d'en venir à une troisième saignée sur le soir. Sur les dix heures, on donna à S. M. un julep cordial et rafraîchissant, quelques heures après avoir rendu un lavement.

Le mercredi, troisième du mois, se passa avec augmentation de la fièvre, accompagnée de fâcheux redoublements et de tous les autres accidents, ce qui m'obligea de réitérer la saignée du bras et de continuer l'usage des remèdes cordiaux et des lavements.

Le jeudi 4 du mois, toutes les inquiétudes augmentèrent et même la rêverie fut considérable, ce qui me fit résoudre de faire saigner S. M. du bras le matin, et du pied le soir. Je fis aussi continuer les cordiaux, particulièrement après avoir remarqué les mouvements convulsifs, et l'enflure, ou plutôt bouffissure de tout le corps, qui est une marque indubitable d'une grande malignité, d'un venin qui ne peut s'exhaler, ni sortir au dehors. Quoique la fièvre fût pourprée, il ne paraissait pour lors aucune tache sur le corps, mais comme j'étais assuré de la nature du mal, je pris résolution, sur cette bouffissure qui ressemblait à celle que l'on remarque après la morsure d'un serpent, et sur le transport qui se faisait à la tête, qui menaçait de ruine si l'on n'y apportait promptement les remèdes nécessaires; je pris donc résolution, dans l'inquiétude où j'étais, de proposer deux remèdes, qui ont si heureusement réussi, que l'on peut dire avec vérité qu'ils ont sauvé la vie de S. M.

Le premier fut la purgation donnée le vendredi, cinquième jour du mois et septième de la maladie, qui fut contestée par les médecins.

L'autre remède fut l'application des vésicatoires aux bras et aux jambes, pour arrêter le transport qui se faisait à la tête et sur la poitrine ; mais particulièrement pour arrêter le mauvais effet de la bouffissure de tout le corps. Ces deux remèdes, comme j'ai dit ci-dessus, méritent la gloire de la guérison du roi, comme l'on verra par la suite de ce discours.

La purgation fut donnée fort à propos le vendredi matin, contre le sentiment des autres médecins qui s'opposaient à ce remède, disant que les humeurs n'étaient pas bien préparées et qu'il fallait attendre le dixième jour. De plus ils voulaient fortifier leur sentiment sur ce que l'on était encore dans le septième de la maladie.

Pour le regard de la première raison, je leur ai représenté qu'elle était trop faible en une occasion pressante et en une maladie de cette nature, en laquelle les humeurs sont si farouches et si pernicieuses qu'elles n'obéissent jamais à la nature, soit pour leur donner une parfaite coction, soit pour quitter le foie d'où elles ne sortent pas volontiers si l'on ne les presse par les purgations ; outre la particulière expérience que j'avais que la plupart des malades mouraient d'ordinaire durant le sixième, et ainsi qu'il était de la dernière importance de ne différer un remède qui était absolument nécessaire, et que l'on ne devait pas perdre l'occasion, ni attendre à le donner quand le roi ne serait plus en vie, ou du moins que S. M. ne serait pas en état de le prendre.

La seconde raison des médecins était un peu plus palpable et plus apparente que la première, aussi me donna-t-elle beaucoup de peine à combattre. L'on se fondait pour lors que nous étions dans le septième, et que ce jour étant critique ne devait point être choisi pour purger le roi.

A quoi j'ai fortement répondu et satisfait : premièrement, que la nécessité était pressante à cause de la nature du mal, de l'abondance et de la mauvaise qualité des humeurs, et des accidents fâcheux qui menaçaient de ruine, si l'on ne soulageait promptement la nature qui ne pouvait pas résister plus longtemps à la grandeur et à la violence du mal, qui, d'ordinaire, se terminait par la mort au neuvième ou dixième jour, quand les malades n'étaient pas promptement assistés ; outre qu'en cette occasion il n'y avait plus d'apparence de s'arrêter au nombre des jours, puisque le mal avait été négligé en ses premiers commencements, et que le roi avait passé les trois premiers jours sans être secouru, et sans avoir pris aucun remède ; qu'enfin ayant commencé à faire des remèdes, j'ai voulu en toute manière récompenser le temps perdu, ce qui m'obligea de saigner le roi en trois jours six fois, tant du bras que des pieds, et comme la saignée est absolument nécessaire dans les commencements des fièvres malignes, je l'ai fait faire avec beaucoup de résolution. Ce remède ayant été pratiqué six fois tout d'abord, il ne restait plus qu'à purger le roi, pour mettre S. M. en quelque sorte d'assurance.

Et pour le regard du septième, qui est un jour considérable, il est certain que c'est une faute contre les règles de la médecine que de le choisir pour la purgation aux fièvres continues, à quoi j'ai déjà satisfait par les raisons que j'ai ci-dessus alléguées, en faisant distinction des fièvres ordinaires d'avec celles qui sont malignes et populaires. Mais outre cette raison, qui est celle des bons médecins, j'en ai apporté une autre qui est plus générale, et qui peut être réservée dans les maladies communes et ordinaires. Quand un bon médecin a remarqué avec certitude qu'il ne doit point arriver de crise, il doit préférer le jour critique à tout autre pour donner une purgation ; ce qui m'a réussi plusieurs fois en ma vie, ayant donné des médecines plus volontiers en ces jours-là, quand il y avait nécessité, parce que c'est plutôt en ce temps-là que la nature fait le plus d'effort, et ainsi l'effet de la médecine est plus avantageux que si on la donnait un autre jour. Ce sentiment, qui m'est assez particulier, est fondé sur la raison et sur l'expérience.

Nous avons encore, au sujet de la médecine, eu quelques difficultés sur l'espèce des remèdes, parce que l'on désirait qu'elle ne fût composée que de casse et de séné ; mais ayant fait connaître que ce serait perdre le temps et abuser de la médecine, si l'on n'y ajoutait les choses nécessaires pour purger la sérosité maligne, qui fait d'ordinaire et entretient les maladies populaires et malignes.

Ces difficultés, agitées assez longtemps de part et d'autres, m'auraient donné beaucoup de peine, et auraient empêché le bon effet que nous en avons reçu, si M. le cardinal n'avait pris mon parti, après l'avoir instruit en particulier sur ce sujet, et lui avoir représenté mes raisons, qui furent si fortement appuyées par S. Em. que les deux médecins, qui s'opposaient à ce généreux dessein, tombèrent d'accord et du jour et de la médecine, qui fit un si grand effet que S. M., après une évacuation très copieuse d'une sérosité pourrie et très maligne, rendue en trois selles, fut visiblement soulagée, et nous donna lieu et loisir de lui faire des remèdes plus vigoureux qui achevèrent heureusement cette belle cure, comme on verra par la suite de ce discours.

La médecine fut composée de trois gros de séné, deux gros de crème de tartre, sel de tamarisque, et cristal minéral, de chacun deux gros, vingt grains de nitre fixe, et deux onces de manne, dans une décoction de chicorée, buglosse et scorsonnère. Ce remède purgea très bien le roi, sans tranchées et sans aucun accident.

Le mal pourtant était d'une telle nature, qu'il ne pouvait pas être combattu par de si faibles armes, et comme plusieurs accidents étaient un peu diminués, il nous en restait encore d'assez fâcheux et de conséquence, pour ne nous pas endormir; particulièrement la bouffissure de tout le corps et le transport à la tête, et même quelque commencement d'une difficulté de respirer, qui est l'accident qui m'a le plus étonné en tout le cours de la maladie du roi, qui m'obligea le lendemain samedi, sixième du mois et huitième de la maladie, non-seulement d'avoir recours à la saignée, mais de venir aux vésicatoires que j'avais déjà proposés. Ce remède fut si heureusement appliqué que l'enflure du corps commença à diminuer comme les autres accidents, particulièrement la fluxion qui se jetait sur la poitrine.

Le dimanche 7 du mois, le roi, ressentant les accidents ordinaires, quoique avec moins de violence, fut saigné du bras le matin, et prit un lavement sur le soir, continuant toujours ses remèdes cordiaux, et l'on prit résolution de le saigner du pied le lendemain, qui était le huitième du mois et le dixième de la maladie. Bientôt après cette résolution, M. Guénault arriva de Paris avec M. d'Aquin. Nous consultâmes incontinent après leur arrivée sur ce que nous aurions à faire le lendemain. Le résultat de ladite consultation de six médecins fut de conclure à la saignée du pied, qui avait déjà été résolue par quatre médecins. Après cette délibération, je proposai aussi la purgation, laquelle se pouvait faire le lendemain, quelques heures après la saignée du pied qui se devait faire de grand matin. Les opinions sur le sujet de la médecine furent partagées, et comme je proposais le grand remède, il s'en trouva quelques-uns de la compagnie qui n'en demeurèrent pas d'accord, disant que la casse dans le petit-lait pouvait suffire en l'état qu'était le roi. D'autres proposèrent d'une potion purgative toute simple. Mais comme il n'était pas temps de conclure sur ce sujet, je priai la compagnie de remettre cette délibération au lendemain, après que la saignée du pied aurait été faite.

Cependant la nuit du dimanche au lundi se passa avec beaucoup d'inquiétude et les redoublements ordinaires, ce qui nous obligea de saigner le roi du pied de grand matin. Ce remède, quoique nécessaire et fait bien à propos, ne diminua pas beaucoup la fièvre, ni les accidents.

Sur les onze heures, je fis assembler MM. les médecins pour leur représenter que nous avions besoin d'un remède vigoureux pour empêcher le redoublement qui devait venir sur les quatre à cinq heures après midi. M. le cardinal ayant été par moi averti qu'il était question de faire un coup de maître pour secourir le roi, voulut assister à notre consultation, afin de fortifier ce que je lui avais déjà proposé; et, comme il avait déjà goûté mes raisons sur le fait du vin émétique, il fit adroitement consentir à ce remède ceux qui ne l'approuvaient pas, et, après quelques légères contestations, il dit à toute la compagnie qu'il louait le dessein qu'elle avait de purger vigoureusement le roi; et ayant en mon particulier fait connaître à MM. les médecins que l'on ne devait plus ordonner ni de la casse, ni du séné, et que les maladies de cette nature ne guérissaient jamais par les remèdes communs et ordinaires, tout le monde se déclara pour l'antimoine, dont M. le cardinal avait parlé de son propre mouvement, après lui avoir dit que nous avions besoin de son suffrage pour réduire quelques-uns qui pestaient contre l'antimoine.

J'avais fait préparer pour cet effet, dès le grand matin, trois grandes prises de tisane laxative, et trois onces de vin émétique, qui étaient séparément en deux bouteilles sur la table du roi depuis le matin; incontinent après cette délibération, je fis mêler trois onces de vin émétique avec trois prises de tisane laxative, et sur-le-champ je lui fis prendre une tierce partie de tout ce mélange, qui réussit si bien et si heureusement que le roi fut purgé vingt-deux fois d'une matière séreuse, verdâtre et un peu jaune, sans beaucoup de violence, n'ayant vomi que deux fois, environ quatre ou cinq heures après la médecine.

L'effet fut si prodigieux et l'opération si grande, que nous reconnûmes un changement notable et une diminution de la fièvre et de tous les accidents, de sorte que tous ont sujet de rendre grâce à Dieu d'avoir en si peu de temps tiré le roi de la dernière extrémité où il était, par un remède qui donnait de l'appréhension à ceux qui n'avaient point encore éprouvé sa vertu. Depuis ce temps-là, les médecins qui le blâmaient s'en sont servis en plusieurs occasions avec beaucoup de succès, et les esprits de la Cour, qui étaient pour lors fort partagés, furent tous d'accord et persuadés que ce remède était admirable, et que ceux qui l'avaient proposé étaient fort assurés de ses bonnes qualités. Mais ce qui est de considérable en cette occasion, est que l'avantage que le roi en a reçu en sa propre personne s'est communiqué à tous les particuliers, non-seulement de son royaume, mais même de toute l'Europe, qui était persuadée que le roi devait mourir en l'état qu'il était, et que, ce remède ayant produit un si bon effet, personne ne devait plus faire difficulté de s'en servir, puisqu'il avait été ordonné avec tant de bons succès à un si grand monarque. En effet, non-seulement les malades se sont rendus fort soumis quand on le leur a proposé, mais les médecins même, qui avaient une répugnance à ce remède et qui avaient fait une protestation solennelle de n'en ordonner jamais à leurs malades, en quelque extrémité qu'ils pussent être, se sont rendus à une expérience si forte et si considérable, et ils ont renoncé à l'hérésie qui les avait si longtemps rendus opiniâtres et rebelles à un secours qui surpasse la vertu de tous ceux que l'antiquité a pu inventer (1).

Je puis dire avec vérité, sur ce sujet, que Dieu a voulu par ce remède récompenser la charité que le roi a témoignée à tous ses sujets, m'ayant ordonné, dès les premiers jours qu'il m'a appelé à son service, de faire préparer dans son Jardin-Royal et dans le laboratoire de chimie que S. M. y entretient avec tant de dépenses, tout ce que je croirais être nécessaire au public à l'égard de la médecine; et connaissant sa bonté, j'ai fait faire tous les ans les démonstrations de tout ce qui était de plus rare, et particulièrement de ce que j'avais expérimenté en vingt-huit années de travail. En quoi je n'ai pas oublié ce que l'on pouvait tirer de l'antimoine, duquel j'ai fait faire toutes les plus belles préparations, et avec tant de candeur que la France en a tiré beaucoup d'avantage, comme tous les autres royaumes, ayant donné au public ce qui, jusque-là, avait passé pour secret. C'est ce qui en a rendu l'usage plus facile et plus assuré. Je ne m'étais pas contenté de communiquer ce que l'on pouvait tirer de l'antimoine, mais j'ai pareillement fait préparer tout ce que j'ai trouvé de plus beau et de plus rare en l'ancienne et en la nouvelle pharmacie. Comme le roi fait la dépense avec libéralité pour tout ce qui

---

(1) Excepté Guy-Patin.

regarde le soulagement des malades, je passerais pour un ingrat si je ne m'en acquittais de la manière que la bonté du roi et ma propre conscience et mon honneur m'y obligent; et même je reçois en toutes les occasions les pauvres qui se présentent en ce lieu, non-seulement pour leur donner mes avis, mais, en mon absence, sont des médecins qui prennent ce soin-là, sous mes ordres, et même on ne leur refuse aucun remède dont ils peuvent avoir besoin.

Le roi ayant donc reçu le soulagement tout entier de ce généreux remède, et se voyant hors de péril, a reconnu les grâces que Dieu lui a faites en l'extrémité où il était, et, afin d'éviter les autres accidents qui pouvaient lui arriver, a pris courage et une forte résolution de faire absolument tout ce que je lui ordonnerais avec les autres médecins, tant pour apaiser ce qui restait de fièvre, que pour empêcher une rechute qui l'aurait indubitablement accablé, dans la faiblesse où la violence de son mal l'avait réduit.

En cette conjoncture, nous avons pris nos mesures et nos indications sur les forces et sur l'entreprise des choses, et avons si bien ménagé les remèdes qui restaient à faire, que Dieu nous a fait la grâce de le délivrer entièrement de sa maladie, avec autant de bon succès que l'on pouvait désirer et demander à Dieu en faveur d'un si grand monarque. Le lendemain de cette généreuse purgation, le roi demeura en repos et très satisfait de son remède, ce qui nous obligea de donner un peu de trêve à la nature qui était dans le dernier accablement, et l'on se contenta de donner, sur les quatre heures de l'après-midi, un lavement fort doux et fort benin.

Le mercredi, 10 du mois et douzième de la maladie, le roi fut purgé avec une médecine fort légère, composée d'une décoction hépathique, le tamarin, le séné et le sirop de chicorée composé, avec la rhubarbe, à dessein de décharger le bas-ventre et toutes les parties nourricières d'une bile épaisse qui croupissait de longue main dans les deux hypocondres; à quoi l'on ne devait point manquer, après avoir purgé si heureusement les sérosités qui s'étaient répandues par tout le

7

corps, et qui, par leur malignité et par leur quantité même, menaçaient S. M. d'un péril évident, puisqu'une bonne partie s'était portée au cerveau et à la poitrine, et causait tous les fâcheux accidents que nous avons appréhendés dans le cours de la maladie.

Je n'ai point été trompé dans la bonne opinion que j'avais pour lors de ce petit purgatif, lequel ayant été donné si à propos deux jours après le vin émétique, a purgé le roi deux fois sans tranchées, et, sans abattre les forces de S. M., a fait sortir une quantité de bile jaune comme du miel, avec beaucoup de glaires toutes pourries, dont S. M. reçut un soulagement très considérable.

Le jeudi, pour une plus grande assurance, et même pour éteindre le feu qui restait encore dans la masse du sang et dans les entrailles, l'on tira deux petites poêlettes de sang, avec un très heureux succès.

Le vendredi, 12 du mois et quatorzième de la maladie, se passa sans accidents et sans remèdes, à la réserve d'un lavement et des cordiaux ordinaires.

Le samedi, 13 du mois et quinzième de la maladie, l'on réitéra la dernière purgation, à laquelle on ajouta un gros de rhubarbe, dont l'opération fut si heureuse que mon esprit fut en repos, croyant absolument S. M. hors de tout danger, les accidents ayant cessé avec une diminution si notable de la fièvre que l'on ne remarquait au pouls qu'une légère érection qui se passa petit-à-petit. Enfin S. M. demeura sans fièvre et délivrée de tous les symptômes, à la réserve de la faiblesse qui était si grande et si extraordinaire qu'elle me donnait de l'épouvante, même en l'état où il n'y avait aucun sujet d'appréhender; elle dura quelques jours d'une telle manière que l'on ne pouvait pas remuer S. M. pour lui donner de la nourriture et pour la changer de place, sans qu'elle tombât en syncope, et sans que l'on pût s'empêcher de lui donner un peu de vin pour la faire revenir.

Le roi, avec cette faiblesse extraordinaire, ne laissait pas de se mieux porter. Il passa le dimanche, le lundi, le mardi et le mercredi, assez bien et sans aucun accident; mais, comme les médecins proposaient encore une purgation, se persuadant qu'il y avait beaucoup d'humeur dans le bas-ventre, je m'étais, en quelque façon, opposé à se sentiment, et ne croyais pas qu'il fût nécessaire de purger davantage le roi, parce que j'avais remarqué, par les dernières selles de la purgation du samedi et des lavements que S. M. avait pris quatre jours ensuite, que les parties nourricières étaient bien rétablies et le bas-ventre fort déchargé de toutes sortes d'impuretés, et que les selles paraissaient fort bien figurées; je ne voulus pourtant pas m'opposer avec opiniâtreté à cette proposition, ne doutant point qu'un petit remède purgatif ne ferait point de mal, pourvu qu'il fût composé de la manière que j'avais accoutumé de faire les années précédentes, quand je voulais purger le roi par précaution ; ce qui m'obligea de proposer à la compagnie un bouillon préparé avec le veau, les herbes ordinaires, la crême de tartre, le cristal-minéral, le séné et la manne.

Ce remède, ne rencontrant rien dans le bas-ventre, ne fit aucune évacuation; de sorte que l'on fut obligé de donner à S. M. un lavement sur le soir, qui n'attira aucune matière, sinon quelques excréments qui commençaient déjà à se figurer.

Mais comme la nature durant tout le cours de la maladie avait été dans le dernier accablement, sans avoir pu contribuer en aucune chose à la guérison du roi, elle se réveilla la nuit suivante, assistée des qualités de ce bouillon composé de remèdes purgatifs et apéritifs, et fit une décharge si copieuse par les voies de l'urine, que S. M. rendait, en vingt-quatre heures, seize grands verres d'urine, et ne buvait que trois verres en toute la nuit et la journée de sa tisane ordinaire. Mais ce qui est extraordinaire et digne de remarque, c'est que les premiers commencements de cette décharge donnaient de l'alarme au roi et à ceux qui l'approchaient, parce qu'il rendait quatre verres assez souvent sans quitter le pot-de-chambre.

Cette évacuation continua neuf jours de cette même force, comme je dirai ci-après, et fut tellement avantageuse qu'elle acheva ladite guérison de S. M. sans aucun accident et sans aucune rechute, et même sans aucun ressentiment de la moindre incommodité du monde ; de manière qu'après cette parfaite guérison, le roi s'est trouvé beaucoup plus fort, beaucoup plus vigoureux et plus libre de toutes ses actions, tant du corps que de l'esprit, et l'on peut dire avec vérité que Dieu a conduit cet ouvrage par des voies si extraordinaires et par des secours et des grâces si particulières, s'étant servi des causes secondes, en une conjoncture qui semblait devoir être plutôt destinée au miracle qu'à l'industrie et à l'expérience des médecins.

Remarques particulières sur la maladie du roi de l'année 1658.

Observation sur le flux d'urine qui est arrivé le 20 de sa maladie.

Les qualités malignes de l'air et des lieux infectés se communiquent à nos corps selon la disposition des humeurs, et le peu de résistance que fait la nature aux causes délétères. Comme ces qualités venimeuses, qui sont invisibles, ou plutôt imperceptibles, et par conséquent spiritueuses, ne peuvent donner des atteintes ni faire leurs mauvaises impressions, si elles ne se servent du véhicule de l'air qui nous environne pour les faire pénétrer bien avant dans nos corps et les faire glisser dans les humeurs, ce qui ne pourrait jamais arriver si cet air infecté et corrompu ne s'attachait principalement et tout d'abord aux esprits avec lesquels il a le plus de rapport et de familiarité, si la substance spiritueuse qui régit notre corps fait une résistance assez forte et assez vigoureuse, que d'ailleurs il n'y ait pas une altération considérable dans la masse du sang, et que les parties ne soient point gâtées ni corrompues en leur substance, la contagion de l'air infecté ne se communique en aucune façon ; que si, au contraire, la faiblesse des parties et l'altératior des humeurs se rencontrent avec la cause universelle, il est indubitable que le sujet pâtit considérablement, et reçoit les impressions des mauvaises qualités, par l'infection des esprits, lesquels étant une fois atteints de ce venin, ne manquent point de le communiquer à l'humeur la plus subtile et le plus approchant de leur nature, ce qui se doit entendre de la sérosité. C'est pourquoi nous remarquons visiblement que, dans les fièvres malignes et populaires, le venin gagne et se communique par degrés, attaquant en premier lieu les esprits, puis la sérosité, et enfin la masse du sang, et quelquefois la substance des parties, quand elles ont quelque vice et qu'elles sont mal conditionnées.

Le progrès du mal se faisant de cette manière, et les esprits étant les premiers infectés, et ensuite la sérosité, comme je l'ai expliqué ci-dessus, étant corrompue, retient plus fortement le venin et la pourriture que les esprits mêmes, ce qui est cause que les malades, ne pouvant espérer un soulagement assuré si la nature et les remèdes ne poussent au dehors par les voies les plus commodes et ordinaires la maladie infectée et corrompue, c'est de cette manière qu'ils ont accoutumé de périr en semblables maladies.

Il est donc très certain que le roi, par une passion extraordinaire d'une belle gloire, ayant négligé sa personne et sa santé pour parvenir à de si généreux desseins, l'accablement de ses forces et l'impureté de tout le corps contractée de longue main, l'ont enfin rendu susceptible d'une espèce de contagion populaire qui s'est premièrement emparée des esprits, puis s'est glissée en la sérosité, en laquelle elle s'est principalement attachée, a entretenu le mal et tous les mauvais accidents qui sont survenus. Et comme le venin était très pernicieux, et qu'il y avait une abondance de sérosité répandue par tout le corps, la nature a été tellement accablée, que dans les commencements et dans le progrès de cette grande maladie, elle n'a pu rien faire d'elle-même ; ce qui m'a obligé, en cette grande extrémité, d'employer les plus prompts et les plus vigoureux remèdes pour la soulager et pour emporter ce qui pressait le plus et menaçait ruine. Ce qui a réussi si à propos que, contre l'espérance de tout le monde, le roi s'est trouvé hors de péril par les décharges et évacuations qui ont été procurées par le bénéfice desdits remèdes. Ensuite d'un si bon effet, la nature a commencé à se réveiller pour faire son devoir et pour jeter au dehors tout ce qui restait d'impureté dans les urines et les intestins, et même dans les trois régions et dans l'habitude du corps ; ce qu'elle a fait avec tant de vigueur, que la guérison a été très parfaite et sans aucune rechute.

Mais cette décharge s'est faite si extraordinairement et avec tant d'avantage, que l'on a sujet d'admirer en cette occasion la force de la nature et l'admirable effet des remèdes, lesquels ayant été donnés au roi en temps et lieu, et avec beaucoup de conduite, ont tout d'abord empêché le progrès du venin et emporté les matières corrompues, ce qui pressait le plus et qui causait les accidents périlleux et funestes. Après avoir fait ces premiers effets, et délivré le bas-ventre, la poitrine et la tête des sourditions et des troubles qui se faisaient par le bouillonnement des humeurs, la nature, se trouvant soulagée, a poussé le reste de la sérosité par la voie de l'urine, si favorablement et avec tant d'abondance, qu'elle n'a point quitté cet ouvrage que tout ce qui était infect en toute l'étendue du corps ne fût entièrement sorti. C'est à quoi je me suis attendu quand j'ai vu les premiers commencements de cette belle et heureuse crise, et ce qui m'a fait prédire le temps qu'elle devait durer. Je ne me suis pas trompé d'une heure, ayant cessé le même jour que j'avais assuré par paroles et par écrit qu'elle devait cesser ; et les assurances que je donnai pour lors à la reine-mère, à toute la Cour et à S. E., ont bien diminué l'appréhension que l'on avait de quelque mauvais événement de cette prodigieuse évacuation ; et aussi ce pronostic m'a donné de la gloire et de la réputation.

Remarques sur les accidents qui sont survenus au roi, durant sa maladie, qui commença à Mardik, le samedi 29 juin 1658.

La maladie du roi commença par des faiblesses fréquentes et extraordinaires, inquiétudes, impuissance de dormir, petites moiteurs, dégoûts, nausées et lassitudes de tous les membres.

Ces symptômes furent plus légers les deux premiers jours et augmentèrent très fort le troisième jour, lorsque la fièvre parut plus violente, et furent accompagnés d'une douleur de tête extraordinaire et d'une chaleur insupportable des lombes.

Les veilles augmentèrent pareillement avec la douleur et furent bientôt suivies de rêveries, particulièrement dans les redoublements. Les tressaillements, les transports furieux, les mouvements convulsifs donnèrent beaucoup d'alarmes, mais particulièrement la stupeur du cerveau et l'assoupissement.

Outre les marques et les assurances que j'avais de la nature de la fièvre, qui était pourprée et très maligne, je remarquai sur la fin du cinquième jour des taches rouges, violettes et noirâtres sur la poitrine, sur le bras droit, sur la main et sur les lombes, qui disparurent le lendemain, à la réserve de celles du dos et des fesses.

Ensuite de ces éruptions, les redoublements furent plus violents, plus fréquents et plus terribles.

La soif a été grande, la gorge enflammée, la langue très épaisse et noire.

Le roi, étant dans ce grand abattement et sans aucune connaissance, laissait écouler involontairement, dans le lit, ses urines et ses excréments. Son corps a été bouffi, comme s'il avait été piqué d'un scorpion, ou s'il avait été empoisonné ; les extrémités demeurèrent froides, avec une moiteur sur les parties hautes.

Tous ces fâcheux accidents ne m'ont point tant étonné que la fluxion qui commençait à se jeter sur la poitrine ; et comme c'était le plus dangereux de tous les accidents, il est vrai que ma constance en fut un peu ébranlée, et mon appréhension aurait été plus forte, si Dieu ne m'avait fait la grâce d'y apporter promptement les remèdes nécessaires, qui, en semblable occasion, m'avaient réussi fort heureusement ; même quelques semaines avant que le roi tombât malade, j'ai ordonné ce remède avec de très bons succès ; je l'ai pareillement pratiqué en toutes les fièvres malignes, principalement quand la tête et la poitrine ont été attaquées, j'entends les vésicatoires appliqués aux deux bras et aux deux jambes, qui, non-seulement ont tiré S. M. de l'accablement où elle était par le transport de l'humeur qui, par la violence du mal, se portait à la tête et se jetait sur la poitrine, mais, à leur ordinaire, ont emporté l'enflure qui paraissait par tout le corps, ayant donné jour par l'ouverture de l'épiderme à la substance spiritueuse corrompue qui entretenait cette tumeur universelle de tout le corps. A la vérité, ce remède fut appliqué si à propos que l'on en remarqua bientôt le bon effet, quoique quelqu'un des médecins se soit fortement opposé au sentiment que j'avais de le faire, à quoi il ne pouvait apporter aucune raison, sinon que ce remède était cruel, et, comme ce remède m'a si bien réussi dans la furie du mal, je m'y suis toujours résolu. Pour la guérison, l'on avait besoin de proposer quelque régime à S. M. pour la garantir, le reste de ses jours, des accidents qui lui pourraient survenir par la faiblesse de sa poitrine, à quoi elle n'a fait aucune difficulté, et S. M. a trouvé, par succession de temps, que mes conseils étaient très salutaires.

Outre tous ces accidents, on ne peut pas comprendre combien la faiblesse a été grande, même après que S. M. s'est vue presque sans fièvre et tout-à-fait hors de péril, de sorte que je ne pouvais m'empêcher de craindre en la voyant dans de si grands abattements. Ce qui m'obligea de lui donner un peu de vin, quand les faiblesses la prenaient, quoiqu'elle n'en usât point auparavant sa maladie ; ce qui nous a si bien réussi que j'ai été obligé de lui en donner toutes les fois que l'on lui faisait prendre sa nourriture ; et depuis ce temps je lui en ai fait continuer l'usage.

La maigreur et atténuation de tout le corps n'a pas été moins considérable que la faiblesse. Mais comme le roi a gardé durant sa convalescence le bon régime que j'avais prescrit, non-seulement les forces sont revenues petit-à-petit, mais la maigreur s'est passée plus tôt que l'on n'espérait parce que S. M. n'a rien fait que ce qui lui a été ordonné ; c'est pourquoi le roi s'est fort bien rétabli et fort promptement sans aucun ressentiment de la moindre rechute.

Remèdes que j'ai ordonnés au roi durant sa maladie.

Le roi a été saigné huit fois, six fois des bras, deux fois des pieds.

Le roi a été purgé quatre fois, sans compter le bouillon purgatif qui lui fut donné le jeudi 18 du mois et le vingtième de sa maladie, qui ne le purgea pas une seule fois, mais provoqua le flux d'urine dont j'ai parlé.

Les lavements ont été donnés très légèrement.

Les juleps et autres compositions cordiales et spécifiques, presque tous les jours.

Les vésicatoires ont été appliqués aux bras et aux jambes avec un très heureux succès.

Le régime de vivre a été gardé si religieusement et avec tant d'exactitude, que l'on peut dire avec vérité que la modération et l'obéissance de S. M. en cette occasion l'a empêchée de retomber malade, et ses forces se sont réparées plus tôt que l'on n'osait espérer.

Enfin, l'on peut aussi assurer que tous les remèdes ont été donnés si à propos, que toute la Cour a vu et remarqué des effets miraculeux et extraordinaires, particulièrement dans l'extrémité de sa maladie, et lorsque la nature était dans le dernier accablement et qu'elle n'était plus en état de faire aucune chose de soi-même et de sa propre vertu. Donc nous avons sujet de louer Dieu d'avoir béni les remèdes, et inspiré les médecins de les ordonner si à propos et si heureusement. C'est particulièrement en cette occasion que l'on reconnaît visiblement la nécessité et l'excellence de la médecine.

La convalescence du roi.

Après avoir exposé fidèlement toutes les particularités et circonstances de la maladie du roi, et l'heureux succès des remèdes qui ont servi à sa guérison, il est à propos de parler de sa convalescence qui a été aussi extraordinaire que sa guérison nous a semblé miraculeuse, de sorte que S. M. n'a reçu aucun ressentiment, ni aucune incommodité considérable, durant l'ordre que l'on a gardé pour la rétablir en sa première vigueur et parfaite santé.

Dieu nous ayant fait la grâce de bénir nos remèdes et de délivrer le roi du péril où il était, j'ai remarqué en S. M. une si grande faiblesse et une exténuation si extraordinaire, que je n'ai jamais vu rien de semblable. L'une et l'autre ont augmenté, après la guérison de la fièvre, l'espace de neuf jours, par une décharge surprenante et presque incroyable qui s'est faite par les urines; durant lequel temps le roi rendait, tant le jour que la nuit, seize grands verres d'urine, et ne prenait en vingt-quatre heures que trois petits verres de breuvage.

Ce flux d'urine commença dans la nuit du jeudi 18 du mois et le vingtième de la maladie, ensuite d'un bouillon purgatif qui ne fit aucune opération en toute la journée. Au lieu de purger par le ventre, il a fait ouverture par les voies de l'urine, et la sérosité maligne, qui était renfermée et retenue en toutes les urines, sortait du corps d'une manière si prodigieuse et si extraordinaire qu'il rendait, dans les premiers commencements de cette décharge, près de quatre verres d'urine sans quitter le pot-de-chambre et sans intermission; ce qui lui causa une faiblesse si grande que le cœur lui manquait en urinant, et le rendit si abattu que l'on ne put le transporter sitôt que l'on s'était promis ; ce qui fut différé jusques au lundi 22 du mois et vingt-quatrième de sa maladie, quoique S. M. eût de très grandes inquiétudes et impatience de sortir d'un lieu où elle s'était vue en péril de la vie, ne pouvant se remuer en son lit pour prendre de nourriture, ou autres nécessités, sans tomber dans des défaillances qui étonnaient tous ceux qui avaient l'honneur de l'assister. Ce qui m'obligea de donner à S. M. un peu de vin quand elle tombait dans ces faiblesses, pour la faire revenir ; ce qui a fort heureusement réussi, n'ayant point trouvé d'autres moyens pour ses défaillances. Depuis ce temps-là, je lui ai fait boire un peu de vin fort trempé à tous ses repas, n'ayant jamais bu que de l'eau depuis sa naissance. Comme S. M. n'était point accoutumée au vin, j'ai remarqué en cette occasion un plus puissant effet de sa vertu cordiale qu'en beaucoup d'autres personnes à qui on l'avait ordonné pour le même sujet ; et, en effet, S. M., en la première journée de sa marche, eut deux ou trois légères syncopes qui se passèrent en suçant un peu de pain trempé dans du vin.

Le roi, dans cette grande faiblesse et profusion d'urine, ne laissa pas d'arriver le soir à Boulogne, même avec un peu plus de force et de vigueur qu'il n'avait le matin en partant de Calais. Comme j'avais reçu ordre de M. le cardinal Mazarin de lui faire savoir des nouvelles du roi, par un gentilhomme que l'on fit partir incontinent après l'arrivée du roi, et comme je savais bien qu'il était beaucoup plus en peine de ce grand flux d'urine que d'aucun autre accident, je lui mandai que le roi avait assez bien supporté la fatigue de la première journée, et que, pour le regard de cette grande profusion d'urine, je suppliais S. E. de n'en prendre aucune inquiétude, quoiqu'elle fût à la vérité très grande et toute extraordinaire, étant très assuré qu'il n'y avait rien à craindre, puisque c'était la dernière crise, absolument nécessaire pour sa parfaite guérison, qui ne finirait point qu'avec la semaine, et que je le conjurais de se reposer sur moi, et de n'avoir aucune inquiétude durant ce temps-là ; et quand cette décharge serait arrêtée, le roi se fortifierait plus en un jour qu'il n'avait fait en toute une semaine. Cette prédiction a été si heureuse et si véritable que S. E. a admiré ce que je lui en avais écrit avec tant de certitude, ayant fait voir ma lettre à plusieurs personnes qui ont été dans le même étonnement. Je ne me suis pas contenté d'écrire à M. le cardinal, mais j'en ai donné plusieurs fois des assurances à la reine et à toute la Cour ; et cela a été si juste que le samedi suivant, qui est le dernier jour de la semaine, le roi étant à Montdidier, ce flux d'urine s'arrêta la nuit, et le lendemain matin S. M. fut de son pied, et sans aide, de son logis chez la reine, qui en était éloignée de plus de cinq cents pas.

La reine fut si étonnée de ce changement et de la vérité de mon pronostic, qu'elle s'écria tout haut et dit que j'étais bien assuré de mon fait. Le roi, de son côté, sentant ses forces au-delà de ce qu'il s'était attendu, prit la résolution de partir ce même jour pour se rendre à Compiègne, quoique le jour du départ ne dût être que le lendemain.

Le roi arriva à Compiègne, le dimanche au soir, avec tant de vigueur, que le lendemain il monta à cheval pour aller prendre une perdrix à deux portées de mousquet des portes de la ville, et, continuant petit-à-petit, il se trouva, à la fin de la semaine, presque aussi fort que s'il n'avait point été malade.

Après sept jours de repos, je proposai au roi l'usage des bains, dont on avait parlé en la dernière consultation, un jour devant le départ de Calais ; et quoique je ne fusse pas bien persuadé du bon effet de ce remède en l'état que je voyais les choses, je ne voulus néanmoins pas le négliger, puisqu'il avait été proposé par plusieurs médecins, et pour ne pas abonder en mon sens. Je fis préparer son bouillon purgatif le dimanche matin pour le baigner le lendemain. Ce remède trouva le corps du roi si net et si évacué, qu'il ne fit aucune opération, non plus que celui que l'on donna à Calais pour la dernière médecine. Sur le soir je donnai un lavement qui n'attira que de grosses matières, et pas une seule cuillerée d'urine. Je fis préparer le bain ; le roi y entra à dix heures, se trouva tout le reste de la journée appesanti, avec une douleur sourde de la tête qui ne lui était jamais arrivée, l'attitude de tout le corps en un changement notable de l'état où il était les jours précédents. Je ne voulus pas m'opiniâtrer au bain, ayant remarqué assez de mauvaises circonstances pour le faire quitter au roi ; ce qui nous réussit fort heureusement, et S. M. ayant gardé encore quelque temps le régime que nous lui avions ordonné, s'est vue entièrement délivrée de toutes ces rechutes et infirmités, qui ont accoutumé de survenir à ceux qui ne le conservent pas après les grandes et périlleuses maladies.

Je ne parle point ici des particularités de son régime de vivre, je me contenterai de dire que le roi, ayant donné des marques de la grandeur de son âme dans les extrêmes dangers de sa maladie, par le mépris de la mort, par les fortes résolutions de ne se point abandonner aux impatiences, ni aux refus des remèdes qui lui ont été proposés, il a témoigné la même fermeté dans sa convalescence, s'étant entièrement réglé à ce qu'on lui a proposé, sans s'impatienter de la rigueur que l'on gardait en son boire et son manger. S. M. a eu cette satisfaction, de n'avoir ressenti aucune incommodité, ni aucune faiblesse, après la guérison d'une si dangereuse maladie, et même a passé plusieurs années sans avoir aucun sujet de plainte, ni de faire aucun remède considérable (1).

Remarques pour l'année 1659.

Dieu, par sa bonté et par une grâce spéciale, nous ayant délivré le roi du péril où S. M. a été l'année dernière en sa maladie, et depuis sa parfaite guérison n'ayant rien remar-

---

(1) Voir la note n° 2 des pièces justificatives.

qué qui fût capable d'altérer sa santé, il y a toutes les apparences du monde que S. M. passera cette année en une bonne disposition, avec un heureux succès de ses glorieux desseins, tant pour la paix générale que pour son mariage.

Et pour le regard de la constellation, je la vois si propice et si favorable que nous n'aurons point sujet de craindre, pour la présente année, des maladies malignes, contagieuses, ni extraordinaires; sinon que dans la fin de l'été, nous pourrons avoir quelques fièvres tierces et dyssenteries qui ne seront point mortelles et ne dureront pas longtemps.

Le roi continue de prendre tous les matins le bouillon que j'ai ordonné à la fin de sa grande maladie, pour tempérer ses entrailles, et particulièrement pour adoucir et arrêter une sérosité âcre et piquante qui se jetait sur sa poitrine longtemps avant qu'il tombât malade à Calais, et l'obligeait à tousser très souvent et avec quelque sorte d'incommodité, et qui, même dans le fort de son mal, me donna d'étranges appréhensions, remarquant qu'avec tous les mauvais signes et fâcheux accidents, sa poitrine fut quelque temps attaquée d'une fluxion qui était de la dernière importance, si je n'eusse appelé les remèdes nécessaires pour l'apaiser. Ce bouillon a si bien réussi, que j'ai prié le roi d'en user plusieurs années, ce qu'il a fait jusques à présent avec beaucoup de succès, et m'a promis de faire tant que je le jugerais à propos. Il n'a pas de peine de s'assujétir à ce bouillon, ne le trouvant pas mauvais, et reconnaissant qu'il lui fait un bien visible, non-seulement pour arrêter la fluxion de la poitrine, qui naturellement est fort tendre et fort faible, mais pour tempérer toutes les parties nourricières, lesquelles maintenant sont en si bon état, qu'il n'y a plus rien à désirer pour conserver une santé si précieuse.

Néanmoins, par suite de quelque petit désordre, S. M. étant au bois de Vincennes en la meilleure disposition du monde, et lorsque l'on y pensait le moins, rendit un ver de la longueur d'un demi pied, en vie, sans douleur et sans aucun accident. Ne voulant rien négliger, je me suis servi de cette occasion pour saigner et purger le roi, et même je lui ordonnai quelques remèdes spécifiques contre les vers et la matière vermineuse. Depuis, il n'a ressenti aucune incommodité.

Six semaines après, le roi commença le voyage pour l'accomplissement de son mariage. Après avoir séjourné quelques jours à Bordeaux, il se trouva un peu incommodé, vers la fin du mois d'août, d'un mal de cœur et de quelques envies de vomir, accompagnés de petits et légers étourdissements, qui se passèrent le lendemain matin après s'être couché sans souper. Il se trouva si bien que je ne lui proposai aucun remède, sinon que je priai S. M. de ne plus jouer au jeu de paume sitôt après le repas. Sa santé fut très bonne jusques au 14 septembre, qu'elle fut un peu troublée par quelques lassitudes et une espèce de ténesme qui ne dura que du jour au lendemain. Ayant donné ordre que l'on préparât un lavement avec racines de guimauve, feuilles de bouillon-blanc et graine de lin, je fis dissoudre, dans cette décoction, quatre onces d'eau rose et trois onces d'huile d'amandes-douces. Ce remède fut donné si à propos, que les douleurs cessèrent incontinent après l'avoir rendu, et les glaires sanglantes qui avaient paru par deux ou trois fois s'arrêtèrent entièrement; et s'étant servi pour quelques jours de ses tablettes spécifiques, il fut promptement rétabli dans sa vigueur ordinaire, sans aucun ressentiment de la moindre incommodité du monde; au contraire, il faisait toute sorte d'exercices sans aucune peine.

S. M. partit de Bordeaux, le 4 octobre, avec une santé admirable, et se rendit bientôt après à Toulouse, où elle séjourna le reste de l'année avec autant de joie et de satisfaction que l'on en pouvait souhaiter. Le roi partit de Toulouse le 28 décembre pour faire son voyage en Provence, où sa personne était si nécessaire qu'il eût été plus avantageux à S. M. de perdre un tiers de son royaume, que de ne pas réprimer l'audace et le désordre qui régnaient pour lors en cette province.

Sa prudence, accompagnée de ses forces, s'est tellement signalée en cette occasion, que l'on peut dire maintenant qu'il en est le maître absolu, et que son autorité y sera plus redoutée que jamais (1).

Remarques pour l'année 1660.

La santé du roi n'ayant pas été considérablement altérée par la fatigue de ses voyages, me donne une entière assurance qu'elle se maintiendra en un état de perfection toute la présente année, moyennant la grâce de Dieu.

S. M. étant à Carcassonne le premier jour de l'an, toucha les malades à son ordinaire, et partit le lendemain pour aller en Provence, pour arrêter les désordres qui pouvaient troubler sont État, et empêcher le glorieux succès de ses armes et de son mariage.

Après avoir réduit toutes les villes de Provence, particulièrement Marseille, à son obéissance, il entra avec son armée par la brêche, et non point par les portes, donna ses ordres pour y laisser une puissante garnison et pour bâtir une citadelle, et retourna à Toulouse et de là à Saint-Jean-de-Luz, où son mariage fut glorieusement achevé, et la paix générale conclue et terminée, avec la joie et la satisfaction non-seulement des deux couronnes, mais de toute l'Europe, qui se sent obligé de son repos aux généreuses entreprises de notre monarque invincible, et dont la vertu et l'autorité sont respectées de toute la terre.

S. M., ayant heureusement achevé son grand voyage et son

(1) Il s'agit ici des troubles de Provence et de la révolte de Marseille contre le duc de Mercœur, son gouverneur, à l'occasion de l'élection des Consuls. Marseille fut prise par les troupes du roi, et, pour empêcher dans la suite de semblables mouvements, on bâtit un château à l'entrée du port, et une citadelle sur les hauteurs qui commandent cette ville, afin de la tenir en bride.

mariage en une parfaite santé, comme j'ai dit ci-dessus, s'en retourna à Paris avec la reine, où LL. MM. furent reçues avec tant d'applaudissements et de magnificence que l'on n'a jamais vu rien de semblable.

Et durant la présente année, je n'ai remarqué aucune incommodité considérable, comme j'ai dit ci-dessus, sinon que le 27 d'octobre, le roi étant allé à Versailles pour divertir la reine à la chasse, se trouva un peu faible et dégoûté; ce qui l'obligea de retourner à Paris, où il tomba malade le jour de la Toussaint, et incommodé d'une dyssenterie, qui à la vérité fut légère et promptement apaisée par une seule saignée, plusieurs lavements, selon ma méthode ordinaire, c'est-à-dire avec l'huile et l'eau rose dans une décoction de graine de lin, de bouillon-blanc, mauve et guimauve. L'on s'est pareillement servi d'injections d'eau rose, mucilage de psyllium et de lin. A la fin le roi fut purgé avec son bouillon ordinaire, et par ces remèdes il s'est vu délivré de cette incommodité plus tôt et plus facilement qu'il n'espérait. Le reste de la présente année s'est passé fort heureusement et sans ressentir aucune incommodité considérable.

Remarques pour l'année 1661.

Le commencement de la présente année a paru assez favorable pour nous faire espérer un air pur et sain, mais sur la fin du mois de mars, les vents, qui nous promettaient un printemps fort avantageux pour la santé, nous ayant tourné le dos et fait place à ceux du midi, j'ai changé de pronostic, et me suis persuadé que ce changement nous produirait indubitablement des maladies populaires et dangereuses; ce qui est arrivé bientôt après, et avec beaucoup plus de malignité que je n'avais cru.

Le mal a commencé par des rougeoles et petites-véroles, et

s'est augmenté petit-à-petit jusques au solstice d'été, où les fièvres pourprées sont survenues en telle abondance que la campagne a été presque déserte par le grand nombre de malades qui mouraient dans toutes les provinces, particulièrement en Sologne, en Touraine et au pays blaisois.

Le mal ne s'est pas répandu seulement par toute la France, mais il a infesté toute l'Europe, et s'est rendu si malin et si opiniâtre qu'une bonne partie des malades en mouraient, et ceux qui se sont sauvés ont ressenti plutôt le secours des remèdes que de la nature. La plus grande partie de ceux qui sont réchappés ont langui fort longtemps et se sont trouvés dans le dernier accablement par de fréquentes rechutes, qui, bien souvent, dégénéraient en hydropisies ou autres incommodités plus fâcheuses que le premier mal. Ce que j'ai remarqué de particulier en cette sorte de maladie, est que l'usage de l'antimoine, bien préparé et donné à propos, avec les fréquentes purgations, a garanti ceux qui s'en sont servi, et empêché les rechutes et les autres accidents dangereux dans lesquels tombèrent pour l'ordinaire les malades qui, ou par aversion ou manque d'un bon conseil, n'en voulaient pas prendre dans les maladies de cette nature.

Le grand nombre de maladies populaires qui se sont répandues partout, m'a bien donné de l'appréhension pour le roi et pour la maison royale, mais par la grâce de Dieu LL. MM. ont été entièrement exceptées, non-seulement des fièvres malignes, mais aussi de toutes sortes d'autres incommodités ; et le roi ayant pris le soin de ses affaires, après la mort de M. le cardinal Mazarin (1), s'est absorbé avec tant d'assiduité et de prudence à prendre une entière connaissance de tout ce qui regardait la gloire et le bien de son État, qu'il a donné de l'étonnement à tout le monde, s'en acquittant avec tant d'heureux succès qu'il a rendu en peu de temps son royaume plus florissant que jamais, préférant à tous les plaisirs les peines et les fatigues qu'il se donnait presque

---

(1) Le cardinal Mazarin mourut le 9 mars.

sans relâche pour réprimer les abus et les désordres qui s'étaient glissés en son État, particulièrement au sujet de la dissipation de ses finances; ce qui obligea S. M. de faire un voyage à Nantes, pour se rendre maître de Belle-Isle, et pour arrêter prisonnier M. Fouquet, procureur-général et surintendant de ses finances, qui s'en était emparé pour des desseins particuliers, dont l'histoire du temps donnera des mentions, comme de l'excessive dépense qu'il a faite durant son ministère. Le voyage a été fort prompt sans que S. M. en ait ressenti aucune incommodité (1).

S. M., en continuant ses soins, a passé le reste de l'année à Fontainebleau, jouissant d'une parfaite santé.

La grossesse de la reine fut cause de ce long séjour à Fontainebleau, où elle accoucha fort heureusement de monseigneur le dauphin, le jour de la Toussaint, environ sur le midi.

Cette heureuse naissance combla de joie LL. MM. et toute la France.

Remarques pour l'année 1662.

Le roi a passé les commencements de la présente année à Paris, avec autant de santé et de satisfaction d'esprit que l'on se peut imaginer, continuant ses soins avec autant d'affection et d'assiduité qu'il lui a été possible, sans ressentir aucune incommodité considérable, sinon qu'il lui arriva un jour, après avoir dîné à son ordinaire, un très grand hoquet qui dura jusques au soir, quelque chose que l'on pût faire; ce qui m'obligea de le faire coucher sans prendre aucune nourriture. Bientôt après, le hoquet cessa. Après avoir dormi, je lui fis donner un lavement, et le jour d'après, une

(2) Le voyage a eu lieu au mois de septembre. Le roi arriva le 1er, Fouquet fut arrêté le 5, et le roi partit de Nantes pour Fontainebleau le 7.

de ses tablettes spécifiques, qui lui ouvrit le ventre, quoiqu'elle ne fût point purgative. Depuis, il n'a ressenti ni son hoquet, ni aucune incommodité; sinon qu'étant à Saint-Germain, où il prenait trop de plaisir à la chasse, durant les grandes chaleurs de l'été, sans toutefois se relâcher de ses affaires, ne dormant pas tant qu'il en avait besoin, *il se trouva enfin en une douleur de tête sourde et pesante, avec quelques ressentiments de vertiges, maux de cœur, faiblesse et abattement* (1). A quoi j'ai promptement apporté du remède, ayant persuadé à S. M. de se donner un peu de relâche pour quelques jours, et de dormir un peu plus longtemps que par le passé; ce que S. M. m'accorda pourtant avec beaucoup de peine et de répugnance. Le roi quitta pareillement ce violent exercice de la chasse, particulièrement durant les grandes chaleurs; et après avoir été saigné et purgé, je proposai à S. M. un remède de mon invention, qui réussit si heureusement que les douleurs de tête avec les étourdissements, maux de cœur, vertiges et autres accidents, qui lui donnaient du chagrin et de l'inquiétude, se passèrent si nettement et en si peu de temps que S. M. en fut extraordinairement satisfaite; et, incontinent après cette prompte guérison, continua à son ordinaire le soin de ses affaires, sans en être incommodé, ni sans se ressentir de ses vertiges et étourdissements. Il est à propos d'exposer ici l'opiat dont je me suis servi si heureusement en cette occasion, l'ayant inventé sur-le-champ, et lorsque le mal était le plus pressant, et que S. M. désespérait de pouvoir si tôt sortir d'un mal qui lui semblait terrible et importun.

J'ai composé l'opiat avec les fleurs de pivoine, roses rouges, perles préparées, l'esprit de vitriol extrêmement bien préparé. S. M. prenait toute la matinée environ demi-once. Ce remède lui semblait si agréable, qu'elle demandait avec

---

(1) C'est la première fois que Louis XIV ressent ces vertiges, revenus fréquemment depuis. — Il était alors dans le plus fort de ses amours avec mademoiselle de la Vallière.

instance que je lui en fisse prendre toute sa vie, m'assurant n'avoir jamais rien pris de si agréable. Sa santé étant bien affermie et confirmée, S. M. passa le reste de l'année en fort bonne disposition, et même fit le voyage de Dunkerque (1) avec une diligence incroyable, durant la rigueur des premiers froids, sans ressentir aucune incommodité.

Remarques pour l'année 1663.

La bonne disposition des vents est si avantageuse au commencement de la présente année, qu'il y a sujet d'espérer que l'air ne produira pas tant de maladies, comme la précédente, et que les quatre saisons seront si bien réglées que l'on pourra dire avec vérité que les médecins auront plus de repos et moins de malades que depuis cinquante ans.

Le roi, en sa personne, a ressenti le bon effet de cette favorable température de l'air, n'ayant reçu aucune altération en sa santé, depuis le commencement de cette année jusques à la fin du mois de mai. En effet, il aurait passé le reste de l'année en cette bonne disposition, n'était que les plus grands rois, comme les particuliers, sont sujets, du moins une fois en leur vie, d'être exposés à la tyrannie de deux sortes de maladies contagieuses : à la petite-vérole et à la rougeole. Et comme nous avons parlé au commencement de cette histoire de la première, qui a été si furieuse et si maligne, que S. M. en a été réduite aux dernières extrémités, au commencement de son règne, et en l'âge de neuf ans, l'on pourrait aussi dire que S. M. pouvait passer encore quelques années sans tomber comme elle a fait dans les violentes atteintes de la rougeole, si elle ne l'avait contractée de la reine, sa femme, le roi ne l'ayant point quittée ni jour ni nuit, tant qu'elle fut dans la violence de ce mal contagieux.

(1) Le roi fit son entrée à Dunkerque, le 2 décembre.

Rougeole du roi.

Le roi, à son réveil du lundi 28 mai, se trouva, contre son ordinaire, incommodé d'une douleur de tête, accompagnée d'inquiétudes, lassitude et légères moiteurs, et ayant assez mal passé la nuit.

Tous ces accidents, avec l'inégalité et la vitesse du pouls, donnèrent des appréhensions de ce qui est arrivé ensuite, ayant la mémoire toute fraîche de la rougeole de la reine, dont elle ne faisait que de sortir. Ce qui m'obligea de proposer une saignée à S. M., à laquelle elle consentit fort volontiers, tant pour éviter le mal dont je lui avais donné de l'appréhension, que pour ne pas rompre la partie faite pour mener la reine à Versailles prendre l'air après sa guérison.

Ce remède fut fait le matin, et fut suivi d'un lavement que j'ordonnai sur le soir. La nuit fut assez tranquille, et les accidents de la journée précédente disparurent; ce qui ne m'ôta pas néanmoins le soupçon de ce que j'avais appréhendé. En effet, je fis les derniers efforts pour retenir le roi à Paris, mais son impatience fut si grande, qu'il partit incontinent après avoir dîné pour aller à Versailles, et, après s'être un peu promené, il se retira plus tôt qu'à son ordinaire, ressentant des lassitudes accompagnées de fièvre et de douleurs de tête, ce qui m'obligea de lui faire prendre un lavement pour le faire coucher.

La nuit du mardi au mercredi fut beaucoup plus inquiète que les précédentes, la fièvre s'étant beaucoup augmentée, avec la douleur de tête, et des sueurs qui durèrent une bonne partie de la nuit.

Le lendemain, sur les six heures du matin, ayant trouvé le roi en cet état, je lui ai confirmé ce que je lui avais dit le soir précédent, qu'il n'y avait plus lieu de douter que ce ne fût la rougeole; ce qui m'obligea d'avoir promptement recours à la saignée, remarquant en S. M. une plénitude extraordinaire et un bouillonnement furieux en toute la masse du sang avec un accablement de la nature.

La saignée donna un peu de relâche, et les remèdes cordiaux firent d'assez bons effets; mais sur le soir, à l'heure du redoublement, la fièvre fut si grande que le roi se sentit plus mal qu'il n'avait été, et, prenant garde si les rougeurs commençaient à paraître, je trouvai le dos et les cuisses tout couverts de rougeole. On continua les remèdes spécifiques et cordiaux toute la journée. La saignée ayant été faite ce même jour, seulement sur les deux heures de l'après-midi, ne l'ayant pu faire plus tôt, à cause des sueurs qui durèrent toute la matinée, à plusieurs reprises. La nuit du mercredi au jeudi fut plus fâcheuse et plus inquiète que toutes les précédentes.

Le jeudi matin 31 mai, les rougeurs étaient déjà répandues par tout le corps, et particulièrement au visage, avec plus de fièvre et d'inquiétude. Les éruptions se faisaient de temps en temps, par certains mouvements déréglés et par des sueurs copieuses et extraordinaires qui se suivaient les unes après les autres.

Tous ces mouvements abattaient extrêmement les forces de S. M., et firent sortir une si prodigieuse quantité de rougeurs par tout le corps, que nous croyions le mal être parvenu, sur le midi, en sa dernière vigueur, et qu'il était impossible qu'il fût resté encore dans le sang aucune matière maligne pour produire aucun fâcheux accident, comme les jours précédents.

Mais sur les quatre heures après midi, le redoublement nous parut plus violent qu'à l'ordinaire, les sueurs plus copieuses et plus fréquentes, les éruptions en si grande abondance, que je n'ai jamais rien vu de semblable, le corps de S. M. étant beaucoup plus rouge que s'il eût été couvert d'un érysipèle universel.

Cette furieuse éruption, accompagnée de si fâcheux accidents, ne nous étonna pas tant qu'un mal de cœur, ou plutôt une défaillance perpétuelle, qui réduisait le roi en de si grandes extrémités, qu'il ne pouvait croire pouvoir résister à tous ces maux, et qu'indubitablement il ne passerait point la nuit sans mourir.

Tous ces fâcheux accidents, avec une fièvre ardente, des sueurs sans relâche, des vomissements continuels, un flux de ventre d'une matière séreuse, des mouvements convulsifs, rêveries et assoupissements, alarmèrent toute la Cour, et je puis dire avec vérité que je me serais alarmé moi-même, n'était que j'avais une entière confiance aux forces du roi, et que cette fièvre était assez ordinaire en semblables occasions, où je m'étais aguerri par le grand nombre de malades que j'avais vus, et heureusement traités en des maux de même nature.

Et quoique je parusse ferme et content parmi tant de monde qui tremblait de peur, voyant un si grand prince en un état qui semblait tout-à-fait désespéré, parce que j'étais seul pour lors dans le milieu de la nuit pour résister à une si furieuse tempête, il faut que j'avoue que je fus un peu étonné de cette grande défaillance. Mais ayant inventé enfin un cordial, qui apaisa en peu de temps cet orage, qui donnait plus d'appréhension au roi et à toute la Cour que tous les autres accidents, je commençai à faire prendre courage au roi, l'assurant qu'il ne mourrait point, et qu'il n'était pas nécessaire de se confesser en l'état qu'il était, et que l'on pourrait remettre la partie au lendemain. Ce discours rassura le roi et toute la Cour; mais voyant que la nature pâtissait furieusement par des sueurs et éruptions continuelles, et que le redoublement, qui dura depuis les onze heures du soir jusques à trois heures du matin, commençait un peu à se ralentir, je proposai pour lors la saignée au roi, et pour me confirmer davantage en cette forte résolution, je fis réveiller M. Guénault (1), qui s'était couché au commencement de la nuit, environ sur les neuf heures, lequel étant auprès du roi, fut fort alarmé de le voir en un si grand accablement, et d'ap-

---

(1) Guénault était alors médecin de la reine.

prendre, par ma bouche et par le récit de ceux qui avaient veillé le roi, tous les accidents qui lui étaient survenus. Il fut néanmoins de mon avis, touchant la nécessité de la saignée, laquelle fut faite sur-le-champ avec un si heureux succès, que l'on remarqua bientôt après un soulagement auquel toute la Cour ne s'attendait pas. Mais ce qui est de plus admirable en cette occasion, et qui doit servir d'exemple à ceux qui n'ont pas assez d'expérience ni de résolution, c'est que ce remède fut fait dans un redoublement, lorsque la nature était tout exaltée de tous les accidents dont j'ai parlé ci-dessus, dans le fort des sueurs et des éruptions. Et afin de payer de raison ceux qui pourraient critiquer cette généreuse action, je dirai que, quand il est question d'un si grand accablement, et que la nature est prête de succomber, si elle n'est secourue, il faut de nécessité et le plus tôt que l'on peut lui donner les mains et la décharger autant que faire se peut, et par les voies les plus promptes et les plus commodes, d'une partie de la maladie qui l'a accablée et la menace de ruine. C'est principalement en semblable maladie où l'on remarque des effets miraculeux de la saignée, quand le sage médecin reconnaît un bon fond et des forces, et que les accidents sont causés par la seule abondance et l'impétuosité du sang. J'ai écrit sur cette matière, où je fais visiblement connaître la nécessité de ce remède, et l'abus qui s'est commis en semblable maladie par tous les siècles passés, les médecins s'étant laissés emporter aveuglément à certaines maximes qui n'ont pas été bien expliquées, ni bien entendues, sans faire une autre réflexion sur la vérité des choses et sur la nature des maladies malignes et extraordinaires.

Cette saignée fut faite avec une ferme résolution pour soulager la nature, ce qui réussit si heureusement, qu'une petite heure après le roi se trouva soulagé, tous les accidents ayant cessé, ou du moins donné une intermission notable, en telle sorte que le roi commença à dire qu'il était soulagé. Ce qui est de plus remarquable en cette saignée, c'est que la rougeole sortit en une si grande abondance, que tout le monde en fut surpris, ne pouvant pas s'imaginer qu'il en pût sortir davantage, vu que tout le corps en était déjà tout couvert, et l'on commença de dire que c'était un coup d'état et de maître d'avoir saigné le roi dans des sueurs et dans un redoublement si considérable. Il est bien vrai que l'on n'a jamais fait une saignée si hardie et si à propos, ayant été faite dans les derniers et extrêmes combats de la nature qui était accablée de toutes parts, tant par les sueurs que par les vomissements et flux de ventre, laquelle fut soulagée par ce remède qui apaisa si promptement et presque par miracle une si furieuse tempête. Le sang venait avec une telle violence, que l'on eut de la peine de l'arrêter. Le reste de la nuit fut un peu plus calme, et les choses allèrent de mieux en mieux.

Le vendredi matin, le roi sentant revenir ses forces et sa vigueur, confessa être beaucoup mieux, et qu'il avait été plus alarmé que jamais, ne croyant pas passer la nuit sans mourir.

Les accidents s'apaisèrent dès lors si visiblement, qu'à peine put-on remarquer la fièvre ; néanmoins, pour une plus grande assurance, nous ordonnâmes une saignée, qui fut faite sur les six heures du soir.

Ce remède soulagea le roi, et la nuit suivante fut bien différente des autres.

Le samedi matin, le roi se trouva fort bien à son réveil, même sans fièvre, sans inflammation, et avec fort peu de rougeurs.

Le dimanche, le roi fut beaucoup mieux, et ses forces augmentèrent à vue d'œil, de sorte que nous lui donnâmes un potage, et S. M. reçut des visites et des compliments d'une affluence de personnes de condition et de magistrats de la ville de Paris, sans ressentir la moindre incommodité du monde, de la même manière et avec la même vigueur que s'il n'eût point été malade.

Le lundi, quatrième de juin, le roi fut purgé avec son bouillon ordinaire, et sur les cinq heures du soir, il s'habilla et se promena dans le logis trois heures tout entières, sans se coucher et sans se sentir faible.

Le mardi, les forces étant rétablies, il s'habilla à son ordinaire, mangea des viandes solides, et se promena une bonne partie de la journée en son parc, et tint son conseil qui dura plus d'une heure et demie.

Le mercredi, ayant une légère amertume de bouche, il prit un bouillon qui lui ôta ladite amertume, et il passa la journée à son ordinaire, ayant fait venir ses ministres pour parler des affaires d'État, et de grande importance ; ce qu'il fit avec joie, et sans ressentir aucune incommodité. Depuis ce temps-là, il n'a plus fait aucun remède ; ses forces étaient bien reparées et sa santé en très bon état.

Et, bien que cette rougeole fût d'une très mauvaise nature, et qu'elle ait donné des appréhensions terribles au roi et à tous ceux qui l'ont observée durant la violence de tant de fâcheux accidents, je n'ai pourtant rien appréhendé de funeste ; et cet état déplorable où tout le monde le croyait hors d'espérance, ne m'a pas empêché de faire, généreusement et bien à propos, les remèdes que j'ai cru être nécessaires, et S. M. s'en est si bien trouvée qu'il ne lui est demeuré aucun reste après sa guérison, qui a été si heureuse et si parfaite, qu'elle a passé le reste de la présente année sans aucune incommodité (1).

Remarques pour l'année 1664.

Le roi ayant passé l'année précédente assez heureusement et sans incommodité considérable, à la réserve de la rougeole que S. M. a contractée de la reine, comme j'ai ci-devant exposé, nous donnait au commencement de la présente année de très belles espérances d'une meilleure disposition de la présente ; mais comme son sang s'était échauffé par l'assi-

(1) Voir la note n° 3 aux pièces justificatives.

duité d'un travail d'esprit, et des soins qu'il prend de ses affaires, s'étant assujéti à tenir deux fois par jour son conseil, outre les conférences particulières qu'il avait avec ses ministres et tous les ambassadeurs des pays étrangers, il se trouva au commencement de cette année incommodé d'une *pesanteur de tête,* accompagnée de *mouvements confus, vertiges et faiblesse de tous les membres.* Comme cela lui était arrivé ensuite d'un exercice rapide et turbulent, pour avoir été en une glissoire, qu'il avait fait faire exprès dans son parc de Versailles pour son divertissement, je lui proposai d'abord de ne plus s'exposer à cette machine, quoiqu'elle n'eût pas été la principale cause de cet accident (1). Voyant que ces incommodités de s'apaisaient point, ou du moins ne le quittaient que pour recommencer de temps en temps, je fus obligé d'en venir aux remèdes, commençant par la saignée et la purgation, et, ensuite de ces deux remèdes, j'ai ordonné les spécifiques, comme les opiats de conserve de fleurs de pivoine, roses rouges, magister de perles, corail, et le diaphorétique ; ensuite, je me suis servi des préparations les plus exquises de mars, tantôt en opiats, d'autres fois en conserves, tablettes, liqueurs et autres préparations, entre autres mon esprit spécifique de vitriol, de cyprès, et celui qui se prépare avec la pivoine et la mélisse, après sa purification, qui ont toujours bien réussi à apaiser les accès de ces mouvements turbulents. Je me suis pareillement servi de sel de tamarisque, de cristal minéral, et de tous les autres remèdes qui ont la vertu de désopiler les parties nourricières, et de fortifier l'estomac.

Dans les chaleurs je me suis servi de l'eau de pimprenelle, des bouillons rafraîchissants et des bains de rivière, en la saison et durant les grandes chaleurs.

Mais comme j'ai remarqué que tous ces remèdes apportaient quelque soulagement, sans toutefois produire une santé parfaite et assurée, j'ai conseillé de s'abstenir de toutes sor-

---

(1) Vallot ne parle pas de ses intrigues amoureuses, alors très actives, et qui ont dû jouer un rôle important dans l'apparition de ces phénomènes.

tes d'exercices violents, de dormir davantage qu'à son ordinaire, et de ne point s'attacher si fort à ses affaires; ce que le roi ayant observé ponctuellement et durant quelque temps, il ne laissa pas de ressentir par certains intervalles les mêmes incommodités.

Ce qui m'obligea de proposer les demi-bains, et l'usage des eaux de Saint-Myon (1), desquelles S. M. a usé dix jours seulement, ne les pouvant pas continuer plus longtemps.

Enfin, après avoir pratiqué ponctuellement tout ce qui a été ci-dessus exposé, il s'est trouvé à la vérité un peu mieux, mais, à dire vrai, il a toujours ressenti par intervalles, et lorsqu'il quittait ses remèdes, les mêmes incommodités, quoique plus légèrement et avec plus d'intervalles. Sur la fin de l'année, voyant que ses maux recommençaient, je lui fis prendre, l'espace de trois semaines, d'un opiat spécifique, auquel j'ajoutais du mars, et quelquefois des purgatifs, donnant, au commencement, au milieu et à la fin, d'une médecine ordinaire.

Cela ayant été pratiqué de cette manière, le roi se trouva entièrement soulagé et hors de ses incommodités, et en meilleur état qu'il n'avait été depuis le commencement de la présente année (2).

Remarques pour l'année 1665.

Le roi ayant été soulagé de *ses tournoiements de tête et de ses mouvements vertigineux* par l'usage des remèdes que j'ai ordonnés à S. M. sur la fin de l'année précédente, mais ce soulagement n'étant point parfait, ni de longue durée, S. M.

---

(1) Saint-Myon, département du Puy-de-Dôme. — Ses eaux sont froides, aigrelettes, gazeuzes. Elles se rapprochent des eaux de Spa.

(2) Cette année a été consacrée à de nombreuses fêtes, et surtout à celle donnée à Versailles, et connue sous le nom de : *Plaisirs de l'Ile enchantée.*

retomba presque dans les mêmes incommodités dans les premiers jours de la présente année; ce qui m'obligea de lui faire prendre du thé à plusieurs et différentes reprises, environ cinq fois en tout. Mais comme j'ai remarqué que ce remède ne lui était point avantageux, je le quittai pour venir à l'usage de mon opiat vitriolé, dont S. M. s'est fort bien trouvée. C'est pourquoi je lui ai fait continuer très longtemps, avec de très heureux succès, et diminution de ses incommodités. Au même temps, c'est-à-dire au 23 de janvier, j'ai fait servir à S. M., à la fin du repas, des grains de grenade avec l'eau et le sucre, au lieu d'une cuillerée de coriandre, dont S. M. usait de tout temps. Cette manière d'user de la grenade lui a été si avantageuse et si agréable, que S. M. l'a continuée tant que les grenades ont pu durer, c'est-à-dire jusques à la fin du mois de juillet, dans le dessein d'en reprendre au mois de novembre prochain.

L'état de la santé du roi était assez avantageux jusques à la fin de février, auquel temps S. M. m'ayant *fait des plaintes de ses vertiges*, je lui conseillai de tenter l'usage de la teinture de lave, que les électeurs lui avaient envoyée d'Allemagne. Il en commença l'usage le 27 février, et en prenait sept gouttes, avec pelures de pommes.

Ce remède a soulagé le roi dans les premiers commencements, comme presque tous les autres; mais à la longue le roi s'en dégoûta, et n'en ressentit plus beaucoup de soulagement, ce qui m'obligea de le quitter pour quelque temps, et même de lui en faire préparer suivant ma méthode, qui effectivement lui faisait beaucoup plus de bien que celle d'Allemagne, particulièrement après l'avoir mêlée, jusques à la quantité de huit gouttes, avec ses opiats spécifiques et vitriolés.

Le roi a continué assez longtemps et avec un bon succès l'usage de l'opiat avec la teinture, mais pourtant à plusieurs reprises.

Le 13 d'avril, le roi a été purgé avec son bouillon. Ensuite de cette purgation, S. M. a pris par quatre jours de son eau de pimprenelle, ayant refusé la saignée.

Le 20 d'avril, le roi est allé à Saint-Germain, où il a continué l'usage de son opiat et de sa grenade. Sa santé s'est beaucoup confirmée, dans le commencement de son séjour à Saint-Germain. Il a passé le mois de mai sans se plaindre d'aucune incommodité, et a toujours pris de son opiat jusques au 3 du mois de juin, pour prendre trois ou quatre jours de l'eau de pimprenelle. Il l'aurait continué plus longtemps sans la pluie qui dura plusieurs jours, ce qui m'obligea de prier le roi de jouer à la paume, dont il se trouva fort bien. La chaleur étant un peu plus forte que par le passé, le roi se baigna trois fois à la rivière, ne l'ayant pu continuer plus longtemps.

Au commencement du mois de juillet, le roi ressentant ses vapeurs un peu plus qu'à l'ordinaire, je fus obligé de quitter tous les remèdes dont j'ai fait mention ci-dessus, pour en proposer d'autres, qui, à la vérité, lui ont si bien réussi que S. M. s'est enfin trouvée sans vapeurs, sans douleurs de tête, et sans aucune incommodité.

Je lui ai fait prendre médecine le 13 juillet, de l'eau de pimprenelle par trois jours, et son opiat préparé avec la conserve vitriolée, mon spécifique de mars, avec un peu de poudre spécifique.

Ce remède a enfin *apaisé les vapeurs,* après l'avoir continué quelque temps ; et, comme il lui ouvrait tous les jours le ventre, le succès en a été très heureux. Je n'ai rien trouvé qui ait été plus utile, ni plus convenable pour arrêter absolument les vapeurs. Après quelques jours le roi a été saigné avec beaucoup de soulagement, de telle sorte que le reste du mois de juillet s'est passé sans que S. M. ait ressenti aucune incommodité.

Le commencement du mois d'août s'est pareillement passé sans aucune vapeur, ni aucun ressentiment de ses maux ordinaires, continuant toujours son opiat martial. Enfin, Dieu nous a fait la grâce de le voir dans une satisfaction tout entière de ce remède.

Le 6 août, le roi a été purgé avec son bouillon, ayant pris, auparavant ladite médecine, une prise de son opiat; ce qui a beaucoup réussi, et cette façon de purger a été trouvée admirable.

Bains du roi.

Le septième du mois d'août, le roi étant bien préparé a commencé les bains que je lui avais ordonnés pour confirmer sa santé. Il les a continués jusques au dix-septième, c'est-à-dire qu'il a pris vingt bains. Il y entrait le matin et sur les sept heures du soir. Il y demeurait deux heures à chaque fois. Il a été purgé le 18 du mois, fort heureusement.

Eaux de Saint-Myon.

Le roi, ayant été bien préparé de la manière que je viens d'exposer, fut saigné du pied le 23 août; il a été purgé le 24, et a commencé à boire des eaux de Saint-Myon le 25.

Les eaux ont bien passé les trois premiers jours; le quatrième, elles n'ont pas fait de même, qui était le 28. Le 29, le roi les a bien rendues à cause de son opiat. Le 30, mal rendues, ce qui m'a obligé de les faire quitter. Le 31, le roi a quitté les eaux et a été purgé à son ordinaire.

Remarques sur les bains.

Le roi ne s'est jamais voulu accoutumer aux bains de la chambre (1) qu'en cette seule occasion. S. M., ayant une appréhension extraordinaire du retour et de la suite de ses incommodités, a pris cette résolution de se baigner aussi longtemps que je le jugerais à propos, ce qui lui a réussi très heureusement. Je faisais prendre à S. M. de son opiat tous les matins, à l'entrée du bain, et un bouillon en sortant, ce

---

(1) Il est remarquable, en effet, que le Journal de Dangeau, où sont notées jour par jour toutes les actions du roi, n'indique nulle part que Louis XIV se soit baigné.

qui lui tenait le ventre libre. Il demeurait deux heures les matins dans le bain, et autant les après-dîners.

Remarques sur les eaux du roi.

J'avais, par le passé, ordonné au roi des eaux minérales en quelques occasions où elles ont accoutumé de faire du bien ; néanmoins, je n'ai point remarqué qu'elles aient réussi selon mon intention, S. M. ne les rendant pas de la bonne manière. Je les ai proposées en cette maladie par l'avis de messieurs les médecins ; mais ayant observé qu'elles ne passaient ni par les selles, ni par les urines, comme il était nécessaire pour en tirer l'avantage que l'on s'était promis, j'ai été contraint de n'en plus faire user à S. M., et de les faire quitter après en avoir pris seulement cinq jours.

Remarques.

Le roi, ayant fait ponctuellement ce qui a été ci-dessus proposé, a ressenti visiblement, et avec un très heureux succès, un entier soulagement de toutes ses incommodités, particulièrement des vertiges qui lui ont donné des alarmes et des appréhensions si terribles et si considérables, qu'il n'a jamais eu ni repos ni satisfaction, jusques à tant que, par la grâce de Dieu, et par le bénéfice de mon remède, il se soit vu délivré de la *tyrannie de ses vertiges*. Comme j'en ai pris un soin tout particulier, après avoir fait tout ce que j'ai trouvé être nécessaire, il a passé le reste de l'année sans aucun *ressentiment des vapeurs* qui lui ont causé tant d'inquiétude, et l'ont empêché d'agir à ses affaires avec sa vigueur et ses forces ordinaires ; de sorte qu'après ce soulagement inespéré, il a passé le reste de l'année sans qu'il soit arrivé aucun accident considérable, sinon celui qui lui est arrivé, à la fin de l'année, à la jambe droite, duquel nous parlerons aux remarques que nous avons faites pour l'année suivante.

Remarques pour l'année 1666.

Quoique la présente année, que nous commençons, ait donné de la terreur aux siècles passés, qui dure même jusques au temps où nous sommes, des malheurs dont tout le genre humain était menacé par les fausses suppositions de quelques astrologues, et par un superstitieux calcul de ceux qui se vantent trop témérairement de pouvoir prédire ce qui doit arriver, ne sera pas néanmoins si malheureuse, ni si funeste, comme ces oiseaux de mauvais présage nous ont voulu faire croire.

Et je puis dire avec vérité, qu'après avoir examiné les mauvais principes de ces faux prophètes et la disposition des astres, avoir dit au roi, dès le premier jour, que toutes choses, moyennant la grâce de Dieu, succéderaient très heureusement et d'une autre manière que l'on avait prédit. Tournant toutes ces chimériques illusions en raillerie, j'ai assuré S. M. que nous n'avions point eu d'année, depuis longtemps, ni plus heureuse, ni plus fertile que celle-ci, qui semblait être destinée pour la punition des erreurs des siècles passés, et que s'il y avait quelque chose à appréhender de ce que l'on nous a menacé il y a plus de cinquante ans, il fallait le répéter plus loin et attendre l'année 6666; et que l'on reconnaîtrait, par la suite de tout ce qui se passera en tout le cours de la présente année, la vérité de mes paroles.

Et pour ne me point arrêter davantage à l'extravagance de ces fâcheux d'almanachs, je laisse la liberté aux curieux d'observer ce qui se passera, pour m'attacher à mon sujet, et pour écrire fidèlement ce qui regarde la santé du roi mon maître.

J'ai remarqué au commencement de cette année une disposition en l'air et en la terre si favorable, que nous avons sujet d'espérer, moyennant la grâce de Dieu, une abondance de toute sorte de biens, et fort peu de malades, particulièrement en France et une bonne partie de l'Europe, où l'on verra moins de fièvres malignes que par le passé, à la réserve de la rougeole et de la petite-vérole, qui seront, en ce climat-ci, plus fréquentes qu'elles n'ont été depuis dix ans, mais pourtant fort peu périlleuses. L'on doit appréhender plusieurs fausses couches, et des accidents funestes aux femmes grosses, particulièrement dans leurs accouchements. Il y aura pareillement, plus qu'à l'ordinaire, des transports à la tête, des morts soudaines, des vertiges fâcheux et plus fréquents que par le passé.

Remarques pour le roi.

S. M. ayant été travaillée l'année précédente de *plusieurs mouvements vertigineux*, à cause de son grand travail d'esprit, et de l'application qu'elle donne sans relâche aux affaires les plus difficiles et les plus importantes de son royaume, s'est vue enfin, par la grâce de Dieu et par les soins que j'en ai pris, délivrée si heureusement de ces fâcheux accidents, que l'on n'a jamais remarqué en S. M. une si bonne santé qu'en ces premiers commencements de la présente année, étant en état de la passer avec la même vigueur du corps et de l'esprit.

Bien que le roi jouisse maintenant d'une santé admirable, il a néanmoins été quelque temps légèrement incommodé d'une blessure qu'il reçut à la jambe droite, sur la fin de l'année précédente, et comme la plaie avait pénétré jusques à la crête de l'os tibia, la guérison en a été plus longue et plus difficile, particulièrement pour n'avoir pas voulu garder un seul moment le lit, ni le repos, ni même souffrir l'appareil nécessaire en semblable occasion, ne s'étant épargné ni contraint non plus que s'il n'eût point été blessé. Connaissant son humeur et l'impossibilité de le pouvoir tenir en repos, j'ai trouvé les moyens d'arrêter tout d'abord la douleur, la fluxion et l'inflammation, sans avoir recours ni à la saignée, ni aux remèdes internes, et même sans appliquer les compresses trempées dans l'onguent. Pour parvenir à mes fins, je me suis servi de mon baume, ou plutôt mon *nutritum*, qui a la vertu d'arrêter toute sorte de douleurs et de fluxions, conservant le tempérament de la partie sur laquelle on l'applique, dont voici l'ordonnance :

NUTRITUM NOSTRUM.

Recipe : Aquæ calcis vivæ ℥j.
Aceti decoctio vini lethargyri ℥β.
Salis Saturni ℈iiij.
Misce simul in mortario marmoreo, olei amygdal. dub. Q. S. ad debitam nutriti consistentiam cui tandem adde sequens unguentum pomaton vulgò vocant.
Recipe : Ceræ albissimæ ℥β.
Olei jasmini ℥β.
Liquefac igne lento agita, et tandem misce cum superiori nutrito.

Ce remède, ayant été appliqué les premiers jours, a empêché toutes sortes d'accidents, quoique le roi ait beaucoup fait d'exercice à pied et à cheval; mais comme l'os était découvert en un certain endroit, l'on a eu besoin d'appliquer beaucoup d'autres remèdes, qui ont heureusement réussi.

Le premier s'est fait avec le plomb brûlé à ma manière, la cire jaune et l'huile d'œufs préparés dans la poêle, selon ma méthode ordinaire. Le second, qui est admirable, a été composé, par mon ordre, d'huile de jaunes d'œufs, l'huile et la thérébentine de Venise. Enfin, après l'application de quelques emplâtres, S. M. a été nettement guérie de cette blessure, qui n'aurait pas duré si longtemps, si S. M. s'était donné un peu plus de repos.

La santé du roi ayant toujours continué, S. M. a passé le reste de l'année sans faire aucun remède, et sans avoir ressenti la moindre incommodité du monde, à la réserve d'une légère amertume de la bouche, accompagnée d'un peu de chaleur et d'altération. Ne pouvant obtenir de S. M. une seule saignée, à laquelle elle a une très particulière répugnance, je me suis contenté de lui faire prendre d'une eau admirable pour rafraîchir et pour résister à toute sorte de pourritures. Elle se prépare par la seule infusion de ma pierre, que je compose avec l'or, le mars et le vitriol. Cette pierre a de très grandes et très rares vertus et propriétés. qui ne se peuvent exprimer.

On la fait infuser dans très grande quantité d'eau de fontaine, à laquelle elle communique promptement sa vertu, sans aucune diminution de sa force, ni de sa substance, quoiqu'elle y trempe plusieurs années, et que l'on se serve à tout moment de cette infusion, et que l'on remplisse le vaisseau où elle se fait avec de nouvelle eau, sans augmenter le poids de ladite pierre qui est très petite à l'égard de l'eau que l'on y met d'abord, et que l'on augmente tous les jours en cas de besoin et de nécessité. D'ordinaire je n'ai accoutumé de mettre que douze ou quinze grains dans huit pintes d'eau, qui dure plusieurs années en la même force, quoique l'on renouvelle tous les jours l'eau. comme j'ai dit ci-dessus. Et que l'on ne s'imagine point que j'avance des choses qui semblent extravagantes et impossibles. Si l'on considère bien la composition et la nature de cette pierre avec mon expérience, il n'y aura aucun lieu de douter de la vérité de ce que j'ai ci-dessus assuré, particulièrement quand on considérera qu'il y a plusieurs métaux et minéraux qui ont les mêmes vertus, ou du moins produisant les mêmes effets, quoique différents, sans aucune diminution, quoique les infusions et décoctions desdits métaux et minéraux se fassent des siècles entiers, sans changer ni augmenter la matière, comme l'on remarque au mercure que l'on peut employer cent ans durant sans diminution de sa force, le faisant bouillir dans de l'eau. La même chose se remarque aux infusions et décoctions de la limaille d'acier, et de l'antimoine, ou cru ou préparé.

Remarques pour l'année 1667.

Après l'entière et parfaite guérison *des vapeurs et vertiges* qui avaient travaillé S. M. assez longtemps et avec des incommodités très considérables, le roi est demeuré en une santé si confirmée et une vigueur si extraordinaire, que je n'ai pas vu, en tout le cours de la présente année, une occasion de lui faire aucun remède. Et en effet, après avoir pris seulement un bouillon purgatif, il a commencé de fort bonne heure cette glorieuse campagne qui l'a rendu maître d'une bonne partie de la Flandre, et redoutable à tous ses ennemis. Et quoiqu'il se soit exposé à toutes sortes de périls et aux plus grandes fatigues de la guerre, sa santé n'a point été altérée, et les forces du corps ont toujours répondu à son invincible courage.

Remarques pour l'année 1668.

Le roi, n'ayant ressenti aucune diminution de ses forces, ni de sa santé, après avoir extraordinairement fatigué en sa dernière campagne, a passé le commencement de l'hiver en une grande tranquillité du corps et de l'esprit, ce qui l'a obligé de se livrer à de nouvelles conquêtes pour assurer davantage la paix et le repos de son État. Voyant S. M. en ce glorieux dessein et prête à partir pour se rendre maître de la Franche-Comté, j'ai fait les derniers efforts pour obtenir d'elle une saignée et une purgation, afin d'assurer davantage sa santé, durant un voyage si rude et si fâcheux, en la plus mauvaise saison de l'année. Mais n'ayant pu faire consentir le roi à une saignée, il m'accorda seulement la purgation, et, bientôt après cette légère précaution, il quitta tous les plaisirs et tous les divertissements des danses, des ballets et des assemblées, pour se rendre en diligence en la Franche-Comté, en une saison la plus fâcheuse et la plus incommode pour faire des voyages et des entreprises, particulièrement en cette province-là, qui était pour lors presque inaccessible, à cause des mauvais chemins et des débordements d'eau, où il arriva si heureusement, et en si grande diligence, qu'il surprit tous ceux du pays qui ne s'attendaient point d'avoir si brusquement une puissante armée sur les bras. S. M. n'appréhendant ni les périls, ni la rigueur de la saison, poussa si vigoureusement ses desseins, qu'elle se rendit maîtresse de toutes les villes et forteresses en sept ou huit jours de temps. Après cette glorieuse conquête, le roi se rendit à Paris avec la même diligence qu'il avait fait le voyage de la Franche-Comté; il y passa le reste de l'hiver en une bonne santé, qui fut néanmoins un peu troublée, le 27 de mars, par une syncope stomachique qui lui survint la nuit, avec un flux de ventre fort grand et fort extraordinaire, qui fut bientôt arrêté par notre lavement détersif, notre eau minérale et nos tablettes de perles et diaphorétique, et enfin par le purgatif ordinaire de S. M. (1).

Ces petits désordres ne durèrent pas longtemps, par la grâce de Dieu, et le roi n'en a ressenti aucun autre effet. Sa santé n'a point été altérée le reste de la présente année, sinon qu'au dix-septième du mois d'août, S. M. fut travaillée d'un choléra-morbus, avec des violences extrêmes, et des accidents fort extraordinaires, qui auraient rendu le mal plus grand et plus périlleux, si l'on n'y avait apporté promptement les remèdes nécessaires, particulièrement la saignée, les potions convenables, les lavements détersifs et anodins, les opiats cordiaux, et les fomentations appliquées sur les parties cruellement affligées de gouttes-crampes. Tous ces soins soula-

(1) Le 24 avait eu lieu à Saint-Germain le baptême du Dauphin, et à cette occasion il y avait eu de grandes cérémonies, et surtout de grands repas, d'où vint probablement l'indisposition du roi. Cette indisposition empêcha le roi d'assister, le 29, à la cérémonie de la Cène, où il fut remplacé par le jeune Dauphin, qui lava les pieds et servit lui-même à table douze pauvres, dans la salle des Gardes du château de Saint-Germain.

gèrent promptement le roi, qui, dans son extrême faiblesse, avait besoin de ce secours; et quoique toutes les choses eussent très bien réussi, nous ne laissâmes d'avoir le lendemain une furieuse atteinte d'une forte dyssenterie, qui ne dura pas plus de vingt-quatre heures; parce que tout sur le champ j'ordonnai mes remèdes ordinaires, dont je me sers en semblables occasions, qui firent un effet si surprenant que ce mal cessa plus tôt que le roi n'avait espéré (1). Mes ordonnances sont dans l'office du roi, entre les mains de MM. les apothicaires.

Remarques pour l'année 1669.

Bien que j'aie reçu un exprès commandement du roi, de commencer mes remarques de chaque année par les observations que j'ai exactement faites touchant la prédiction des maladies qui devaient arriver, et d'en dresser une fidèle relation dans ce livre, comme j'ai fait jusques aux dernières années, je suis néanmoins résolu de ne plus rien insérer de semblable en cet ouvrage, parce que les envieux supposent que j'ai fait mes prédictions après coup, étant fort facile de deviner les choses qui sont arrivées. Je n'aurais jamais eu la pensée de les écrire en ce livre *qui n'est fait que pour le roi*, sans son commandement, et si S. M. n'avait reconnu tous les ans que je ne m'étais point trompé dans mes prédictions, dont je lui rendais compte au premier ou second mois de chaque année. Pour éviter cette vaine présomption dont on me pourrait accuser, je m'attacherai seulement, à

(1) Depuis plusieurs mois, le roi, occupé de ses amours, passait presque tous les jours en fêtes. Le mois précédent, avait eu lieu, à Versailles, l'une des plus magnifiques. Ces fêtes se prolongeaient souvent fort avant dans la nuit; elles étaient accompagnées de collations dans lesquelles le roi ne savait pas toujours régler son appétit, et il n'est pas étonnant qu'à la suite de ces excès il lui soit arrivé une pareille indisposition.

l'avenir, à la fidèle relation que je prétends faire de toutes les maladies et incommodités qui surviendront à notre invincible monarque, avec toutes les circonstances et les remèdes nécessaires pour les guérir et pour les éviter (1).

Et comme la présente année sera beaucoup moins sujette que la précédente aux maladies fâcheuses et populaires, nous avons sujet de rendre grâce à Dieu que S. M. l'ait commencée si heureusement, que nous avons lieu d'espérer qu'elle l'achèvera sans incommodité considérable, et que Dieu la comblera de toutes sortes de prospérités et de bénédictions.

Le roi est parti de Paris en parfaite santé, pour achever plusieurs beaux desseins en ses deux châteaux (2), et pour y passer une bonne partie de l'année avec la reine et la famille royale.

Sa santé a été si confirmée, en un lieu si agréable, que l'on n'a pas eu sujet de lui proposer aucun remède, sinon l'usage des bains de la rivière, en la belle saison, qui ont beaucoup servi pour son divertissement, et pour le rafraîchir. L'on a choisi une partie du mois de juin et de juillet pour ce dessein.

Et comme j'avais appréhension que les grandes chaleurs ne troublassent sa santé, je lui ai proposé les bains de la chambre, qui ont fort bien réussi et détourné les orages de ses vapeurs dont il était menacé.

Ne pouvant gagner une saignée du roi, pour le préparer à ses bains, je me suis contenté, le 19 août, d'une purgation à l'ordinaire, pour se servir le lendemain des dits bains, qui ont été pratiqués ponctuellement, et ont réussi très heureusement et à l'entière satisfaction de S. M.

(1) Comme la plupart des médecins de cette époque, Vallot se livrait un peu à l'astrologie, et, pour tranquilliser le roi qui lisait fréquemment le journal de sa santé, écrit, comme on le voit ici, par ses ordres, ainsi que pour le mieux disposer au régime qu'il voulait lui faire suivre, il commençait ses remarques par des prédictions sur le genre de maladies devant régner dans le cours de chaque année. On voit, dans les lettres de Guy-Patin, quels sarcasmes lui attirèrent ses prétentions à l'astrologie ; de là, sa résolution de cesser ses prédictions de commencement d'année, et la note qu'il a mise en tête de cette année 1669, pour expliquer au roi la cause de leur cessation.

(2) Saint-Germain et Versailles.

Le 16 septembre, le roi est parti de Saint-Germain, avec la reine et toute la Cour, pour le voyage de Chambord, où il s'est rendu en trois jours, en très bonne santé. Mais, comme les chaleurs étaient extraordinaires, S. M. ne s'étant pas d'ailleurs bien ménagée, quelques jours après se trouva un peu incommodée d'une décharge de pituite, qui lui tomba en abondance, et contre son ordinaire, du cerveau sur l'estomac. Reconnaissant par là que *sa tête était menacée de quelque plus grand orage, qui nous pouvait causer des vapeurs,* je lui ai fait prendre un lavement le 25 de septembre, puis je lui proposai l'usage de son opiat simple, dont le roi s'est servi quelques jours, et enfin en a pris du composé, après avoir été saigné. Quoique la saignée lui fût très nécessaire, elle ne laissa pas de lui donner quelques petites défaillances, qui ne provenaient que de la trop grande plénitude des vaisseaux.

Le séjour à Chambord se passa fort agréablement, tant à l'exercice de la chasse que d'autres divertissements, sans incommodité considérable, sinon celle que l'on recevait pour lors de la grande et excessive chaleur et sécheresse extraordinaire, qui *réveillaient de temps en temps les vapeurs* de S. M., mais très légèrement. Le reste du séjour s'est achevé dans les mêmes divertissements, qui auraient duré plus longtemps si les affaires du roi ne l'eussent obligé de retourner à Saint-Germain, où il se rendit en très bonne santé le 20 d'octobre.

Remarques pour l'année 1670.

Le roi ayant négligé, sur la fin de l'année précédente, les bons conseils que je lui avais donnés touchant *ses vapeurs,* qui avaient commencé à travailler S. M. durant son voyage de Chambord, n'a pas si bien passé la fin de ladite année, et s'est ressenti plus qu'à l'ordinaire de ses incommodités. Ne pouvant obtenir de S. M. de se soumettre au régime et aux remèdes nécessaires, j'ai été contraint de me contenter d'en faire quelques-uns par intervalles, et seulement quand le mal pressait un peu davantage ; de sorte que sa santé était souvent troublée *de petites attaques* qui ont duré jusques au commencement de la présente année. S. M., se sentant pressée plus qu'à l'ordinaire de ses incommodités, me pressa aussi de lui faire les remèdes que je lui avais proposés plus de deux mois auparavant, sans toutefois pouvoir la purger, comme S. M. en avait grand besoin.

Je fus pour lors obligé, ne pouvant pas mieux, de lui faire prendre de son opiat spécifique, simple et composé, dont je tirais d'assez bons effets qui n'étaient pas pourtant de durée, parce que très souvent, lorsque S. M. sortait du Conseil sur le soir, *sa tête était fort pesante, douloureuse et remplie de vapeurs,* ce qui me donna lieu de lui faire prendre en cette conjoncture, et dans le mouvement des vapeurs, une liqueur qui m'avait plusieurs fois réussi en semblables occasions. Elle était composée d'un demi verre d'orgeat, avec une once et demie d'eau de mélisse tirée dans le bain-marie, ajoutant à ce mélange cinq gouttes d'esprit de vitriol de Cypre, bien rectifié. Ce remède était presque infaillible, et soulageait S. M. sur-le-champ ; ce qui m'a obligé d'en continuer l'usage presque tous les jours, avec un très bon succès. Mais comme ce petit breuvage n'était que pour l'accident, et non point pour la cause du mal, les opilations des parties nourricières se sont augmentées avec l'abondance des humeurs, en telle manière que S. M., se voyant plus accablée du mal qu'auparavant, m'ordonna de lui présenter tout ce que je jugerais être nécessaire pour rétablir sa santé, et la délivrer de ses incommodités, qui étaient plus pressantes et plus fâcheuses qu'à l'ordinaire, principalement *une pesanteur de tête*, et une décharge d'une pituite qui tombait du cerveau contre son ordinaire, ce qui m'obligea de lui proposer l'usage de la sauge, qui fut continué quelque temps. Mais *le mal augmentant,* particulièrement *l'étourdissement de tête,* accompagné de quelques défaillances et syncopes stomachiques, je commençai, le 19 du mois, par un lavement un peu plus fort, qui causa un peu de faiblesse en le rendant, et nous apporta beaucoup de soulagement après l'évacuation qui fut fort ample; ce qui m'obligea de purger le roi, trois jours après, avec son remède ordinaire, auquel j'ajoutai un véhicule un peu vigoureux, et qui réussit fort heureusement après une décharge très grande de toutes sortes d'impuretés qui avaient croupi fort longtemps dans le bas-ventre. Ensuite de cette évacuation, je n'ai point quitté les remèdes particuliers, quoique S. M. se trouvât un peu soulagée. Le reste du mois de janvier fut employé à l'usage des liqueurs spécifiques et des opiats simples et purgatifs, jusques au treizième de février, que le roi fut purgé avec son dernier remède et son lavement (1). Ensuite de cette purgation, je fis préparer des lavements d'orgeat, qui *apaisèrent les vapeurs* avec les remèdes spécifiques, de sorte que nous avons eu une modération assez considérable, et n'avons point fait de remèdes extraordinaires jusques à la fin du mois d'avril, que j'ai purgé S. M., pour la préparer à son voyage de Flandres (2), qu'elle a fait sans beaucoup d'incommodités, à la réserve d'une indigestion qui lui survint en la ville de Lille (3), laquelle se passa après avoir pris un lavement et une purgation.

Étant de retour à Saint-Germain de son voyage de Flandres, avec une vive satisfaction de ses heureuses entreprises et de sa bonne disposition, je proposai les bains de chambre,

---

(1) Pendant les mois de janvier et de février, le roi était très occupé des répétitions d'un ballet — *Le Ballet royal.* — Les fatigues qu'il éprouva dans ces répétitions, et la passion qu'il commençait à éprouver pour madame de Montespan, n'ont pas été, sans doute, étrangères à cette indisposition.

(2) Le roi partit le 28 avril de Saint-Germain, pour ce voyage de Flandre dont le prétexte apparent était l'examen des travaux et des fortifications que le roi y avait ordonnés, mais dont le but réel était la visite de *Madame*, Henriette, à son frère, le roi d'Angleterre, dont la France désirait se faire un allié.

(3) Un grand nombre des indispositions du roi tenaient à son manque de régime.

le 14 juin, pour empêcher le retour *de ses vapeurs,* et d'autres accidents qui pouvaient lui arriver ensuite des grandes chaleurs.

Après avoir tiré quelques avantages de ses bains, *désirant empêcher la cause de ses vapeurs,* j'ordonnai à S. M. les eaux d'Encausse (1), qui, dans les trois premiers jours, nous faisaient espérer un notable changement, quoiqu'à la vérité le roi ne les rendît pas très bien, si la mort soudaine de *Madame* (2) n'eût empêché de les continuer. Après avoir purgé le roi, je le laissai en repos quelque temps, le voyant en assez bon état, et sans sujet de se plaindre de ses incommodités, se gouvernant d'ailleurs avec plus de modération que par le passé; et ainsi se trouva dégagé le reste de l'été, jusques à son voyage de Chambord, où il passa quelques semaines agréablement et sans aucune incommodité considérable.

Remarques sur l'usage de l'eau de rivière et de fontaine.

Ayant exactement reconnu qu'en toutes les occasions que j'ai voulu faire prendre des eaux minérales et artificielles au roi, qu'elles ne lui ont pas réussi, parce qu'elles n'ont jamais bien passé, ni par les selles, ni par les urines, hors les trois premiers jours, j'ai pris résolution de ne les plus proposer de quelque nature qu'elles puissent être, et, au lieu desdites eaux, j'ai eu recours à celles de rivière ou de fontaine, lui en faisant prendre tous les matins, en sortant du lit, un grand verre. Ce qui m'a si heureusement réussi, que je l'ai fait continuer très longtemps. Même, désirant quelquefois donner de l'interruption pour ne pas accoutumer la nature à un remède si léger et si commun, S. M. s'est opiniâtrée d'en prendre sans relâche; de quoi elle s'est si bien trouvée, qu'elle a passé le reste de l'année sans incommodité, gardant plus exacte-

---

(1) *Encausse,* village du département du Gers. — Eaux salines, — thermales.

(2) Morte le 30 juin.

ment son régime de vivre, et s'abstenant d'ailleurs de tout ce qui était contraire à sa santé, et elle n'eut plus de si fréquentes *rechutes de ses vapeurs*. Ainsi, par la grâce de Dieu, nous devons espérer une longue et heureuse vie, puisque S. M. fait réflexion sur les conseils que l'on lui donne, et qu'elle prend soin, par sa propre vertu et modération, de sa santé.

Observation sur l'usage de l'eau de rivière.

J'ai exposé ci-dessus l'expérience que j'avais faite en la personne du roi, touchant l'eau simple et les eaux minérales et artificielles, ayant reconnu que l'eau simple lui était plus favorable et plus avantageuse que les autres, parce que l'on a remarqué de plus grands effets, et qu'elle passait mieux et plus promptement que les minérales, et ne portait point de vapeurs à la tête. Quoique cela paraisse, au jugement de de tous les médecins, extraordinaire et presque impossible, je me suis enfin rendu à l'expérience, par cette raison que les eaux minérales, étant naturellement plus vigoureuses et plus apéritives, rencontraient dans les premières voies une matière un peu tartreuse; qu'elles emportaient d'abord ce mucilage et matière grossière jusques aux veines, où elles s'arrêtaient pour faire obstacle à leur passage; et qu'ainsi elles portaient des vapeurs à la tête, et causaient des étourdissements par leur séjour; ce que ne fait pas l'eau simple, n'ayant pas la force de charrier les humeurs et viscosités des premières voies sur les veines, mais en tempérant et adoucissant les humeurs, les emportant petit-à-petit dans les voies de l'urine, sans causer aucun obstacle, donnant du rafraîchissement au foie, et laissant une liberté tout entière de faire leur débâcle, par une décharge favorable des urines, sans aucun trouble ni agitation quelconque.

Ce petit remède nous a produit de si bons effets, que S. M., en le continuant le reste de l'année, n'a pas eu besoin d'avoir recours à d'autres, ayant trouvé un soulagement très avantageux pour *ses vapeurs* et pour ses autres incommodités.

Remarques pour l'année 1671 (1).

Au commencement de cette année, M. Vallot étant retombé fort malade d'un asthme qui, avec la fièvre, avait failli l'emporter l'année précédente, ne fut pas en état de suivre S. M. à Saint-Germain, ni de là au voyage de Flandres (2), et, en son absence, ayant soin de la santé du roi, j'eus aussi celui de le purger, le deuxième du mois de mars, avec son bouillon purgatif, fait avec un morceau de veau bien cuit, avec les herbes de chicorée, oseille, laitue, et quelques tranches de citron, dans lequel on fit bouillir, pendant demi-quart d'heure, trois écus de séné macéré durant la nuit dans un peu d'eau et de jus d'orange, avec deux onces de manne, crème de tartre et cristal minéral, de chacun un drachme et demi; et le bouillon étant coulé, on y ajouta six grains de diagrède, selon l'ordonnance de la médecine ordinaire. Duquel remède il vida beaucoup de bile, quantité de sérosités, et même quelques glaires. Le lendemain, on emporta les restes ébranlés par ce remède avec un lavement émollient; et d'autant que dans le mois d'avril il fut un peu tourmenté de *ses vapeurs vertigineuses*, il réitéra son même remède le vingt-unième du mois, dans lequel je ne fis mettre que quatre grains de diagrède. Il en fut très favorablement purgé, et même pendant toute la campagne de Flandres, où il passa trois mois à visiter les prodigieux ouvrages dont il a revêtu et fortifié tant de places, il jouit d'une santé parfaite, et nous fit voir visiblement que le grand exercice qu'il faisait ne contribuait pas peu à le rendre plus solide et à le délivrer *de ses fâcheuses vapeurs*.

Etant de retour (3), il se repurgea le vingt-troisième de

(1) Les remarques de cette année sont faites par d'Aquin, qui succède à Vallot dans la charge de premier-médecin du roi.

(2) Le roi partit pour ce voyage le 23 d'avril.

(3) Il arriva à Saint-Germain le 13 de juillet. Quelques jours avant son arrivée, était mort, à Saint-Germain, le duc d'Anjou, son second fils.

juillet, bien persuadé que *le moyen le plus assuré de défendre le cerveau est celui de vider souvent les ordures du bas-ventre, et d'y empêcher l'amas des humeurs par les purgatifs réitérés de temps en temps,* aussi bien que d'en éviter la génération, par l'usage assidu de l'eau de fontaine, qui corrige l'intempérie des viscères qui en est la principale cause.

Enfin, le pauvre M. Vallot, que l'affection et l'inquiétude avaient amené mourant en Flandres auprès de S. M., après s'être bien défendu, laissa en mourant, le huitième d'août, la charge de premier-médecin vacante, et ouvrit la porte à toutes les brigues et toutes les poursuites de quantité de prétendants qui ont si longtemps partagé la cour.

Cependant S. M. me faisait l'honneur de se servir de moi, et le vingt-deuxième de novembre, après une légère fluxion, mais assez longue et opiniâtre, et qui même l'avait fait plusieurs fois saigner du nez (1), se prépara par un lavement à son bouillon purgatif, qu'elle prit le 23, et duquel elle fut très heureusement purgée, et acheva l'année avec même plus de santé qu'elle ne l'avait commencée.

Remarques pour l'année 1672.

S. M. ne se ressentant plus de ses vapeurs, et jouissant d'une santé digne d'elle, voulut continuer dans la précaution dont elle avait tant de fois ressenti si visiblement les effets, et se prépara, le 26 du mois de mars, par un lavement, à son bouillon purgatif, qu'elle prit le 27, et duquel elle fut fort bien purgée. Enfin, le 18 d'avril, le roi étant à Saint-Germain, dans le dessein de remplir la place de premier-méde-

(1) Le roi était alors très irrité des excès auxquels venait de se porter le comte de Lauzun, qui, à cause de la rupture de son mariage avec mademoiselle de Montpensier, lui remit toutes ses charges, et alla même jusqu'à casser en sa présence son bâton de commandement. Le comte fut arrêté le 25 de novembre, et conduit au château de Pignerol.

cin, vacante depuis neuf mois, me demanda à la reine, à laquelle il m'avait donné depuis cinq ans, pour me mettre auprès de lui, et me faire succéder à M. Vallot, ainsi que j'avais fait à M. Guénault (1); et, pour se préparer d'autant mieux aux grandes fatigues qu'il prévoyait bien avoir dans la guerre qu'il entreprenait pour mettre les Hollandais à leur devoir, il se voulut purger encore une fois, quoiqu'il l'eût été il n'y avait pas un mois. Pour s'y préparer, le 22 du mois, à l'heure de son coucher, je lui fis donner un lavement composé d'une décoction rafraîchissante d'herbes émollientes, graines de lin et d'orge, avec trois onces de miel violat, une once de lénitif fin, et deux onces d'huile d'amandes douces, par lequel remède il vida des excréments, et le lendemain vingt-troisième il prit son bouillon fait, comme ci-devant, avec le veau, les herbes et les tranches de citron, trois écus de séné macéré durant la nuit dans l'eau et le jus d'orange ou de citron, deux onces de bonne manne, crême de tartre et cristal minéral de chacun un écu, dans lequel, étant coulé, je fis dissoudre trois grains de diagrède pulvérisé (2) avec un peu de sucre.

Pour l'ordinaire on mettait de ce remède six grains, huit grains, et quasi toujours quatre, et *particulièrement depuis que S. M. a été sujette aux tournoiements de tête*, qui deman-

---

(1) Voici ce que dit la Gazette, de cette nomination: « Le même jour (18), le roi nomma le sieur d'Aquin à la charge de son premier-médecin, vacante depuis le décès du sieur Vallot, à qui S. M. ne pouvait donner un successeur dont la capacité fut plus universellement reconnue. Elle donna aussi celle qu'il possédait, de premier-médecin de la reine, au sieur de la Chambre, et choisit le sieur Renaudot, pour la charge de premier-médecin de monseigneur le dauphin. » Et plus loin la Gazette ajoute ce curieux détail : « Le 24, le sieur Puyson, doyen de la Faculté de médecine de Paris, accompagné de plusieurs autres docteurs, en leurs habits de cérémonie, vint ici complimenter, de la part de la Compagnie, le sieur d'Aquin, sur sa nouvelle dignité de premier-médecin du roi, et il s'acquitta de cette fonction par un beau discours latin, auquel ledit sieur d'Aquin répondit, en la même langue, avec une netteté et présence d'esprit surprenante. Ensuite il fit de pareilles harangues au sieur de la Chambre premier-médecin de la reine, et au sieur Renaudot, premier-médecin de monseigneur le dauphin, qui lui répondirent aussi fort disertement.

(2) Scammonée purifiée.

dent une purgation un peu plus vigoureuse, et des remèdes dont la vertu puisse se porter plus loin. Mais comme les ignorants en médecine, et les envieux de feu M. Vallot, cherchaient partout à blâmer sa conduite et à désapprouver l'usage de ce remède, quoiqu'en lui-même très innocent et n'ayant rien de mauvais, non plus que tous les autres purgatifs, que la méchante application que l'on en peut faire, sachant bien que l'on avait fort parlé contre ce médicament, j'ai voulu insensiblement en diminuer la dose, et expérimenter si je pourrais quelque jour purger S. M. utilement, sans y mêler ce remède, et ôter, s'il était possible, l'occasion de parler à mes envieux; c'est pourquoi je n'y en ai mis que trois grains à cette première fois. Le remède purgea très utilement le roi, même avec assez de promptitude, et lui tira, en neuf ou dix selles, beaucoup d'excréments, quantité de bile, et quelques sérosités. Le lendemain, son ventre se remit sans aucune altération. Le 25, néanmoins, le roi se plaignit à moi de quelqu'amertume de la bouche, et le 26 il partit de Saint-Germain pour l'armée.

(Ici onze lignes du manuscrit ont été raturées avec beaucoup de soin, et entièrement couvertes d'encre.)

Le 27, la nature devenue maîtresse se vida par le ventre du fardeau qui lui devenait à charge, et lui donna un très grand dévoiement de bile, avec quelques faiblesses d'estomac, qui emporta toute l'amertume de la bouche dont il s'était plaint quelques jours auparavant, la bile ayant pris un autre cours et s'étant portée de l'estomac sur le ventre. Le 28, toutefois, étant arrivé à Soissons, où je l'attendais, il prit un lavement sur les trois heures, avec une décoction d'orge et de graine de lin, deux onces de miel violat et autant d'huile d'amandes douces, qui adoucit quelques petites tranchées qu'il avait, et, ayant bien dormi toute la nuit, il se trouva à son ordinaire.

Le quatrième jour de mai, demi-heure après s'être mis au

lit et avoir fait une selle d'excréments solides et bien figurés, son ventre s'ouvrit avec débordement ; il fut toute la nuit à la selle de crudités et biles très âcres, qui lui écorchèrent tout le fondement, et passa toute la nuit sans dormir. Pour ce sujet, je lui fis prendre un petit lavement avec la décoction d'orge, graine de lin et l'huile d'amandes douces, le miel violat et rosat, sur le midi, qui lui fit un très grand bien. Je le lui réitérai en se couchant, et si heureusement, que son ventre s'arrêta. Il dormit douze ou treize heures, et se trouva le lendemain à son ordinaire (1).

Réflexion.

Sur ce retour de débordement de bile, je suppliai le roi de faire réflexion qu'il était dès sa naissance d'un tempérament extrêmement chaud et bilieux ; que dans son enfance il en avait donné les premières marques par la quantité de gales et d'érysipèles dont il avait été couvert, et la chaleur excessive de son foie, qui ne se pouvait rassasier par le lait d'un nombre infini de nourrices, qu'il avait taries ; que, dans la suite de son âge, sa grande sagesse avait formé cette égalité surprenante que l'on remarquait en lui ; mais que si son cœur voulait nous donner des nouvelles, nous apprendrions que, quoiqu'il soit plus maître de lui-même que tous les héros qui nous ont précédés, la chaleur néanmoins de son sang, et la sensibilité de ses esprits, ne laissent pas de lui exciter des mouvements, et lui produire des passions comme aux autres hommes ; qu'ainsi son tempérament n'est pas changé, et qu'étant toute sa vie en de grands besoins de s'humecter et de se rafraîchir, il en avait encore plus de le faire dans un temps où il dormait moins, agissait et fatiguait plus, étant tout le jour à cheval et au soleil, qu'il n'en avait eu de sa vie ; que cependant, depuis quelque temps, il avait quitté l'usage des bouillons rafraîchissants dont il s'était servi toute sa vie :

---

(1) Le roi venait d'arriver à Philippeville.

qu'il avait laissé la boisson de l'eau fraîche le matin, dont il avait reçu de grands biens depuis un an ou deux ; que j'observais qu'à ses repas, matin et soir, il buvait du rossolis (1) ; que je le suppliais d'en supprimer l'usage, que je ne pouvais approuver à S. M. que comme un remède dans les occasions, et jamais comme un ordinaire, étant sûr qu'il était infaillible que son foie et les parties nourricières n'en reçussent quelque fâcheuse impression ; que j'étais d'avis que tous les matins il donnât à son estomac, et aux autres parties nourricières, la consolation de quelque rafraîchissement ; qu'il était nécessaire que lorsque nous trouverions de bonne eau, il en bût tous les matins un verre, et, lorsqu'il n'en aurait point, qu'il prît un de ses bouillons ; et que j'espérais que, par cette conduite, il se donnerait des forces pour fournir à tous ses desseins, qui ne pouvaient réussir s'il lui manquait la santé ; et que comme il ne fallait rien épargner, ni soins, ni peines, ni veilles, pour sa gloire, qu'il était aussi très dangereux qu'il s'exposât trop pour les choses qui ne demandaient pas sa présence. Il trouva bon toutes ces réflexions que je pris la liberté de lui faire, et dès le lendemain, sixième, il recommença à boire, à son réveil, un verre d'eau de fontaine, qui se trouva très bonne, là où il était campé (2), et, dans les autres lieux où elle était mauvaise, il reprit ses bouillons à l'ordinaire. Il s'est si bien trouvé de ce régime, que sa santé a été très vigoureuse durant toute la campagne, dans laquelle il a fait de sa personne tout ce que l'histoire aura peine de persuader à nos neveux, et qui ne nous donne pas moins d'admiration pour ce grand prince, que d'amour et de vénération.

(1) — *Rossolis du roi.* — Eau-de-vie faite avec du vin d'Espagne, une pinte, dans laquelle on mettait infuser pendant trois semaines, des semences d'anis, de fenouil, d'anet, de chervis, de carotte et de coriandre, de chacune demi-once ; on ajoutait après l'infusion, une demi-livre de sucre candi, dissous dans l'eau de camomille, et cuit en consistance de sirop ; et le tout était passé à la chausse.

(2) Il était alors à Charleroy.

La campagne étant terminée (1), pour n'avoir plus rien à vaincre, ni à combattre, il repassa en France dans une santé aussi bonne qu'on le puisse souhaiter, et il arriva le premier jour d'août à Saint-Germain, où il trouva la reine relevée heureusement de sa couche (2), et monseigneur le Dauphin et Monsieur, son frère, en très parfaite santé. Il recommença à prendre son verre d'eau de fontaine, au lieu de bouillon, le matin, observant avec soin de prendre l'air et de faire de l'exercice, duquel il s'était si bien trouvé durant les grandes fatigues de sa campagne.

Les soins continuels que ce grand roi donne au bien de son État, et qui occupent quasi tout son temps, lui ôtèrent bientôt et la commodité et l'envie de faire de l'exercice. Cette vie, plus sédentaire que celle qu'il menait dans son armée, lui causa quelque plénitude, et, faute de transpiration, lui resserra le ventre considérablement, ce qui le fit résoudre, quoique dans une très parfaite santé, à se purger ; joint que depuis quelques années il s'était très parfaitement bien trouvé de prendre médecine tous les trois ou quatre mois, et qu'il n'est pas fort sûr de quitter tout-à-coup cette coutume, lorsque la nature s'y est habituée. C'est pourquoi, le 14 du mois de septembre (3), il se prépara, à l'heure de son coucher, par un lavement, et le lendemain il prit son bouillon purgatif, auquel je ne jugeai pas à propos de rien changer, et le fis faire tout comme le dernier. Son opération fut plus lente que de coutume ; mais, à mon avis, elle fut aussi plus heureuse, le purgeant dix fois dans la journée fort copieusement, d'excréments, de bile et de sérosités corrompues, sans lui laisser ni amertume de bouche, ni soif ou altération considérable ; au contraire, son ventre se lâcha naturellement dès le lendemain, et sa santé m'en a paru depuis plus affer-

---

(1) C'est dans cette campagne qu'eut lieu le fameux passage du Rhin.

(2) La reine était accouchée à Saint-Germain, le 13 juin, d'un fils que l'on nomma duc d'Anjou.

(3) Le roi était alors à Versailles.

mie, *se trouvant la tête fort libre de vapeurs, et délivré de quelques nonchalances dont il s'était plaint quelques jours auparavant.*

Le cinquième jour de novembre, le roi étant à Saint-Germain, Monsieur, duc d'Anjou, âgé de près de cinq mois, mourut d'une fièvre érysipélateuse (1), et, quoique sa naissance eût été telle, que l'on n'eût pas fondé de grandes espérances sur sa vie, sa mort, néanmoins, ne laissa pas de toucher le roi si vivement qu'il en fut fort échauffé, et saigna du nez contre son ordinaire (2), ce qui n'a pas eu néanmoins de suite, sa santé ayant été toujours fort bonne ; et il finit l'année aussi heureusement qu'il l'avait commencée.

D'AQUIN.

Remarques pour l'année 1673.

Il n'y a rien de plus contraire à la santé que le déréglement des saisons; et la gelée des hivers a son utilité pour la conservation de la vie, en ce qu'elle resserre et condense les humeurs, de telle sorte que le retour du printemps ne les fond pas si vite, et qu'elles résistent davantage à la pourriture. Celui-ci se passa en pluies et humidité, le vent du midi et du couchant ayant soufflé depuis quatre mois quasi sans interruption, ce qui a rendu les corps si humides, et les humeurs si coulantes, que les fluxions, les gouttes et les rhumatismes, et les inflammations de gorge ont régné très universellement, et nous menacent de beaucoup de fièvres putrides et fâcheuses dans le printemps et dans l'été prochains; d'autant qu'avec cette préparation, le retour du soleil raréfiera par trop les

---

(1) Il était âgé de 4 mois et 22 jours.

(2) Ce qui lui était déjà arrivé à la suite de l'irritation que lui avait fait éprouver la conduite du comte de Lauzun.

humeurs, toutes disposées à s'allumer et à contracter quelque degré considérable de pourriture; ce qui doit rendre les précautions plus nécessaires.

S. M. se sentant un peu plus pleine qu'à l'ordinaire, et se trouvant de temps à autre la tête un peu chargée, se résolut de se purger, selon sa bonne coutume, pour prévenir le mal. Le onzième de janvier, le roi prit, en se couchant, un lavement fait avec deux onces de manne, une once de lénitif, trois onces de miel violat, et deux onces d'huile d'amandes douces, le tout dissout dans une décoction d'orge et de graine de lin; duquel il vida un plein bassin d'excréments. Le lendemain il prit son bouillon purgatif à l'ordinaire, avec trois écus de séné, deux onces de manne, crème de tartre et cristal minéral, de chacun le poids d'un écu, et cinq grains de scammonée, mise en poudre avec un peu de sucre, et dissoute dans le bouillon, dont l'opération fut si heureuse qu'il vida non-seulement une grande quantité d'excréments mais encore beaucoup de glaires, bile et sérosités et fut dix fois à la selle, avec bien de la satisfaction de ce remède, se trouvant fort soulagé de sa plénitude, et demeurant en très parfaite santé.

Le vingt-et-unième du mois, le roi se plaignit de quelques douleurs de ventre, qui l'avaient pressé de se présenter plusieurs fois à la garde-robe, où il n'avait vidé que quelques glaires teintes de sang, ce qui m'obligea de lui faire prendre, à l'heure de son coucher, un lavement fait avec deux onces de miel violat, et deux onces d'huile d'amandes douces, dissoutes dans une décoction d'orge et de graine de lin. Il le garda facilement parce qu'il était fort doux, et S. M. se trouva entièrement soulagée de cette légère incommodité.

Le dix-neuvième d'avril, pour se préparer au voyage de l'armée, il résolut de se purger, et en se couchant il prit un lavement à son ordinaire, qu'il rendit simplement selon sa coutume. Le lendemain il avala son bouillon purgatif, dont l'opération fut d'abord assez lente, mais ensuite très copieuse de bile, glaires et sérosités, qu'il vida, avec quelques légères vapeurs, par le remuement de l'humeur, qui lui montèrent à la tête et passèrent dans les oreilles. Il vida même quantité de vents, et fut incommodé de plusieurs gouttes-crampes qui se passèrent en peu de temps par l'évacuation, de laquelle il se trouva fort soulagé. Son sommeil en fut plus doux et plus calme, qui auparavant était inquiété de rêveries, de cris et d'agitations, qui suivent non-seulement son naturel, mais encore la plénitude de ses humeurs et le bouillonnement de son sang. Il se sentit néanmoins le lendemain un petit peu échauffé, et prenait plus de plaisir à boire.

Le 1er mai, le roi est parti de Saint-Germain pour le voyage de l'armée, et, après une très longue et fâcheuse marche, dont les détours ont trompé non-seulement ses ennemis, mais même caché aux personnes les plus privées ses pensées et ses desseins, il vint assiéger Maëstrich, dont la réputation et la force auraient aisément résisté à tout autre qu'à lui. Mais son exemple et sa vigilance la réduisirent à implorer sa miséricorde le treizième jour de tranchée ouverte (1). Il a passé durant tout ce temps toutes les nuits à cheval, essuyé les plus fâcheux temps qu'il est possible, et par les pluies et par le froid. Sa santé s'est trouvée, Dieu merci, si bien assurée et affermie, qu'il n'a pas ressenti la moindre altération, parmi tant de désordre et de dérèglement, si ce n'est le vingt-deuxième de septembre (2). Son ventre se trouva un petit peu irrité, et il fit quelques glaires un peu sanglantes. Pour cet effet, le vingt-troisième, je lui fis prendre un petit lavement avec la décoction de graine de lin et de psyllium, l'huile d'amandes douces et une once de miel violat, qui calma entièrement ce petit désordre, ému par une légère portion de bile dont l'acrimonie avait effleuré l'intestin. Tout le reste de la campagne s'est passé dans une très parfaite santé, avec laquelle il s'est rendu à Versailles le treizième d'octobre.

La diversité des méchantes eaux qui se trouvent dans tous ces pays, nous a fait suspendre l'usage salutaire que S. M. a

---

(1) Maëstrich capitula le 30 juin.
(2) Le roi était alors à Nancy.

prise depuis quelque temps d'en prendre un grand verre le matin; au lieu duquel il mangeait des croûtes mitonnées dans du bouillon, incontinent après son réveil. J'aurais bien lieu de m'étonner comment un si grand changement de vie, qui renversait toutes ses heures de manger et de dormir, et lui fournissait un exercice qui passait à l'excès, n'a aucunement altéré sa santé, si je ne connaissais combien l'exercice lui est salutaire, avec quelle modération d'esprit il règle tout et se rend maître de tous événements, et quelle exactitude il observe dans son vivre pour ne boire que fort peu de vin, fort trempé, ne manger que des viandes de bon suc, et éviter toutes celles qui pourraient par trop l'échauffer ou le dessécher; et, pour ne pas tout d'un coup changer d'une extrémité à l'autre, et passer de l'exercice de la guerre à la vie sédentaire des conseils, S. M. a très sagement partagé son temps, s'en réservant une partie pour se promener et faire de l'exercice; et sitôt qu'elle a été arrivée, elle a recommencé, par mes conseils, à boire le matin un verre de bonne eau de fontaine, dont la fraîcheur tempère fort la chaleur des entrailles, et *supprime utilement les vapeurs qui avaient coutume de s'élever de ses parties jusques à son cerveau.*

Son sommeil au milieu de tant de santé était toujours agité et inquiet, un peu plus qu'à son ordinaire, parlant souvent, et même quelquefois se levant du lit, ce qui m'était un indice convaincant de quelque bile échauffée dans ses entrailles, aussi bien que l'effet des grandes affaires sur lesquelles il décidait dans la journée, et dont les images repassaient pendant la nuit, et réveillaient les actions de l'âme durant le repos du corps; ce qui me fit penser très utilement à purger le roi qui ne l'avait point été depuis près de huit mois, et par l'effet de sa médecine je puis assurer qu'il n'en avait jamais eu plus de besoin, ayant vidé une très grande quantité de glaires, de bile, de sérosités et de grosses matières, dont l'amas et le séjour auraient causé indubitablement quelqu'indisposition. Cette évacuation se fit si heureusement qu'il n'en eut ni tranchées, ni gouttes-crampes considérables, mais seulement quelque légère envie de dormir durant l'opération, par la vapeur des matières émues qui se sublimaient à son cerveau, et qui cessèrent incontinent après, ayant mangé le soir à son ordinaire et dormi de même, et le lendemain son ventre s'étant réglé et vidé naturellement comme s'il n'avait point été purgé (1).

Le sixième décembre, pour se mieux préparer à cette purgation, je lui fis prendre en se couchant un petit lavement, parce qu'il avait un peu le ventre resserré. Il fut composé d'une once de lénitif, trois onces de miel violat, deux onces d'huile d'amandes douces dissoute dans une décoction d'orge et de graine de lin, lequel ne tira chose du monde et fut à peine rendu tout clair.

Le septième, il prit son bouillon purgatif, composé de trois écus de séné macéré la nuit dans quelques cuillerées d'eau et de jus de citron, avec deux onces de manne, crème de tartre et cristal minéral de chacun un écu, et six grains de scammonée pulvérisée avec le sucre candi. Nonobstant ce véhicule, l'opération n'en fut pas trop prompte, mais ne commença qu'une heure et demie après, et tira très heureusement, comme j'ai dit, un très grand appareil de maladie. Bien que ce véhicule soit aussi innocent que les autres purgatifs, et comme j'ai remarqué ce remède nécessaire pour le roi, sans lequel les autres ne tirent rien de ses entrailles difficiles à émouvoir, tant par sa nature que par une habitude de plusieurs années, la bonté néanmoins naturelle des courtisans, et leur singulière capacité en toutes choses, particulièrement dans la médecine, leur fit dire beaucoup de choses contre ce remède, desquelles le roi ne fit pas grand cas, et leur ferma la bouche en leur disant qu'il s'en trouvait fort bien et s'en rapportait à moi, sans s'informer des remèdes qui entraient dans ses purgations (2).

Sa santé fut très bonne tout le reste de l'année, qui ne fut

---

(1) Il était alors à Saint-Germain.

(2) Le même reproche avait été fait à Vallot. On prétendait que l'usage de la scammonée pouvait être nuisible au roi, en irritant trop violemment l'intestin.

pas moins heureuse dans sa fin que dans son commencement, quoique le vingtième et le vingt-sixième du mois, il saignât du nez contre son ordinaire, et se plaignît deux jours de quelque mal de tête qui lui causait de la pesanteur.

D'AQUIN.

Remarques pour l'année 1674.

Le mal de tête, duquel le roi s'était plaint à la fin de l'année passée, *était le commencement de quelques vapeurs qui se portaient à son cerveau et retraçaient un chemin qu'elles avaient autrefois si longtemps tenu.* En effet, *le roi fut assez fortement attaqué d'étourdissement* le premier jour de janvier (1), *et fut contraint de chercher où se prendre et où s'appuyer un moment pour laisser dissiper cette fumée qui se portait à sa vue et affaiblissait les jarrets, par sympathie, en attaquant le principe des nerfs.* Cet accident ne dura qu'un moment, et son ventre s'ouvrit favorablement sur l'heure même, ce qui fit prendre un chemin contraire à cette substance vaporeuse, et dissipa cette méchante halenée, en évacuant l'humeur dont elle s'élevait. Je conseillai à S. M. de faire un peu plus d'exercice, remarquant visiblement que l'air et le mouvement lui font un bien très notable pour cette incommodité, que la vie sédentaire et la continuelle application des affaires renouvelle plus que toutes choses; faisant faire réflexion à S. M. que pour la guérison de ses *infirmités qui se tournent en habitude,* il est bien plus avantageux d'en

---

(1) Cette disposition aux étourdissements fut l'incommodité qui tourmenta le plus le roi et ses médecins. L'irrégularité de ses digestions ne fut sans doute pas étrangère aux retours fréquents de ces inquiétants symptômes. L'on voit, en effet, dans le cours de ce journal, que si Louis XIV était un très petit buveur de vin, il était au contraire un très gros mangeur, et qu'il en résultait, presque continuellement pour lui, des dérangements intestinaux.

trouver les secours dans l'usage de la vie, que dans les remèdes extraordinaires, dont il ne faut pas faire une coutume.

En effet, l'exercice que le roi prit avec plus de soin, montant à cheval plus fréquemment et allant à la chasse, fit que sa santé, très bonne jusques au quinzième de février, que le temps fâcheux de l'hiver ne lui permettant pas de se promener, joint au chagrin que la conjoncture fâcheuse des affaires pouvait lui donner (1), *il se sentit à diverses reprises pressé de vapeurs qui l'affaiblissaient dans ce moment.* Et d'autant que ces retours fréquents n'arrivent jamais pour de légères causes, que la disposition du dedans y est très forte par la plénitude d'ordures qui s'échauffe et fume dans le bas-ventre, S. M. se résolut, à ma persuasion, de se purger, et d'autant que ses lavements ne lui font jamais aucune chose, et ne lui procurent jamais aucune évacuation, je ne lui en fis pas donner, son ventre d'ailleurs étant naturellement libre; le cinquième de mars, le roi prit à son réveil un bouillon purgatif de trois écus de séné, deux onces de manne, crème de tartre et cristal minéral, de chacun un écu, duquel il fut purgé, et même assez promptement, jusques à neuf fois, de matière très louable, bilieuse, glaireuse et fort épaisse, n'ayant fait qu'une seule selle de sérosités; et, quoique j'eusse ôté de ce remède la scammonée, dont il a coutume de se servir, il ne laissa pas d'être purgé fort heureusement, sans en avoir ressenti aucune incommodité (2).

Le quinzième d'avril, le roi, pour se mieux préparer à la

(1) Louis XIV devait être, en effet, très préoccupé. En guerre avec la Hollande et l'Empire, presque tous ses alliés venaient de l'abandonner, au moment où il méditait la conquête de la Franche-Comté. Les affaires de l'Église l'occupaient aussi vivement, et il continuait le projet d'éteindre peu à peu la religion réformée, projet déjà commencé depuis plusieurs années. Si l'on ajoute à ces diverses préoccupations, son amour pour madame de Montespan, à laquelle il s'attachait de plus en plus, on concevra plus facilement encore ces dispositions congestives qui le tourmentèrent si souvent, et firent le supplice de ses médecins.

(2) Quoi qu'en ait dit d'Aquin un peu plus haut, on voit qu'il n'a pas eu le courage de résister aux criailleries des courtisans, et qu'il a supprimé la scammonée, qui les avait tant fait parler.

fatigue de sa campagne, se purgea du même bouillon que le dernier, dont l'effet fut si heureux, que S. M. en fit onze ou douze selles d'humeurs glaireuses, bilieuses et fort épaisses, et demeura fort satisfait de sa santé.

Le dix-neuvième d'avril, il partit de Versailles, et fut mettre le siége devant Besançon, avec fort peu de troupes, mais si bonnes et si courageuses, qu'elles se rendirent bientôt maîtresses de cette ville et de sa citadelle, nonobstant sa situation avantageuse et les injures du temps, très mortelles pour le camp ; tant l'exemple du roi donne de vigueur et de force aux courages, même les plus douteux, qui veulent imiter la conduite et la vigilance de ce grand monarque. Ayant été de là devant Dôle, il la réduisit bientôt sous sa puissance, nonobstant la résistance opiniâtre de ses habitants. Ce qui donna exemple au reste de la province, dont il fut le maître absolu en deux mois, et lui donna occasion, faute d'emploi, de se venir délasser de ses fatigues à Versailles, où il arriva le 30 juin.

La santé de S. M. s'est trouvée si bonne, nonobstant toutes ces fatigues, et sa tête si libre de vapeurs, qu'elle n'eut besoin d'aucun secours à son retour, et ne prit pas même le verre d'eau de fontaine le matin à jeun, dont elle avait coutume de se servir, et dont elle s'était trouvé si bien ci-devant.

Durant les chaleurs de la canicule, le roi faisant moins d'exercice qu'à son ordinaire, et dissipant par conséquent moins, se sentit un peu pesant, et se trouvait la bouche amère tous les matins, ce qui obligea S. M., par mes avis, de se purger de sa médecine ordinaire, ce qui fut très heureusement exécuté le trentième du mois d'août. Il vida une assez grande quantité de bile écumeuse, et beaucoup de glaires. Ensuite de quoi, pour mieux détremper la bile qui lui causait les amertumes de bouche, il commença à reprendre le matin un verre d'eau de fontaine (1).

Le ventre de S. M. fut quelque temps assez mal réglé, de-

---

(1) Le roi était alors à Versailles.

puis sa médecine, et, le septième du mois de septembre, il vida quelques glaires sanglantes, avec de légères tranchées (1), ce qui nous obligea de lui donner, l'après-dîner, deux petits lavements adoucissants, faits avec l'huile d'amandes douces, le miel violat et la décoction mucilagineuse d'orge et de graine de lin; dont l'un fut pris sur les sept heures, et l'autre à minuit, et avec succès, puisque, dès le lendemain, le ventre se remit dans son état naturel.

Cependant, l'amertume de bouche continuait encore, mais avec moins de violence; ce qui marquait toujours quelque fond de bile qui abreuvait les membranes de l'estomac et du palais, dont la nature, cherchant à se dégager, poussa cette humeur, préparée et détrempée par l'eau fraîche que le roi prenait le matin, par le ventre, et excita, le 24 de septembre, sur le midi, un très grand dévoiement, qui dura jusqu'au lendemain six heures du soir, que S. M. prit un petit lavement avec la décoction anodine de miel violat, et demi-once de catholicon double, qui termina heureusement cette évacuation. Ce désordre fut un mouvement critique, excité par la nature et le bon tempérament de S. M, qui s'est délivrée d'un grand amas de bile, dont cette portion était restée après la purgation, qui en avait évacué la meilleure partie. Nous avons, par ce moyen, été heureusement délivrés de l'appréhension de quelques fièvres tierces, qui régnaient en ce temps, et que cet appareil aurait indubitablement allumées.

En effet, S. M. s'est trouvée, après cette évacuation, en si bon état, n'ayant plus aucune amertume de bouche, dormant bien, l'appétit bon, et le ventre bien et naturellement réglé, que je ne jugeai pas nécessaire de la repurger, comme je l'avais projeté, et me suis contenté de lui faire continuer l'usage de l'eau de fontaine, qui est si salutaire à Sa Majesté.

(1) Au retour de sa conquête de Franche-Comté, le roi avait donné à toute sa cour, à Versailles, une série de fêtes, décrites par Félibien, et qui durèrent depuis le mois de juillet, jusqu'au mois de septembre. Les repas et les collations jouaient un très grand rôle dans ces fêtes et expliquent assez bien l'état du ventre de Louis XIV, au commencement du mois de septembre.

En effet, sa bonne constitution s'est trouvée si bien affermie, qu'il a joui, durant le reste de l'année, d'une santé très heureuse, et qui n'eut pas besoin du moindre secours de nos remèdes.
D'AQUIN.

Remarques pour l'année 1675.

Le commencement de cette année, aussi bien que la fin de l'autre, depuis le solstice, ayant été plein de brouillards, peu de pluie ou de gelée, et quasi toujours un vent entre le midi et le couchant, il se fit dans nos corps un très grand appareil d'humidité, dont le cerveau se remplissant, fournit des matières aux rhumes opiniâtres, et fluxions sur la poitrine, ainsi que nous avons remarqué dans la suite de la saison; et parce que ces changements fréquents ne laissaient pas la liberté de la promenade à S. M., le roi s'en trouva un peu plus pesant que de coutume, et le septième du mois de janvier, *il fut attaqué d'une vapeur violente, qui lui fit tourner la tête, et lui laissa tout le jour une manière de frisson dans la peau,* et *faiblesse dans les cuisses,* qui cessa après avoir bien dormi durant la nuit (1).

Ce dessein me donna lieu de marquer à S. M. le besoin qu'elle avait d'être purgée; ce qui eût été exécuté peu de jours après, n'était que la gelée étant survenue un peu violente, et quelque fluxion qui coulait par le nez, l'écorchait et le faisait saigner, ne m'en eussent empêché; joint que les vapeurs n'avaient pas eu de suite, et que S. M. ne ressentait aucune incommodité, que la tête un peu chargée, accident que la ge-

---

(1) Pour soutenir la guerre, et les dépenses considérables des bâtiments, on fut obligé d'établir de nombreux impôts. Beaucoup de provinces se soulevèrent, et l'on employa la force pour les réprimer. Louis XIV recevait depuis quelque temps ces fâcheuses nouvelles qui ont pu contribuer à l'augmentation de ses vapeurs.

lée, empêchant la transpiration, a accoutumé de lui exciter.

Enfin, le vingtième de février (1), le temps s'étant radouci et tourné au dégel, et la lune dans son déclin, S. M. se résolut de se purger de son bouillon ordinaire, avec le séné, la manne et les cristaux de tartre et cristal minéral, dont elle fut fort satisfaite, ayant été purgée huit à dix fois, assez promptement, de beaucoup de bile, glaires et sérosités; dès le soir, avant de se mettre au lit, le roi prit un lavement, par mon ordonnance, purement adoucissant, fait avec l'huile d'amandes douces, un peu de miel violat, dissous dans une décoction d'orge et de graine de lin, pour adoucir l'humeur que le remède purgatif aurait pu avoir irrité, et pour le garantir de quelques épreintes et glaires sanglantes, qui, par la même occasion, avaient suivi de près sa dernière purgation. En effet, ce petit secours réussit selon nos intentions, puisque, dès le lendemain, le ventre de S. M. fut réglé à son ordinaire, et le roi se trouva plus libre, plus léger, le visage meilleur, et jouit d'une santé complète.

Le sixième de mai, S. M. ayant été, durant quelque temps, travaillée des agitations d'esprit que les mouvements du cœur et de la gloire excitent souvent dans la vie, résolut, par mes conseils, de se purger avant de partir pour l'armée; ce qu'elle fit très heureusement de son bouillon ordinaire, auquel j'ajoutai seulement demi-once de manne, et dont il fut purgé de glaires, bile et excréments, jusques à onze fois, de telle manière que S. M. m'avoua n'avoir jamais été mieux purgée. Le soir, elle prit un petit lavement adoucissant, et jouit ensuite d'une très parfaite santé durant toute la campagne, qui ne fut pas moins glorieuse que les autres (2).

Le vingt-deuxième de juillet, étant de retour (3), le roi recommença l'usage d'un verre d'eau de fontaine le matin, et de temps à autre son ventre se relâcha de matière non-seu-

---

(1) Le roi étant à Saint-Germain.
(2) Le roi partit pour l'armée de Flandre, le 11 mai.
(3) Il arriva à Versailles le 21 juillet.

lement crue et indigeste, mais encore bilieuse; ce qui obligea S. M. à retrancher l'eau et l'usage des fruits, jusques à ce que son ventre fut entièrement rétabli dans son naturel. Mais quoiqu'en apparence le roi fut dans sa santé ordinaire, *néanmoins il était de temps en temps plus travaillé de vapeurs, et criait, parlait, se tourmentait davantage dans son sommeil qu'il n'avait accoutumé.* Sa bouche était amère à son réveil, et sa langue plus pâteuse, qui sont les indices d'une nature surchargée de mauvaises humeurs, et d'un sang échauffé par les continuelles fatigues de la guerre; ce qui m'obligea à faire quelques remèdes pour prévenir une maladie, dont je voyais le commencement dans cette disposition, et n'ayant pu obtenir du roi une saignée, à cause des cruelles vapeurs que ce remède a accoutumé de lui exciter, je me vis obligé de le purger le trente de septembre (1), avec son bouillon ordinaire, qui le purgea sept fois de matière épaisse, bilieuse et glaireuse; et ayant pris un lavement sur le soir, il se trouva fort bien le lendemain. Mais, comme ce remède n'avait pu nous tirer tout l'appareil de maladie, il ne put aussi nous garantir de tout ce qui troubla le santé de S. M. qui, sans doute aurait été plus accablée, si ce remède n'avait évacué une partie de l'humeur dont sa nature se trouva surchargée.

Le deuxième d'octobre, *sa tête se trouva fort pleine de vapeurs*, tout son corps fort accablé de lassitude, et une petite fluxion rougit son œil gauche. Il dormit assez mal. Le quatrième il eut grand mal de tête, beaucoup de frissonnements et de chaleur irrégulière, sans fièvre, bâillements, difficulté de respirer, nonchalance, tristesse, chagrin, insomnie et sécheresse de ventre, tous accidents de l'humeur mélancolique qui se fermentait dans sa rate, et par sa vapeur produisait tous ces différents effets selon la diversité des parties où elle s'arrêtait. Enfin, le septième, la douleur de tête étant augmentée, et se plaignant fort du col où le cerveau semblait avoir déchargé quelque portion de la sérosité dont il était re-

---

(1) Le roi étant à Versailles.

gorgé, sur le soir, avec le renouvellement de tous ces accidents, la fièvre s'alluma et dura environ cinq ou six heures, avec assez de chaleur qui se calma fort en rendant un lavement qui donna beaucoup de bile. Il dormit avec beaucoup d'inquiétudes; sa peau demeura chaude le lendemain, les yeux étincelants, et le visage enflammé, la bouche amère, la tête pleine de vapeurs et fluxion, lassitude et faiblesse des jambes, accidents qui redoublaient tous les soirs et sans fièvre, et qui ne pouvaient diminuer par le régime et diète de bouillons, une ample boisson d'eau bouillie, et des lavements fréquents, qui sont les seuls remèdes dont S. M. se voulut servir, ayant même beaucoup de peine de se donner le repos nécessaire dans une pareille disposition, voulant toujours, en se faisant voir à sa cour, ménager entre les besoins de sa santé et ceux de son État. Mais la persévérance de tous ses maux, qui, nous faisant voir un amas d'humeur, non-seulement dans le ventre, mais encore dans la tête, et toute l'habitude des urines tellement agitée par sa chaleur et son bouillonnement que la nature n'en pouvait plus être la maîtresse, nous faisait aussi appréhender, avec raison, une très grande et très dangereuse maladie, fit faire réflexion au roi, par mes remontrances sur les besoins qu'il avait de la saignée; et jugeant qu'il était plus à propos de courir le risque des vapeurs que la saignée a accoutumé d'exciter à S. M., que de lui épargner un remède qui lui était d'une si absolue nécessité, il se résolut, et, le dixième du mois, on lui ouvrit la veine. Je fis tirer trois poêlettes de sang, dont l'effet fut d'abord si heureux, que la tête en demeura plus libre, la douleur qu'il y ressentait fut calmée, son ventre s'ouvrit naturellement, et il passa tout le jour avec plus de tranquillité, ayant toujours une très grande amertume de bouche, et des urines fort teintes de bile; mais le soir ne fut pas de même, car *sa tête commença à tourner*, sa poitrine fut fort agitée, et *le principe des nerfs tellement attaqué, qu'il ne pouvait marcher sans être soutenu*. L'essence de cannelle, et l'esprit de sel ammoniac dont il respirait l'odeur, lui furent d'un grand secours.

Les lavements et les bains de jambes n'empêchèrent pas que ses vapeurs opiniâtres, accompagnées d'inappétence et d'insomnie, n'aient duré jusques au treizième du mois, qui, après une nuit plus douce, fut aussi beaucoup plus tranquille. Nonobstant, le soir S. M. eut de la fièvre, qui, après avoir été allumée sans frisson durant cinq ou six heures, cessa aussi sans sueur. Son ventre s'ouvrit naturellement de quelques glaires et bile. Il dormit la nuit avec inquiétudes, et s'éveilla en sueur depuis la tête jusques au creux de l'estomac; son ventre s'ouvrit naturellement; sa bouche était fort amère, la langue jaune et les urines très teintes. Il prit un lavement sur les trois heures après midi. Sur les six heures et demie, après un petit froid, particulièrement au pied gauche, la fièvre s'alluma, qui dura quasi toute la nuit, et se termina le matin par une assez grande sueur de tout le corps. Il passa tout le quinzième sans fièvre, vidant, par un lavement que je lui fis prendre, quelques excréments et de la bile assez épaisse. Sur les sept heures du soir, la fièvre ne manqua pas, après un léger froid aux pieds, de s'allumer à son ordinaire, et dura toute la nuit, assez douce pour laisser dormir S. M. Sur son déclin, le roi s'étant réveillé environ sur les six heures du seizième du mois, je lui fis prendre un bouillon purgatif que j'avais tenu prêt à ce dessein, composé de trois drachmes de séné, d'un drachme de rhubarbe, macérés durant la nuit dans un peu d'eau et le jus de citron, et bouillis le matin légèrement dans un bouillon de veau et d'herbes, avec deux onces de manne, de la crème de tartre et cristal minéral, de chacun un écu. L'effet de ce remède fut si heureux et l'occasion si favorable, que, demi-heure après l'avoir pris, il commença son effet par une sueur universelle qui dura près d'une heure fort copieuse, et vida ensuite par le ventre, durant tout le jour, une très grande quantité de bile de toute espèce, en telle manière que, dès le soir, la fièvre, qui était double-tierce, cessa au quatrième accès. Le dix-septième, son ventre s'ouvrit naturellement, avec quelque irritation et déjections glaireuses et sanglantes, qui s'adoucirent avec un lavement de graine de lin et de psyllium, l'huile d'amandes douces et le miel nénuphar. La nuit fut bonne, le sommeil doux, et à son réveil une sueur plus légère que les précédentes.

Le 18 et le 19, il n'arriva rien d'extraordinaire; les forces s'augmentaient avec l'appétit. Le 20, il fut encore purgé très heureusement; les sueurs cessèrent, et le sommeil fut quasi naturel. Les 21, 22 et 23, son ventre demeura lâche avec des irritations et des mucosités sanglantes, qui cessèrent par l'usage des petits lavements anodins; et le 25, il prit avant son dîner de la rhubarbe en substance, en la pesanteur de vingt-cinq grains, qui acheva de lui fortifier l'estomac et de rétablir son ventre, qui ne se vida plus que d'excréments solides et fort naturels; et S. M. depuis cette maladie s'est tellement remise qu'elle n'a jamais eu plus de santé, et il semble que Dieu ait permis par sa divine miséricorde que ce désordre soit arrivé pour obliger S. M. à faire des remèdes, dont la nécessité s'est suffisamment justifiée par les bons effets qu'elle en a reçus. D'AQUIN.

Observations sur la maladie du roi, et sur la purgation donnée dans le commencement de sa fièvre.

Il n'y a pas de quoi s'étonner qu'après quatre campagnes, dans lesquelles il fatigua beaucoup, il se soit trouvé chez le roi un assez grand amas de bile pour nous exciter une maladie, dont la chicane, durant vingt-deux ou vingt-trois jours, par toutes sortes d'accidents fâcheux qui ont attaqué premièrement la tête et ensuite la poitrine, nous a menacés de quelque chose de fort considérable, tant par la plénitude et l'abondance qui se marquait par les maux de tête, fluxion sur le col et sur les yeux, que par la chaleur et la fermentation, dont nous avons eu des signes plus que convaincants, par l'insomnie, la lassitude spontanée, l'inappétence, la nonchalance, l'étouffement, la tristesse et enfin par la fièvre, qui nous a donné lieu d'appréhender beaucoup la pourriture. Dans une pareille disposition, les maximes ordinaires de la médecine semblaient nous demander de faire les plus grandes évacuations par les saignées, et dans un autre sujet j'aurais eu peine de me contenter de trois poèlettes de sang, que j'avais fait tirer à S. M. Mais après avoir plus mûrement considéré les symptômes fâcheux que S. M. avait ressentis de cette saignée; que ce n'était pas la première fois qu'elle avait observé ce désordre; que son mal avait chicané fort longtemps sans produire un grand incendie; que la plupart des accidents me paraissaient venir du bas-ventre; et que la fièvre était purement intermittente, dont le foyer croupissait dessous les flancs; je crus qu'il était d'une absolue nécessité de me déterminer à la purgation, non-seulement pour exempter S. M. des inconvénients de la saignée, mais encore pour tirer du lieu même où je voyais que la principale matière du mal était contenue, c'est-à-dire du bas-ventre, et particulièrement de la rate, la bile de toute espèce, et beaucoup de crudités qui commençaient à s'allumer. avant que, par un plus long séjour, augmentant à toute heure les degrés de la pourriture. cet amas eût porté jusque dans les grands vaisseaux sa contagion, et nous eût indubitablement excité une maladie ou très longue ou très dangereuse. Ce que j'avais auparavant fait pratiquer à S. M. me confirma dans cette pensée, croyant avec raison avoir suffisamment préparé ses matières par un long régime humectant et rafraîchissant, par beaucoup de boissons et de lavements, sûr que j'étais, avec cette précaution, de ne faire aucun désordre par la médecine, et que je serais toujours reçu à la saignée, si, en remuant les humeurs, j'observais que le feu s'allumât plus violemment. Et enfin, je fus entièrement déterminé par les urines, qui me marquèrent, par un énéorème assez épais, quelques heureux commencements de coction, qui me furent confirmés par une selle de bile épaisse et cuite, que le roi fit quelques heures avant de prendre sa médecine.

Et en effet, toutes mes conjectures se sont trouvées vraies . par l'événement; car le roi ayant vidé par le remède beaucoup de bile jaune, quantité de noire comme de la poix fondue, bien des glaires et des crudités, il se trouva, dès le même jour, délivré de sa fièvre comme par enchantement, étant d'une nature longue, et au commencement de l'automne, où ces maladies sont toujours fort dangereuses ou fort difficiles. Ce qui fait voir clairement qu'elle n'était allumée et entretenue que par ces matières qui croupissaient dans les flancs, et qui auraient sans doute porté plus loin leur feu et leur pourriture, si je n'avais pris la résolution de les purger dans le commencement de leur ébullition, et l'effet du remède se trouva si complet qu'une seconde médecine termina tout le besoin, et je ne trouvai pas que S. M. eût aucune nécessité d'en prendre davantage.

Réflexions sur les vapeurs du roi.

Le roi était sujet aux vapeurs depuis sept à huit années, mais beaucoup moins qu'il ne l'avait été auparavant, *vapeurs élevées de la rate et de l'humeur mélancolique, dont elles portent les livrées par le chagrin qu'elles impriment, et la solitude qu'elles font désirer.* Elles se glissent par les artères au cœur et au poumon, où elles excitent *des palpitations, des inquiétudes, des nonchalances et des étouffements considérables;* de là s'élevant jusques au cerveau, elles y causent, en agitant les esprits dans les nerfs optiques, *des vertiges et tournoiements de tête,* et, frappant ailleurs le principe des nerfs, *affaiblissent les jambes, de manière qu'il est nécessaire de secours pour se soutenir et pour marcher, accident très fâcheux à tout le monde, mais particulièrement au roi*, qui a grand besoin de sa tête pour s'appliquer à toutes ses affaires. *Son tempérament penchant assez à la mélancolie, sa vie sédentaire pour la plupart du temps, et passée dans les conseils, sa voracité naturelle qui le fait beaucoup manger*, ont fourni l'occasion à cette maladie, par les obstructions fortes et invétérées que les crudités ont excitées dans les veines, qui, retenant l'humeur mélancolique, l'empêchent de s'écouler par les voies naturelles, et lui donnent occasion, par leur séjour, de s'échauffer et de fermenter, et d'exciter toute cette tempête; et il n'y a pas de quoi s'étonner que la saignée réveille si fortement ce désordre, puisqu'il est certain que, par le mouvement qu'elle fait dans toute la masse du sang et dans toutes les veines, elle agite cette humeur dans son foyer sans l'évacuer, et en réveille le bouillonnement et l'évaporation.

Cette considération, et *la crainte que j'ai des suites d'un si fâcheux mal*, me firent croire que S. M. pouvait se résoudre à régler sa vie et faire des remèdes de suite, et qui pussent bien déboucher les vieilles obstructions de sa rate, et en vider un peu l'humeur mélancolique. Qu'indubitablement le roi se trouverait, non-seulement soulagé, mais même guéri, *de ce seul et unique mal qui lui faisait tant de peine;* et les raisons que j'alléguai à S. M. la persuadèrent, de manière qu'elle se résolut à faire tout ce que je jugerais à propos, et *durant tout le temps nécessaire pour venir à bout d'un si grand dessein.* Sa confiance n'a point été trompée, puisque depuis que le roi pratique mes remèdes, il ne s'est aucunement ressenti de ses vapeurs. Sa tête s'est trouvée plus libre, sa respiration meilleure, ses jambes plus fermes, son teint plus net et plus vif, son sommeil plus tranquille, et sa bouche, qui tous les matins se trouvait pâteuse et amère, fraîche et douce dans son naturel. Il avait coutume de se trouver plus mal dans la gelée, par le manque de transpiration, et il a éprouvé la gelée et la pluie sans remarquer aucun changement dans sa santé, qu'il m'a avoué plusieurs fois n'avoir jamais eu si bonne depuis huit ans.

Le roi, depuis le 27 d'octobre, prend tous les matins trois petites pilules de sel de tamaris, et de mon spécifique chalybé incorporé dans l'extrait de rhubarbe, et en trouve son estomac plus fort. Ses excréments se vident régulièrement tous les jours, bien digérés et teints, non-seulement du remède, mais encore de l'humeur de la rate, dont je vis sortir avec plaisir une bonne quantité, le onzième de novembre, par les pilules chalybées, rendues purgatives, avec vingt grains de résine de jalap, dont il fut purgé très heureusement six à sept fois, et se remit dès le lendemain à l'usage des pilules spécifiques.

Le 27 de novembre (1), dans l'état d'une très parfaite santé, que l'usage continuel des pilules chalybées allait augmentant de jour à l'autre, le roi eut quelques déjections glaireuses et sanglantes, avec quelques tranchées, ce qui m'obligea de ne lui point donner de pilules le lendemain; au lieu de quoi, je lui fis prendre un lavement de décoction de graine de lin et de psyllium, avec deux onces d'huile d'amandes douces, et trois onces d'eau de plantain, par lequel les déjections cessèrent, et le lendemain il reprit des pilules chalybées, sans extrait de rhubarbe. Ce qu'ayant continué quelques jours, son ventre se rendit paresseux, et je fus obligé de remettre de l'extrait de rhubarbe qui régla le ventre de S. M., selon son ordinaire, à pousser deux ou trois selles d'excréments bien digérés et bien cuits.

Le deuxième du mois de décembre, il survint au roi une douleur fort aiguë à la cuisse gauche, à trois doigts du genou, qui le pressait considérablement, même assis et couché. Elle fut apaisée à force de frictions avec l'esprit de sel, l'huile de jasmin et l'eau de la Reine de Hongrie; lui faisant appliquer, par dessus le sachet avec le son et les roses de Provins bouillies dans du gros vin. S. M. ne laissa point de boiter deux ou trois jours, non sans quelqu'appréhension que cette humeur de rhumatisme ne dégénérât en goutte, ce qui heureusement n'est point arrivé.

Le dixième du mois, son ventre s'ouvrit d'une prodigieuse quantité d'excréments, par cinq ou six fois.

Le onzième, il s'abstint des pilules et vida huit ou dix fois des glaires en quantité, et deux ou trois fois du sang, sans douleurs qui fussent considérables.

Le douzième, il sortit beaucoup de bile épaisse, corrosive, ce qui m'obligea de faire prendre à S. M. un lavement anodin, de mon ordonnance, qui calma toutes choses; et, jugeant

---

(1) A Saint-Germain.

que le roi s'était servi assez longtemps de nos apéritifs fortifiants pour espérer que le bien qu'il s'en promettait put être de durée, je me résolus, en quelque façon malgré S. M., à les lui faire quitter. Pour cet effet, le seizième du mois, il fut purgé de son bouillon purgatif, auquel j'avais ajouté deux scrupules de rhubarbe et quatre scrupules de sel de tamaris, au lieu de crême de tartre et du cristal minéral, dont l'effet fut si heureux qu'il fut purgé très copieusement de beaucoup de mucosités, glaires et bile, qui se trouvaient toutes préparées par le long usage des apéritifs qui, dans un mois de temps, redonnèrent au roi plus de force à la tête et aux jambes, plus de facilité à respirer, et plus de santé qu'il n'en avait eu, par son propre aveu, depuis plus de huit ans.

Réflexion.

Ce n'est pas seulement dans l'usage des pilules apéritives que j'ai vu arriver à S. M. des déjections glaireuses et sanglantes. La même chose lui est survenue très souvent après ses médecines : mais même encore dans l'état d'une pleine santé, sans avoir pris aucun remède, il s'est trouvé incommodé du même accident, pour l'ordinaire avec peu de douleur. Souvent dans une bonne selle naturelle d'excréments bien figurés, une pareille glaire sanglante y paraît seule, nullement mêlée, qui nous est un indice très assuré que cette matière ne vient pas de loin, mais seulement des extrémités du gros intestin; qu'elle n'a pas beaucoup d'acrimonie, puisqu'elle a si peu de douleur, et qu'enfin ce n'est pas seulement l'effet de la délicatesse de ses parties, qui se trouvent aisément blessées par les moindres remèdes, même très doux, mais encore le dégorgement des vaisseaux hémorroïdaux, qui, dans un corps aussi plein que S. M., sont souvent en état de vomir quelques glaires sanglantes de cette manière. Je suis d'autant plus confirmé dans cette pensée, que toutes les fois que S. M. a été travaillée de pareils accidents, un seul lavement anodin en a terminé le cours : ce qui n'arriverait pas si facilement, si ces matières s'écoulaient de plus haut, et qu'elles fussent poussées par l'acrimonie de quelques humeurs plutôt que par la plénitude des hémorroïdes internes.

D'AQUIN.

Remarques pour l'année 1676.

Tout l'hiver se passa sans froids, peu de gelée et point de pluie, beaucoup de brouillard le matin, suivi quasi toujours d'un soleil de printemps, et pour la plupart du temps, d'un vent du midi, et chaud au-delà de la saison; ce qui, par la plénitude des corps, a rendu les rhumes si populaires, que personne ne s'en est exempté; même, S. M. qui n'est nullement sujette à cette maladie, n'en a pas été exempte, et en a été incommodée à deux ou trois reprises. Du reste sa santé étant très parfaite, et le roi ayant ressenti durant tout l'hiver les bons effets des remèdes qu'il avait pratiqués durant l'automne, *s'est trouvé moins travaillé de ses vapeurs qu'il n'avait été depuis plusieurs années*, pour ne pas dire qu'il en fut entièrement guéri. Au commencement du printemps, son sommeil parut un peu plus inquiet, sa bouche un peu pâteuse le matin, et le ventre plus resserré, ce qui m'obligea à supplier S. M. de reprendre le matin un verre d'eau de fontaine, pour rafraîchir son sang, qui pétillait par le retour des affaires et du printemps. Il s'en trouva parfaitement bien, et je lui ai fait continuer pour le préparer mieux à la purgation que je prétendais lui faire prendre avant son départ pour l'armée.

Le septième d'avril (1), *s'étant trouvé depuis quelques jours attaqué de quelques vapeurs, qui le rendaient plus languissant qu'à son ordinaire, le roi se résolut de se purger pour em-*

(1) Étant à Saint-Germain.

pêcher les progrès de cette incommodité. Pour cet effet, je lui fis préparer un bouillon avec trois écus de séné, un écu de rhubarbe, deux onces et demie de manne, et deux écus de sel de tamaris, dont l'effet fut si heureux qu'il fut purgé dix fois très abondamment de bile, de glaires et sérosités. S. M. s'en est trouvée parfaitement bien, et délivrée de toutes ces petites incommodités, ce qui m'obligea de la laisser jouir de ce bien, et même je lui ai quelques jours après retranché l'usage de son eau de fontaine.

La campagne du roi (1) se passa avec toute la santé que nous pouvions désirer à S. M., quoique les fatigues de la guerre ne fussent pas petites, et que le sommeil fût souvent interrompu, jusques à passer plusieurs nuits sans dormir, et s'exposer tous les jours à des ardeurs de soleil si violentes, que j'en appréhendais beaucoup une fièvre considérable; de quoi nous avons été heureusement garantis, n'en ayant remarqué aucune incommodité à S. M. que des douleurs de dents, assez opiniâtres, par une fonte et fluxion de son cerveau sur ces parties; et quelques glaires et mucosités qui paraissaient dans ses selles, et souvent couvraient ses excréments, fort bien conditionnés, souvent aussi sortaient toutes seules, sans aucun sang et sans aucune douleur, qui ne venaient d'autres causes que de la quantité de crudités que la vie déréglée de la guerre, en troublant et diminuant la force de la digestion de son estomac, lui produisait chaque jour. En effet, incontinent après la campagne, S. M., jouissant d'un plus grand repos, s'est vue entièrement garantie de cette incommodité (2).

Sa douleur de dents s'est trouvée un peu plus opiniâtre, *les ayant naturellement fort mauvaises.* Souvent l'essence de girofle lui en a apaisé la douleur, et quelquefois celle de thym; mais comme elle est trop forte, elle brûle la bouche

---

(1) Le roi partit pour la campagne de Flandre, le 16 avril.

(2) Le roi revint à Saint-Germain, le 8 juillet, après sa campagne de Flandre.

et excite l'envie de vomir, et il ne faut s'en servir que dans l'extrémité de la douleur.

Le sixième du mois d'août (1), S. M. fut purgée de son bouillon ordinaire, aussi heureusement que l'on puisse souhaiter, de bile et quantité de glaires. Ensuite de quoi, dans les chaleurs de la saison, je conseillai à S. M. de prendre tous les matins un verre d'eau de fontaine, lequel je lui fis quitter dans le quinzième d'octobre, la saison se tournant au froid et à la gelée. Jamais le roi n'a joui d'une meilleure santé, *n'ayant aucun ressentiment de ses vapeurs,* et galopant à la chasse sans s'en trouver aucunement incommodé.

Au commencement du mois de novembre (2), le roi fut fort fatigué d'une crachoterie et fonte de pituite, qui nous indiquait la nécessité de la purgation; et, en attendant qu'elle se pût utilement pratiquer, S. M. s'est bien trouvée de l'usage du cachou, qui, par sa vertu astringente, lui arrêta tout court le mouvement de cette sérosité pituiteuse.

Le deuxième décembre (3), le roi s'est purgé de son bouillon purgatif, et s'en est trouvé parfaitement bien. D'autant que l'usage qu'il fit l'année passée des pilules spécifiques, splénitiques et apéritives, lui fut si salutaire, *que non-seulement il s'est trouvé toute l'année quasi entièrement guéri de ses vapeurs,* mais même beaucoup plus sain et plus vigoureux pour toutes les autres fonctions de la vie : je jugeai à propos de proposer à S. M. d'en réitérer l'usage, et je n'eus pas de peine à la résoudre, les bons effets qu'elle en avait ressentis l'ayant persuadée. Dès le troisième de décembre, le roi commença à en prendre trois à son ordinaire, composées de sept grains de diaphorétique minéral, autant d'yeux d'écrevisses, quatre grains de mon sel de mars, et dix grains de sel de tamaris, le tout incorporé avec l'extrait de rhubarbe. Il en continua l'usage durant tout le mois, si heureusement, que non-

---

(1) Étant à Versailles.
(2) A Saint-Germain.
(3) A Saint-Germain.

obstant les fortes gelées, qui furent quasi continuelles, S. M. jouit d'une santé très parfaite, ayant bon teint et bon appétit, dormant bien, nulle amertume à la bouche, et *aucun ressentiment de ses vapeurs autrefois si fâcheuses et si fréquentes*. Quoique les pilules lui tinssent le ventre libre, et qu'il fît tous les jours deux ou trois selles d'excréments bien cuits et bien figurés, je jugeai à propos de purger S. M. le 28 du mois, avec des pilules composées de quinze grains de jalap en poudre, six grains de diagrède, et trois grains de trochisques alhandal, incorporés avec l'extrait de rhubarbe, desquelles il fut purgé cinq ou six fois fort avantageusement.

D'AQUIN.

Remarques pour l'année 1677.

Les pilules spléniliques et apéritives dont le roi avait commencé l'usage le 3 du mois de décembre de l'année dernière, lui parurent si utiles pour sa santé, durant même les rigueurs d'un hiver très rude, qu'il en continua l'usage jusques au vingtième du mois de janvier, auquel temps le dégel étant venu, S. M. prit son bouillon purgatif, duquel elle vida une assez bonne quantité de glaires. Le roi cessa ensuite toute sorte de remèdes, pour jouir d'une santé qui me paraissait assez bien établie et suffisamment confirmée, exhortant S. M. de ne rien changer de la vie réglée qu'elle a coutume de mener, et l'assurant que si, une fois l'année, elle s'assujétissait à prendre durant quelque temps des pilules spécifiques, non-seulement elle se garantirait pour toujours de ses vapeurs, mais même encore, par ce moyen, elle éviterait toutes les insultes des grandes maladies qui ont coutume d'attaquer la vie des grands hommes.

En effet, je ne me suis pas trompé dans ma conjecture, puisque S. M. dans toute sa campagne, entreprise dans la rigueur de la saison, et achevée avec toute la gloire et tout le travail imaginables (1), n'a pas souffert la moindre incommodité, et s'est trouvée capable des plus grandes fatigues. Étant revenu de l'armée (2) et passant, à son ordinaire, une partie de sa vie dans les conseils, *le roi a ressenti quelques légères vapeurs* pour lesquelles, le 21 du mois de juin, il fut bien aise, par mon avis, de prendre son bouillon purgatif, dont il fut très bien purgé, et parce qu'il lui resta une amertume de bouche, et, de fois à autres, *quelques légères nonchalances,* il crut, et non sans raison, qu'il n'avait pas été assez purgé, et se détermina de lui-même à reprendre encore son bouillon purgatif, ce qu'il fit fort heureusement le 22 juillet (3), et demeura dans une si parfaite santé, qu'il s'adonna à la chasse du cerf avec plaisir, et y courut tout l'été fort déterminément, jusques à faire deux ou trois lieues au galop, ce qu'il n'avait osé entreprendre depuis plus de dix ans.

Et pour ne pas perdre la bonne habitude de se purger de temps en temps, d'où il trouvait sa santé si bien rétablie, il prit, devant la venue des grands froids, qui lui sont incommodes, et devant l'équinoxe, son bouillon purgatif, le 24 de novembre (4), dont il fut très bien purgé. Le lendemain, il commença l'usage de ses pilules, auxquelles nous pouvons dire, avec vérité, devoir l'obligation d'une santé si précieuse. Sa Majesté s'en servit sans discontinuer, en prenant trois tous les matins, dans un peu de conserve de fleurs d'orangers, jusques au 14 du mois de décembre, qu'elle prit trois pilules purgatives, desquelles, sans aucune incommodité, le roi vida, par onze ou douze selles, quantité de glaires et de bile, que les pilules apéritives avaient insensiblement détachées, et desquelles il se trouva si bien, qu'il voulut en continuer l'usage jusques au 28 du mois, qu'il se purgea pour ter-

---

(1) Le roi partit de Saint-Germain pour la Flandre, le 28 février.
(2) Le 31 mai, à Versailles.
(3) A Versailles.
(4) A Saint-Germain.

miner. Outre la facilité plus grande qu'il y a d'avaler des pilules, que de prendre une médecine, il s'était si bien trouvé purgé par les précédentes, qu'il se détermina encore à en prendre le 28. Il en fut purgé neuf à dix fois, mais avec un peu plus de trouble et d'agitation. Il fit même deux ou trois petites glaires sanglantes, sans douleur ni tranchées, et se trouva le lendemain encore tout ému et agité ; ce qui se calma par le sommeil de la nuit suivante, et retrouva sa santé entièrement bonne, avec laquelle il finit l'année, non moins heureuse par une santé si chère, que glorieuse par tant d'exploits incroyables quasi aux gens du siècle.

Remarques pour l'année 1678.

Le roi jouit, dans le commencement de cette année, d'une très parfaite santé, qui le mit en état, nonobstant les rigueurs de la saison, d'entreprendre un voyage de guerre, au commencement du mois de février (1). Il l'acheva fort heureusement; ayant pris Gand et Ypres en très peu de temps, il revint à Saint-Germain (2), où, le neuvième du mois de mai, se trouvant plein d'humeurs et de bile, il se purgea de son bouillon ordinaire, et vida, en dix ou onze selles, grande quantité de matière bilieuse et glaireuse, et même beaucoup d'excréments. Trois jours après, il partit pour son second voyage d'armée (3), dans lequel, au milieu de ses conquêtes, en état de tout entreprendre, il voulut bien donner des bornes à ses victoires, et accorda la paix à la Hollande, par des conditions qui furent trouvées très raisonnables par ses ennemis même. Après ce grand ouvrage, il revint à Saint-Germain,

---

(1) Il partit de Saint-Germain, le 7 février.
(2) Le 7 avril.
(3) Le 12 mai.

pour se reposer de tant de fatigues (1). Sa santé fut toujours très bonne, *à la réserve de quelques pesanteurs de tête*, qui se terminèrent par un rhume, et de l'amertume de bouche, de laquelle il était fort incommodé le matin.

Dans le mois de juillet, il se trouva durant quelque temps *fort engourdi, avec des nonchalances et bâillements fréquents, qui sont les avant-coureurs des vapeurs qui avaient coutume de l'incommoder autrefois*, ce qui obligea S. M. de se purger ; et pour cet effet, le 18 du mois de juillet (2), le roi prit son bouillon purgatif, dont il fut très heureusement purgé, dix à douze fois, de matières épaisses et glaireuses, et ensuite il sortit beaucoup de bile, d'où S. M. se trouva si soulagée qu'elle me dit, le lendemain, qu'elle se portait à merveille, et qu'il lui semblait que cette purgation eût ôté, comme avec la main, tout ce qui l'avait incommodée quelque temps auparavant, et elle jouit d'une santé très complète.

Dans le mois de septembre (3), S. M. se plaignit d'une douleur au bras droit, attachée fortement au coude, qui l'empêchait de remuer le bras, et n'avait pu se dissiper par beaucoup de remèdes appliqués extérieurement, pour laquelle je lui composai un baume fait avec l'esprit de sel, l'esprit de vin, un peu de vinaigre, de litharge, et l'huile de lin, duquel on frottait le bras tous les soirs, lequel, ce remède, faisait suer, et la douleur cessa entièrement en peu de jours.

Quelque temps après, le roi allant continuellement à la chasse dans les grandes ardeurs du soleil, fut incommodé de quelques douleurs de dents, auxquelles il est sujet; même la joue droite et la gencive s'enflèrent, et l'abcès ayant suppuré intérieurement par l'usage d'un cataplasme fait de mie de pain et de lait, il fut ouvert avec la lancette, d'où il sortit du pus, et la douleur cessa avec la tumeur.

Le reste de l'année se passa fort heureusement sans aucune

---

(1) Le 3 juin.
(2) A Saint-Germain.
(3) A Fontainebleau.

incommodité, et je trouvai, durant tout l'automne, la santé du roi si bonne et *si exempte de vapeurs*, que je ne crus point nécessaire de lui donner des pilules spécifiques, desquelles il s'était servi les années précédentes avec tant de succès. En effet, durant même les rigueurs du froid et de la gelée, *le roi ne ressentit pas la moindre atteinte de ses vapeurs*, quoiqu'il ne bougeât de la chambre durant tout ce temps. Il fut cette année comme on le peut souhaiter pour une vie aussi précieuse que la sienne.

Remarques pour l'année 1679.

Le commencement de cette année ne nous a pas été moins heureux pour la santé de S. M. que la fin de la précédente, et, quoique nous n'ayons rien remarqué qui nous ait pu donner quelque crainte, *néanmoins des nonchalances venues de temps en temps, quelques pesanteurs de tout le corps* nous firent résoudre, aussi bien que le dégel, de proposer au roi de se purger, qui ne l'avait pas été depuis longtemps, et principalement après une gelée qui durait opiniâtrément depuis près de trois mois, et qui, soit en bouchant les pores, soit en ôtant l'opportunité de l'exercice, charge le corps de beaucoup de superfluités. S. M., vaincue par sa propre expérience aussi bien que par ces raisons, prit, le 28 février (1), son bouillon purgatif à l'ordinaire, dont l'effet marqua le besoin que le roi avait de ce remède, et sa santé demeura parfaitement bonne.

Le vingt-quatrième de juin (2), le roi se trouva altéré, le matin sur les cinq heures, par un débordement de ventre qui le

(1) A Saint-Germain.
(2) A Saint-Germain.

mena très copieusement, trois à quatre fois de suite, *avec quelques langueurs, nonchalances et faiblesses,* qui augmentèrent considérablement lorsque le roi, en s'habillant, se fut contraint quelque temps, et eut retenu les envies qu'il avait d'aller à la selle. Ce fut une pure indigestion, à laquelle le jour maigre précédent avait donné occasion, par une grande quantité de légumes et particulièrement de pois, qui nous paraissaient encore tout entiers dans les selles, aussi bien que beaucoup de gros morceaux d'artichauts tout indigestes; ce qui m'obligea de procurer promptement issue à ces matières et de faire donner à cet effet à S. M. son petit remède, fait d'une décoction d'orge, de son et de graine de lin, avec trois onces de miel violat, et autant d'huile d'amandes douces, qui réussit selon nos intentions. Et d'autant que, chaque fois que ces matières se remuaient, le roi avait de légères faiblesses, je lui fis prendre, pour fortifier son cœur, un scrupule de perles, incorporé avec autant de conserve de roses rouges et quelques gouttes d'esprit de vitriol, dont il se trouva fort bien. S. M. observa un très grand régime et se contenta de deux œufs frais pour son dîner, et d'un peu de rôtie au vin et au sucre, n'ayant jamais voulu prendre un bouillon gras à cause du jour maigre. Le roi se tint en repos durant tout le jour, prit un peu de rôtie sur les six heures, réitéra son lavement à dix, et mangea seulement du potage après minuit. La nuit fut très bonne, il dormit tranquillement et se porta fort bien à son réveil, son ventre s'étant ouvert de matières bien digérées et bien conditionnées. Le lendemain, vingt-septième du mois, S. M. avait résolu de se purger, et le temps favorable semblait nous y inviter, mais il lui survint un peu de douleur à l'épaule gauche, et quelque enchiffrenement qui nous firent différer ce remède jusques au quatrième de juillet, que S. M., se trouvant fort disposée, prit son bouillon purgatif, duquel son ventre s'ouvrit très heureusement durant tout le jour. Il purgea le roi seize à dix-sept fois de quantité de bile, glaires et autres matières corrompues sans en ressentir aucune incommodité, et il se trouva si bien de cette évacuation nécessaire, que son appétit en fut beaucoup meilleur, son sommeil plus tranquille et toute sa personne dans une constitution de parfaite santé.

Sur la fin du mois d'octobre (1), contre son ordinaire il fut attaqué d'une légère fluxion de sérosité subtile, qui lui tombait sur la gorge et le faisait tousser de temps en temps. Je ne l'avais jamais vu enrhumé. Il commença lors à payer le tribut aux injures de la saison, auxquelles il faut être soumis tôt ou tard, et, pour cette première fois, le rhume fut assez opiniâtre, toussant fréquemment, même crachant, sur la fin, lorsque l'humeur eut descendu jusque dans les bronches du poumon. Heureusement il ne toussait point la nuit, et se contenta, pour tout remède, de prendre quelquefois un peu de sirop d'abricots avec de l'eau, et ne s'abstint pas de sortir, de monter à cheval, et d'aller à la chasse, même dans les temps les plus fâcheux de brouillard. Aussi il dura assez longtemps, et ne cessa que dans le commencement de décembre, où, ayant trouvé un jour propice à la purgation, le roi se résolut de la prendre. Le cinquième du mois, il fut très heureusement purgé de beaucoup de bile et de glaires jusques à dix et onze fois, et copieusement. S. M. se loua beaucoup de sa médecine et se porta bien tout le reste de l'année.

D'AQUIN.

Remarques pour l'année 1680.

La santé du roi persévéra dans sa bonne constitution durant tout le commencement de cette année, et ne fut troublée d'aucune incommodité, que de quelques petits rhumes, et de toux légères auxquelles il s'est trouvé fort sujet contre

(1) Etant à Saint-Germain.

son ordinaire. Ce que j'attribue, non-seulement au changement de température, mais encore aux inégalités de l'air auxquelles le roi s'expose fréquemment, sans s'en contraindre, allant à la chasse et à la promenade dans tous les plus mauvais temps; d'où vient que, tous ses rhumes ne dépendant, pour la plupart, que des causes extérieures, il en guérit aussi promptement qu'il y retombe facilement. Ce n'est pas qu'il faille ne reconnaître que ces causes, puisqu'il est certain que les années précédentes il ne se conduisait pas d'une autre manière, et ne se trouvait pas incommodé de ces fluxions; il faut encore y joindre la chaleur de ses entrailles, comme une disposition du sujet très propre à être ébranlée par la moindre occasion; laquelle il est aisé de reconnaître par le sommeil plus turbulent, agité de rêveries, le visage échauffé, *pesanteur de tête et nonchalance de tout son corps, chagrin même et mélancolie*, sans aucun sujet, accidents dont il s'est plaint assez fréquemment, et dont il contracte les causes par le peu de repos qu'il se donne, veillant trop, et ne dormant pas assez pour un homme dont l'esprit travaille autant que le sien.

Pour y apporter quelque soulagement de temps en temps, il consent de se purger, vidant par ce moyen une partie des humeurs qui croupissent dans le bas-ventre, et dont le séjour contribue beaucoup à fomenter et aiguiser la chaleur de ses entrailles; ce qu'il fit le vingt-deuxième du mois de février (1), avec tout le bonheur qu'il en pouvait attendre, par son bouillon ordinaire, qui le purgea huit ou dix fois de glaires, et de beaucoup de bile. Avec cette préparation, il fit le voyage du mariage de monseigneur le dauphin (2) qui se termina fort heureusement.

Dans le commencement d'avril (3), tous ces accidents dont j'ai parlé, et qui avaient cessé pour un temps après la purgation, se renouvelèrent avec les premières chaleurs du prin-

---

(1) A Saint-Germain.

(2) Il partit de Saint-Germain le 22 février.

(3) A Saint-Germain. — Les accidents reprirent après les fêtes du mariage du dauphin.

temps; ce qui m'obligea de dire à S. M. que c'était quelque chose que de se purger de temps en temps, mais qu'il fallait considérer que ces purgatifs, en vidant les humeurs superflues, ne corrigeaient pas l'intempérie des parties solides, qui contribuait non-seulement à régénérer de plus en plus ces humeurs superflues, mais fournissait encore de quoi réveiller tous les accidents qui l'incommodent, et qui pourraient, par la suite, se rendre plus considérables; qu'ainsi je croyais qu'il était absolument nécessaire de s'appliquer quelquefois à se rafraîchir, humecter, tempérer, et particulièrement et principalement dans le printemps, où les corps, animés d'une nouvelle sève, semblent reprendre une nouvelle vie au retour du soleil, dont la présence réveille la fermentation de toute la masse du sang. Mais toutes mes raisons ne purent persuader S. M., et de tout ce que je pus lui proposer à cette intention, il ne voulut que l'eau fraîche, dont il prit tous les matins un grand verre durant huit ou dix jours; mais il fallut en cesser l'usage à cause d'une grande *enrouüre* et toux violente qui le tourmenta beaucoup incontinent après les fêtes de Pâques, pour laquelle il usa de sirop d'abricots délayé dans de l'eau de fontaine, ne pouvant user d'eau d'orge; de tablettes de guimauve, de celles de cachou, de sucre rosat, dont il cessa pareillement l'usage, parce que les sucreries lui faisaient mal aux dents; et comme cette toux continue devenait plus considérable, lui fendait la tête, échauffait la poitrine, et rendait le sommeil de la nuit plus inquiet, voulant éviter, s'il était possible, la saignée, à cause des mauvais effets qu'elle produit à S. M., elle se résolut de vaincre, par le régime, l'opiniâtreté de son mal, et s'abstint de manger le soir de la viande, buvant très peu de vin aux repas, durant le jour beaucoup d'eau, non glacée, avec du sirop, n'allant point à la chasse et se donnant beaucoup de repos durant le jour; ce qui ne fut pas tout-à-fait inutile, puisque la toux en était moins fréquente, les crachats plus libres, la respiration plus aisée, et que la *nausité* diminuait. Je pressai même fort S. M. d'ajouter à cette bonne conduite l'usage des bouillons rafraîchissants faits avec le veau, le poulet et les herbes, qui, dans cette saison, se trouvent dans leur force, seulement pour quelques jours, et non pas pour son ordinaire; à quoi le roi se serait opposé, *persuadé qu'il est que cet usage n'est pas propre aux vapeurs qui l'ont tourmenté si cruellement.* Il y consentit et commença à en prendre le 30 avril (1), et il a continué jusques au neuvième mai, avec assez d'utilité, puisque, dans cet intervalle, sa toux cessa quasi entièrement, et son rhume s'est trouvé guéri ; il a joui depuis d'une très bonne santé.

Le 25 juin (2), il a été purgé très heureusement de beaucoup de bile et de glaires, jusques à dix selles, et s'en est trouvé léger et bien déchargé, sans avoir besoin d'aucun remède, jusques au 26 septembre (3) qu'il fit, deux ou trois jours de suite, quelques glaires sanglantes dont il fut entièrement soulagé par deux lavements anodins qu'il prit le 26 et le 27.

Le 18 novembre, S. M. se purgea de son bouillon purgatif ordinaire, dont elle fut très bien purgée de beaucoup de bile et de matières glaireuses et épaisses. Le lendemain, le roi commença l'usage des pilules apéritives et splénitiques, composées de deux grains de sel de mars de ma façon, diaphorétique minéral, yeux d'écrevisses, de chacun six grains, et huit grains de sel de tamaris, le tout incorporé avec un peu d'extrait de rhubarbe, dont on fait trois pilules dorées. Ce remède, en débordant sa rate et procurant la transpiration, fait tant de bien à S. M., que le roi, *ayant senti de fois à autres quelques vapeurs légères et des nonchalances,* s'est laissé aisément persuader à mes raisons, de prendre de ce remède qui lui est si propre, que, la première année qu'il en usa, *il se trouva guéri de ses cruelles vapeurs, dont il n'a depuis eu que de légers ressentiments,* et trouva par ce moyen la facilité de

---

(1) A Saint-Germain.
(2) A Fontainebleau.
(3) A Versailles, à la suite du voyage de Flandre.

monter à cheval et de galoper, ce qu'il ne pouvait faire il y avait plusieurs années. Son usage a été si heureux qu'il s'est trouvé plus fort et en état de marcher et de se promener longtemps à pied, ce qu'il ne faisait qu'avec peine, il y avait très longtemps. Il en a continué l'usage jusques au douzième de décembre (1), et s'est purgé, en quittant ce remède, avec son bouillon purgatif, très heureusement, ayant vidé beaucoup de matières recuites et épaisses, et a fini l'année avec bien de la santé, à la réserve d'un petit rhume du cerveau, qui, de de temps en temps, lui causait un peu de toux.

D'AQUIN.

Remarques pour l'année 1681.

La parfaite santé avec laquelle le roi a passé et fini l'année dernière, ne l'a point abandonné celle-ci, et n'a été interrompue par aucune incommodité, que par quelques petits rhumes de peu de durée, et de fort peu de toux, mais qui est revenue à deux ou trois reprises et particulièrement sur la fin d'avril. Aux premières approches du chaud, il fut attaqué d'une fort grande *enrouüre* à en perdre quasi la voix, mais il toussait fort peu et s'est servi, pour cette incommodité, de sirop d'abricots détrempé avec de l'eau, du sucre candi et du sucre rosat. Ce qui me faisait plus de peine étaient les rhumatismes fréquents qui régnaient dans la saison et nous emportaient quantité de malades dans le quatrième et le cinquième jour, se jetant sur la poitrine, où l'humeur occupait également la substance du poumon, la plèvre et les parties extérieures, avec la fièvre, douleur de côté, et grande difficulté de respirer, sans crachats, ou tout du moins peu et tout pu-

(1) A Saint-Germain.

rulents, et excitait une pleuro-péripneumonie, rebelle aux remèdes, et qui suffoquait bientôt le malade. C'était un effet de la longue et rigoureuse gelée, qui, durant six mois, boucha tous les pores du corps, empêcha la transpiration, et amassa par conséquent quantité de bile recuite, brulée par sa longue retenue, qui, tout-à-coup remuée et échauffée au retour du soleil, s'est précipitée sur les parties destinées à la respiration et les en a opprimées et accablées. Mais, Dieu merci, la santé de S. M. a été si bonne, aussi bien que sa conduite, qu'elle n'a point été ébranlée par ces causes générales, et n'en a ressenti que le plus léger rhume qu'il était possible. C'est en cet état que nous partîmes de Saint-Germain, le 29 d'avril, pour aller à Versailles, où je fus assez heureux de ramener monseigneur le dauphin aussi bien rétabli de sa dangereuse maladie que s'il n'avait jamais été malade.

Le roi fut enrhumé tout de nouveau, et, d'autant que la toux et l'enrouüre augmentaient, il se résolut à prendre des bouillons de viande et d'herbes, tous les matins, par l'usage desquels il se trouva si tempéré et rafraîchi, en quinze jours, qu'il se trouva bien guéri, et en état de se purger, le 21 du mois de mai (1), de son bouillon purgatif, dont il fut très satisfait. Il se porta parfaitement bien jusqu'au douzième du mois d'août (2) que S. M. fut travaillée d'un flux de ventre de matière crue, bilieuse et indigeste dont le roi se trouva fort abattu, avec dégoût et faiblesse, prêt à s'évanouir, le visage pâle et le corps fort langoureux. Il vécut de régime, s'abstint des aliments solides, n'usant que d'œufs frais, gelée, blanc-manger, et de bouillon. Sur le soir, je lui fis prendre un petit lavement anodin de décoction d'orge, graine de lin, psyllium, et huile d'amandes douces, par lequel l'humeur étant un peu adoucie, il dormit la nuit par intervalles, et fut, sur le matin du 13, quatre ou cinq fois à la garde-robe, ce qui nous obligea de réitérer encore le même remède le matin et

---

(1) A Versailles.
(2) A Fontainebleau.

le soir. Il en était un peu mieux, mais néanmoins la nuit il y fut encore cinq fois, mais les matières, le 14, me parurent meilleures, plus cuites et plus épaisses ; il se trouvait un peu mieux, avec moins de dégoût, et il dormit la nuit plus tranquillement. Le 15 et le 16, ses forces paraissaient meilleures, mais comme son ventre coulait toujours, et qu'il allait dans la journée quatre ou cinq fois, je fis préparer à S. M un petit extrait de rhubarbe, dont je lui fis prendre la pesanteur de douze grains en une pilule, le 17 et le 18. Le 19, il dormit fort bien la nuit, et ses excréments se rendaient naturels, c'est pourquoi, le 20, il prit encore de son extrait pour la dernière fois, et se porta fort bien. Le régime de S. M. était si bon, il mangeait si sobrement de fruits, que je n'ai remarqué de cause apparente de ce dévoiement que d'avoir été à la chasse au grand soleil, dont les rayons fondant l'humeur par tout le corps, la partie la plus bilieuse s'était jetée dans l'estomac et dans le ventre, et y avait causé ce petit désordre. Je trouvais S. M. encore trop échauffée pour la purger sitôt après cet accident, et j'attendis jusques au neuvième de septembre (1), où, l'ayant trouvée bien disposée, je lui fis prendre son bouillon purgatif, qui la purgea fort abondamment. Le roi jouit ensuite d'une très bonne santé, avec laquelle il fit très heureusement son voyage de Strasbourg (2), dans lequel il ne souffrit aucune incommodité, que du rhume, qui, ayant travaillé S. M. durant près d'un mois, se termina par un petit flux de ventre, avec beaucoup de vents, qui fut guéri par un seul petit lavement anodin, que je lui fis prendre le troisième du décembre. Enfin, de retour à Saint-Germain (3), la saison

(1) A Fontainebleau.

(2) Par suite des traités de Munster et de Nimègue, la ville de Strasbourg avait été cédée à la France. Cette partie des traités n'ayant point encore reçu son exécution dans le mois d'octobre, Louvois parut aux portes de la ville, à la tête des troupes assemblées par le baron de Montclar, commandant en Alsace. On capitula sur-le-champ ; on conserva tous les priviléges, droits et coutumes, tant ecclésiastiques que politiques, et Louis XIV, parti de Fontainebleau le 30 septembre, fit son entrée dans Strasbourg le 23 d'octobre.

(3) Le 16 novembre.

étant fort chaude, l'air pluvieux et plein de brouillards, agité du vent du midi, *le roi fut assez incommodé de vapeurs, tiraillements, langueurs, de sommeils turbulents* et de beaucoup de vents dans l'estomac, qui l'obligeaient de boire la nuit, ce qui nous marquant le besoin et la nécessité de le purger, il prit son bouillon, le 9 de décembre (1), et se trouva, ensuite d'une évacuation heureuse, soulagé de tous ses accidents, et finit l'année avec autant de santé que nous lui en pouvons souhaiter, et qu'il en mérite.

D'AQUIN.

Remarques pour l'année 1682.

S. M. commença l'année présente avec la même santé qu'elle avait fini la précédente; et le mal d'estomac, avec quelque sécheresse de bouche qui de temps en temps la réveillait la nuit, et l'obligeait à boire du vin et de l'eau, continuant à la travailler comme avant sa purgation, je fis faire réflexion à S. M. que cet accident ne pouvait venir que de quelque portion de bile qui piquait les membranes de l'estomac, et remplissait l'œsophage, la langue et le palais, d'une vapeur chaude et sèche, à laquelle je ne doutais point que, souvent, la trop grande quantité d'aliments que le roi prenait à son souper, que, même son vin moins trempé qu'à l'ordinaire, et l'usage fréquent des ragoûts pleins de sel et d'épices, ne donnassent l'occasion prochaine de ce symptôme, que je ne considérais pas seulement par lui-même, mais que j'appréhendais que ce petit désordre, que je lui avais fait voir en être la cause, ne produisît dans la suite quelque chose de plus

---

(1) A Saint-Germain.

fâcheux, laissant des impressions d'intempérie au foie et aux parties nourricières, qui affaibliraient insensiblement leurs fonctions, rempliraient les veines du bas-ventre de beaucoup de crudités, et feraient un très grand désordre dans toute l'économie naturelle ; que, pour cet effet, je suppliais S. M. de souper moins, de ne faire que deux repas de viande les jours de chasse, de tremper plus son vin, et de n'user guère de ragoûts trop pleins de sel et d'épices ; ce qu'elle voulut bien observer, même assez religieusement. Le roi, fort peu de temps après, en ressentit heureusement les effets, ne se plaignant plus de ses maux d'estomac, et dormant la nuit plus tranquillement qu'à son ordinaire (1). Il eut même, durant cet hiver, quelque petit rhume et enrouûre, qu'il guérit par sa conduite, lui faisant connaître que la plus grande partie des petits maux qui nous arrivent se guérissent plus heureusement par le régime que par les remèdes.

S. M. jouit ainsi d'une très bonne santé jusques au troisième de mars (2) qu'elle se plaignit à son lever d'une douleur au pied gauche. Elle occupait le coude-pied, avec un peu de tumeur et de rougeur. Le roi ne laissa pas de se botter et d'aller à la chasse ; mais ce ne fut pas impunément, car, à son retour, il avait grand'peine à marcher. En se couchant, la rougeur me parut plus étendue et tout érysipélateuse, la tumeur plus grande et occupant toute la cheville extérieurement. Il ne fut pas difficile de baptiser ce mal à un homme dont le père et le grand-père avaient été goutteux. Le roi, par mon conseil, se contenta de bassiner deux fois seulement cette partie avec de l'eau marinée tiède, marcha peu, et se donna du repos durant quelques jours, et le vingtième du

---

(1) Par ce que dit ici d'Aquin, les indispositions les plus fréquentes de Louis XIV étaient des troubles dans la digestion, dus à la grande quantité d'aliments qu'il prenait à ses repas. On verra que, si ses médecins venaient quelquefois à bout de lui faire observer, pendant quelques jours, un régime plus approprié à ses organes, il ne tardait pas à revenir à ses habitudes, et, par suite, il éprouvait les mêmes indispositions.

(2) A Saint-Germain.

mois, la rougeur et la tumeur étant entièrement dissipées, il se trouva guéri, et se portait très bien (1).

Mais le neuvième du mois de mai (2), la même douleur revint au même pied, et le roi qui, contre mon avis, voulut faire une expérience de bassiner cette partie d'esprit de vin, dans le commencement de la fluxion, s'en trouva très mal, et la rougeur augmenta considérablement aussi bien que la douleur; aussi il s'en abstint, et, dans le quatorzième du mois, le mal cessa. Il se porta bien, et, sur le déclin de la lune, il résolut de se purger, et prit, le 1er juin, son bouillon purgatif, duquel il fut purgé sept à huit fois, assez abondamment, de matières grasses, visqueuses, écumeuses, et qui se fermentaient comme de la levure; dès le lendemain, son ventre se rétablit à l'ordinaire, et S. M. se porta fort bien.

Vers la fin du mois de septembre (3), *S. M. étant fatiguée de quelques vapeurs*, par le désordre que quelques ordures et humeurs croupissantes faisaient dans son bas-ventre, se résolut de se purger le trentième de septembre, dont elle fut soulagée pour quelque temps. Cependant, le quatrième du mois d'octobre, *ayant mangé quantité de truffes peu mâchées*, S. M. souffrit quelques douleurs de ventre, vida, par plusieurs fois, beaucoup de matières crues et indigestes, et, entre autres, beaucoup de truffes nullement digérées; ce qui ne se put faire *sans porter au cœur et à la tête une infinité de vapeurs qui lui donnèrent des langueurs, des nonchalances, des étouffements et des frissonnements par tout le corps, comme elles ont accoutumé de faire en pareilles occasions*. Il manqua même d'appétit, et je le fis abstenir de viandes solides, pour ne pas détourner la nature de l'évacuation qu'elle voulait faire, à quoi je tâchai de l'aider par un petit lavement doux, qu'il prit sur le soir. Il passa la nuit avec assez d'inquiétude, et toute la journée du 5, il fut fatigué et abattu; il alla encore

(1) Ce fut là le premier accès de goutte de Louis XIV. Il avait alors 44 ans.
(2) A Versailles.
(3) A Chambord.

deux ou trois fois à la garde-robe, de matières toutes semblables, crues et indigestes. Il prit encore un lavement sur le soir. La nuit fut meilleure et plus tranquille ; les matières des déjections commencèrent à s'épaissir. Dans le sixième, son appétit revint, le sommeil fut plus doux, et le dévoiement cessa entièrement le huitième du mois. S. M. recommença à vivre à son ordinaire et retourna à la chasse (1).

Nonobstant tout cela, *S. M., jusques à la fin du mois de novembre, eut toujours, de fois à autres, des attaques de ses vapeurs,* qui, sans se porter ni à la tête, ni à la poitrine, *lui donnaient des nonchalances quasi continuelles, des frissonnements par tout le corps, pesanteur à marcher, et des chagrins et mélancolies sans en reconnaître de cause;* ce qui me fit conjecturer que les veines de la rate se chargeaient d'obstructions où s'amassait une portion considérable d'humeur mélancolique aduste, qui, par ses fréquentes fermentations, excitait tous ces désordres, et qu'il était par conséquent absolument nécessaire de déboucher ces obstructions, donner issue à ces matières croupissantes, et procurer une transpiration par tout le corps ; que, pour cet effet, il était urgent de repurger S. M. ; ce qui fut fait le 29 novembre (2) avec son bouillon, qui lui tira, non sans difficulté, inquiétude et même mal de tête, quelques humeurs glaireuses, avec un peu de bile, dont il ne laissa pas de se trouver mieux sur le soir. Le lendemain matin, il commença l'usage de ses pilules apéritives et spécifiques, dont il s'est toujours trouvé à merveille, lesquelles il a continué jusques au 29 de décembre, que je le purgeai en le quittant. Les voies s'étant trouvées plus ouvertes et les matières plus fluides, S. M. vida avec bien de la facilité grande quantité de glaires et de bile.

(1) Louis XIV avait vu, avec une joie extrême, la naissance d'un petit-fils, du duc de Bourgogne, né à Versailles le 6 août 1682. — Des fêtes nombreuses s'étaient succédé dans toutes les villes de France, et particulièrement à la Cour, et l'on conçoit qu'avec sa manière habituelle de se nourrir, Louis XIV dut éprouver les troubles dont se plaint ici son médecin.

Voir la note n° 4. — Naissance du duc de Bourgogne.

(2) A Versailles.

L'usage des pilules fut si heureux et si favorable, que, de jour à autre, le roi sentait sa santé se rétablir; la couleur de son visage redevenait plus vive et plus vermeille, son marcher plus ferme et plus léger, son sommeil plus doux, et sa gaîté plus constante; en un mot, en peu de jours, il se trouva entièrement libre de vapeurs, et finit l'année en une si parfaite santé qu'il me fit l'honneur de me marquer qu'il était fort content de mes soins et de mes remèdes.

Durant le cours de cette année, il a même été moins tourmenté des maux d'estomac qui l'inquiétaient la nuit, et l'obligeaient à boire; ce que j'ai attribué en partie au meilleur régime de S. M., et à l'usage favorable d'un rossolis (1) fait avec l'esprit de vin d'Espagne, et l'infusion des semences de fenouil, chennevis, coriandre, anis, etc., que je lui ai préparé avec soin, et dont il prenait trois à quatre gorgées toutes les fois qu'il se sentait l'estomac chargé de viandes ou de vents (2).

D'AQUIN.

(1) Il portait le nom de rossolis stomachique de Mme Le Camus.

(2) Cette année 1682, Louis XIV vint habiter Versailles, et en fit son séjour habituel jusqu'à la fin de sa vie. On a vu que l'eau pure jouait un grand rôle dans le régime que ses médecins lui faisaient observer.

On dut donc s'enquérir, avant que le roi vînt s'établir dans cette ville, s'il était possible d'y rencontrer de bonnes eaux de sources. Le 11 août 1682, l'Académie des Sciences reçut un ordre de Colbert, lui enjoignant d'examiner les eaux des diverses sources de Versailles, et de reconnaître quelles étaient les meilleures à boire et les plus salubres. *Bourdelin*, l'un des savants académiciens, alla lui-même les recueillir et en apporta de dix sources différentes. Ces sources étaient celles de Saint-Cyr, de Maltourte, du Chesnay, de Rocquencourt, des Crapaux, près Trianon, de Saint-Pierre, de Saint-Antoine, de la porte de Bailly, de Trianon, et de Ville-d'Avray.

Après avoir fait sur ces diverses eaux les expériences d'après lesquelles la science pouvait se prononcer à cette époque, l'Académie répondit au ministre : « *que les eaux de Versailles égalaient en bonté celles que l'on estime les meilleures.* » Celles de ces eaux dont on faisait cependant le plus d'usage, venaient de la fontaine de Ville-d'Avray, et de la fontaine des Crapaux.

Remarques pour l'année 1683.

S. M. a commencé l'année avec une santé très parfaite, n'ayant pas même eu de rhume, ni de toux considérable durant les plus grandes rigueurs du froid. Le roi a continué de cette manière jusques au 15 du mois d'avril, qu'il commença à sentir des nonchalances, quelquefois des chagrins involontaires, quelques sueurs et lassitudes, indices de sa plénitude, et marques du besoin de se purger, d'autant plus pressant, que, sur la fin du carême, il fit dix jours maigres de suite, dont les aliments lui sont très pernicieux.

Le second jour de mai (1), ayant la veille mangé beaucoup de pois verts et quantité de poisson, il sentit, jouant au billard avant son coucher, de la sueur à la tête et de la nonchalance. Il dormit néanmoins très bien la nuit; mais s'étant levé et passé chez lui, il sentit tout-à-coup quelque légère envie d'aller à la selle, et y fit, en petite quantité, de la matière très bien digérée. Incontinent après, il fut saisi d'une douleur très violente et très pressante à deux doigts de l'aine droite, tirant à la crête de l'ischion; laquelle dura près d'une bonne heure, nonobstant les frictions et l'application de linges chauds. Pendant ce temps, je lui fis prendre, par trois fois, quelques gorgées à la fois du rosselis stomachique, qui diminua, à chaque fois, quelque chose de la violence de sa douleur, qui était si pressante, que S. M. en suait à grosses gouttes. La troisième prise emporta entièrement son mal, et si nettement, qu'il ne voulut pas prendre un lavement qui était tout prêt, et s'habilla à son ordinaire. Il demeura très bien jusques à midi et demi, qu'ayant été sur la chaise pour faire quelques vents, la douleur revint plus forte que jamais. Il fut obligé de se remettre dans le lit, où je lui fis donner un lavement carminatif, qui ne fit quasi rien, puis un second un peu

(1) A Versailles.

purgatif, qui ne fit pas davantage, et *après lequel les vapeurs commencèrent à le suffoquer*, de telle manière que S. M. s'agitait beaucoup, et ne put avaler qu'à peine la moitié d'un bouillon que je lui présentai. Elles augmentaient de temps en temps, allant même jusques à donner les gouttes-crampes. On lui brûla du papier; je lui frottai les jambes, les cuisses et le visage d'eau de la reine de Hongrie, et lui fis sentir l'esprit de sel ammoniac; même je lui en fis avaler cinq à six gouttes dans une ou deux cuillerées d'eau de fleurs d'oranger; ses vapeurs se calmèrent beaucoup par ce remède. Il prit encore un lavement tout anodin, avec lequel sortirent quelques glaires et nuls vents, quoique son ventre en fût un peu boursoufflé, et peu après la douleur s'évanouit. Le roi même dormit à deux ou trois reprises, et, sur les six heures du soir, il était tout-à-fait bien. A huit heures, il mangea légèrement du potage et quelque peu de poulet gras, et passa assez bien la nuit, quoiqu'avec quelques douleurs d'estomac, qui l'obligèrent à boire de l'eau et du vin, et son ventre lâcha quelques vents. Il se porta assez bien tout le lendemain.

On s'étonna de ce que je ne lui avais proposé de lui tirer du sang dans une si grande violence et si longue durée de douleur, pour éviter l'inflammation qui suit très souvent ces accidents. A la vérité je n'aurais pas manqué de le faire en tout autre sujet, qui aurait pu supporter la saignée, sans les horribles accidents qu'elle a coutume d'exciter à S. M., lesquels je n'ai pas cru devoir risquer dans un mal duquel j'espérais la guérison sans ce remède, comme elle est heureusement arrivée.

On était même en peine sur l'espèce de la colique, que quelques gens présumaient être néphrétique, et même en avaient, assez imprudemment, donné l'alarme au roi, lequel je crus devoir rassurer, ne voyant que des signes équivoques de la néphrétique, soit dans la situation, soit dans la manière de prendre et de quitter sans aucune évacuation sensible, et surtout le roi n'ayant eu aucune nausée, ni aucun vomissement; ce qui me confirma dans la pensée, que j'ai toujours eue, que sa colique était purement venteuse. Je crus que la matière de ses vents, n'ayant point du tout été évacuée, pourrait se réchauffer et réveiller le même mal, et qu'il était très nécessaire de purger S. M. tout le plus tôt qu'il serait possible, et je pris la résolution de le faire, le quatrième de mai, avec son bouillon ordinaire, qui la purgea très heureusement, huit ou dix fois, de beaucoup de grosses matières, quantité de glaires, et bien de la bile, dont S. M. se porta bien, et fut très contente.

Le roi jouit d'une santé très parfaite, jusques au quinzième de juin (1) qu'elle fut légèrement interrompue par une douleur de l'épaule droite et de l'oreille du même côté qui, n'ayant été excitée que par une cause extérieure, c'est-à-dire d'avoir été fort longtemps à cheval et au soleil violent de l'été qui avait fondu quelqu'humeur dans la tête, se passa en peu de jours par le repos et par l'évacuation d'une matière purulente et séreuse qui coula naturellement par l'oreille. Sa santé fut parfaitement bonne jusques au quatrième du mois d'août qu'il eut un petit flux de ventre, sans douleur ni tranchée, qui dura deux ou trois jours, et se termina par abondance d'urines qui commença à paraître le sixième. Il n'y fit autre remède que de vivre d'un bon régime, s'abstenant de fruits, faisant un exercice modéré, et mangeant très peu le soir. Cela m'obligea à lui faire continuer jusques au huitième l'usage des perles, le matin dans quelques cuillerées de vin, que je lui avais fait commencer le trente-unième du mois de juillet, par la peur du mauvais air de la cruelle et maligne fièvre qui nous enleva la reine en trois jours, le 30 du même mois, et qui me fit, fort peu de temps après sa mort, donner au roi un demi-drachme de thériaque dans la cuillère avec un peu de vin. Cette perte affligea sensiblement S. M. et lui causa par sa surprise cette petite décharge qui lui fut dans la suite plus salutaire. Il ne se faut pas étonner de la prompti-

(1) Le roi était alors à Bellegarde. Il visitait toutes les places fortes de l'Alsace et les divers camps rassemblés dans cette province.

13

tude de la mort de la reine, *puisque tous ses poumons étaient gangrenés, et qu'il se trouva dans sa poitrine une pinte de matière purulente épanchée*, et beaucoup d'autres causes de mort inévitable, que j'ai marquées fort au long dans l'observation que j'en ai faite (1).

Nous fûmes ensuite dans un grand repos sur la santé de S. M., d'autant plus qu'elle s'était déterminée par mes conseils à régler son régime de vie ; à ne manger qu'à son dîner, et même fort peu, de ragoûts ; le plus de viande simple et naturelle qu'elle pourrait ; le soir, s'en abstenir entièrement, et ne manger que d'une seule sorte de viande ; ce que le roi observa avec une très grande exactitude. Il a commencé à ressentir les effets d'une si bonne conduite par la tranquillité de son sommeil et la guérison absolue des douleurs fréquentes de son estomac, qui le réveillaient souvent dans son premier sommeil, et l'obligeaient à boire du vin et de l'eau. Il était même sujet, à son réveil, de se plaindre souvent d'une grande amertume de la bouche, dont il ne ressent plus rien. Il ne se trouve

(1) Nous avons déjà dit, dans la notice sur d'Aquin, qu'on attribuait à la saignée de pied ordonnée à la reine, la cause de la mort de cette princesse. Il est donc tout naturel que, dans ce *Journal*, lu souvent par le roi, il ait attribué la mort à la gangrène des poumons. Cette gangrène ne paraît guère probable. La reine revenait du voyage d'Alsace avec une très belle santé. Tout-à-coup, après quelques jours de séjour à Versailles, elle est prise d'une douleur sous l'aisselle, où l'on ne tarde pas à constater une tumeur (*). Les deux premiers jours il y a malaise général, fièvre d'abord légère, tous les symptômes appartiennent au début d'un abcès. Ces symptômes vont toujours en augmentant. La faiblesse, l'anxiété, la fièvre, ne font que s'accroître, et, tout-à-coup, dans un mouvement que lui fait faire une de ses femmes, le quatrième jour, elle expire. On ouvre le corps et on trouve qu'un abcès s'est fait jour dans la poitrine, où une pinte de pus (ainsi que le dit lui-même d'Aquin), comprimant les organes respiratoires, amène la suffocation et la mort. Voilà la cause évidente de la mort et non une gangrène des poumons, phénomène très rare, accompagné d'autres symptômes, et qui, d'ailleurs, n'eût pas marché si rapidement. Mais, si l'on doit reconnaître que la saignée du pied n'a pas fait périr la reine, il faut admettre, cependant, que sa mort est due à l'ignorance, dans laquelle se trouvèrent les médecins, de la cause, source de tous ces désordres. Aussi, il nous semble que rien n'est plus propre à montrer le danger que faisait souvent courir aux malades, la séparation complète des études médicales et chirurgicales, telle qu'elle existait autrefois.

(*) Voir le récit de la maladie et de la mort de la reine, dans le *Mercure galant*, août 1683.

plus obligé, comme il l'était quasi indispensablement par une habitude de toute sa vie, à boire le soir en se couchant ; de sorte que je n'ai pas hésité d'assurer S. M. que par ce bon régime, sans avoir besoin d'autres remèdes, non-seulement elle se prolongerait la vie, mais se garantirait d'une infinité de petits maux qui ont coutume de la traverser, vérité dont le roi commença à être convaincu, et qui persuadera sa continence à persévérer religieusement dans un dessein qu'il a commencé d'exécuter avec tant de justice.

La joie que me donnait cette heureuse manière de vivre, pour la conservation de la santé de S. M., fut cruellement traversée, le deuxième jour de septembre, par la chute de cheval que le roi fit à la chasse dans la forêt de Fontainebleau, par laquelle il se disloqua entièrement le coude du bras gauche, lequel fut remis par M. Félix, fort heureusement, sitôt que S. M. fut revenue dans sa chambre (1).

L'accident, suivant la bonne méthode, demandait une saignée. *Les vapeurs cruelles que ce remède excite au roi* nous empêchèrent de la faire, croyant que, par une grande abstinence, nous pourrions satisfaire aux mêmes indications ; ce qui réussit selon notre pensée. Le roi se résolut de s'abstenir entièrement de viande, et à ne boire quasi point de vin ; ce qu'il observa fort religieusement pendant quatre à cinq jours, et les choses réussirent à souhait. La tumeur du bras n'ayant été que médiocre, molle et indolente, pour laquelle on s'est servi, les premiers jours, d'une embrocation d'huile rosat, jaunes d'œufs, un peu de vinaigre et l'eau de plantain, et le sixième jour, la tumeur commençant à noircir, et la fluxion paraissant arrêtée, l'on cessa l'embrocation, et l'on fomenta le bras, soir et matin, avec du gros vin dans lequel on faisait bouillir les balaustes, avec les baies de myrthe et les feuilles d'absinthe.

Le dixième jour du mois, il eut de la douleur au pied gauche, avec un peu d'enflure et de rougeur, non sans crainte

(1) Voir, pour les détails de cet accident, arrivé le 2 septembre, le *Mercure galant* du mois de septembre 1683.

de la goutte, le même accident lui étant déjà arrivé par trois fois. La douleur a duré quatre jours.

Le trentième, il parut sous l'aisselle gauche une petite tumeur en forme de clou, qui s'ouvrit et suppura le premier jour d'octobre. Pour avancer la suppuration, l'on y appliqua un emplâtre de céruse, chargé dans le milieu d'un peu de suppuratif (1).

Cependant le roi porta sur son bras, après avoir quitté la fomentation, un emplâtre de ciroëne, selon l'ordonnance, dont il s'est très bien trouvé. On lui frottait le dedans du bras, tout le long du tendon resté dur et enflé, avec la pommade faite avec des os de pied de bœuf lavé dans plusieurs eaux pour ôter un peu de la mauvaise odeur, et mêlée ensuite avec un peu de pommade de fleurs d'oranger. Son bras, de jour en jour augmentant de force, faisait peu à peu ses fonctions.

Le 18 octobre (2), après ces accidents, le roi fut purgé de son bouillon ordinaire, à la perfection, et vida quantité de glaires et de bile avec contentement.

Le 19, il commença l'usage des pilules spécifiques chalybées, avec le même succès qu'il a accoutumé d'en ressentir.

Le 20, un second clou, à côté du premier, sous l'aisselle gauche, perça et suppura sans douleur; il fut guéri avec l'emplâtre de céruse au bout de six jours.

Cependant S. M. continuait fort utilement l'usage de ses pilules. Le 19 de novembre, parut et suppura un nouvel abcès sous l'aisselle gauche, sans aucune douleur; il guérit aussi sans aucun remède. Le quinzième de décembre, le roi se portant parfaitement bien de ses pilules en finit l'usage, et fut très heureusement purgé de son bouillon ordinaire, qui lui fit finir l'année de manière qu'il ne restait rien à désirer pour sa santé.   D'AQUIN.

---

(1) Ces petits accidents se sont continués jusqu'à la fin de l'année, et peuvent s'expliquer par les tourments qu'avaient dû lui faire éprouver la mort de la reine, arrivée le 30 juillet, la luxation de son bras, le 2 septembre, et la mort du ministre Colbert, le 6 du même mois.

(2) A Versailles.

Remarques pour l'année 1684.

Jamais le roi n'eut plus de santé que dans le commencement de cette année, aussi bien que dans la fin de l'autre, et, durant les rudes et longues gelées d'un hiver fort rigoureux, il eut toujours le visage très bon, les forces dans son entier, ne sentit aucune douleur à son bras disloqué qu'il couvrait avec un peu plus de soin, et ne fut aucunement enrhumé quelque disposition qu'il ait à le devenir comme le reste des hommes; ce que j'attribue à l'usage de ses pilules, qui, débouchant, fondant, et débourbant les veines du bas-ventre, purifient le sang, lui donnent un nouveau degré de coction, et soustraient la matière des rhumes et des catarrhes, comme je l'ai déjà observé également sur S. M.

Le 13 avril (1), se sentant un peu plus plein, il fut purgé de son bouillon purgatif ordinaire, qui lui fit aussi bien qu'il était possible. Cependant, quelque temps après, *se trouvant de temps à autre occupé de quelques vapeurs*, il se résolut, par mon avis, de se repurger le cinquième de juillet, et sa médecine le vida si heureusement de quantité de bile, de phlegmes et autres matières épaisses qui fermentaient dans son bas-ventre, que le roi *se trouva délivré entièrement de toutes ces petites fumées qui l'inquiétaient*. Il a joui depuis d'une santé si parfaite, qu'il n'en avait pas eu de si bonne depuis plus de dix ans, de laquelle il faut donner tout l'honneur à sa conduite et à sa régularité, qui lui fait observer très religieusement le régime que je lui conseillais depuis longtemps, de dormir un peu plus qu'il ne faisait, se coucher moins tard, faire un exercice plus régulier et plus modéré, manger moins de ragoûts, plus de viande simple, et surtout le soir modérer son appétit; ce que S. M. ayant trouvé fort propre à la conservation de sa santé, a observé avec grand soin, et s'est éta-

(1) A Versailles.

bli une santé si heureuse et si parfaite, qu'elle n'a été altérée toute l'année d'aucune incommodité, et je l'ai même trouvée si entière que, nonobstant sa coutume de se purger tous les quatre ou cinq mois, j'ai prié S. M. de différer, et de laisser passer le plus de temps qu'il serait possible, pour ne rien remuer dans une si juste harmonie.

Cependant, le roi se plaignant depuis assez longtemps d'une douleur de rhumatisme au bras droit, je lui ai ordonné de se frotter tous les soirs cette partie avec l'huile de palme, l'esprit de vin, l'esprit de sel et le vinaigre de lytharge, et S. M. en trouva du soulagement dès les premiers jours, comme elle avait déjà fait autrefois pour une semblable incommodité (1).

D'AQUIN.

Remarques pour l'année 1685.

Le roi continua, les premiers jours de cette année, l'usage de son liniment, pour la légère douleur de son bras droit, laquelle étant quasi entièrement passée, il cessa l'usage de ce remède pour jouir pleinement de sa santé dans le commencement de cette année, à laquelle il n'y aurait eu rien à souhaiter, si la mauvaise disposition de sa mâchoire supérieure du côté gauche, dont toutes les dents avaient été arrachées, ne l'eût obligé de remédier à un trou de cette mâchoire, qui, toutes les fois qu'il buvait ou se gargarisait, portait l'eau de sa bouche dans le nez, d'où elle coulait comme d'une fontaine. Ce trou s'était fait par l'éclatement de la mâchoire arrachée avec les dents, qui s'était enfin cariée, et causait

---

(1) C'est l'une des années dans lesquelles le roi éprouva le moins d'incommodités ; ce fut aussi celle de son mariage avec Mme de Maintenon.

quelquefois quelqu'écoulement de sanie de mauvaise odeur, d'autant qu'il était impossible de reboucher ce trou que par l'augmentation de la gencive, et qu'elle ne se pouvait reproduire que sur un bon fonds, c'est-à-dire en guérissant la carie de l'os de la mâchoire quelque profond qu'il pût être. Les avis de M. Félix (1) et de M. Dubois furent soutenus du mien, qu'il n'y avait que le feu actuel capable de satisfaire aux besoins de ce mal. Pour cet effet, le roi y étant résolu, l'on fit faire des cautères de grosseur et de longueur convenables pour remplir et brûler tous les bords aussi profondément que la carie le demandait. Le 10 de janvier, on y appliqua quatorze fois le bouton de feu, dont M. Dubois, qui l'appliquait, paraissait plus las que le roi qui le souffrait, tant sa force et sa constance sont inébranlables dans les choses nécessaires, quand il s'y est déterminé.

Après cette application du feu, nous lui conseillâmes, trois ou quatre fois le jour, de faire passer de la bouche par le nez une liqueur, ou gargarisme, composé d'un quart d'esprit de vin, autant d'une eau vulnéraire distillée, et moitié d'eau de fleurs d'oranger, pour résister à la pourriture, faciliter la chute des escarrhes, et avancer la régénération de la gencive, par laquelle seule on pouvait espérer de boucher le passage, dont une partie se trouve naturelle à tous les hommes, pour le commerce de quelques petits vaisseaux qui fournissent de la nourriture aux dents et à la mâchoire où ce canal se porte de l'os cribleux, et dont l'autre partie s'était faite en arrachant les dents, par la violence, et formait la communication de la bouche à ce petit canal naturel. Ce qui nous obligea, sitôt que nous vîmes toutes les escarrhes tombées, et les chairs qui commençaient à revenir, de prier le roi de ne plus forcer le passage, et de ne pousser rien plus de la bouche par le nez, et de laisser revenir les chairs sans les contraindre. Mais ce ne fut qu'après avoir encore appliqué le cautère par trois fois, le premier de février, pour plus grande sûreté, et

---

(1) Félix de Tassy, premier-chirurgien du roi.

ce ne fut pas sans raison, que la carie nous parut entièrement guérie. Depuis ce temps, les chairs se sont engendrées si abondantes et si solides, que le trou de la mâchoire est entièrement rebouché, et qu'il ne se trouve plus aucun passage pour porter l'eau de la bouche par le nez (1).

Cette guérison était assez de conséquence pour donner de la joie à S. M., et nous faire ressentir tout le plaisir que nous en pouvions goûter; mais il lui succéda incontinent après un accident fâcheux qui a longtemps inquiété le roi, c'est-à-dire une odeur forte et quasi cadavéreuse dans les mucosités qu'il mouchait, qui lui donnait non moins d'inquiétude par elle-même, que par la difficulté, ou pour mieux dire, l'impossibilité d'en ôter la cause, qui nous faisait craindre être quelque carie ou ulcère dans l'os cribleux où les mucosités du nez et de quelques glandes voisines venant à séjourner, par le mélange de quelques ichorosités corrompues contractaient la mauvaise odeur dont S. M. se plaignait. Mais comme cet accident n'était point continu, et que souvent il ne paraissait que de loin en loin, je n'ai pu me persuader qu'il eût une cause fixe et permanente, et j'ai pensé que ce n'était que l'effet d'un plus long séjour que ces mucosités faisaient quelquefois dans ces parties encore échauffées de tous les cautères que l'on y avait appliqués, et qu'à la longue du temps cette mauvaise odeur se passerait; ce qui est arrivé heureusement, comme je me l'étais promis, sur la fin de l'année.

Cependant le roi jouissait d'une santé si parfaite, qu'il ne fut aucunement invité ou sollicité par aucune chose de se purger, et fut jusques au deuxième du mois de mai sans prendre son bouillon purgatif, qui le purgea parfaitement bien, dix ou douze fois, de matière bilieuse et glaireuse, dont il se trouva très soulagé. Il se porta fort bien jusques au vingt-neuvième du mois d'août, auquel jour, après avoir passé la nuit moins tranquillement, *S. M., ayant depuis*

(1) On voit dans le *Journal de Dangeau* que le roi ne sortit presque pas un seul jour de ses appartements pendant le mois de janvier. Cela s'explique par cette incommodité.

qvatre ou cinq jours le ventre plus paresseux qu'à son ordinaire, se réveilla avec un très grand étourdissement et vertige, tel que, tout couché, le lit lui paraissait tourner; ce qui m'obligea, sitôt que j'eus vu S. M., de lui faire donner un lavement, qui ne tira que quelques excréments, et ne soulagea que très peu cet accident. Incontinent après avoir rendu ce remède, je lui fis prendre quatre ou cinq gouttes de sel ammoniac mêlé dans quatre ou cinq onces d'eau de fleurs d'oranger. Le roi n'eut pas plus tôt pris ce remède, qu'il lui sembla être soulagé, et sa tête raffermie ; il sommeilla durant une bonne heure. A son réveil, il bâilla beaucoup, s'étendit, et souffrit de petits frissonnements par tout le corps, surtout dans les épaules, et souffrit des douleurs par le corps toute la journée. Il mangea peu et se reposa beaucoup. Il prit encore un lavement sur le soir, qui lui tira beaucoup d'excréments, et il dormit durant neuf heures toute la nuit fort tranquillement; et le trentième, se portant bien, il prit son bouillon purgatif, dont il fut heureusement purgé, neuf ou dix fois, de beaucoup de bile et de mucosités, et *se trouva ensuite la tête assez dégagée* (1).

Le trentième, devers midi, il eut quelques petites tranchées, et fit, par deux fois, quelques glaires sanglantes, pour lesquelles je lui fis prendre un petit lavement, sur le soir, avec l'huile d'amandes douces, le jaune d'un œuf, dans une décoction de graine de lin, d'orge et de psyllium, à la faveur duquel son ventre s'est calmé, et il a passé la nuit tranquillement, et s'est réveillé, le premier jour de septembre, fort tranquille. Il fut néanmoins encore plusieurs fois, durant la journée, à la garde-robe, et vida quelques glaires sanglantes. Il prit encore le soir un petit lavement, et se porta ensuite très bien, *à la réserve de la peur du retour de ce fâcheux vertige, qui lui avait laissé une si forte impression, qu'à la moindre occasion il croyait en être de nouveau attaqué.*

Le 28 octobre (2), le pied gauche s'échauffa, avec tumeur

(1) Cet accident, signalé par Dangeau, fit reculer le voyage de Chambord.
(2) A Fontainebleau.

et rougeur, et donna des inquiétudes toute la nuit à S. M. dont le sommeil fut troublé. Tout le lendemain, à peine pouvait-il marcher, ni se soutenir ; il passa encore une mauvaise nuit. Le 31, la douleur commença à diminuer, et le 4 de novembre, n'ayant plus que de la faiblesse, il mit sur son pied un peu de liniment fait avec l'huile d'amandes douces, le sel décrépité, et tant soit peu d'esprit de vin (1).

Le 31 novembre, le roi, se portant bien, fut purgé de son bouillon très avantageusement. Il commença l'usage de ses pilules chalybées, pour déboucher ses entrailles, *et emporter, par leur usage, les matières qui avaient fourni aux vapeurs dont le roi avait été attaqué*; et il les continua fort heureusement jusques au dix-septième du mois de décembre, sans interruption que le 14 et le 15, jours maigres, à cause de son ventre qui avait été un peu lâché et pressé. Le 17, il fut très bien purgé de son remède ordinaire, et il vida une quantité de glaires et de mucosités surprenante, que les pilules avaient insensiblement fondues, incisées et détachées des veines de la rate et du mésentère, et le même soir, il prit un petit lavement, et cessa tous les remèdes pour jouir de sa bonne santé.

D'AQUIN.

Remarques pour l'année 1686.

Cette bonne santé dont le roi semblait jouir sur la fin de l'année dernière, ne fut pas d'une longue durée et servit de prélude à la plus fâcheuse et à la plus pernicieuse de toutes les incommodités, qui ne nous donna pas moins de peine et de soins, durant toute l'année, qu'elle donna à S. M. même de chagrin et d'inquiétude. Elle se plaignit, au 15 janvier,

---

(1) C'est pendant ce mois que fut signée la révocation de l'édit de Nantes.

d'une petite tumeur devers le périnée, à côté du raphé, deux travers de doigt de l'anus, assez profonde, peu sensible au toucher, sans douleur ni rougeur, ni pulsations; se portant fort bien du reste, et n'étant empêchée d'aucune de ses fonctions naturelles, ni même de monter à cheval. Cependant, cette tumeur, petit à petit, parut s'endurcir et s'accroître, et, le 31 de janvier, elle nous parut assez considérable pour presser le roi de faire quelques remèdes pour tâcher à la résoudre, s'il était possible. S. M. s'y résolut, et, le 5 de février, on lui appliqua des cataplasmes faits avec les farines d'orob, de fèves, de seigle, d'orge, de graine de lin bouillies dans l'oxicrat, et renouvelés sur le mal toutes les cinq à six heures. Le roi garda le lit pendant quelques jours, appliquant sur la tumeur un emplâtre de céruse cuite et de ciguë. Les douleurs se rendirent plus considérables, le 16 de février, et telles que, le roi, ayant peine à marcher, se mit au lit. La tumeur n'augmenta pas sensiblement, mais la peau rougit tant soit peu, et la matière sembla tourner à la suppuration; ce qui nous obligea, pour suivre les intentions de la nature, de mettre sur l'endroit qui paraissait tant soit peu s'élever, un plumaceau enduit de suppuratif, et par dessus un emplâtre de *manus Dei* (1); ce qui ne fut pas inutile, puisque, le 18, la tumeur commença à se ramollir, et les douleurs à augmenter, comme elles ont coutume de faire dans les suppurations. On ne put point se défendre, dans cette conjoncture, d'écouter les louanges d'une toile *Gaultier* (2), ou sparadrap de madame de la d'Aubière, qui se fit chez les apothicaires du roi, sur son ordonnance, avec demi-livre de gomme élémi et de térébenthine cuite dans l'eau de plantain, huit onces de cire jaune, et une once et demie de baume liquidambar, ou, à son défaut, de baume du Pérou. Et l'on ne put refuser aux instances des courtisans de mettre ce remède, qui, n'ayant pas répondu au prompt miracle que l'on s'en était promis, et

---

(1) Voir, pour sa composition, la *Pharmacopée* de Lémery. P. 726.
(2) Voir, pour sa composition, la *Pharmacopée* de Lémery. P. 721.

n'étant pas d'ailleurs un remède de grande efficacité, ni de prompt soulagement, comme on le demande à la Cour, fut changé pour retourner au suppuratif, à la faveur duquel, sur le soir du dix-neuvième, l'abcès s'ouvrit, et, toute la nuit, ce qu'il y avait de matière plus cuite et suppurée se vida. Mais comme il en restait une portion assez considérable de dure, qui n'avait pu la suivre ni se réduire à une parfaite maturité, le 20, on y appliqua une traînée de cautères mêlés avec le suppuratif, et ce ne fut pas sans fruit, puisque par ce moyen la peau s'ouvrit davantage et donna issue à une matière plus épaisse et plus grossière qui s'écoula tout le jour et toute la nuit, et diminua la tumeur considérablement.

Le 21, la goutte attaqua le pied droit, avec rougeur, tumeur et chaleur, et fut assez considérable pour empêcher le roi de dormir et de mettre le pied à terre. Le 22, le roi se plaignit de lassitudes par tout le corps, et de quelques maux de tête, mais sans aucune fièvre ni émotion. Cependant la peau de son ulcère se resserrait en telle sorte qu'il ne s'en écoulait rien, que quelque sérosité crue, rougeâtre et sanguinolente, et le roi passa fort bien la nuit. Mais comme il convenait d'ouvrir cet abcès pour le guérir à fond, s'il était possible, on appliqua, le 23, sur la tumeur, deux grosses pierres à cautère, et, l'escarrhe étant faite, on l'ouvrit avec la lancette, et il en sortit quelque matière purulente; puis l'on pansa la plaie avec du suppuratif et l'emplâtre de *manus-Dei*. La goutte devint douloureuse la nuit, et le roi la passa avec inquiétude. Le 24, la tumeur était fort dure. Pour la fondre et ramollir davantage, l'on y mit le baume vert, et l'on y introduisit une tente. Il dormit plus tranquillement, et la goutte commença à se calmer. Le 26, il souffrait le pied à terre. Le 27, le pus de l'ulcère parut un peu plus cuit et plus épais. On le fomentait par dessus le pansement avec des compresses trempées dans une décoction d'absinthe, de roses de Provins, d'écorces de grenades, de feuilles de myrthe, bouillies dans du vin rouge, et l'ulcère paraissant détergé, on cessa l'usage du baume vert, le 28 du mois, et l'on commença les injections avec l'eau vulnéraire. Cependant la goutte passa du pied droit au pied gauche, et revint tout-à-coup attaquer le pied droit.

Le deuxième de mars, pour fondre plus puissamment la dureté de la tumeur, qui avait peine à se fondre, on quitta l'eau vulnéraire qui semblait trop sécher et endurcir, et l'on se servit du précipité rouge, dont on mêla un drachme sur demi-once de suppuratif, et l'on jeta du fondant tout seul dans la plaie, dont l'acrimonie rendit la nuit mauvaise et le sommeil plus inquiet. La goutte se rendit un peu plus considérable, et, le huitième, elle cessa entièrement. Cependant l'ulcère devenait douloureux et laissait écouler des sérosités par un petit sinus tirant du côté du fondement, dont on n'avait pas bien vu le fond, ce qui obligea à le découvrir dans toute son étendue. Pour cet effet, on appliqua encore quelques pierres à cautère du côté du raphé tirant au fondement, et même on découvrit, avec la pierre infernale, une petite dureté, qui se prolongeait du milieu de l'ulcère au côté droit, jusques au-delà du raphé au côté gauche transversalement. L'escarrhe du cautère ayant été ouverte avec la lancette, on sonda le sinus, qui parut profond de quatre travers de doigt, et ayant introduit le doigt dans le fondement, il parut aux chirurgiens sain, point dépouillé, bien percé, et bien garni de ses chairs. On fit injection dans le sinus, avec le baume vert, dont le roi ressentit une douleur fort piquante, et une envie continuelle et irritation d'aller à la selle ; ce qui obligea de cesser ce remède, et de se contenter du simple suppuratif, les déjections étant déjà glaireuses et sanglantes, comme elles ont coutume d'être dans les irritations. Tout se calma par la cessation de ce remède, au lieu duquel on fit injection avec l'huile de myrrhe, et l'huile d'œuf ; après laquelle on pansait le sinus avec le digestif, dans lequel on mêlait la cinquième partie de précipité rouge, et une tente assez grosse, dont le roi ressentait souvent de cuisantes douleurs. Le dix-septième du mois, on resonda le sinus, qui parut se remplir de chairs et diminuer de profondeur, le pus étant assez épais et cuit. Le doigt étant introduit dans le fondement, il parut, par le rapport des chirurgiens, ferme, solide et de bonne habitude. Pour rendre les chairs, qui revenaient dans le sinus, plus solides, on commença à faire des injections d'eau vulnéraire, mais qui, néanmoins, de temps en temps, devenaient si sensibles, que le roi en avait les nuits moins tranquilles, et l'on était obligé de les cesser pour quelque temps. Le 24, la guérison de l'ulcère semblant s'avancer fort, nous primes résolution de purger S. M., *qui se trouva fatiguée sur le soir, de langueurs, bâillements et vapeurs* ; ce qui fut exécuté très heureusement le 25 du mois de mars, par son bouillon purgatif, dont il vida douze fois beaucoup de bile et beaucoup d'excréments ; et, le troisième du mois d'avril, le même bouillon purgatif fut réitéré, non moins heureusement, et le mal semblait quasi fermé et entièrement guéri, de sorte qu'à peine il y avait lieu d'y introduire une tente.

Le roi se trouvant dans cet état douteux, et n'ayant plus de douleur au pied, fut se promener en carrosse. Le soir il sortit un peu. Depuis, les chairs parurent mollasses, et on y introduisit aisément une sonde ; après quoi, pour sécher plus puissamment et rendre les chairs meilleures, ont fit des injections avec l'eau phagédénique tempérée. L'ulcère en parut un peu plus douloureux, et le pus augmenté. Toutes les injections que l'on faisait ne sortaient pas entières, ce qui entretenait fort nos craintes et nos appréhensions. Cependant, le 15, on eut peine à faire l'injection, et l'on se contenta de fomenter la plaie, d'où il ne sortit quasi rien. Les chairs du dedans parurent un peu dures et tuméfiées, et la guérison ne s'achevait pas, quelque soin que l'on y apportât, et quelque régime qu'observât Sa Majesté.

Les 1er, 2, 3 et 4 de mai, l'on ajouta à l'injection un peu de teinture de myrrhe et d'aloès, que l'on ôta le 5, parce qu'il paraissait que ce remède desséchait trop; et le 7, on ôta entièrement la tente.

Le 13, le roi fut purgé neuf fois de beaucoup de glaires et de bile; et le 14, il semblait que l'ulcère fût entièrement cicatrisé.

Le 16, on lava la plaie avec le seul esprit de vin, sans aucune douleur. Cependant, ce remède attira assez de pus. Le 17, la matière parut puante, et l'injection ne revint quasi pas, ce qui nous donna de grands soupçons que le boyau était percé, l'ulcère paraissant tantôt guéri et tantôt se rouvrant et vidant de la matière. Pour nous en éclaircir plus clairement, on prépara une décoction de millepertuis fort rouge, dont on fit injection le 21, laquelle passa dans l'intestin, et le roi s'étant mis sur la chaise, la rendit entière dans le bassin. Le roi, voulant s'éclaircir davantage du lieu où était percé l'intestin, se fit introduire la sonde de la main gauche, et de la main droite, le doigt, introduit dans l'intestin, rencontra le bout de la sonde à la hauteur environ de deux ou trois travers de doigt. Il sortit un peu de pus et de sang, et les parties voisines par l'irritation se tuméfièrent. Le roi, pour tenter ce que pourraient faire les potions vulnéraires, en prit durant quelques jours, faites avec la véronique, bugle, sanicle, pervenche, pyrole, environ une once, infusées dans deux livres d'eau, et bouillies jusques à la consomption de la troisième partie, dont la dose, tous les matins, était d'environ huit onces.

Le 27, le roi commença à monter à cheval sans aucune incommodité.

Le 5 juin, il cessa l'usage des eaux vulnéraires, qui ont paru assez inutiles, et dont il trouvait son estomac chargé, *et la tête un peu pleine de vapeurs*. Le 17, S. M. fut purgée de beaucoup de bile, de glaires et d'excréments, et parut se bien porter, l'ulcère ne lui faisant pas grand mal, et vidant très peu de chose.

Le sixième jour d'août, le roi se réveilla à trois heures du matin, claquetant des dents, avec douleur de tête, lassitude par tout le corps, et un abattement considérable, mais non sans quelque peu de fièvre. Il reposa néanmoins, et sembla se porter assez bien le matin. Il se contenta de reposer et de vivre de régime. Il passa la nuit suivante assez bien, et à son réveil il prit un petit lavement qui, à son ordinaire, tira fort peu de chose. Il garda le lit pour se reposer, et quoiqu'il eût bien de l'appétit, il s'abstint néanmoins de manger de la viande. Le 8, le roi se porta bien, et son ventre alla naturellement; mais sur les dix heures du soir, l'accès le reprit avec un léger froid, et il eut la fièvre toute la nuit, douleur de tête, inquiétude et agitation considérable, qui cessa incontinent après une légère sueur. La fièvre se termina devers le midi du 9. Le 10 et le 11, il se porta bien tout le jour, et à huit heures du soir, il trembla par tout le corps, et les extrémités furent froides, avec grande douleur de tête et inquiétude, qui se calma sur les minuit. Il s'endormit environ à une heure du matin, d'un sommeil fort inquiet et agité; et, sur les neuf heures, après avoir sué, il se trouva sans fièvre. Le 12, il fut saigné, se porta fort bien tout le jour, et dormit la nuit tranquillement, comme il fit le 13. Le 14, sur les six heures et demie du soir, il eut une légère horreur et froid aux extrémités; il commença à s'échauffer à huit heures et demie, et l'accès parut plus doux que les précédents, et la nuit plus tranquille ; ce qui nous obligea, le 15, à huit heures du matin, à lui donner son bouillon purgatif, dont il fut purgé très heureusement. Il se porta bien le 16 et le 17, jusques à six heures et un quart du soir, qu'il commença à bâiller, s'étendre, sentir des horreurs par tout le corps, froid aux extrémités, et même quelques petites langueurs, défaillances, et envies de vomir, par la vapeur mélancolique qui frappait l'orifice supérieur de l'estomac ; ce qui cessa par la chaleur de la fièvre, qui s'alluma médiocrement, avec moins de soif qu'à l'ordinaire, et nous parut entièrement terminée à une heure après minuit.

Le 18 et le 19, il se porta assez bien, mais avec un peu moins d'appétit. Le 20, sur les quatre heures après-midi, il commença à frissonner jusques à six, et la chaleur s'alluma fort âcre, avec soif et inquiétude toute la nuit; ce qui me fit déterminer le roi d'arrêter le cours de cette fièvre, qui augmentait si violemment dans le sixième accès, qu'elle nous ôtait toute espérance de la voir finir sitôt. Pour cet effet, le 21, à neuf heures, je lui fis prendre son bouillon, duquel il vida beaucoup de matière épaisse, brûlée, bilieuse et glaireuse, et, à huit heures du soir, il commença l'usage du quinquina (1) que j'avais fait préparer tout prêt pour l'occasion, avec une once d'écorce de la racine de quina, bien pulvérisée, et mise en infusion dans une pinte de vin de Bourgogne, la remuant plusieurs fois avec un bâton, durant les premières vingt-quatre heures, puis la laissant bien reposer, et la tirant par inclinaison doucement, sans remuer le fond, afin qu'elle soit fort claire. Je lui en fis prendre quatre à cinq onces pour dose, de quatre en quatre heures, tant le jour que la nuit, afin qu'il eût le temps d'en prendre une assez forte dose pour empêcher le retour des premiers accès ; ce qui réussit si heureusement que quoique, le 22 et le 23, il fût plus languissant, et, si l'on peut dire, toujours plein des vapeurs de vin, la fièvre cessa entièrement. J'observai de le faire manger toujours deux heures après son quinquina, et le plus conformément à sa manière de vivre ordinaire, ne lui donnant la nuit qu'un peu de biscuit trempé dans le vin et l'eau; le matin, un potage ; à midi et le soir, un peu de viande, quelquefois des œufs brouillés ; et toujours après chaque prise, pour ôter le mauvais goût, un peu de pâte de groseilles, d'écorce d'orange de Portugal, ou quelque chose de semblable. S. M. continua l'usage de ce fébrifuge, mais elle n'en prit que quatre fois le jour. On ne réveillait plus le roi la nuit pour en prendre. Il n'était plus si faible, dormait bien et avec tranquillité. Il continua cette dose huit jours de suite, et le 1er septembre, il commença à n'en prendre plus que trois fois ; ce qu'il continua jusques au premier jour d'octobre.

Durant tout ce temps, les forces et le bon visage revenaient au roi ; son ulcère vidait très peu de chose. Il allait à cheval assez longtemps, sans beaucoup d'incommodité, si ce n'est quelquefois qu'il se faisait quelque petit cul-de-poule à l'en-

(1) Ce fut la première fois que l'on administra le quinquina à Louis XIV.

trée de la fistule, qui se gonflait lorsqu'il y avait quelque peu de matière retenue, sans que cela l'empêchât d'aller à la chasse. On fut quelque temps à la toucher avec un pinceau trempé dans l'huile de gayac, préparée par les apothicaires, et non de celle de cerf. Le cul-de-poule se consuma peu à peu; mais il revint ensuite, et le roi, qui avait résolu, aussitôt son retour de Fontainebleau, de se faire faire l'opération, comme le seul et unique remède pour guérir, cessa d'en faire aucun autre, comme inutile ou de peu de vertu. Le 30 septembre, il eut un peu de goutte, qui passa en très peu de temps. Le 2 octobre, il commença à ne prendre que deux fois par jour de son fébrifuge, ce qu'il continua jusques au quinzième, se portant parfaitement bien, et n'ayant pas ressenti le moindre mouvement de sa fièvre, depuis l'usage de ce remède.

Le quatrième de novembre, il fut heureusement purgé de son bouillon, et, de peur que quelques restes de l'humeur qui avait causé sa fièvre ne se réveillât par le purgatif, il prit du fébrifuge à sept heures du soir et à minuit, et trois jours ensuite il en prit quatre fois.

Le 18 novembre, étant revenu à Versailles, le roi, résolu depuis longtemps à se faire faire l'opération pour guérir de sa fistule, sans en avertir personne, que ceux qui étaient nécessaires pour une affaire d'une aussi grande importance, sur les huit heures du matin, M. Félix, en présence de M. le marquis de Louvois, de moi, et de M. Fagon, secouru de M. Bessières, introduisit une sonde au bout d'un bistouri fait exprès, tout le long de la fistule jusque dans le boyau, qu'il joignit avec le doigt de la main droite, et, la retirant en bas, ouvrit la fistule avec assez de facilité, et ayant ensuite introduit des ciseaux dans le fondement par la plaie, il coupa l'intestin un peu au-dessus de l'ouverture, et coupa toutes les brides qui se trouvèrent dans l'intestin; ce que le roi soutint avec toute la constance possible. Une heure après l'opération, il fut saigné du bras. Il vécut d'un régime fort exact, s'abstenant de tous aliments solides, à la réserve d'une légère taille de pain dans son bouillon, le matin et le soir. Cela n'empêcha pas que la goutte n'attaquât le pied gauche du roi, à l'orteil, avec assez de rougeur et de douleur. Toutes choses allant fort bien, sans fièvre, sans aucun dévoiement, ni aucun autre accident, lorsque le temps de la suppuration fut passé, c'est-à-dire après le 14, je commençai à donner au roi un peu de pigeon dans son potage, du chapon bouilli, et du poulet gras rôti, et le soir, des œufs brouillés dans du bouillon.

Cependant, soit par la nature du mal, soit par l'usage fréquent du cheval que le roi avait fait depuis sa fistule, l'on trouva beaucoup de peine à faire fondre et suppurer les corps calleux qui se trouvèrent tout le long de ce canal et dans le fond de l'ulcère, qui ne demandait d'ailleurs qu'à se remplir de chairs et à se cicatriser. Comme les suppuratifs, ni le fondant de mercure précipité rouge, n'en pouvaient venir à bout, le 9 de décembre et le vingt-deuxième de l'opération, on coupa ce corps dur et calleux, tout en travers par le milieu, et même assez utilement, puisque, le 27 du même mois, la plaie se trouva quasi remplie, et la cicatrice faite. En telle sorte que l'on ôta les onguents et les emplâtres, pour ne se servir que de l'eau vulnéraire et de l'eau simple, et de la charpie appliquée par dessus. Mais, d'autant qu'il restait toujours quelque scrupule de dureté dans le fond, proche l'anus, qui pouvait être un empêchement à une guérison complète et assurée, le 1er janvier 1687, l'on scarifia assez profondément cette partie calleuse, et l'on y répandit, par-dessus les scarifications, de la poudre de précipité, qui fit une escarrhe assez profonde et douloureuse, que l'on fit tomber doucement avec le suppuratif.

Remarques pour l'année 1687.

Le 2 janvier, à la partie extérieure, il paraissait de petites peaux mortes et endurcies aux bords de la plaie, et une légère éminence devers le raphé ; on les coupa doucement avec les ciseaux, et on les toucha ensuite avec la pierre infernale, pour en empêcher la régénération.

Le 7 janvier, quoique la guérison parût bien complète et assurée, l'inquiétude n'étant point satisfaite entièrement sur cette callosité du fond, qui pouvait bien être une bonne cicatrice, on résolut le roi de se faire encore une fois scarifier avec la lancette et le ciseau, ce qui fut fait assez profondément, et l'on y porta de la poudre escarrhotique, faite de précipité rouge et d'alun mis en poudre, mêlés à égales parties. Ce remède fit des douleurs assez considérables, dont le roi se plaignit beaucoup. Il sortit beaucoup de sang de sa plaie, et il eut même quelque difficulté d'uriner; l'on ne mit dans sa plaie, pour en éteindre le feu et la chaleur, que de simple eau d'orge. La nuit fut fort inquiète, et toute cette tribulation fit résoudre messieurs les chirurgiens à laisser entièrement fermer la plaie. La suppuration ayant fait tomber les escarrhes, la cicatrice fut entièrement reformée bonne et solide, dans le quatorzième du mois, et le 15, le roi fut purgé très heureusement, et se servit encore durant quatre jours du quinquina.

Depuis ce temps, la santé du roi se confirma de jour à autre, et la cicatrice de sa plaie se rendit sensiblement meilleure et plus solide. Depuis ce temps, le roi n'y a souffert aucun mal, et il n'est jamais rien suinté de sa plaie. Et d'autant que, dans une guérison si parfaite, il me restait quelque scrupule de l'humeur qui se vidait insensiblement par la fistule, et qui, ne trouvant plus cet égoût, pouvait se porter sur les parties intérieures, et y former quelque dépôt plus fâcheux que le mal que l'on venait de guérir, je priai S. M. de considérer que le seul moyen de se défendre de ce péril était de se purger souvent, et d'emporter l'humeur superflue des veines par les voies naturelles. A quoi le roi consentit volontiers, et, pour y satisfaire, il fut purgé le 10 février, fort heureusement et jouissant d'une parfaite santé. Le 18, il eut un peu de goutte, qui s'apaisa incessamment, et, s'étant abstenu fort sagement de monter à cheval jusques à ce temps, par l'avis de tous ces messieurs et le mien, il commença à le faire le 15 mars, et l'a toujours continué depuis sans en avoir jamais ressenti aucune incommodité.

Le 17, il réitéra sa purgation à l'ordinaire, et il commença à prendre, dès le soir, deux prises de quinquina ; le lendemain 18, quatre ; le 19 et le 20, trois ; observant cette conduite plus régulière à cause de l'équinoxe, où les restes des fièvres intermittentes se réveillent aisément, quand il y en a. Mais il n'est pas moins bien guéri de cette fâcheuse fièvre, qu'il l'a été de sa fistule, qui l'a exercé si amèrement une année tout entière, depuis le 15 janvier 1686, jusques au 15 janvier 1687 (1).

Réflexions.

Il est assez difficile de bien connaître la cause de la tumeur dure et glanduleuse qui est survenue à S. M. et qui a donné naissance à cette fâcheuse fistule qui a duré tout un an, sans avoir pu céder qu'au fer et au feu. Jamais le roi ne s'est plaint d'aucune hémorroïde, et il est cependant très difficile de se figurer que cette tumeur se soit pu former à l'endroit du périnée où elle a paru, à deux doigts du fondement sans concevoir quelque rameau hémorroïdal qui en ait porté et déposé la matière en cet endroit, à deux bons travers de doigt du fondement et des bourses.

Cette tumeur n'a jamais été douloureuse ; elle a eu sa naissance et ses progrès sans aucune rougeur, ni inflammation. Elle n'a suppuré qu'avec peine ; l'on n'a jamais pu rien en résoudre, et sa meilleure partie s'est endurcie et rendue squirreuse ; ce qui fait voir une tumeur d'humeur mélancolique, crue, froide et indigeste, et telle que sont celles qui ont coutume de former les squirres, et d'autant qu'elle paraissait, par son indolence, avoir peu de sel et d'acrimonie, et que, d'ailleurs, on ne lui a pas laissé faire un grand séjour, puisque, peu de jours après avoir paru, la tumeur fut ouverte. *Il est difficile de concevoir de quelle manière le boyau a pu*

---

(1) Voir les détails de l'opération à la note n° 5. — Pièces justificatives.

être percé, et, pour n'en faire aucun jugement douteux, il vaut mieux croire qu'il l'a été avant que la tumeur ait paru, et que le vaisseau chargé de l'humeur qui l'a produite, venant du dedans de l'intestin, s'est trouvé inséré dans les plis de l'anus et en a traversé les membranes jusques au milieu du périnée. Ce qui fait voir clairement, étant de cette nature dès son commencement, qu'il ne faut pas s'étonner que, quelque soin et quelqu'industrie que l'on y ait pu apporter, cette fistule n'ait pu se guérir sans en venir à l'opération du fer et des incisions, et au secours du feu et des escarrhotiques ; *et combien il aurait été inutile d'aller en cette occasion aux eaux de Barèges, qui n'ont jamais guéri une fistule, et particulièrement celles qui communiquent dans le boyau percé.* Ce voyage, néanmoins, avait été résolu, et j'ose dire, sans beaucoup de fondement ; et j'ai le plaisir d'avoir été le seul à m'y opposer, tant sur ce que je n'avais jamais vu aucun bon effet de la vertu de ces eaux pour de pareilles guérisons, que je n'en avais vu aucune expérience, et que ma raison ne me le pouvait persuader (1). Sur quoi, le roi touché de mon avis, fit ses ré-

---

(1) Voilà ce que d'Aquin allait répétant de tous côtés, et ce qui fut l'une des causes les plus actives de sa disgrâce. On verra plus loin, comment Fagon lui répond à ce sujet.

Lorsque l'on proposa au roi d'aller à Barèges pour se guérir de sa fistule à l'anus, on envoya *Gervais*, chirurgien de l'hôpital de la Charité de Paris, pour en constater les effets. Une note, qui se trouve dans le manuscrit sur une feuille détachée, est très probablement de ce chirurgien. *Dionis*, chirurgien de la dauphine, raconte aussi ce fait, et il dit que le traitement appliqué aux malades emmenés à Barèges par *Gervais*, ne leur fit éprouver aucune amélioration ; cette note paraîtrait dire le contraire, la voici :

« Le 3 juin, le sieur *Ducros*, chanoine de Saint-Laurent, à Auch, arriva à Barèges, par ordre du roi, pour être visité. Il me dit que l'année 1665, il avait eu un abcès proche le fondement, dont il était fort incommodé, lequel dégénéra en fistule. Cela l'obligea de venir à Barèges au mois de septembre de la même année, où il ne put demeurer que cinq jours. Qu'il ne laissa pas que d'être soulagé, et qu'au printemps suivant, il fit un second voyage à Barèges, où il fut absolument guéri. Je le visitai, et lui trouvai une cicatrice proche l'anus du côté gauche, bien conditionnée. Je lui fis prendre les bains et la douche pendant plusieurs jours, sans qu'il parût aucune altération à sa cicatrice. Je le renvoyai chez lui le 9 juin.

« Le 27 juin, la même année, un brodeur de Toulouse, nommé *Antoine Hé-*

flexions, assembla un conseil de MM. Fagon, Félix et Bessières, dans lequel j'eus la satisfaction de les faire revenir à mon avis; et le roi, très heureusement pour lui, rompit son voyage, dans lequel, par sa longueur, et par les excessives chaleurs de la saison, il n'aurait pas couru un petit péril,

lie, arriva à Barèges, par ordre du roi; il m'apporta une attestation signée par *Jean Gaillard*, docteur en médecine, et *Claude Carbonneau*, maître-chirurgien-juré à Toulouse, certifiée véritable par MM. les Capitouls de ladite ville, par laquelle il parait qu'en 1679 ledit *Hélie* eut une tumeur à la fesse droite, partie supérieure de l'anus, à un travers de doigt d'icelui, et qu'après beaucoup de remèdes inutilement faits, cette tumeur s'ouvrit au bout de deux ans; que l'intestin était percé. Ce malade n'ayant pas voulu souffrir l'opération qui lui était proposée, fut à Barèges, en passant par Bagnères. Le sieur *de la Gutère* lui fit prendre pendant trois jours les eaux de la Forgue; qu'ensuite il partit pour Barèges, où il demeura treize jours; qu'il se baigna pendant tout ce temps-là deux fois par jour; qu'il se trouva fort soulagé, n'ayant aucune douleur; sa fistule étant cicatrisée, il retourna à Toulouse.

Extrait d'une lettre que j'écrivis à M. de Louvois, le 24 juin 1686.

« Je vis hier en passant à Bagnères, le brodeur de Toulouse. Il a une cicatrice à un travers de doigt de l'anus, de la largeur d'une pièce de quatre sols, plus longue que large. Il y a une petite ride dans le bas de cette cicatrice. Elle est de bonne couleur, sans altération, ni dessous la ride non plus. Le tout m'a paru fort net. Ce brodeur m'a dit qu'il allait tous les jours en campagne à cheval, sans jamais avoir senti aucune incommodité depuis son voyage de Barèges.

Extrait d'autres lettres, du 7 juillet 1686.

« J'ai renvoyé aujourd'hui le brodeur de Toulouse après lui avoir fait prendre pendant douze jours les bains et la douche. Il n'a paru aucune altération à la cicatrice de la fistule. J'ai cru, Monseigneur, qu'il était inutile de les continuer davantage; même il y avait du danger pour la santé. Il est délicat, et sa poitrine commençait à s'échauffer.

« Le 10 juillet, même année 1686, je trouvai à Bagnères un gentilhomme, nommé le sieur *Cazaubonne*. Il avait une fistule à deux travers de doigt de l'anus, l'intestin percé. Je le fis amener à Barèges, où il demeura près de deux mois, prenant deux fois le jour la douche et le bain. Ensuite la fièvre l'ayant pris, je le renvoyai à Bagnères, lui conseillant, quand il n'aurait plus de fièvre, de prendre les bains de Saint-Roch, qui sont au dit Bagnères. Au mois d'octobre, en m'en revenant, je le trouvai bien guéri.

« Des cinq malades que j'avais à Barèges, le sieur *de Oiette*, capitaine de dragons, le sieur *de Beaulieu*, maréchal-des-logis du roi, et un écuyer de M. le duc de Chevreuse, avaient tous trois l'intestin percé, et beaucoup de dureté à leurs fistules. L'usage des bains et celui de la douche, fondirent absolument toutes les duretés, et leurs fistules étaient desséchées, sans pourtant être réunies, de manière qu'ils n'ont eu aucune incommodité. Depuis, j'en ai vu deux, il y a peu de temps, qui m'assurèrent n'avoir senti aucun mal depuis le voyage de Barèges. »

d'altérer sa santé et de tomber dangeureusement malade. D'autant plus que le roi souffrait de grands chagrins de son incommodité, qui l'empêchait de ce qu'il aimait le mieux au monde, c'est-à-dire de monter à cheval, et d'aller à la chasse à son ordinaire; et cette mélancolie fut telle, qu'elle s'alluma insensiblement et produisit la fièvre quarte, qui commençait à traiter le roi fort rigoureusement et dont nous avons arrêté le progrès avec tant de bonheur et de promptitude.

La callosité, qui a tant fait de peine à fondre, et à emporter dans la guérison du roi, lors de l'opération, et pour laquelle S. M. a souffert tant de tribulations, outre qu'elle est naturelle aux fistules, et particulièrement à celles qui proviennent d'un abcès d'humeur crue, indigeste et mélancolique, a été fortifiée considérablement par l'usage du cheval, et surtout par l'abus des tentes et des injections outrées d'eau vulnéraire par trop dessicatives.

D'AQUIN.

Suite des Remarques pour l'année 1687.

Je me suis servi de l'occasion de tant d'incommodités pour faire connaître au roi qu'elles venaient toutes d'une humeur aduste et mélancolique, et *que S. M. avait à corriger, dans son régime de vie, l'usage fréquent des ragoûts, où le sel et le poivre dominaient par trop*, et qui remplissent les veines d'humeurs de cette nature. Ce qui a tellement touché S. M. qu'elle s'en est entièrement abstenue depuis, quoiqu'elle jouît d'une santé aussi parfaite qu'elle le mérite, et que nous lui pouvons désirer.

Le 28 avril, le roi ayant par tout le corps des démangeaisons qui l'incommodaient depuis quelque temps, et jugeant bien, comme nous, qu'elles étaient des marques certaines d'un sang échauffé et qui bouillait dans ses veines, se fit saigner, par mon avis. On lui tira trois poêlettes de sang beau et louable, qui calmèrent cette petite incommodité, et il jouit ensuite d'une santé parfaite.

Le 7 juin, pour éviter la plénitude, il fut purgé, selon son ordinaire, et vida beaucoup de bile et de mucosités (1). Il devait réitérer ce remède le 4 août, pour se précautionner de ce que l'on pouvait avoir quelque sujet de craindre après l'opération que l'on venait de faire. Mais la purgation fut retardée à cause d'une liberté de ventre qui lui survint le troisième du mois d'août, avec quelques crudités et aliments mal digérés. Il eut même quelques nausées durant la nuit, *et les vapeurs, qui en lui se mêlent toujours de la partie, le tourmentèrent et lui donnèrent des maux de tête et des étouffements.* Son ventre coula trois fois de matières indigestes, ce qui m'obligea de faire garder le lit à S. M., et elle ne prit aucun aliment de tout le jour. Par ce repos et cette abstinence son ventre s'arrêta entièrement. Le roi passa bien la nuit, et le quatrième du mois, il prit le matin un simple bouillon, et se reposa encore dans son lit jusques à six heures du soir, que, se sentant fort bien, il se leva et mangea un petit potage avec appétit, avala des œufs frais avec un peu de pain, et prit ensuite un peu de rôtie au vin et au sucre, continuant son abstinence de viande. Il dormit fort bien toute la nuit; il eut de l'appétit, et se porta bien. Se trouvant entièrement remis le onzième du mois, il prit son bouillon purgatif, et en fut purgé très heureusement de beaucoup de glaires, de sérosités et de bile.

Toutes ces précautions, conseillées avec tout l'art possible, et pratiquées avec tout le soin imaginable, n'empêchèrent pas que le roi, par intervalles, durant tout le mois de septembre, ne se sentît un feu et une chaleur extraordinaires dans le creux des mains, *souvent des engourdissements aux bras et aux jambes, des vapeurs qui pressaient sa poitrine, et qui, contre la coutume, lui causaient des douleurs de tête, surtout le 11, le 12 et le 15 du mois. Enfin, le 16, étant au*

(1) Dangeau, dans son *Journal*, dit que le roi était à Clayes, le 7 juin 1687, et qu'il revint ce jour à Versailles, dans l'après-midi. Il doit y avoir ici erreur de date, car il est difficile de croire que le roi eût pris médecine dans un château étranger, et le jour même où il revenait à Versailles.

conseil, il en fut plus pressé qu'à l'ordinaire, et ne laissa pas de dîner, croyant dissiper ce mouvement de vapeurs. Mais le léger frissonnement qu'il ressentit incontinent après le repas, se convertit en un froid très sensible, avec tremblement et grincement de dents, sur les quatre heures après midi, et la fièvre s'alluma ensuite insensiblement, avec grande douleur de tête, nausées, douleur d'estomac, inquiétudes et vapeurs qui troublaient la liberté de la respiration. Il but beaucoup pour éteindre la soif qui le pressait, et, sur les onze heures et demie du soir, il sua seulement à la tête. La fièvre se calma; tous les accidents cessèrent, et il dormit assez tranquillement la nuit, jusques à huit heures et demie du matin, que nous le trouvâmes sans fièvre, et dans une véritable intermittence.

Sur les neuf heures, il fut saigné, et le sang me parut beau et louable, les urines quasi naturelles, et les excréments du ventre qui s'ouvrit naturellement, bien conditionnés. Il vécut d'un fort grand régime, ne prenant que des bouillons, et en très petite quantité.

Depuis midi jusque sur les six heures du soir, le roi ressentit de petits froids courant dans les épaules et dans le corps, qui sur la fin se terminèrent au nez et aux extrémités. Puis il commença à s'échauffer avec une assez grande douleur de tête, inquiétude d'estomac, crachement et anxiété. Les accès me parurent si considérables, pour les premiers, par la grandeur et la multiplicité de leurs accidents, et si prêts à se joindre par leur traînement et leur longueur, que, de peur de n'avoir pas de temps pour l'usage du quinquina, et empêcher que la continue ne nous surprît, sur les dix heures du soir, que la fièvre nous parut fort vive, je commençai à lui faire prendre une dose de ce remède, que nous continuâmes toute la nuit, de quatre heures en quatre heures, réveillant exprès S. M. pour ce sujet, laquelle nous parut encore dans une véritable intermission sur les huit heures du matin, le 18. Mais nonobstant le spécifique, qui n'avait pas pu être pris à une dose assez forte pour arrêter une fièvre aussi considérable que celle-là, la fièvre revint à une heure après midi, avec un froid considérable, horreur, tremblement, claquement de dents, douleur de tête et d'estomac, inquiétudes, nausées et vomissement de quelques glaires. La chaleur ne parut pas répondre à tant d'accidents, et il semblait qu'elle eût voulu cesser sur les sept heures du soir; mais un moment après, elle se ralluma et poussa une grevée (1) plus considérable que tout ce que le roi avait souffert jusque-là. C'est ce qui me redoubla le dessein d'arrêter incessamment le cours de cette maladie, qui me paraissait être disposée à faire des progrès si promptement. Pour cet effet, je priai le roi de prendre le spécifique un peu troublé, et, dans chaque verre de quatre onces, je lui faisais mêler demi-drachme de quinquina en poudre, et lui en donnais une dose de quatre en quatre heures, tant le jour que la nuit. Cela nous réussit si heureusement, que la fièvre cessa dès le lendemain, 19 du mois, et, dès le soir, je cessai de donner le spécifique troublé, et le donnai fort clair, et seulement quatre fois le jour. Son ventre se lâcha naturellement, il dormit fort tranquillement, et la fièvre ne revint plus. Je lui fis néanmoins observer encore le régime et l'abstinence de viande, à cause de la double-tierce, tout le 20, qu'il passa avec abattement, et dormit même avec inquiétude. Le 21, il était mieux, et mangea une fois le jour de la viande avec appétit; le soir, un potage seulement et des œufs brouillés. Il dormit fort bien toute la nuit. Le 22, il s'habilla, prit l'air et vécut de la même manière. Le 23, il fut à la messe dans la tribune, vécut de même, tenant conseil à son ordinaire. Son ventre fut un peu moins resserré, et son visage revenait avec ses forces. Le 24 et le 25, son ventre fut un peu lâche, ce qui le rendait languissant et diminuait son appétit; ce qui me donna indication, la fièvre étant entièrement cessée, de faire prendre la médecine au roi, le 27, après une bonne et heureuse nuit, de laquelle il

---

(1) *Grevée,* vieux mot qui vient de *grève,* — péril.
Voir *Dictionnaire des Termes du vieux français,* par Borel, médecin ordinaire du roi. — 1750.

fut purgé abondamment douze fois, de beaucoup de bile, glaires et mucosités, et quantité de sucs âcres et piquants, qui échauffèrent le fondement avec douleur, et obligèrent le roi de s'en plaindre. Il en fut même le soir languissant et plein de vapeurs, et eut une nuit assez inquiète, son ventre s'étant encore ouvert par deux fois de sérosité et de bile ; ce qui laissa le roi, le lendemain, tout languissant et avec peu d'appétit, continuant avec soin l'usage du quinquina qu'il avait recommencé sur la fin de l'opération de sa médecine. A sept heures du soir, son ventre cependant vidait des excréments bien cuits et digérés, mais un peu plus humides qu'à l'ordinaire ; ce qui se tempéra peu à peu, l'appétit se rendant meilleur, le sommeil plus tranquille, et les forces plus vigoureuses. Et, bien qu'avec tous ces bons signes le visage de S. M. nous persuadât qu'elle était entièrement rétablie, je ne laissai pas, pour la confirmer dans ce bon état, de lui faire continuer quatre prises de quinquina par jour, jusqu'au sixième jour d'octobre qu'elle commença à n'en prendre plus que trois prises. Ce qu'il a continué si heureusement jusqu'au 28 (1), qu'il n'a jamais eu ni une meilleure santé, ni un meilleur visage, et tel, que j'ai cru que, pour ne rien ébranler dans ce bon état, je pouvais, avec justice et prudence, lui faire quitter l'usage du quinquina après quarante jours, sans avoir besoin de purger S. M. avant le dix-septième de novembre, qu'il prit son bouillon purgatif dans une très parfaite santé, qui lui tira beaucoup d'excréments, de bile et de mucosités, dont S. M. se trouva très bien. Mais, de peur que l'agitation produite par ce remède ne fît prendre de nouvelles flammes aux humeurs qu'il avait ébranlées, je crus qu'il serait très prudent de se précautionner de quelques doses de quinquina, pour fixer et arrêter ce mouvement. Ce qui m'obligea d'en faire prendre au roi une dose à sept heures du soir, une autre à minuit. Le lendemain dix-huitième, il en prit quatre fois. Son ventre en fut un peu plus lâche, allant ce jour-là

---

(1) A Fontainebleau.

quatre fois à la selle d'excréments bien digérés, mais un peu plus détrempés par la précipitation du quinquina, qui, prenant le chemin du ventre, en délayait les excréments. Le dix-neuvième, il n'en prit que trois fois, comme aussi le vingtième, qu'il en cessa l'usage. Il se porta si bien le reste de l'année, que je n'eus, Dieu merci, aucune occasion de lui proposer aucun remède, ni rien souhaiter pour sa santé.

D'AQUIN.

Remarques pour l'année 1688.

Le roi commença cette année aussi heureusement pour sa bonne santé, qu'il avait fini la précédente; *elle fut néanmoins légèrement troublée par quelques vapeurs qui le faisaient bâiller, lui chargeant la tête, et engourdissant tout le corps,* avec un léger frisson entre les épaules. Son ventre se vida quelquefois de glaires et de mucosités, et le quatrième de janvier, sans aucune douleur de dents considérable, la joue gauche lui enfla un peu; ce qui se dissipa en deux ou trois jours, sans lui causer aucune incommodité qui l'ait empêché d'agir.

Le 15, sur les six heures du soir, S. M. eut une grosse respiration, et assez précipitée, avec envie de dormir, douleur d'estomac, et un grand brouillement de ventre, qui durèrent toute la nuit et une partie du 16, avec un surcroît de douleur de tête, le tout sans fièvre, ni émotion; la nuit même n'en fut pas moins tranquille, le sommeil doux et naturel, et le 17, au matin, le ventre s'ouvrit assez amplement, avec beaucoup de crudités et de matières indigestes, dont l'évacuation apporta le calme à cette petite bourrasque.

Le 24, les choses paraissant calmées, le roi prit son bouillon purgatif, qui le purgea onze fois d'excréments, de glaires et de bile, avec soulagement; et, de peur que la fièvre, dont le foyer était mal éteint, ne se rallumât aisément par le mouvement du purgatif, nous lui fîmes prendre dès le soir, sur les sept heures, le spécifique, et l'autre à minuit. Le 25, son ventre fut entièrement rétabli, les excréments sortirent naturellement sans secours, et il prit quatre doses de fébrifuge; le 26 et le 27, il en prit seulement trois, et se porta bien.

Environ l'équinoxe de mars, ayant observé que toutes les fièvres qui avaient été guéries l'automne précédent, et surtout par l'usage du quinquina, se renouvelaient rigoureusement, nous voulûmes préserver S. M. de pareille rechute, et, pour cet effet, elle prit son bouillon purgatif, le 22 mars, par lequel elle vida beaucoup d'excréments, de mucosités et de bile, et prit le même jour deux doses de quinquina. Le 23, elle en prit quatre. Les 24, 25, 26, 27 et 28, elle en prit seulement trois, et nous parut ensuite se porter fort bien. Le roi demeura en repos jusqu'au septième d'avril, qu'il fut un peu enrhumé, et que la goutte le prit au pied droit, qui s'augmenta considérablement. Le soir et la nuit, pour avoir fait un peu trop d'exercice, la douleur, l'enflure et la rougeur augmentèrent sur son pied. *Nonobstant, sa tête se chargea de vapeurs; il y sentit quelques vertiges, et son corps fut entrepris de fluxions.* La tumeur et la douleur du pied droit passèrent à l'orteil du même pied, s'y cantonnèrent et y persévérèrent depuis le 11 jusqu'au 19 ; auquel jour, le roi ne laissa pas d'aller à la chasse par un temps froid, et en revint tout frissonnant, avec douleur au dos, aux épaules, pesanteur de tête, les yeux étincelants, le visage allumé. Le pouls, au milieu de tant d'accidents de fièvre, n'était quasi pas changé de son état naturel, et le tout se passa en peu d'heures, sans avoir obligé le roi à se retirer, ni à se coucher.

Le vingtième se passa sans aucune altération à sa santé; mais le lendemain, 21, sur les cinq heures après midi, il prit à S. M. un frissonnement par tout le corps; la douleur de l'épaule droite revint; la tête s'appesantit; les yeux s'allumèrent; le visage rougit; il eut grande inclination au sommeil, et son pouls s'éleva de manière qu'il ne nous resta aucun doute que ce ne fût le second accès d'une fièvre tierce, quoique tous ces accidents passassent en fort peu de temps, et que la nuit et le sommeil fussent fort tranquilles.

Le 22, il se porta fort bien, et vécut néanmoins comme un homme malade, s'abstenant de viandes solides, et ne sortant point de son appartement. Le 23, il observa religieusement le même régime. Cette bonne conduite n'empêcha pas qu'à trois heures après midi, le frisson ne prit S. M., avec des bâillements, des extensions, douleurs de tête, de la soif, jusqu'à cinq heures, que la fièvre s'alluma, mais assez modérée, et qui finit à onze heures du soir, qu'elle prit un bouillon. A minuit, le roi avala une dose de quinquina; son ventre s'ouvrit deux fois, et il dormit bien la nuit.

Le 24, il prit, dès le matin, une dose de fébrifuge, et fut saigné du bras. On lui tira trois poêlettes de sang assez brûlé. Il persévéra dans l'usage du fébrifuge, de quatre en quatre heures. Son ventre fut libre et vida beaucoup de bile, avec soulagement. Tout le jour fut tranquille, et le sommeil de la nuit fut doux.

Le 25, la fièvre cessa; il se leva du lit sur le soir, se portant fort bien, et ne prit ce jour-là que cinq doses de fébrifuge. La nuit fut très bonne. Le 26, il ne prit que quatre doses de fébrifuge, n'ayant aucune apparence de fièvre. Sur le midi, il parut très faible, abattu et langoureux. Sur le soir, il devint fort gai, et quasi revenu à lui-même; mais le pied droit, qui ne lui avait point fait de mal durant sa fièvre, se renfla, avec tumeur, rougeur et douleur, qui augmentèrent sur le soir, par la quantité apparemment du vin qu'il buvait avec son fébrifuge.

La goutte continua sur le même pied, tout le 27, et, quoiqu'il n'eût point de fièvre, et que la nuit eût été bonne, il n'eut néanmoins aucun appétit. Le 28, il fut un peu mieux; il alla à la chasse, il se promena, l'appétit revint sur le soir, et la goutte cessa.

Le 29 et le 30, il se porta fort bien. Le 1er mai, il fut purgé avec son bouillon, fort heureusement de beaucoup de bile, de glaires et de crudités, et ne manqua pas de prendre le même jour, à huit heures du soir, une dose de fébrifuge, et autant à minuit. Son ventre s'ouvrit encore de lui-même, de beaucoup d'excréments, de bile et de matières noirâtres. Les 2, 3, 4, 5 et 6, il fut entièrement exempt de fièvre, continuant à prendre chaque jour quatre doses de fébrifuge; mais il se trouvait dans une assiette de santé mal assurée, se trouvant par intervalles languissant, triste, endormi, par l'agitation d'une humeur mélancolique, aduste et fiévreuse, encore mal fixée et assurée.

C'est ce qui nous obligea, pour tâcher d'emporter ce vieux levain opiniâtre, de repurger encore le roi, le septième du mois, de son bouillon ordinaire, qui lui tira fort louablement beaucoup de bile et de glaires. Il ne manqua pas, selon la coutume, à huit heures et à minuit, de reprendre son fébrifuge. Le 8, il paraissait être tout-à-fait bien, et prit quatre fois du fébrifuge. Le 9, son ventre fut lâche et dévoyé; les 10, 11 et 12, fort bien. Le 13, il reprit son bouillon purgatif, à la sollicitation de M. Fagon (1), fondé sur le petit dévoiement qu'il avait eu. Il en fut très bien purgé. Les 14, 15 et 16, il jouit d'une très parfaite santé, et, se trouvant suffisamment purgé, et avoir pris assez de fébrifuge, il en prit la dernière dose à minuit, pour se reposer et cesser tous les remèdes.

Cependant il se trouvait sujet à des douleurs vagues et des lassitudes extraordinaires par tout le corps. Il paraissait intempéré et souvent chaud. On attribuait cela volontiers à la grande quantité de vin qu'il avait pris avec son fébrifuge; mais, le 26 et le 28, ayant mal à la tête assez considérablement, avec des lassitudes spontanées par tout le corps, nous soupçonnâmes, plus véritablement, que c'était encore un retour de la fièvre. Nous en fûmes entièrement convaincus à onze heures et demie du matin, par un frisson qui obligea le roi de se mettre au lit, où le froid s'augmenta; les extensions, les bâillements, la soif, les nausées, les vomissements même de quelques phlegmes amers, et le mal de tête, précédèrent une chaleur assez médiocre, qui dura jusque sur les six heu-

---

(1) On voit déjà, par cet aveu de d'Aquin, apparaître l'influence de Fagon.

res, et se termina sur les sept heures, par une légère sueur, après laquelle il prit un bouillon. Il se reposa, prit à dix heures un léger potage avec appétit, puis se retira. Il dormit tranquillement, et son ventre se lâcha d'excréments cuits et naturels. Le 31, on lui tira trois poêlettes de sang, qui nous parut assez bon. Il vécut d'un grand régime, et se porta bien tout le jour. Dans le commencement de la nuit, il sentit une démangeaison incommode, durant deux heures, surtout aux épaules et au dos, qui troubla son sommeil, qui fut ensuite fort tranquille le reste de la nuit.

Le 1er juin, sur les dix heures, il commença à sentir du froid, qui s'augmenta insensiblement jusqu'à midi, avec des nausées, vomissements de quelques glaires, bâillements, tiraillements et inquiétudes, qui furent suivis de fièvre et de soif considérable. Sur les cinq heures, le pouls semblait être remis. Il prit un bouillon, et ne sua point, se plaignant de douleurs aux épaules; sur les neuf heures et demie, le pouls s'éleva de nouveau, la fièvre s'alluma, et la sueur qui avait été retenue, pour s'être trop éventé, poussa copieusement par tout le corps, au visage, aux épaules, à la poitrine, et emporta les douleurs qu'il ressentait dans toutes ces parties. Sur les onze heures, la fièvre lui cessa entièrement ; il prit un léger bouillon, et dormit la nuit assez tranquillement, mais toujours suant, jusqu'à midi du lendemain, deuxième de juin. Les urines et les excréments étaient teints d'une bile enflammée. Il eut peu d'appétit, et fut tout le jour languissant. Il dormit fort mal toute la nuit, et la démangeaison lui reprit au dos et par tout le corps. Le 3, sur les sept à huit heures, le pouls parut retiré, et à neuf heures, les bâillements, les extensions, le froid aux extrémités, les nausées et le vomissement précédèrent la fièvre, qui fut allumée à dix heures et demie; à deux, il commença à suer jusques à trois; à quatre heures, il prit un bouillon, et tout parut assez remis et calmé, à la réserve de la rougeur des joues, et de la respiration un peu pressée par quelques vapeurs, qui marquaient encore quelques restes du foyer mal éteint. Cependant le ventre s'ouvrit naturellement d'une quantité de bile ardente et haute en couleur, qui a apporté de la modération à toutes choses, et produit une nuit plus calme, et un sommeil plus tranquille.

Cependant, comme nous avions assez de marques de la chaleur excessive de son sang, et de l'abondance de bile dont il était mélangé, nous crûmes qu'il était à propos de réitérer la saignée (1), et nous lui tirâmes trois poëlettes de sang assez mauvais. Il demeura tout le jour faible, languissant, et avec peu d'appétit. Il dormit cependant fort bien la nuit, et son ventre vida quantité de bile. Le 5, sur les onze heures du matin, il s'alluma un peu de fièvre, douce et bénigne, sans aucun froid ni horreur, laquelle cessa à une heure après midi, avec une fort légère moiteur, à la fin de laquelle il prit un bouillon purgatif, avec ʒij de séné, ʒj de rhubarbe, ʒij de manne, et crème de tartre et cristal minéral, de chacun ʒj, dont il fut parfaitement bien purgé de beaucoup de bile aduste et glaireuse, avec un tel soulagement, que la nuit fut très bonne, et que le lendemain 6, le roi fut plus vigoureux, et mangea un pigeonneau avec meilleur appétit; il but même un peu de vin fort trempé. La journée et la nuit furent très bonnes, et le 7, la fièvre manqua entièrement. L'appétit se fortifiait tous les jours, le sommeil était fort bon, et le ventre faisait bien son devoir. Le 9, il reprit son bouillon purgatif, qui ne trouva pas les matières si bien préparées, et ne réussit pas comme le précédent. Il eut toute l'après-dînée la respiration pressée par les vapeurs, et il fut tout assoupi. Le 10, il fut assez bien. Le 11, il eut peu d'appétit; la respiration parut engagée l'après-dînée, et il eut beaucoup de vapeurs, de l'inquiétude, de l'agitation, de la langueur, et de la faiblesse de tout le corps, sans fièvre et avec le pouls bon. Le soir, tout

(1) On a vu, dans les années précédentes, que d'Aquin, pour ne pas contrarier le roi, qui détestait la saignée, prit le prétexte de ses vapeurs pour ne pas lui en faire. Cependant, cette année 1688, et la précédente, plusieurs saignées sont faites au roi. Ne voit-on pas encore ici l'influence de Fagon ?

se calma, et la nuit fut très favorable, ainsi que le lendemain. Le 13, sur le midi, jusques à cinq heures du soir, il eut continuellement de la vapeur, de la langueur, la respiration assez étouffée, et la nuit même ne fut pas trop tranquille. Le 14, il n'eut point d'appétit; des douleurs par tout le corps, une agitation inquiète, et une langueur continuelle, précédèrent quelques froids des extrémités, quasi insensibles, qui furent suivis d'un peu de chaleur qui s'alluma sur les cinq heures, premièrement du front et de la tête : les yeux devinrent étincelants, les joues et tout le visage rougirent, et le pouls s'éleva avec assez de mollesse; il sembla même vouloir se remettre dans l'état naturel sur les sept à huit heures du soir; mais la chaleur augmenta assez considérablement sur les neuf heures, et dura quasi toute la nuit, sans soif et sans inquiétude, dormant même par intervalles et suant assez copieusement. Le 15, sur les onze heures, la sueur augmenta considérablement et emporta entièrement la fièvre. S. M. ne laissa pas d'être faible tout le jour, d'avoir des vapeurs inquiètes, par intervalles, et elle se mit tout-à-fait au régime, s'abstenant des aliments solides. Ses urines et ses excréments approchaient du naturel, et la nuit fut raisonnablement bonne. Le lendemain 16, sur le midi, il ressentit un peu de froid aux extrémités; il tremblotta, bâilla, et fut assez altéré pour boire six fois, deux d'eau tiède dans le froid, puis deux de tempérée dans la fin du froid, et deux de fort froide dans le commencement du chaud, qui commença à s'allumer sur les deux heures après midi; et nous y ajoutâmes un peu d'eau de fleurs d'oranger, à cause des vapeurs, auxquelles elle fit assez bien. Il sua sur les cinq heures assez copieusement, et, sur les sept heures, la fièvre sembla s'éteindre. Il prit un bouillon; la fièvre se ralluma, le visage rougit, et, sur le minuit, que tout parut plus calmé, il prit encore un bouillon, et s'endormit avec assez d'inquiétude jusque sur les trois heures et demie, que la fièvre nous parut entièrement éteinte; et, d'autant que la difficulté de cesser, la disposition prompte et facile à se rallumer, la longueur de ses accès qui n'ont pu se terminer par un bon régime, des saignées réitérées, et beaucoup de purgations, me faisaient avec raison appréhender qu'elle ne devînt double-tierce, et bientôt continue, je me déterminai avec opiniâtreté, *contre l'avis de M. Fagon qui avait peine à s'y résoudre* (1), d'arrêter promptement le cours de cette fâcheuse fièvre, et je lui fis sur-le-champ donner une dose de fébrifuge, fortifié d'un drachme de quinquina en poudre, qu'il avala avec assez de difficulté. Sur le matin, S. M. sua encore; son pouls devint plus naturel, et son ventre se lâcha naturellement. Sur les neuf heures, le roi prit un drachme de quinquina en bol, avalant par dessus un demi verre de vin trempé. A onze heures, il mangea un petit potage. A deux heures, il prit un drachme de quinquina en pilules, avec un peu de marmelade d'abricots, avalant par dessus un peu d'eau de fleurs d'oranger, *à cause de beaucoup de vapeurs qui l'inquiétaient.* Il n'avait aucun appétit. Cependant l'accès de fièvre marqua par un froid léger, une chaleur médiocre, douleur de tête et rougeur au visage, qui dura très peu à la faveur du fébrifuge, et qui, apparemment, aurait été très considérable sans son secours, puisqu'elle n'avait pas entièrement cessé par une dose de ce remède plus que suffisante. A sept heures, il reprit du fébrifuge, de la nourriture à neuf heures et demie, et à minuit, ne pouvant s'accommoder d'avaler en bol, ni en pilules, il prit un drachme de poudre dans du vin fébrifuge. La nuit fut très bonne. Le 18, à huit heures du matin, il prit du spécifique clair et sans poudre; à dix heures, de la nourriture; à midi, du spécifique avec un drachme de poudre, et prit incontinent par dessus deux ou trois cuillerées de potage, pour ôter le mauvais goût. A quatre heures, il eut fort bon appétit, et la fièvre cessa entièrement, n'ayant que de petites moiteurs qui durèrent tout le jour. A sept heures, il reprit du spécifique avec la poudre. La nuit fut fort bonne, et le ventre s'ouvrit naturellement.

(1) On voit ici le commencement de la guerre déclarée entre d'Aquin et Fagon.

Le 19, il prit le matin une dose de spécifique, et eut fort bon appétit. La goutte le prit aux deux pieds. A sept heures, il reprit du spécifique, n'ayant aucune fièvre, et soupa à neuf heures, avec de la viande et de fort bon appétit. La nuit fut fort bonne, quoique le sommeil fut interrompu par les douleurs de la goutte. Le 20, il reprit dès le matin son spécifique, et n'eut aucune fièvre. La goutte était plus douce, mais il fut fort languissant, et ses forces abattues. A six heures du soir, il reprit du spécifique, soupa bien et dormit bien. Le 21, il se sentit plus fort. A six heures, il prit son spécifique, et la goutte cessa, se trouvant mieux tout le jour. A six heures, il eut bien de la peine à prendre son spécifique trouble, et dormit bien la nuit. Le 22, il se portait très bien ; il prit son spécifique à neuf heures, le réitéra à midi, et dîna debout. Il n'eut quasi point de ressentiment de sa goutte ; à sept heures, et à onze, il reprit son spécifique ; la nuit ne fut pas si bonne, et son sommeil fut léger. Le 24, il se porta bien, sans aucun sentiment de goutte. Il prit quatre fois de son spécifique et eut la nuit fort tranquille. Le 25, je fis résoudre le roi de ne prendre qu'une fois du spécifique par jour, à une dose suffisante, c'est-à-dire un drachme délayé dans un verre d'infusion de quinquina, afin d'épargner cette grande quantité de vin qui lui échauffait le sang, et lui causait des démangeaisons par tout le corps, considérables, surtout ne pouvant le prendre ni en bols, ni en pilules ; à quoi il s'accoutuma facilement, et son ventre s'ouvrit de lui-même assez libéralement. Il persévéra dans cette méthode, en prenant une prise tous les matins, à son réveil. Ses forces augmentaient de jour en jour, et le 27, il parut entièrement rétabli, continuant néanmoins toujours l'usage du quinquina, de peur de la rechute, jusques au 15 juillet. Il cessa ce remède jusques au 23, qu'il en recommença l'usage jusques au 30 inclusivement. Ayant dessein de pousser l'usage de ce remède bien au-delà du solstice, qui est le temps suspect, où ces sortes de fièvre ont coutume de se rallumer, le roi, quoiqu'en parfaite santé, recommença à en prendre le 8 du mois d'août, avec un tel avantage, que les deux ou trois premiers jours qu'il en reprenait, son ventre se vidait trois, quatre et cinq fois, comme s'il avait été purgé. Il se reposa le 15, et en reprit le 25. Il cessa le 1ᵉʳ septembre, et en reprit le 12, et cessa le 20, et en reprit enfin le 11 octobre, et cessa le 19. Et ces usages, ainsi repris et quittés par intervalles inégaux, conformes à la bonne ou mauvaise santé, lui en ont rétabli une si solide, que tout le monde jugeait aisément qu'il n'en avait jamais eu une pareille, par son bon visage, son embonpoint, sa gaîté, son bon appétit, ses forces; en un mot, par toutes ses fonctions, qui, *à la réserve de quelques légères et passagères vapeurs*, n'ont été troublées d'aucun petit accident. Cet heureux rétablissement, qui n'avait pu s'avancer par quantité de saignées et de purgations, n'est dû qu'au seul quinquina bien et longtemps administré (1).

Le 21 novembre, après avoir ressenti quelque petit rhume, *un peu de vapeurs*, et des douleurs vagues par tout le corps, S. M. ressentit de la goutte au pied gauche, qui l'empêcha un peu de dormir, et lui enfla considérablement le pied le lendemain au soir, et elle ne marchait qu'avec peine. Le 23, la douleur diminua un peu; elle se réveilla sur le soir, et la nuit ne fut pas si bonne. Le 24, la tumeur et la rougeur gagnèrent l'orteil, avec des douleurs qui obligèrent le roi de se donner un peu plus de repos, et de ne pas marcher toute la journée. Le 25 et le 26, tout diminua, et S. M. marcha plus aisément. Cependant le rhume continuait encore par intervalles, et, le 15 décembre, sur le soir, le pied droit fut atta-

---

(1) On voit apparaître, surtout pendant cette année 1688, ces accès de fièvre dont le roi a été si longtemps atteint, et qui ont fait la désolation de ses médecins. — Aujourd'hui, Versailles est exempt de ces fièvres à accès, et c'est à peine si l'on en signale quelques-unes de temps à autre. Mais alors Louis XIV faisait exécuter tous les travaux d'embellissement des jardins de Versailles et de Marly; des terres marécageuses étaient remuées sur de très larges surfaces, et des miasmes paludéens s'en échappaient constamment. Le roi présidait à ces travaux; il allait presque tous les jours les visiter, et respirait sans cesse, lui et ses courtisans, cette atmosphère délétère, cause de ces fièvres intermittentes rebelles.

qué à son tour d'une légère goutte ; mais elle ne dura que deux jours, et le roi, durant ce temps-là, jouissait d'une très parfaite santé, qui dura heureusement le reste de l'année.

D'AQUIN.

Remarques pour l'année 1689.

Le commencement de cette année fut aussi heureux pour la santé du roi que l'avait été la fin de la précédente, et je le trouvai dans une si bonne assiette, que je ne jugeai pas à propos de purger S. M., quoiqu'elle eût accoutumé de l'être de temps en temps.

Le 12 de février, il lui survint une légère ophtalmie à l'œil droit, qui se dissipa par l'eau rouge, en moins de deux fois vingt-quatre heures.

Tout le mois de mars, le roi fut enrhumé. Il toussait souvent et crachait avec assez de facilité. Il se servit même, durant ce temps-là, quelquefois, du thé, dont il ne ressentit aucun effet sensible, ni pour le rhume, *ni pour les vapeurs, dont il sentait souvent sa respiration oppressée, et même quelquefois la tête un peu chargée,* accident passager et qui ne durait pas longtemps, et qui n'altérait en rien son bon visage, son sommeil, ni son appétit.

Il eut quelques petits rhumes, dans le mois de mars, accompagnés d'un peu de toux ; mais il crachait facilement, se servant toujours de ses tablettes avec la pulpe de guimauve, dont il loua l'usage.

Tout le mois d'avril se passa avec des vapeurs fréquentes, mais passagères, qui rendaient la respiration grosse, et chargeaient un peu la tête.

Le 28 mai, après avoir fait ses dévotions, il sua beaucoup en touchant les malades, fut assez abattu tout le jour, et, sur le soir, il ressentit un peu de fièvre. Le 29, il se porta assez bien, et le 30, elle reprit en tierce, et avec une anticipation de cinq heures. Elle dura, assez modérée, depuis les neuf heures et demie du matin, jusques à quatre heures et demie du soir, qu'elle cessa sans aucune sueur. D'autant que la nature de ces fièvres est d'augmenter d'un accès à l'autre, et de produire assez promptement un grand incendie par de légères étincelles, j'ai voulu empêcher ce progrès, et épargner au roi la peine de souffrir des accès plus rudes, en arrêtant d'abord cette fièvre, et j'ai cru fort à propos de lui donner d'abord du quinquina, dont il prit un drachme en poudre dans un verre de vin infusé, ce qui lui ouvrit le ventre, sur les dix heures et demie du soir, de beaucoup d'excréments, de bile et de glaires, avec douleur d'estomac, inquiétude et légère défaillance; ce qui cessa en fort peu de temps; mais le dégoût resta, et le roi ne put rien manger. A huit heures et un quart, il reprit du vin fébrifuge et le réitéra de quatre heures en quatre heures, se plaignant toujours un peu de son estomac. Il dormit bien la nuit.

Le 31, à huit heures, il reprit de son vin, auquel on ajouta, pour le fortifier, le poids d'un écu de spécifique en poudre. Il fut une heure entière avec douleur d'estomac, vapeur et langueur, et se porta assez bien ensuite, ayant même un peu plus d'appétit.

Le 1ᵉʳ juin, la fièvre n'étant pas revenue, je me contentai de faire prendre quatre fois le jour seulement du spécifique à S. M., laquelle, se portant fort bien, fut purgée le 6 de juin, avec son bouillon ordinaire, qui fit de très louables évacuations. Le roi recommença dès le soir, à huit heures et à minuit, son spécifique; lequel il continua à prendre quatre fois le jour, jusques au 14, qu'il se réduisit à n'en prendre plus que trois fois, et il persévéra de cette manière jusqu'au 22, qu'il le quitta entièrement, aussi bien que tout autre sorte de remède, jouissant d'une très parfaite santé.

Le 26 et le 27 juin, le roi se plaignit du mal de tête, avec pesanteur, contre son ordinaire, non sans quelque soupçon de fièvre, qui se dissipa bientôt, ayant observé que c'était l'effet d'un rhume et d'un catarrhe à la tête, qui, ayant pris son cours par le nez, excita un peu de douleur à la mâchoire supérieure, et fit cesser en même temps et le mal de tête et la pesanteur. Le 28, le roi se porta fort bien, de sorte que sa santé ne fut altérée d'aucune incommodité.

Le 3 décembre, la goutte le prit au pied droit, avec rougeur et tumeur; d'abord sur le coude-pied, puis à l'orteil, et ensuite à la cheville. Elle augmenta le lendemain, et le 5 et le 6, la tumeur étant devenue plus grosse, il ne put marcher et fut obligé de garder le lit. Le 7, la tumeur et la chaleur semblaient se passer; il était mieux, et il ne restait qu'un peu de rougeur sur le pied et à l'orteil, et le 8, après une fort bonne nuit, il commença à s'appuyer sans douleur. Le 12, il fut à la chasse. Le 13 et le 14, la tumeur à la cheville du pied s'augmenta avec douleur sur le soir, et interrompit son sommeil durant quelques heures de la nuit. Il se donna du repos, et le 16, il était comme guéri, sentant toujours néanmoins dans le pli du pied une espèce d'embarras et empêchement, qui marquaient quelques restes d'humeur de goutte, qui abreuvaient encore ces parties. Cependant le roi ne fit aucun remède pour ce mal, si ce n'est de s'être donné un peu de repos, et d'avoir extrêmement trempé son vin, se portant d'ailleurs si bien qu'il m'a avoué qu'il y avait plus de dix ans qu'il n'avait eu une si bonne santé, *ni la tête si dégagée de ses vapeurs ordinaires*.

Réflexion.

Je ne puis terminer le récit de cette année sans faire une petite réflexion sur la fièvre qui est arrivée au roi le 28 mai, que je ne puis regarder que comme un effet, ou, pour mieux dire, un renouvellement des fièvres dont le roi a été travaillé toutes ces années précédentes, et dont le levain et la source, calmés et apaisés, n'ont pas été entièrement épuisés et taris par les remèdes. Ce je ne sais quoi, resté dans les voies cachées des veines du bas-ventre, venant par succession de temps à se réchauffer et se développer, trouble et enflamme les esprits et produit d'abord quelques accès de fièvre légers, qui, bientôt, en corrompant le tempérament du malade par l'aigreur de son levain, et augmentant le feu dans les parties qui se peuvent enflammer, sont suivis d'autres accès plus longs, plus violents et plus considérables. D'où j'ai conclu, persuadé de cette vérité, qu'il est très essentiel de donner du quinquina dès les premiers accès, pour empêcher leur progrès inévitable, étant plus aisé d'éteindre la première étincelle du feu, que de secourir quand tout le bâtiment est embrasé. Ce qui a si bien servi pour le roi, auquel j'ai appliqué cette méthode contre l'opinion de ceux qui veulent toujours laisser écouler quelques accès auparavant que d'en venir au spécifique, que S. M. a été fort facilement et fort promptement guérie, et n'a jamais eu plus de santé que cette année (1). La goutte même que le roi a eue au mois de décembre, plus longue et plus marquée qu'auparavant, lui a été utile en ce que portant les humeurs aux parties inférieures, elle a dégagé la tête et la poitrine des vapeurs passagères qui les inquiétaient de temps en temps. Et il ne faut pas avoir de scrupule, dans les corps mêmes les plus pleins, d'arrêter la fièvre avant d'avoir saigné et purgé ces malades, puisque, lorsque la fièvre est cessée, vous pouvez pratiquer l'un et l'autre de ces remèdes, selon le besoin et l'indication, plus utilement et plus commodément même, durant l'usage du spécifique.

D'AQUIN.

Remarques pour l'année 1690.

Le roi jouissant de la meilleure santé qu'il est possible ne laissait pas de sentir toujours quelqu'embarras à son pied goutteux, et ce petit reste d'humeur, qui en abreuvait toutes les parties, se réveilla après une chasse, par un temps fort

---

(1) Tout ceci est encore dirigé contre Fagon. On verra plus tard comment celui-ci a répondu aux attaques de d'Aquin.

pluvieux. Le 11 janvier (1), son pied s'enfla avec douleur, et il ne put marcher le 12 ni le 13. Le 14, il fut un peu mieux. Le 17, il fut à la chasse et se porta bien.

Tout le reste du mois de janvier et le commencement de février, *il se plaignit quasi toujours de pesanteur de tête,* pour laquelle je conseillai à S. M. de se servir du thé. Le 15 du mois de février, il en commença l'usage si utilement, qu'il le continua depuis, *se trouvant fort soulagé de sa pesanteur de tête et de ses vapeurs.*

Le 17 avril, comme S. M. me parut un peu chargée d'humeurs, je lui conseillai de prendre son bouillon purgatif, duquel elle fut très heureusement purgée. Le roi se porta bien dans la suite, *à la réserve de quelques vapeurs* (2), qui le fatiguèrent un peu dans le mois de mai, et qui furent incontinent soulagées par le thé.

Sa santé, depuis ce temps, fut assez louable, et ne se trouva altérée d'aucune incommodité jusqu'au 9 du mois d'août, que la goutte occupa tout-à-coup le pied gauche, et même avec assez de douleur pour l'empêcher de marcher tout le jour, et il fut obligé de se faire porter en chaise, quoiqu'il eût dormi fort tranquillement jusqu'à cinq heures. Il monta néanmoins à cheval le lendemain, et fut à la chasse; ce ne fut pas tout-à-fait impunément, puisque ce mouvement fait hors de temps, et dans le commencement de la fluxion, la fit augmenter considérablement; la tumeur du pied augmenta et se répandit sur toute la jambe, toutefois sans rougeur ni douleur, et dura jusqu'au 18 du mois, que la tumeur commença à diminuer, et que S. M. a marché plus facilement.

Le deuxième jour d'octobre, le roi *ayant eu quelques légères vapeurs,* et n'ayant pas trouvé, depuis la goutte, une occasion favorable à se purger, prit son bouillon purgatif or-

---

(1) A Marly.

(2) Ces vapeurs prirent au roi le 18, et la veille, 17, Monseigneur était parti de Versailles pour aller commander l'armée d'Allemagne.

dinaire, dont il fut purgé très heureusement de beaucoup de bile et de glaires, et il s'en porta fort bien.

Le 19 novembre, il ne laissa pas d'avoir encore une attaque de goutte, qui commença à la cheville du pied gauche, et lui donna même quelques nuits inquiètes, avec une petite toux sèche qui cessa lorsque l'humeur passa de la cheville à l'orteil. Il commença à mieux dormir, ne pouvant cependant marcher. La douleur diminuant de jour en jour, le 26 il se porta tout-à-fait bien durant le froid et la gelée, à la réserve d'une petite humeur de rhumatisme qui l'incommodait, sur le col, les épaules, et quelquefois au pied; ce qui nous marquant la nécessité et le besoin de la purgation, sitôt que la pluie commença à paraître, et que l'humidité de l'air nous permit la purgation, il prit son bouillon purgatif qui le purgea dix à onze fois très abondamment de toutes sortes d'humeurs, et termina l'année avec bien plus de santé que les précédentes, n'ayant eu durant tout son cours aucun ressentiment de ces fièvres opiniâtres dont on a eu tant de peine à le garantir.

D'AQUIN.

Remarques pour l'année 1691.

Le roi commença cette année avec une si bonne santé, que tous ses bons serviteurs se réjouissaient de lui en voir porter les marques visibles sur son visage. Il ne fut même point altéré par une légère goutte qui occupa d'abord son coude-pied gauche, puis s'étendit jusqu'à la cheville, et cessa entièrement, au bout de quelques jours, le 18 janvier.

Le 27 février, après une longue et rigoureuse gelée, le temps s'étant un peu relâché, par une nécessité de plénitude, je persuadai à S. M. de se servir de l'occasion pour prendre son bouillon purgatif, duquel elle vida quantité d'excréments et beaucoup de bile, dont elle se trouva très bien.

Jusqu'au 26 mars, après un long et très pénible travail qu'il se donna au siége de Mons, et ayant été tout le jour à cheval, il eut la goutte au pied droit, avec tumeur, rougeur et douleur ; ce qui ne l'empêcha pourtant pas de remonter le lendemain à cheval. Elle se dissipa entièrement deux jours après, et le roi jouit d'une santé parfaite, qui n'empêcha pas, remarquant quelque nécessité de se purger, qu'il ne prit son bouillon purgatif le 23 juillet (1), dont il fut fort heureusement évacué de quantité de bile, de glaires et d'excréments.

Cette précaution n'a pas empêché que le 25 août, la nature se trouvant trop chargée, ne fît d'elle-même un effort pour se dégager de ce qui l'incommodait. Le ventre du roi s'ouvrit tout le jour ; il se présenta douze ou quinze fois à la garde-robe, vida quantité de bile, avec quelques envies de vomir, inquiétude, langueur, légère faiblesse, douleurs de cuisses et de jambes, goutte-crampe, et tout ce qui caractérise quelque chose de cholérique. Cette agitation dura tout le jour, et commença à se calmer à l'entrée de la nuit, durant laquelle le ventre s'ouvrit encore quatre fois, et il coula encore beaucoup de bile. Il passa tout le jour avec deux bouillons. Le 26, il observa encore le régime ; le ventre s'arrêta, et il dormit très bien la nuit. Le 27, il commença à manger médiocrement. Le 28, il sentit sa bouche amère à son réveil, et prit à jeun un grand verre d'eau qui, en deux ou trois jours, emporta cette incommodité (2).

Et d'autant que son ventre était trop resserré, et que S. M. ne se ressentait plus d'aucune incommodité de ce débordement de bile, elle se remit à vivre à son ordinaire, et à man-

---

(1) Louvois était mort le 16 ; sa mort avait eu lieu après quelques démêlés avec Louis XIV. Il n'y a donc rien d'étonnant que d'Aquin ait jugé nécessaire de purger le roi après l'émotion que cette mort lui fit éprouver.
Voir, sur la mort de ce ministre, la note n° 6 des pièces justificatives.

(2) Le 24, le roi, après son dîner, était allé à Trianon où il y avait eu collation et souper. C'est le lendemain, 25, qu'il eut cette attaque de choléra.

ger un peu de pêche, et son ventre se régla comme il avait accoutumé, et elle se porta fort bien.

Et pour emporter le reste des humeurs qui pouvaient être restées après l'évacuation naturelle qui lui était survenue, le roi fut purgé le 3 septembre, avec son bouillon purgatif, dont il eut quatorze selles pleines de bile et de glaires, et s'en porta fort bien.

Le 8 d'octobre (1), *le roi se plaignit de quelques vapeurs, avec mal de tête, et une respiration grosse et étouffée.* Dans le même temps, son ventre devint un peu lâche, et continua à couler de même le lendemain ; d'où il se trouva, durant quelques jours, tout-à-fait libre de ses vapeurs, jusqu'à ce qu'il lui vint un rhume de cerveau assez considérable, avec une pesanteur de tête, mouchant continuellement et abondamment quantité de morves et mucosités vertes, jaunes, et d'autres diverses couleurs mêlées de beaucoup de sérosités. Cet état a continué, tantôt plus, tantôt moins, avec opiniâtreté, se renouvelant souvent par la rigueur de l'hiver, à tel point que, le 17 décembre (2), sa tête fut tellement occupée et remplie, tant par le catarrhe, *que par les vapeurs qui s'élevaient du ventre, que le roi en fut incommodé quasi jusques au vertige.* Je trouvai la matière catarrhale si fort en mouvement, que je ne pus approuver une purgation que S. M. me proposait de prendre, et je crus qu'il valait mieux laisser calmer par le repos cette grande agitation. Ce qui réussit en peu de jours, comme je l'avais prévu, et l'année se termina ainsi fort heureusement, avec une bonne santé, qui ne fut altérée d'aucune maladie, et il n'eut à souffrir que de légères incommodités, dont la nature se rendit aisément maîtresse par ses propres forces, sans avoir eu besoin du secours d'aucun remède.

D'AQUIN.

---

(1) A Fontainebleau.
(2) A Versailles.

Remarques pour l'année 1692.

Le roi commença cette année avec une aussi bonne santé qu'il avait fini la précédente, et à la réserve de quelque reste d'un rhume qui durait depuis plus de trois mois sans beaucoup l'incommoder, il ne se plaignit d'aucune chose au monde.

Cette heureuse disposition persévérant, et n'ayant plus aucun rhume, ni toux, qui pût nous empêcher de purger S. M., dont le corps me paraissait un peu trop plein, je fis prendre au roi son bouillon purgatif, dont il fut très utilement et très parfaitement purgé le 18 d'avril. Il partit quelque temps après dans une très parfaite santé, pour le siége de Namur, où, par la rigueur du temps et l'excès du travail, tant du corps que de l'esprit, la goutte le prit au pied droit, avec tumeur, rougeur et douleur telle, qu'il ne put, durant quelques jours, dormir ni reposer; et elle augmenta à tel point, qu'il ne put même se lever du lit. Elle commença le 28 mai, et, le 1er juin, comme elle semblait vouloir entièrement cesser, elle passa tout d'un coup au pied gauche. Il se levait du lit sans pouvoir se soutenir, ni marcher; les deux pieds étaient très souvent enflés et douloureux jusques à empêcher de dormir. Enfin, après avoir chicané jusqu'au 8 de juin, il commença à marcher mollement, et le 12, il monta à cheval. Jamais il n'avait eu une si longue et si rude attaque de goutte, que j'attribue, en partie, à la grande fatigue et au long et pénible travail que le roi s'était donné dans ce siége, durant le plus fâcheux temps que l'on puisse se représenter, et en partie, à l'abondance et plénitude des humeurs que S. M. avait amassées durant huit ou neuf mois, qu'elle n'avait été purgée qu'une seule fois.

La santé du roi fut très bonne depuis ce temps jusqu'au 12 de juillet (1). Son ventre se lâcha quatre ou cinq fois; les

---

(1) Le roi revenait du siége de Namur. Il avait dîné ce jour à Laon.

excréments parurent plus détrempés, et même je remarquai quelques aliments mal mâchés et indigestes. Le défaut de cette première préparation avait plus donné d'occasion à ce petit relâchement que toute autre cause. En effet, son ventre se raffermit le lendemain par le seul régime, et le roi n'en eut d'autre incommodité que quelque petite langueur, durant vingt-quatre heures. Je tirai néanmoins de là quelque indication de purger le roi, qui n'avait pu le faire encore depuis sa goutte, et, le 6 d'août (1), il prit son bouillon ordinaire, avec lequel il fut très bien purgé. Il se porta fort bien jusque sur la fin d'octobre, *qu'il fut travaillé de maux de tête, et de vapeurs fréquentes causées par l'excès de son travail et de son application, qui se dissipaient et diminuaient visiblement à mesure que les affaires relâchaient et diminuaient.*

Et d'autant que je remarquai qu'il se joignait quelque plénitude à cet excès de travail, je crus qu'il était fort à propos de purger le roi et je lui fis prendre son bouillon purgatif le 12 de novembre, qui le vida si heureusement de beaucoup de bile échauffée, qu'il en fut sensiblement soulagé de ses vapeurs, et jouit jusqu'à la fin de cette année d'une très parfaite santé.

Et il est à remarquer *que dans le temps que ses vapeurs l'incommodaient, on lui conseilla à la traverse, et assez mal à propos, l'usage du café, duquel je n'avais jamais été d'avis. S. M. en prit par complaisance, et elle en eut les nuits très mauvaises, beaucoup plus d'inquiétudes, et des vapeurs plus grossières et plus difficiles, qui lui firent connaître que ce remède mettait trop son sang et ses humeurs en mouvement, et la déterminèrent à le quitter, comme un remède qui ne lui convenait pas.*   D'AQUIN.

Remarques pour l'année 1693.

Le deuxième jour de novembre de cette année, le roi m'ayant fait l'honneur de me nommer son premier-méde-

---

(1) A Versailles.

cin, je suppliai S. M. d'ordonner qu'on me remît entre les mains le Journal de ce qui regarde sa santé, que M. Vallot avait sagement commencé pour marquer ce qui était arrivé de considérable sur ce sujet à S. M., et les remèdes qu'il avait employés pour conserver ou réparer cette auguste santé, depuis qu'elle lui avait été confiée jusqu'à sa mort. Le désir que j'avais de profiter au plus tôt des observations et de la conduite d'un si habile premier-médecin, que le zèle, la capacité et l'application continuelle à sa profession avaient rendu très digne de cet important emploi, me faisaient attendre ce manuscrit avec grande impatience ; mais on ne l'a rapporté au roi qu'aujourd'hui, 25 de décembre 1693, que S. M. m'a fait la grâce de me le donner (1).

M. d'Aquin, mon prédécesseur, n'y a rien marqué de ce qui s'est passé dans les dix premiers mois de cette année. Deux incidents considérables ont néanmoins mérité de n'être pas oubliés. Le premier fut un rhumatisme sur le col, qui se déclara, le roi étant au Quesnoy, le 29 du mois de mai, et, vers le soir, s'augmenta avec beaucoup de douleur et de tension aux muscles du col. On le frotta avec de l'huile d'amandes douces, mêlée d'esprit de vin, et on appliqua par-dessus des cendres chaudes, enfermées dans un linge, lesquelles excitèrent une grande décharge de pituite glaireuse par les vaisseaux salivaires, ce qui incommoda le roi pendant la nuit, mais diminua considérablement la douleur de son rhumatisme. Cependant on le fit saigner du bras, sans attendre davantage, le matin du 30 mai. *Cette saignée fut suivie de vapeurs, accompagnées de beaucoup de chagrins, qui durèrent deux ou trois jours à diverses reprises, et laissèrent S. M. dans cette disposition pendant le reste du voyage, et*

---

(1) Dans cette première page on voit déjà se dessiner Fagon. C'est pour avoir les observations de *Vallot* qu'il veut le *Journal! Vallot*, son ancien bienfaiteur, si capable et si digne d'être le médecin du roi ! ! Quant à d'Aquin, il n'en parle que pour lui adresser des reproches.

après son retour à Versailles, jusqu'au 5 du mois d'août (1).

Le roi était alors à Marly; j'eus l'honneur d'aller le voir à son réveil, et je m'en retournai ensuite à mon devoir auprès de messeigneurs les princes enfants de France, à Versailles, comme je faisais tous les jours. Le roi me parut abattu et plus sérieux qu'à l'ordinaire, sans que je pusse en savoir la cause. Mais étant revenu, *par son ordre*, à Marly sur les sept heures du soir, je le trouvai dans la chaleur d'un accès de fièvre, qui avait commencé entre deux et trois heures, par un froid d'environ trois heures. Ce mouvement de fièvre devait se compter pour un quatrième accès, le roi nous ayant avoué qu'il avait passé les trois nuits précédentes avec beaucoup

---

(1) Le roi était parti de Versailles le 18 mai, pour se rendre à l'armée de Flandre, où il arriva le 2 juin. A peine arrivé, et au moment où il s'était mis à la tête d'une des colonnes, il annonça qu'il retournait à Versailles. Ce départ précipité donna lieu à une foule de commentaires. Peut-être l'indisposition dont parle ici Fagon n'y a-t-elle pas été étrangère. Ces vapeurs après la saignée, ces tournoiements, dont Louis XIV s'inquiétait si vivement, et qui se prolongèrent sans interruption, même après son retour à Versailles, jusqu'au 6 d'août, nous paraissent de nature à expliquer en partie ce brusque départ. On attribua ce qu'il avait éprouvé à son séjour à l'armée, et comme les médecins étaient très tourmentés de cet état du roi, toujours menacé d'apoplexie, on peut supposer qu'il dut être vivement sollicité de quitter l'armée, et de retourner à Versailles.

Il est vrai que dans une de ses lettres, en parlant de la résolution du roi, madame de Maintenon l'attribue à la nécessité où il s'est trouvé d'envoyer une forte armée en Allemagne, pour profiter de la prise d'Heidelberg, et qu'elle ajoute : « Pour moi, je suis ravie que l'intérêt de l'État le force de retourner à Versailles. Il se porte très bien, et se moque de ce que nous appelons fatigue. »

On pourrait, d'après ces dernières paroles, voir une contradiction entre ce qu'écrit madame de Maintenon, *que le roi se porte très bien,* et le *Journal de la santé du Roi,* le montrant très souffrant, si l'on ne savait, par le journal même, que l'incommodité indiquée ici par Fagon, était scrupuleusement tenue secrète; que Dangeau et Saint-Simon n'en parlent jamais, et que madame de Maintenon, moins que tout autre, se serait bien gardée de la faire connaître. Voilà ce qui explique pourquoi elle dit que le roi se porte très bien ; mais on sent la joie qu'elle éprouve de le voir prendre le parti de se soigner, dans cette exclamation : « *Pour moi, je suis ravie* que l'intérêt de l'État le force *de retourner à Versailles.*

Voir sur ce sujet la note de M. Lavallée, page 302, tome Ier, des *Lettres historiques et édifiantes de madame de Maintenon,* et l'*Histoire de madame de Maintenon,* par M. le duc de Noailles, tome IV, page 399.

d'inquiétudes et de chaleur, sans pouvoir presque dormir. Et comme cette fièvre était un retour de celles qui revenaient de temps en temps depuis plusieurs années, et que devant être comptée double-tierce, il était important de l'arrêter au plus tôt, nous crûmes nécessaire, M. d'Aquin et moi, de faire prendre du quinquina à S. M. aussitôt que la fièvre serait assez relâchée, pour lui donner une infusion de vin chargé d'un scrupule de nouvelle poudre ajoutée à chaque prise, pour le faire agir plus promptement et plus assurément. Le roi ne fut en état d'avaler la première qu'à onze heures et demie du soir. Il prit un peu de bouillon à une heure après minuit, et la seconde prise de quinquina à trois heures du matin, pour se régler ensuite par les heures, de quatre en quatre, avec la nourriture entre deux. L'accès se soutint pendant toute la nuit et le matin, au même point où il était encore à onze heures et demie du soir, et à une heure et demie après midi, il redoubla sans frisson, et continua de même jusqu'à quatre heures du vendredi matin, 7 du mois. Nous ne laissâmes pas, malgré l'augmentation de la fièvre, de continuer le quinquina trouble, comme il était nécessaire pour soutenir son action; mais, à trois heures du matin du 8 du mois, qui était le temps de donner la huitième prise, le roi, qui n'avait point dormi et qui prenait très peu de nourriture, étant très dégoûté contre l'ordinaire de ses maladies, se trouva si rebuté de ce remède, et l'estomac dans une si grande angoisse, *qu'étant demeuré seul auprès de S. M. pendant la nuit*, je crus qu'il était à propos de retrancher cette prise, l'assurant que cela n'empêcherait point les sept prises précédentes, suffisantes pour arrêter la fièvre, d'achever leur effet, et je proposai au roi de prendre, à la place du quinquina, un peu d'eau de fleurs d'oranger; ce qui réussit fort bien. Le roi dormit environ trois heures, et recommença l'usage de son quinquina clair à huit heures du matin. Depuis la nuit précédente, il avait été purgé neuf fois par le quinquina; il le fut moins fréquemment en le prenant clair. Mais la fièvre, quoique fort modérée, dura encore trois jours, avec le même dégoût et assez d'abattement pour retenir S. M. au lit, dont elle ne se leva que le 12 du mois, pour retourner à Versailles. A peine le roi pouvait-il se soutenir en partant; mais, en arrivant à Versailles, il marcha seul à la descente de son carrosse, et monta de son pied le degré de son cabinet. Il mangea le soir avec moins de dégoût, dormit tranquillement la nuit, et, continuant d'être sans fièvre et de se rétablir, il fut en état de faire ses dévotions et de toucher les malades le jour de l'Assomption. Le lendemain, il commença à ne prendre que trois prises d'infusion de quinquina, qu'il continua encore un mois de la même manière (1).

Le roi fut enrhumé à Fontainebleau, dans le mois d'octobre, sans retour de fièvre. Ce même rhume se renouvela à plusieurs reprises pendant le reste de l'année, mais, Dieu merci, sans aucune autre incommodité, quoique la disposition de l'air, qui avait perdu tous les biens de la terre et causé beaucoup de maladies, fût fort mauvaise (2).

FAGON.

Réflexions sur le tempérament du roi, et sur quelques autres articles des années précédentes.

Les remarques sur ce qui regarde la santé du roi que ce livre contient, sont destinées pour ceux qui rempliront après moi la charge de premier-médecin, et je dois y faire entrer ce qui me paraît avoir pu se pratiquer plus utilement pour le soulagement de S. M. dans de certaines occasions, ou ce qui peut donner une plus juste idée de sa constitution; et je crois qu'il me sera permis d'exposer en même temps la vérité de quelques faits qui ont été touchés malignement au désavan-

---

(1) Voir, aux pièces justificatives, la note n° 7.

(2) Les pluies excessives de l'année précédente avaient ruiné les moissons, et on avait recueilli très peu de blé et de vin. La disette fit périr une quantité considérable de peuple. A Paris on compta, pour cette année 1693, quatre-vingt-seize mille morts.

Voir : *Histoire de Louis XIV*, par Bruzen de la Martinière.

tage de M. Félix, premier-chirurgien du roi, et de moi (1). Dieu sait si j'ai de l'animosité contre la mémoire de M. d'Aquin, puisque les soins qu'il avait pris de me nuire m'en avaient si peu donné contre lui pendant sa vie (2), que je fus beaucoup plus touché de son malheur dans le moment que le roi m'apprit sa disgrâce, que je ne fus sensible à l'honneur que S. M. me faisait en me mettant à sa place. Mais quand on n'a pas d'autre passion que de suivre attentivement tout ce que la raison, l'étude et l'expérience peuvent fournir pour ne jamais rien faire, ni conseiller mal à propos, sur le plus important sujet du monde, on ne peut souffrir pour soi, ni pour *ses amis* animés du même zèle, des reproches de s'être trompés, sans tâcher d'en faire connaître l'injustice.

M. d'Aquin suppose que le roi est naturellement bilieux, et ne parle que de bile évacuée dans toutes les purgations de S. M. Elle est cependant fort éloignée de ce tempérament, qui rend le corps et l'esprit sujets à des dispositions toutes différentes des siennes.

Les personnes dans le tempérament desquelles la bile prédomine, ont les cheveux et les sourcils ardents, et la peau très souvent teinte de jaune. Elles ont assez de pente à vomir et à être dégoûtées, pour peu qu'il fasse chaud, ou qu'elles soient elles-mêmes échauffées, et naturellement elles ont un médiocre appétit, le ventre ordinairement libre, et souvent plus qu'il ne faudrait. Leur inclination les porte à la colère et à l'emportement, et, rarement, elles sont maîtresses de la première fougue de cette humeur et des passions vives et subites qu'elle excite, particulièrement quand elle est secondée d'un sang abondant et bouillant. Pas une de ces circonstances ne convient au roi. Ses sourcils et ses cheveux bruns ont presque tiré sur le noir. *Sa peau blanche, au-delà de celle*

---

(1) Voir les *Réflexions* de d'Aquin, à propos de la grande opération. P. 215.

(2) Ceci prouve que ces *Réflexions* de Fagon, ont été écrites en 1696, année de la mort de d'Aquin.

des femmes les plus délicates, mêlée d'un incarnat merveilleux, qui n'a changé que par la petite-vérole, s'est maintenue dans sa blancheur sans aucune teinte de jaune, jusqu'à présent. Jamais personne n'a eu moins de pente à vomir; même dans les temps de la fièvre, où presque tous les autres vomissent, il ne le peut faire; et dans sa grande maladie maligne, et dont par conséquent le vomissement est un des plus ordinaires accidents, l'émétique le sauva en le purgeant par en bas, sans le faire presque vomir. Il n'est que très rarement dégoûté, même dans ses grandes maladies, et *son appétit, dans toutes les saisons et à toutes les heures du jour, est également grand, et souvent il ne l'a pas moindre la nuit, quand ses affaires l'ont engagé à prendre ce temps pour manger, et en général il est plutôt excessif que médiocre.* Son ventre est resserré, quelquefois très constipé, et jamais lâche que par le trop d'aliments, par leur mélange, ou par leur qualité. *Personne au monde n'a été maître de soi-même autant que le roi. Sa patience, sa sagesse et son sang-froid ne l'ont jamais abandonné, et avec une vivacité et une promptitude d'esprit qui le font toujours parler très juste, et répondre sur-le-champ avec une netteté et une précision si surprenantes, que la plus longue préparation n'en saurait approcher. Il n'a jamais dit un mot qui pût marquer de la colère ou de l'emportement.* Si l'en joint à toutes ces circonstances *un courage inébranlable dans la douleur, dans les périls, et dans la vue des plus grandes et des plus embarrassantes affaires qui soient jamais arrivées à personne, et une fermeté sans exemple à soutenir ses résolutions, malgré les occasions et la facilité de satisfaire ses passions,* peut-on douter que le tempérament du roi ne soit celui des héros et de tous les plus grands hommes, et que l'humeur tempérée mélancolique du sang, n'en compose le mélange dans sa santé, et qu'étant altérée dans ses maladies, l'humeur mélancolique n'y ait toujours prédominé, comme on l'a remarqué manifestement par la langueur avec laquelle les plus considérables se sont déclarées, et entre autres, sa grande maladie de Calais, les différents mouvements de fièvre et de goutte qui lui sont arrivés, et la tumeur qui a été suivie de la fistule, que M. d'Aquin, contre ce qu'il avait avancé de l'humeur bilieuse excédente, a été obligé d'avouer que l'humeur mélancolique avait produite et rendue si lente à se déclarer, et si difficile à disposer à la suppuration (1). Et il est étonnant qu'ayant dû être convaincu, par la nature de cette tumeur, par celle de tous les accès de fièvre, *et des fréquentes vapeurs qui ont si souvent incommodé S. M.*, que l'acide de l'humeur mélancolique en était la véritable cause, il n'ait pas tâché d'obtenir, pendant sa vie, que le roi voulût bien quitter l'usage du vin de Champagne, qui s'aigrit très aisément parce qu'il a plus de tartre et moins d'esprit que celui de Bourgogne, et que, par conséquent, il soutient et augmente l'aigreur de l'humeur mélancolique et ses effets (2). Et il n'y a pas moins de raisons de s'étonner qu'il ait permis que le roi mangeât le plus mauvais pain du monde, plein de levure et de lait, très propres, l'un et l'autre, à aigrir toutes les humeurs (3). Le mauvais pain et le mélange de vin de Champagne, que le roi buvait à ses heures de repas, en prenant le quinquina dans celui de Bourgogne, ont beaucoup contribué aux fréquents retours de la fièvre, aux chaleurs, aux démangeaisons et aux inquiétudes qui incommodaient S. M. pendant l'usage réitéré du quinquina en infusion dans le vin, et particulièrement dans le vin de Champagne, qu'elle buvait aux petits

(1) Au milieu de ce mélange de flatteries et de cette énumération de facultés de l'esprit pouvant appartenir à tous les tempéraments, on reconnaît que celui du roi était le tempérament lymphatique, manifesté par la marche et la nature des maladies indiquées ensuite par Fagon.

(2) L'opinion de Fagon, quant à l'action des vins de Champagne et de Bourgogne sur le corps, donna lieu à une querelle entre les deux provinces de Bourgogne et de Champagne, au sujet de leurs vins. L'animosité qu'y mirent les combattants, et les nombreux écrits qu'elle provoqua, lui firent tenir une place assez curieuse dans l'histoire de la littérature et dans celle des vins. — On peut voir, à ce sujet, aux pièces justificatives, la note n° 8.

(3) C'étaient des petits pains mollets, nommés pains à la Reine, parce que la reine Marie de Médicis n'en voulait pas manger d'autres. On les connaît encore aujourd'hui sous le nom de *pains au lait*.

repas de biscuit qu'elle faisait le matin et après dîner, après les prises de quinquina, au lieu de l'eau pannée que le roi a bien voulu boire par mon conseil, dans ces occasions, depuis que j'ai l'honneur d'être son premier-médecin. Cette quantité et ce mélange de vins, dont je remarquai les mauvais effets sans y pouvoir remédier pendant que M. d'Aquin a été premier-médecin, m'avaient obligé à insister pour que l'on tâchât de guérir le roi par la saignée, et par les purgatifs réitérés, afin d'emporter par ces évacuations les restes du levain de fièvre, qui ne s'amortissait point absolument, parce que le vin que le roi prenait n'était pas assez chargé de quinquina, M. d'Aquin n'ayant jamais voulu consentir aux trois infusions avec lesquelles j'ai eu le bonheur de guérir le roi en 1694.

Mais la fièvre étant revenue et s'opiniâtrant malgré les purgations, je pris le parti de ne rien proposer directement, de peur que M. d'Aquin ne continuât de s'y opposer. Je déclarai en secret à madame de Maintenon ce que je pensais, et la raison pour laquelle je ne le disais point, afin qu'elle prévînt M. d'Aquin en lui parlant de la maladie du roi, et qu'elle lui insinuât, comme d'elle-même, d'essayer le quinquina en bol, ou du moins comme on le prenait autrefois, en poudre, au poids d'un écu à chaque prise dans du vin, et qu'après en avoir donné deux prises par jour de cette manière, pendant trois ou quatre jours, on purgeât le roi; qu'on lui en fît prendre pendant quatre autres jours autant de prises; qu'on fût ensuite huit jours sans rien faire, au bout desquels on recommencerait la même chose que la première fois, laissant dix jours de repos au lieu de huit; employant ensuite trois ou quatre mois, en gagnant à chaque prise deux jours d'augmentation de repos, pour s'assurer insensiblement d'y pouvoir laisser le roi absolument, sans craindre de rechutes. Cela réussit en partie. M. d'Aquin proposa au roi de prendre le quinquina en bol, ce qu'il ne put faire, ne lui étant pas possible d'avaler sans mâcher, et il consentit d'en avaler un gros en substance avec le vin, deux fois le jour. Mais cela ne fut pas assez longtemps continué. Cependant la fièvre disparut presque pour un an, et il y a sujet de croire que son levain aurait été entièrement amorti, si l'on avait soutenu plus longtemps cette méthode qui m'avait souvent réussi dans des occasions de fièvres très opiniâtres ; et j'aurais été ravi que M. d'Aquin se fût applaudi de ce succès entier, comme il a fait de celui qui resta imparfait, étant très content de n'y point paraître avoir de part, pourvu que le roi fût bien guéri. On pouvait prolonger cet usage, sans craindre que le vin échauffât le roi, et lui causât des démangeaisons, comme faisait la simple infusion de quinquina, parce que S. M. n'en prenait que deux verres de celui-ci par jour, et que la quantité du quinquina en substance absorbait la pointe du vin, et empêchait l'impression qu'aurait pu faire l'aigreur de son tartre. C'est par la même raison que le vin au clair que j'ai fait prendre, mais de trois onces de quinquina en pinte, par trois infusions, n'a point incommodé le roi, quoiqu'il en ait pris trois fois par jour jusqu'au dernier jour parce que le vin était absolument émoussé par cette triple dose de quinquina.

M. d'Aquin, dans le récit de ce qui s'est passé pendant la cure de la fistule du roi, a fait quelques remarques, lesquelles me donnent sujet d'ajouter, à ces observations sur le quinquina, quelques vérités qui méritent d'occuper ici le reste de la place de l'année 1693, qu'il a négligé de remplir.

Il paraît surpris que l'intestin du roi se soit trouvé percé, et il veut malignement insinuer qu'il aurait été percé par la sonde; mais il est certain que cela est arrivé par l'effet de l'âcreté de la matière renfermée dans la tumeur après la suppuration. Et, sans aller si loin, comme il fait, chercher une branche de veine hémorrhoïdale, il est aisé de concevoir que cette tumeur a commencé par le froissement de quelques glandes meurtries dans les longues séances que le roi faisait à cheval pour tirer, et que ces glandes contuses, ayant été gorgées d'une sérosité âcre qui a d'abord formé le commencement de la tumeur, cette sérosité s'est répandue ensuite, et, rongeant par son âcreté les veines qu'elle a rencontrées en son chemin, elle a fourni la matière de l'abcès qui a suppuré, et, en se gonflant, comme il arrive naturellement dans la fermentation par laquelle le pus se fait, elle a déchiré les membranes qui s'opposaient à son étendue, et, se portant du côté où elle trouvait moins de résistance, elle a d'abord dépouillé le boyau, et ensuite s'est glissée vers la peau, et, en croissant et s'échauffant de jour en jour, et devenant plus âcre par son séjour, elle a enfin augmenté ses efforts des deux côtés, a percé l'intestin et la peau qui étaient amincis et qui résistaient également à sa sortie. M. Félix sonda d'abord l'ouverture de la peau avec une sonde très mousse, sans pousser plus avant que le vide qu'y avait laissé la matière écoulée, et il ne porta la sonde du côté de l'intestin, en mettant le doigt dedans pour aller au devant de la sonde et pour connaître si elle le touchait, qu'après avoir découvert auparavant des pépins de fraises et ensuite des grains de figues, et même quelques parcelles d'excréments mêlées avec la matière purulente qui suintait par l'ouverture de la peau. Ces corps étrangers ne pouvaient sortir par ce chemin sans que le boyau fût percé, et, par conséquent, il l'était assurément avant que la sonde l'eût touché. Comment peut-on donc, sans mauvaise intention, faire semblant de trouver un sujet d'incertitude sur un fait aussi évident que celui-là? Et, après tout, que pouvait-on inférer de cette ouverture de l'intestin, et de la manière dont elle s'était faite, qui pût être de quelque conséquence pour la cure de la fistule, puisqu'elle ne se guérit qu'en coupant l'intestin dépouillé, et qu'on ne pouvait le couper qu'en le perçant.

M. d'Aquin reproche aussi à M. Félix et à moi, comme à M. Bessières, d'avoir été d'avis que le roi fût à Barèges pour cette fistule, et se congratule d'avoir été d'un autre sentiment, de nous avoir obligés d'en changer, et d'avoir empêché le roi d'y aller inutilement. Nous en savions assez tous trois pour ne pas douter que le moyen sûr pour guérir d'une fistule à l'anus est l'incision, quand on peut la faire, et que les autres moyens sont incertains ou impossibles. Mais M. d'Aquin avait prévenu le roi contre cette opération, et lui avait conseillé de ne point permettre qu'on portât le fer à sa fistule, et de prendre, comme lui, le parti de la garder toute sa vie. N'y ayant point donc d'espérance qu'on pût traiter le roi comme il devait être pour guérir assurément, on pensait à Barèges comme à un remède douteux, mais qui avait néanmoins guéri Mgr le duc du Maine, dont j'avais été témoin, un chanoine d'Auch et un brodeur de Toulouse (1), que M. Gervais, envoyé à Barèges pour éprouver les eaux sur plusieurs fistules, avait vus guéris très parfaitement, et plusieurs autres soulagés considérablement (2); ces exemples justifiaient nos avis, et nous avions sujet d'espérer que les bains et les injections de ces eaux pourraient au moins fondre les callosités, disposer les chairs à se rejoindre et la peau à se fermer, et que, par ce moyen, la fistule deviendrait borgne et n'aurait plus d'autre égout que l'ouverture de l'intestin, et serait de cette manière très supportable. Nous fûmes de cet avis, fondé sur l'expérience et la raison, tant que le roi ne voulut point penser à l'opération; mais, aussitôt qu'il s'y fut résolu, nous prîmes avec joie, sans avoir besoin d'être persuadés par M. d'Aquin, le certain pour l'incertain. Ce fut lui qui changea de sentiment, après nous avoir dit à tout le monde auparavant, qu'il ne souffrirait jamais que le roi s'exposât au péril de cette opération. Et il faut le louer d'avoir employé si à propos le droit qu'il s'était acquis de se dédire lorsque cela lui convenait, sans que cela parût extraordinaire.

Remarques pour l'année 1694.

Les rhumes qui s'étaient renouvelés plusieurs fois à la fin de l'année précédente continuèrent encore de même dans les

---

(1) Le sieur Ducros, chanoine de Saint-Laurent, à Auch, guéri en 1665, et un brodeur nommé Antoine Hélie, à Toulouse, guéri en 1679.

Note de Fagon.

(2) Voir la note de l'année 1687. P. 179.

premiers mois de cette année 1694, très souvent accompagnés d'une toux assez fréquente, pour laquelle le roi ne se voulant aucunement ménager dans les froids pénétrants et humides, ni aux premiers coups de soleil ardents du mois de mars, et n'ayant retranché pas un des dix derniers jours maigres du carême, le samedi-saint, 10 avril, ayant touché le matin près de quatorze cents malades, S. M. sentit l'après-dîner des lassitudes qui durèrent jusqu'à son coucher, et qui ne l'empêchèrent pas de bien dormir la nuit.

Le lundi 12 du même mois, le roi étant parti en bonne santé pour aller à la chasse, commença, sur les quatre heures après midi, *à avoir des vapeurs*, des frissonnements, des lassitudes qu'il soutint avec peine jusqu'à six heures. S'étant retiré dans ce temps, je trouvai son pouls inégal, *comme il a coutume de l'être dans les vapeurs*, et changeant souvent, sans pourtant qu'on pût décider assurément que ce fût la fièvre. Il demeura debout jusqu'à huit heures, et *dans tout cet espace de temps il eut toujours des vapeurs*, de petits refroidissements, de la soif et des lassitudes ; mais enfin la chaleur commençant à se déclarer, il se coucha, but une fois, et la fièvre continua jusqu'à son sommeil, qui fut interrompu et peu tranquille, de façon néanmoins que le roi ne demanda rien, et n'appela qu'après sept heures du matin, que j'eus l'honneur de le toucher, et le trouvai sans fièvre.

Il y avait neuf mois que le roi n'avait été purgé, plus d'un an qu'il n'avait eu la goutte, et très longtemps qu'il était enrhumé.

Tout cela m'avait obligé de lui conseiller de se purger avant que de reprendre le quinquina. La médecine était prête pour ne point perdre de temps. Mais le roi, craignant un autre accès, aima mieux commencer par le quinquina, que j'eus l'honneur de lui faire donner en vin clair, chargé de trois infusions, de quatre en quatre heures, depuis huit heures du matin, 13 du mois, tout le jour et la nuit suivante, dont S. M. fut purgée sept fois.

Le 14, le roi s'étant éveillé sans émotion, vers les neuf heures du matin, *commença de se plaindre de vapeurs*, de lassitudes et d'inégalités fréquentes de froid et de chaud. Son pouls changea plusieurs fois pendant tout le jour. Il continua le quinquina, prit peu de nourriture à dîner, tint ses conseils, et ne se coucha point que sur les six heures du soir, que la chaleur et l'élévation du pouls furent plus considérables. Ce qui dura jusqu'à onze heures, où, après environ trois quarts d'heure de sommeil qui suivit un peu de potage et un verre d'eau pannée, le roi se trouva fort soulagé, et, son pouls étant presque remis à son état naturel, il s'endormit avant minuit, passa la nuit tranquillement, et se réveilla avec le pouls entièrement net; ce qui a continué sans aucun ressentiment de fièvre.

Vendredi, 16 du mois, qui répondait au jour de fièvre, s'étant passé sans fièvre, le roi fut purgé le samedi avec son bouillon ordinaire, auquel je fis ajouter demi-once de manne d'augmentation, l'ayant jugé nécessaire à cause de la continuation de ses rhumes qui duraient presque depuis huit mois, à diverses reprises. S. M. fut bien purgée, et continua le quinquina dix jours après, jusqu'au mardi 27 du mois, où le roi fut coucher à Trianon, par une chaleur excessive pour le mois d'avril; ce qui me fit résoudre en partie de faire cesser le quinquina, de peur que la quantité de vin n'échauffât S. M. pendant ces premières chaleurs du printemps, et aussi pour essayer si ce qui restait de levain de fièvre ne serait pas suffisamment amorti par l'usage et l'évacuation de quinze jours de quinquina, devant être d'ailleurs diminué par la purgation précédente, et cela dans une saison favorable pour faire cette expérience. Cependant, la chaleur prématurée du mois d'avril ayant fini tout d'un coup par un temps froid dans le mois de mai, la suppression de la transpiration, nécessaire pour l'effet du quinquina, renouvela le levain de la fièvre, qui se déclara par un léger frisson, le 11 mai, après dîner, et n'eut point de suite, parce que le roi voulut bien prendre du quinquina dès que la chaleur, qui dura peu et sans violence, fut presque passée. Il le continua du mardi jusques au jeudi seulement, et voulut manger maigre le vendredi, le samedi et les deux premiers jours des Rogations, dont S. M. se trouvant fort gonflée, je lui conseillai de vouloir bien être purgée, avec le poids d'un écu de rhubarbe et trois onces de manne, sans séné, pour moins réveiller le levain de la fièvre à demi amorti par si peu de quinquina. Le roi en fut purgé dix-huit fois, et rendit, avec beaucoup de sérosités huileuses et fort ardentes, une prodigieuse quantité de petits pois verts, qu'il avait mangés pendant ces quatre jours maigres. S. M. se trouva un peu abattue de cette grande évacuation; mais son dîner rétablit promptement sa vigueur, et il passa le reste du mois assez bien, et les deux premiers jours de juin.

Le 3 de ce mois, le roi ayant reçu le soir la nouvelle de la victoire que son armée, commandée par M. le maréchal de Noailles, avait remportée sur le Ter (1), écrivit beaucoup après son souper, étant à Marly, et eut la nuit mauvaise; ce que j'attribue à l'application qui lui avait échauffé la tête avant son coucher. Mais le 5 du mois, en chassant à son retour de Marly à Versailles, il commença à frissonner et revint avec la fièvre, marquant en tierce, dont la chaleur, qui s'était déclarée avant que le roi fût arrivé, dura sans violence et sans autres accidents qu'un peu d'inquiétude pendant son sommeil, qui néanmoins la termina. S. M. s'étant éveillée en sueur à sept heures du matin, et sans fièvre, après qu'elle eût été essuyée et repassée, je lui fis prendre du quinquina au vin, chargé de trois infusions, de deux fois vingt-quatre heures, et d'une once de quinquina chacune sur la même pinte de vin, dont l'usage fut continué de quatre en quatre heures, avec une légère nourriture entre les prises. Le 7 du mois, jour de l'accès, il fit une chaleur excessive. Le roi eut

---

(1) La victoire du Ter, remportée par le maréchal de Noailles sur les Espagnols, fut complète; elle ne coûta aux Français que cinq ou six cents hommes. Les Espagnols laissèrent trois mille morts sur le champ de bataille et deux mille cinq cents prisonniers. Ils perdirent tous leurs équipages et leurs tentes, seize drapeaux. Comme ils avaient enterré leurs canons, on n'en prit que les affûts. — *Histoire de Louis XIV*, par Bruzen de la Martinière.

une agitation considérable, sans frisson, *mêlée de vapeurs*, et des accidents qui arrivent souvent dans le combat du levain de la fièvre et du remède. J'assurai S. M. que cette fermentation et l'extrême chaleur qui l'avait obligée de passer et de se coucher dans son grand appartement de Versailles (1), sans y trouver de frais, en étaient la cause. Cela se trouva vrai, par la suite le roi n'eut plus de fièvre. Je fis continuer le quinquina quatre fois par jour jusqu'au 20 juillet, avec deux jours de repos seulement, pour donner un peu de relâche à S. M. qui en avait été purgée trois semaines de suite, cinq, six et sept fois par jour, sans en être affaiblie, et qui le fut encore après ces deux jours d'intervalle jusqu'à la fin.

Cette purgation du quinquina d'une triple infusion, qui vida une infinité d'humeur, et sa continuation, eurent un si heureux succès, que le roi, depuis ce temps, n'a ressenti aucun mouvement de fièvre réglée, dont les retours, depuis l'année 1686, n'avaient été éloignés tout au plus que de six mois.

Sa santé parut sans aucune incommodité considérable jusqu'au vendredi 27 du mois d'août. Le soir de ce jour, à Marly, après deux grands repas de poisson, et de tout ce qui peut, par la diversité de mauvaises choses soutenues de sauces encore plus mauvaises, fermenter dans l'estomac, et mettre les humeurs calmées en mouvement, le roi, en se déshabillant pour se coucher, sentit une douleur de goutte au pied gauche, qui troubla la tranquillité de son sommeil. Il marcha pourtant le lendemain, quoiqu'avec peine ; mais ayant abso-

---

(1) Le grand appartement du roi, à Versailles, est situé au nord, du côté des jardins. La chambre à coucher précédait la salle du trône. Dans les premiers temps de son séjour à Versailles, Louis XIV couchait dans cette chambre, mais comme elle était très froide, il alla s'établir dans l'ancienne chambre à coucher de Louis XIII, faisant partie des petits appartements. Cette chambre, située au levant, sur la petite cour de marbre, a été détruite en 1704, ainsi que le cabinet qui la précédait, pour faire le salon de *l'Œil-de-Bœuf*. La chambre à coucher de Louis XIV fut alors placée dans le salon central, à côté de l'Œil-de-Bœuf. C'est celle existant encore aujourd'hui, dans laquelle il mourut, et qui, depuis, ne fut plus habitée par ses successeurs.

lument voulu faire encore maigre, la nuit fut plus mauvaise que la précédente. Il ne put presque pas poser le pied à terre en se levant le dimanche, et, après dîner, la douleur fut pendant deux heures assez violente pour l'obliger à se coucher. La nuit se passa sans sommeil, et la goutte se fit sentir pendant huit jours avec un peu de douleur le jour, mais elle n'empêcha plus le roi de dormir les nuits, et elle diminua ensuite insensiblement, de sorte néanmoins que S. M. ne put se chausser tout-à-fait que le 15 septembre. Peu de temps après, le roi partit pour Fontainebleau, où il fut repris de la goutte le 26 du mois, et le 27, il fut contraint de se mettre au lit sans se pouvoir lever que le dimanche 17 octobre. Ces trois semaines se passèrent avec beaucoup d'incommodité; les nuits furent très mauvaises, presque sans sommeil, souvent traversées par des bouffées de fièvre, des inquiétudes et de la douleur. Les matins, le roi avait un peu de relâche, mais, après dîner, l'inquiétude se réveillait et la douleur vers le soir, *avec des vapeurs et beaucoup de chagrin*. Le soir, entr'autres, du 3 octobre, la goutte qui avait gagné les deux pieds, comme cela est arrivé toutes les fois que le roi a été forcé de se coucher dans ses attaques de goutte, étant fort augmentée, la douleur, qui avait été considérable au pied droit l'après-dîner, devint très violente et presqu'insupportable entre les onze heures et minuit. L'air était froid et disposé à la gelée. Je crus que des linges chauds apaiseraient l'impression que ce froid faisait au pied nouvellement malade. Je les proposai d'abord inutilement, parce que le roi était prévenu que la chaleur irritait l'humeur de sa goutte, par l'habitude qu'il avait prise de mettre ses pieds hors du lit pour apaiser la douleur, toutes les fois qu'il avait la goutte, que l'engourdissement causé par ce froid lui rendait moins sensible. Mais ayant tenté ce secours ordinaire et dangereux sans succès, et plutôt avec redoublement de sa douleur, il se rendit enfin à la prière que je lui fis de permettre qu'on enveloppât son pied droit d'une serviette fort chaude, et d'essayer comment il s'en trouverait. Aussitôt qu'elle y fut appliquée, sa douleur se calma; après qu'on l'eut remise chaude une seconde fois, le roi s'endormit, et la nuit, qui se disposait à être une des plus fâcheuses, se passa assez doucement, et avec un sommeil continué à plusieurs reprises ; et ce pied droit, qui avait été attaqué le dernier, a été remis et rétabli le premier, le gauche étant toujours demeuré faible et douloureux jusqu'à la purgation du 18 septembre de l'année 1695, dont l'effet dura cinq jours, et débarrassa absolument les pieds du roi de ces restes de goutte. Le roi souffrit qu'on se servit du même remède dans les autres nuits qui devinrent sensiblement moins inquiètes, particulièrement quand le pied droit fut entièrement quitte de la douleur de goutte, et que S. M. ne fut plus contrainte de deux côtés, et qu'elle put, pendant le jour, s'appuyer sur ce pied pour se mettre dans un fauteuil et y passer une partie de la journée.

Le roi commença à s'appuyer un peu sur le pied gauche le 9 d'octobre, et l'enflure du pied et de la jambe étant insensiblement assez diminuée pour mettre ses bas et chausser un soulier coupé, S. M. se fit porter à la chapelle pour y entendre la messe le dimanche 17 d'octobre, et continua ensuite de se lever et de s'y faire porter tous les jours.

La crainte de renouveler quelques mouvements de fièvre sur la fin de cette grande attaque de goutte, m'obligea à différer quelque temps la purgation. Mais l'expérience que j'avais que la manière dont le roi avait été purgé par le quinquina pendant le dernier et long usage qu'il en avait fait, le mettrait en sûreté contre ces retours de fièvre, je crus qu'il était important de ne pas remettre plus longtemps que le 23 de novembre à le purger de ce qui pouvait rester de l'humeur de la goutte en disposition de se remuer, et des humeurs que l'insomnie, la douleur, et la vie sédentaire avaient amassées; le roi prit ce jour sa médecine ordinaire, qui vida, en treize selles, une grande abondance d'excréments et de sérosités bouillantes; et, pour une entière sûreté, le roi prit trois jours quatre prises de quinquina de triple infusion, ce qui eut un heureux succès.

Sur la fin de ce mouvement de goutte, dont la douleur et l'incommodité avaient mieux persuadé le roi que toutes les raisons que j'avais souvent eu l'honneur de lui représenter pour l'engager à quitter le vin de Champagne et à boire du vin vieux de Bourgogne, il se résolut de vaincre la peine qu'il lui faisait au goût, et d'essayer s'il s'y pourrait accoutumer. J'entendis cette déclaration avec une grande joie, et je ne doutai point qu'il ne s'y réduisît absolument, sachant avec quelle fermeté son courage héroïque le faisait persévérer dans les partis qu'il avait crus les meilleurs et auxquels il s'était déterminé sans se laisser ébranler par les difficultés, par l'habitude contraire, et par les discours des courtisans, *décidant avec autant de témérité que d'ignorance sur les choses les plus importantes de la médecine (1).*

Leurs faux raisonnements sur la préférence du vin de Champagne étaient appuyés particulièrement sur ce qu'il portait plus d'eau que le vin de Bourgogne sans perdre sa pointe, et qu'il passait beaucoup plus vite ; circonstances qui prouvent au contraire l'abondance du tartre dont il est chargé, qui lui conserve le goût agréablement piquant dont la langue et le palais sont pénétrés même avec beaucoup d'eau, mais dont les nerfs sont aussi dangereusement frappés que la langue en est flattée. Au lieu que le velouté des bons vins de Bourgogne, causé par le domaine des esprits, leur donne un goût dont la langue est mollement touchée, lequel devient plat par le grand mélange d'eau, mais aussi doux pour les nerfs qu'il est fade à la bouche. D'où vient que le vin de Champagne, dont la pointe se fait sentir à l'estomac est brusquement précipité, et, s'échappant tout seul, sans être adouci par son séjour dans le ventricule, et par son mélange avec les autres aliments, va bientôt inquiéter les parties nerveuses par les pointes de son tartre, et en aigrir le sang ; ce qui n'arrive pas au vin de Bourgogne que l'estomac presse et digère à loisir,

---

(1) Voir la note sur la dispute à l'occasion des vins de Champagne et de Bourgogne, n° 8 des pièces justificatives.

sans être pressé de s'en défaire. L'erreur de ceux qui protégent le vin de Champagne est de s'imaginer qu'au contraire de ce que je soutiens, le goût s'en maintient dans l'eau à cause de ses esprits ; mais cette supposition se détruit évidemment par la distillation du vin de Bourgogne qui fournit beaucoup d'esprits, et par celle du vin de Champagne, par laquelle on en tire très peu ; et l'expérience de beaucoup de gens auxquels le vin de Champagne excite la goutte presqu'à l'instant qu'il est bu, et que celui de Bourgogne nourrit et fortifie sans les incommoder, marque que le tartre du premier se fait sentir parce qu'il est dénué d'esprits dont la douceur et la quantité enveloppent assez celui du vin de Bourgogne pour le rendre innocent. L'ennui d'une longue et douloureuse attaque de goutte engagea le roi à se vouloir bien laisser persuader de ces raisons, dont il a depuis heureusement éprouvé la vérité dans l'usage du vin de Bourgogne, qu'il n'a point quitté, par l'éloignement des retours de goutte, et l'entière liberté de ses pieds, auxquels ce changement de vin a eu bonne part.

J'avais, quelque temps auparavant, encore obtenu qu'il consentît qu'on ne lui donnât plus de pain salé et fait avec du lait et de la levure de bière, qui s'aigrissait aisément dans son estomac, et contribuait, avec le vin de Champagne, à l'inquiétude de cette partie et aux nonchalances qui la suivaient ; lesquelles empêchaient S. M. de faire aucun exercice à pied, qu'il soutient présentement avec une légèreté extraordinaire et souvent très longtemps sans se lasser.

FAGON.

Remarques pour l'année 1695.

Le roi ayant passé le mois de décembre de l'année précédente, et celui de janvier de cette année 1695, sans incommodité considérable, et le temps sec et froid ne convenant pas à le purger par une simple précaution, il ne prit sa médecine ordinaire que le 14 de février. Il en fut purgé huit fois, les premières d'excréments échauffés et les dernières de sérosités fort teintes de bile. La saison étant encore froide, et les levains de fièvre ne se remettant pas ordinairement aussitôt en mouvement, soit qu'ils aient été arrêtés par les froids de l'hiver, ou par le quinquina, je crus que S. M. pouvait se passer d'en reprendre après cette purgation, et que la fièvre ne reviendrait pas. Ce qui arriva heureusement comme je l'espérais.

Le roi a été purgé de même, le 10 de mars; mais la proximité de l'équinoxe du printemps, et la saison des plus grands mouvements de la nature, me faisant croire qu'il était plus prudent de s'opposer à celui de quelques restes de levain de fièvre, que d'en attendre le retour, je conseillai à S. M. de prendre encore, trois jours de suite, quatre prises de quinquina de triple infusion, chaque jour. Cette précaution a été la dernière, et depuis le roi ne s'en est plus servi après ses médecines, et n'a eu aucun ressentiment de fièvres réglées.

Le 6 de juin, S. M. a été purgée dix fois de sa médecine, les premières d'excréments bouillants et chargés de quantités de petits pois verts, le reste de sérosités piquantes, telles qu'on les peut craindre pour donner et entretenir la goutte, si elles n'étaient emportées par ces médecines réitérées à propos.

Le 11 de juillet, quoiqu'il fît chaud, *un peu de pesanteur de tête* marquant la nécessité de purger le roi, je lui fis prendre sa médecine ordinaire dont il fut purgé neuf fois d'excréments et de sérosités bouillonnantes. Cette évacuation, nécessaire et abondante, n'empêcha pas la goutte de reparaître le 11 d'août; mais elle ne fut que médiocre jusqu'au 18 du même mois, et, diminuant ensuite insensiblement, elle finit entièrement le 24. Pendant tout ce qu'elle dura de temps, le roi s'est chaussé d'un soulier moucheté, et a toujours marché, et les nuits n'en ont point été troublées.

Le 18 septembre, avant le voyage de Fontainebleau, je crus que non-seulement la précaution de purger le roi était nécessaire, mais qu'il était à propos d'ajouter encore demi-once de manne à sa médecine, ou bouillon, afin d'en augmenter l'action, et de prévenir, par une évacuation de sérosités, plus ample, un retour de goutte à Fontainebleau, pareil à celui de l'année passée, précédé, comme dans celle-ci, par un avant-coureur d'accès de goutte dans le mois d'août. Ce bouillon purgea le roi douze fois, de matières très fermentées. L'effet en continua jusqu'au 24 du mois, et cinq jours de suite particulièrement, le roi en fut assez considérablement purgé, sans douleur, sans faiblesse, ni dégoût; et après cette évacuation, ses pieds ont été presque dans leur état naturel, et mieux qu'ils n'avaient été de toute l'année, depuis la goutte de 1694 à Fontainebleau.

Le roi fut purgé le 18 novembre. Je retranchai la demi-once de manne que j'avais fait ajouter à sa médecine précédente, ne voyant point de nécessité d'une évacuation extraordinaire. Celle qui se fit fut de neuf fois d'excréments et de sérosités moins ardentes.

Un rhume de la tête ayant fait moucher le roi abondamment pendant deux jours, et s'étant arrêté tout d'un coup, *avec un peu de pesanteur à la tête*, et de la toux, je lui conseillai de se purger incessamment, pour emporter l'humeur qui, cessant de couler par le nez, prenait un plus méchant parti. Il le fut le quatrième jour de ce rhume, 19 décembre, dix grandes fois, d'excréments et de sérosités abondantes et mousseuses.

La toux cessa absolument, et *la pesanteur de tête fut dissipée*.

Remarques pour l'année 1696.

Ce qui était arrivé à la fin de l'année précédente réussit aussi heureusement au commencement de celle-ci. Le 19 janvier, le roi, étant très enrhumé, fut purgé le cinquième jour de son rhume, qui le rendit fort enroué, et commençait à menacer la poitrine par la toux. Il vida beaucoup de matières fort ardentes, en six grandes selles, qui détournèrent entièrement la cause du rhume, lequel finit aussitôt que l'effet de la médecine.

Le reste du mois, et celui de février, se sont passés sans que le roi ait été incommodé considérablement; mais, s'étant encore enrhumé et toussant beaucoup, il fut purgé, le 5 mars, onze fois de sa médecine ordinaire, qui agit tard et vers le soir, parce qu'il avait beaucoup soupé la veille, et que la médecine eut peine à passer d'abord, et à faire sortir, dans les quatre premières selles, une quantité prodigieuse d'excréments fermentés et bouillonnants. Les deux jours suivants se passèrent sans que le roi fût à la garde-robe, et le dernier, *il se plaignit d'avoir la tête échauffée*. Mais les excréments retenus, qui en étaient la cause, étant sortis abondamment à quatre fois le troisième jour, il s'est fort bien porté depuis.

Je repurgeai S. M. le lundi 5 avril, qui se plaignait depuis trois ou quatre jours d'avoir le ventre fort gonflé, comme cela devait être, ayant passé ce temps à Marly, où elle avait mangé beaucoup de légumes et de poissons avec toutes sortes de sauces propres à faire une grande fermentation dans le ventre, dont l'effet parut, par les treize selles dans lesquelles elle rendit des pleins bassins d'excréments et de sérosités écumantes. Cependant cette grande évacuation ne satisfit pas encore au besoin qu'elle en avait, car *elle eut le lendemain un peu de vapeurs*, qui furent dissipées par une grande selle qui réveilla le roi à trois heures après minuit, et qui le déchargea de ce qui l'incommodait.

Le 29 du mois, *le roi*, au retour de la chasse au chien couchant, *sentit des étourdissements qui l'inquiétaient*. J'eus l'honneur de l'assurer que c'était un effet du soleil ardent, auquel il s'était trop exposé, qui avait fondu quelques humeurs, et qu'il y avait apparence que ces étourdissements seraient les avant-coureurs d'une migraine, qu'ils précèdent souvent. Cela arriva comme j'avais eu l'honneur de lui dire; les étourdissements diminuèrent considérablement lorsque la douleur de tête se déclara, et cessèrent absolument le lendemain, par un rhume, qui soulagea la tête en coulant abondamment par le nez.

Le premier jour de mai, le roi vida, dans une grande selle, un ver vivant, qui, sans doute en inquiétant l'estomac, avait eu part aux étourdissements qu'il avait sentis les jours précédents.

Je priai le roi de vouloir bien être purgé, afin d'en pousser le reste dehors s'il y en avait davantage ; mais il voulut aller à Meudon, où, ayant mangé beaucoup d'esturgeon, *il eut des vapeurs le vendredi après dîner*, ne dormit point la nuit, et le samedi, le dimanche, et les jours suivants, fut plusieurs fois à la garde-robe, avec indigestion, jusqu'au mercredi au soir qu'il fut à Marly.

Le samedi 12 du mois, le roi ayant beaucoup marché, et se trouvant las, se découvrit la nuit qui fut chaude. Le dimanche matin, il se sentit le corps brisé, le visage en feu, des douleurs passagères partout, *accompagnées de vapeurs*; il n'eut point d'appétit à dîner ; il eut le pouls inégal tout le jour, et un peu de fièvre jusqu'au soir. Il se couvrit, suivant mon conseil, la nuit du dimanche au lundi : sua beaucoup, d'une sueur qui marquait son linge de jaune, dormit bien, et se réveilla sans fièvre. Il sua encore deux fois dans la matinée, eut bon appétit, ne mangea guère, et passa la nuit couvert et tranquillement.

Cependant, ce qui avait été renfermé par la transpiration supprimée, la nuit que le roi avait passée découvert, n'étant pas absolument dissipé, une fluxion se jeta sur la joue droite du roi, et l'enfla beaucoup à l'endroit des glandes maxillaires. Après dîner (1), le roi ayant travaillé avec M. de Pontchartrain, et encore plus le soir au retour de la promenade, *eut des vapeurs*, des lassitudes et de la fièvre, la joue rouge et fort enflée. La nuit s'étant passée sans sommeil, le roi garda le lit le matin du mercredi. Il dormit depuis midi jus-

---

(1) Mardi 15, à Marly.

qu'à deux heures et demie. Il se réveilla sans fièvre ; mais la tumeur augmenta le soir, et la nuit fort agitée, et le pouls du roi assez agité le matin pour connaître qu'il y avait eu de la fièvre pendant la nuit, ce que je n'avais pu observer, parce qu'il ne me voulut pas permettre de veiller dans sa chambre. Il demeura au lit le matin du jeudi pour la messe et pour le conseil ; se leva pour dîner en particulier ; ne sortit pas après dîner ; soupa peu, et passa mieux la nuit, parce que l'humeur de sa fluxion éleva l'épiderme, et suinta un peu, ce qui en diminua la douleur et la tension. Mais le roi ayant voulu sortir dès le vendredi, pour aller à la messe et se promener, la rougeur s'éteignit, et la tumeur se durcit avec un renouvellement de douleur, qui rendit la nuit inquiète et presque sans sommeil, avec de l'agitation au pouls, ce qui obligea S. M. d'entendre la messe dans son lit, où, ayant dormi environ une heure et demie couverte, elle sua assez abondamment. Aussitôt la tumeur s'amollit, la douleur se calma, et le roi se trouva en état de retourner à Versailles, où il dormit tranquillement la nuit du samedi au dimanche, pendant laquelle ayant été couvert, il sua suffisamment pour tellement désenfler la joue malade, que le lundi suivant, après une bonne nuit, la tumeur disparut entièrement.

J'avais proposé au roi, le jeudi, la saignée qui lui était nécessaire, comme je l'avais remarqué par la plénitude et par les accidents qu'elle avait produits à diverses reprises. Il n'avait point été saigné depuis le mois de mai de l'année 1693, et la fluxion érésypélateuse qui durait depuis quatre jours avec un peu de fièvre, demandait qu'il le fût. Dans cette occasion, S. M. convint qu'elle en avait besoin, et voulut bien que je fisse avertir le chirurgien de se rendre à Marly ; mais elle remit au lundi 21 du mois, qu'elle serait à Versailles.

On lui tira ce jour trois poèlettes de sang, couvert d'une peau blanchâtre et calleuse, comme il est ordinairement dans les dispositions de catarrhes, érésypèles et rhumatismes, mais d'une bonne consistance d'ailleurs, et qui vint avec impétuosité et toujours en arcade.

La nuit du mardi au mercredi, le roi eut un peu de goutte qui l'empêcha quelque temps de dormir. Il voulut pourtant bien être purgé le mercredi matin, comme cela avait été résolu, et à mesure que la médecine fit son effet, le sentiment de goutte diminua, de manière que le soir S. M. ne s'en sentait plus. Elle empêcha néanmoins le roi de remettre son soulier ordinaire le lendemain matin; mais ayant voulu, malgré cette légère continuation de goutte, faire maigre le vendredi, le samedi et les trois jours de Rogations, à une heure après midi la douleur se réveilla et fut assez vive pendant deux heures, pour empêcher absolument le retour du sommeil, qui ne revint que le matin, et pas tranquille. Il garda le lit, se mit après dîner dans un fauteuil, sans pouvoir appuyer le pied droit qui était attaqué. La nuit du mercredi au jeudi ne fut pas encore bonne. Cependant, depuis ce temps, le roi ne sentit plus de douleur, le jour ni la nuit, qu'en remuant et en appuyant le pied droit qui était attaqué. Le mauvais temps l'ayant empêché d'aller à Trianon, il revint à Marly, se fit rouler dans le jardin en arrivant et presque tous les jours, jusqu'au jeudi avant la Pentecôte, qu'il retourna à Versailles, et se trouva en état de toucher plus de dix-sept cents malades le samedi, veille de la Pentecôte, et ses pieds s'affermissant de jour en jour, il fut à la procession tout entière le jour et l'octave de la Fête-Dieu. Depuis la saignée et la purgation, le roi, excepté ce léger ressentiment de goutte, s'est parfaitement bien porté, et le dépôt, qui s'est fait sur le pied droit du reste d'humeur ébranlée sans avoir été tout-à-fait emportée, a paru manifestement avoir dégagé des parties plus considérables. Le roi a, depuis ce temps, senti sa santé moins chargée, et n'a presque pas toussé, jusqu'à présent 10 juillet, malgré le très mauvais temps, propre à exciter et entretenir les fluxions. *Il n'a eu que quelques légères vapeurs*, et la tête un peu prise de rhume quand il s'est trop exposé au froid et à l'humidité de l'air, n'étant pas assez couvert, et qu'il a trop mangé. J'avais proposé au roi de se purger pendant que l'air froid et humide donnait l'occasion favorable de le faire, avant le commencement des jours caniculaires, pour vider une partie de ce que la variété des ragoûts réparait d'humeurs promptement et inévitablement. Mais le séjour de Marly, où S. M. se voulait promener, l'obligea de remettre à Versailles, et en attendant, le temps s'étant très échauffé ne fut pas propre à se purger.

Le 12 d'août, comme le roi mettait sa perruque le matin, il sentit de la douleur à la nuque du cou, où j'aperçus une petite pointe rouge que je reconnus d'abord pour le commencement d'un furoncle, mais, si petit, que nous n'insistâmes pas à le couvrir, le roi ayant de la répugnance pour un emplâtre de la grandeur d'une mouche de dame, que M. Félix lui proposait.

Le 13 et le 14, cette petite pointe rouge ne parut pas davantage; mais, le 15, elle commença à grossir un peu, et à incommoder assez le roi pour l'obliger, au retour de ses dévotions, en quittant le collet de pourpoint, à souffrir que M. Félix la couvrît d'un petit emplâtre. Nous nous aperçûmes que le furoncle paraissait se former, et que la base s'élargissait un peu, ce qui continua presque au même état jusqu'au vendredi. Mais ce jour, 17 du mois, le roi, ayant été après dîner à Marly, et s'y étant longtemps exposé le cou au soleil, et ayant après demeuré fort tard au serein, se plaignit, en arrivant à Versailles, d'un poids terrible qu'il sentait sur le cou et sur les épaules, qui l'empêchait de tourner la tête. Nous trouvâmes la tumeur considérablement étendue, avec de la rougeur. Le roi eut de l'inquiétude toute la nuit et ne dormit point. On continua le lendemain le même cataplasme qui avait été appliqué le soir, composé de pulpe d'oseille et d'oignons de lys, avec le saindoux. La tumeur parut augmentée, quoiqu'il fût sorti de la pointe, qui avait marqué d'abord, un peu de matière. Le roi passa la nuit du samedi au dimanche sans fermer l'œil, et garda le lit tout le jour. Je le trouvai sans fièvre, mais, craignant qu'il n'y en eût la nuit, j'obtins de S. M. qu'elle me permît, et à M. Félix, de passer la nuit dans sa chambre, ce qu'elle n'avait pas voulu, par bonté, les deux premières. Elle se passa avec la même insomnie, et quinze autres encore avec, pendant lesquelles le roi eut souvent des bouffées de fièvre, ou au moins une agitation du pouls qui suivait l'inquiétude cruelle, qui durait jusqu'au matin, quelquefois avec de la douleur et des élancements au cou, et souvent sans qu'elle fût assez considérable pour être la cause de l'insomnie à laquelle la goutte, qui survint aux deux pieds, contribuait beaucoup, et à l'augmentation de l'inquiétude et de l'agitation. Le roi s'attendait bien que le séjour du lit ne manquerait pas d'exciter la goutte, mais il était contraint d'y rester, par l'impossibilité de soutenir debout le poids de sa tumeur, qui était prodigieusement étendue, et qui occupait tout le cou, d'une oreille à l'autre, de la largeur de quatre grands doigts de haut en bas; épaisse de deux travers de doigt, avec une dureté et une rougeur brune épouvantable; ce qui formait une masse en carré long que l'on ébranlait tout entière, comme un morceau de chair rôtie, sans aucune apparence de fluctuation au dedans; ce qui nous obligea à quitter le premier cataplasme et l'emplâtre de *Manus-Dei*, pour ne plus penser qu'à adoucir et amollir cette dangereuse tumeur, remplie d'une humeur farouche, laquelle pouvait, si on la laissait irritée, causer un désordre funeste, ou en s'écartant vers les parties importantes voisines de la tumeur, ou en pénétrant les muscles et les ligaments des vertèbres du cou qu'elle aurait dépouillées. Je fis préparer un autre cataplasme avec la pulpe de mauves, de guimauves, d'oignons de lys, de ciguë, de telephium, de camomille, et de liquidembar très peu, sans graisse, et un emplâtre avec la litharge, l'aimant, la thérébentine, et d'excellente huile d'olives, pour éviter la puanteur et l'âcreté qu'elle contracte en vieillissant, ce qui la rend mauvaise; et voyant que cette tumeur dégénérée en un terrible anthrax, devenait érésypélateuse, suppurant dans toute sa superficie, j'en fis retrancher la thérébentine. La suppuration superficielle ayant encore continué deux jours, une petite pointe du furoncle, qui avait paru d'abord et qui occupait le milieu de toute la tumeur, jeta un petit bourbillon, et, une autre pointe pareille en ayant jeté un semblable, il commença à sortir du pus séreux du fond de la tumeur par les deux petits trous dont ces bourbillons s'étaient détachés, qui n'étaient séparés l'un de l'autre que par l'espace d'une ligne de peau. Nous jugeâmes à propos de couper cette bride, ce qui, mettant les deux ouvertures en une, donna plus de liberté à la matière purulente de sortir. Mais, différentes parties de la tumeur suppurant en divers endroits, il s'y fit encore d'autres petites ouvertures par lesquelles il coula une très grande abondance de pus, plusieurs jours de suite, et beaucoup de lambeaux de la membrane commune, laquelle ayant été brûlée et corrodée par l'humeur terrible de cet anthrax dans toute son étendue, s'exfolia entièrement aussi dans tout cet espace, et sortit avec des morceaux du panicule charnu réduits dans l'état où sont des tranches de viande desséchées en les rôtissant. Nous nous servîmes du baume vert de Schrodère, et de baume blanc de M. Félix, pour nettoyer ce fond et pour empêcher la pourriture. Mais la grande et longue suppuration de toute la tumeur qui se fondit enfin tout entière, amincit tellement la peau, qu'il fut absolument nécessaire de la couper en croix jusqu'où elle était dénudée, le 8 de septembre. Cette incision lui ayant donné lieu de se dégorger du méchant suc qui l'avait desséchée, elle se revivifia, de manière que les quatre coins s'étant nourris et épaissis, elle se rattacha sur le fond de la tumeur, et s'est enfin absolument cicatrisée, sans qu'on ait été obligé d'en rien couper davantage. Le roi s'est trouvé parfaitement guéri à la Toussaint, et, ayant été purgé deux fois de suite sur la fin de la réunion de cette grande plaie, il s'est parfaitement bien porté depuis.

Pendant le fort de son mal la fièvre disparaissait tous les matins. La saignée fut remise tant de fois, qu'elle ne me parut plus nécessaire lorsque les veilles et la longue diète avaient diminué sensiblement la plénitude et les forces du roi. L'appétit de S. M. se soutenant toujours, je lui laissai manger un peu de viande à dîner, et du pain dans son bouillon le soir, dont elle s'est fort bien trouvée.

J'avais, quatre mois avant cette maladie, conseillé au roi de prendre du café le matin, à la place d'un verre d'eau et de vin à la glace, qui faisait son déjeûner avec une bouchée de pain, grosse comme la moitié d'une noix, ce qui s'aigrissait dans son estomac, et laissait un levain d'aigreur pour les autres repas, lequel contribuait en partie aux nonchalances fréquentes qui l'incommodaient et l'empêchaient de faire aucun exercice à pied.

Cette prise de café apaisait ces aigreurs, et, bien loin de lui inquiéter l'estomac, comme on l'avait supposé, et de lui donner des vapeurs, paraissait lui faire du bien ; mais, depuis cette tumeur, jugeant qu'il était nécessaire que le roi fît un usage de quelque potion vulnéraire pendant trois ou quatre mois, je lui proposai de prendre une teinture d'égales parties de véronique et de sauge de Provence, propres l'une et l'autre à amortir les levains trop aigres de l'estomac, à rectifier le sang, et à conserver la fermeté des parties nerveuses. S. M. n'ayant point trouvé cette potion désagréable au goût, a bien voulu la continuer, et depuis cet usage, elle n'a presque plus de nonchalances, de sorte qu'on ne peut pas douter que ce remède, soutenu par les purgations réitérées toutes les cinq ou six semaines, n'ait mis le roi en état de marcher avec une facilité, une légèreté, et un air de santé, qu'il ne s'attendait pas de recouvrer, en avançant en âge avec de très épineuses affaires, et chargeant toujours son estomac plus qu'il ne faut pour l'espérer du régime.

Le roi fut repurgé le 1er d'octobre, avec son bouillon, où je fis mettre trois onces de manne, comme j'avais fait aux deux précédentes, et que j'ai fait de même continuer dans la suite, pour empêcher plus de sérosités superflues. Et cette précaution a eu un heureux succès. Trois jours après, le roi partit pour Fontainebleau, où il se porta fort bien.

Le 12 de novembre, en étant revenu à Versailles, il fut encore purgé très heureusement.

FAGON.

Remarques pour l'année 1697.

Le roi n'avait point été purgé pendant le mois de décembre de l'année 1696, à cause du froid sec et violent; il le fut le 7 janvier de cette année 1697, quoiqu'il fut encore considérablement enrhumé; mais ce rhume opiniâtre, qui avait commencé la surveille de Noël, diminua ensuite insensiblement, malgré le froid qui redoubla le lendemain de sa purgation.

La durée de la gelée recula depuis la médecine du roi jusqu'au 3 mars (1); il s'en trouva fort bien; mais ayant été le mercredi à Marly, et y ayant bu trois jours de suite du vin de Rivesaltes, il eut, la nuit du dimanche au lundi, huit jours après la médecine, un ressentiment de goutte, qui l'empêcha de dormir plus de deux à trois heures. Il se leva néanmoins, et, quoiqu'il ne put poser le pied à terre, il se fit porter à la messe et fut obligé ensuite, pendant qu'il tint le conseil, de poser la jambe gauche malade sur un siége, où il souffrit beaucoup de douleur; mais tout d'un coup, après le dîner, elle diminua de manière que le roi retourna de son pied dans son cabinet, et depuis, la jambe s'étant fort enflée avec rougeur et dureté vers les malléoles, la douleur disparut presque tout-à-fait, et le sommeil revint assez tranquille. L'enflure continuant, S. M. ne laissa pas de marcher de mieux en mieux, et fut le dimanche à la messe à pied. La tumeur de la jambe, après environ quinze jours, s'est tout-à-fait dissipée. Le roi a touché, le Samedi-Saint, plus de deux mille malades, sans sentir de douleur, et de jour en jour a mieux marché qu'il n'avait fait il y a longtemps.

La médecine du 15 avril a purgé le roi douze fois, et n'a rien laissé en mouvement pour renouveler la goutte.

Cette goutte avait commencé au roi par le gras de la jambe; elle n'a point poussé jusqu'au bout du pied, s'étant presque arrêtée aux malléoles et au talon; mais l'enflure a duré fort

---

(1) Ce doit être le 4; ainsi que le dit Dangeau, le 3 étant un dimanche.

longtemps, et, depuis cette attaque, dont le vin de Rivesaltes était manifestement la cause, le roi n'en a point bu.

Dans le commencement du mois de mai de cette année, il a fait une chaleur excessive pour la saison, pendant huit jours, laquelle a été suivie d'un froid à geler pendant le reste du mois, avec un vent terrible. Le roi, ensuite de ces prodigieuses chaleurs, sentit de la douleur à l'épaule droite, pendant que ses pieds étaient fort fermes, et sans aucun reste d'impression de goutte, ce qui marquait assurément que le peu de cette humeur que la grande chaleur avait fondu, au lieu de suivre la route ordinaire, s'était porté à l'épaule. Cela m'obligea de presser S. M. de se purger au plus tôt; mais un voyage de Marly m'empêcha de l'obtenir avant le 10 juin. La médecine vida beaucoup d'excréments et de sérosités en neuf selles, et diminua le mal d'épaule. Peu de temps après, les pieds du roi demeurant toujours fort fermes, *il trouva sa tête un peu chargée,* et d'ailleurs se portait parfaitement bien. Ce reste de mouvement d'humeur de goutte vers la tête, me fit prendre la résolution de purger encore S. M. le 11 juillet, et, par l'effet de cette purgation, qui fut de douze selles, *la pesanteur et la douleur de tête furent entièrement dissipées.*

Le roi a été purgé depuis, le 2 septembre. Le 14 octobre, tout d'un coup il sentit de la douleur accompagnée de rougeur à la jointure de la dernière phalange du doigt annulaire de la main gauche. Cette douleur étant excitée par une humeur de goutte dont la vivacité ne dura que peu d'heures, je fis reprendre médecine au roi le 16 du même mois (1), qui le purgea douze fois, et emporta absolument l'humeur, qui m'inquiétait en prenant le chemin des parties supérieures préférablement aux pieds.

Onze jours après cette purgation, le roi jeta un grand ver mort, lequel avait été tué par la médecine, et entraîné par les excréments avec les glaires dont il était enveloppé. La

(1) A Fontainebleau.

crainte qu'il n'y en eût d'autres me fit proposer au roi de le purger au plus tôt, ce qu'il fit le 18 novembre; et quatre jours après, il en jeta encore un aussi grand que le premier, et tué comme lui par la médecine.

S. M. se porta fort bien depuis jusqu'au 29 décembre, *où elle sentit des langueurs, des vapeurs,* avec lesquelles un flux de ventre parut. Le roi se releva deux fois la nuit, ayant été quatre fois à la selle pendant la journée, sans dégoût et sans indigestion, mais rendant beaucoup d'humeurs; lesquelles me paraissant disposées à être vidées, et croyant qu'il était nécessaire de secourir la nature surchargée de leur poids, je purgeai le roi le 30, et S. M. ayant jeté beaucoup d'humeurs très écumeuses, avec un ver mort, un peu moins grand que le dernier, le flux de ventre finit absolument avec la troisième selle de la médecine, et le roi dormit tranquillement la nuit, après une dernière selle d'humeurs noirâtres et épaisses, pour laquelle il se releva une heure après minuit.

FAGON.

Remarques pour l'année 1698.

On ne peut pas douter que les évacuations arrivées à la fin de l'année précédente, n'aient emporté la plus grande partie de l'humeur d'une forte attaque de goutte préparée pour celle-ci, laquelle a été réduite à peu de chose. Le roi a senti de la douleur au pied gauche le 8 janvier, qui l'a obligé à se faire porter dans ses appartements; mais deux jours après, il commença à marcher, et le 10 du mois, il reprit son soulier ordinaire. Il fut purgé le 3 février, pour ôter les restes de ce dépôt.

Le jeudi 13 mars, la même médecine réitérée purgea le roi douze fois d'humeurs abondantes et pleines d'écume, mêlées d'une grande quantité d'excréments; mais ayant été, le samedi

22 du mois, longtemps exposé au soleil et au frais à Marly (1), il revint à Versailles avec un léger mouvement de goutte, *accompagné d'étourdissements, que la procession du lendemain, dimanche des Rameaux, et l'air chargé de neige, rendirent plus incommodes.* Les jours maigres que S. M. voulut absolument faire de suite, depuis le mercredi de cette semaine, et le froid qu'elle sentit aux pieds et à la tête pendant l'office du Vendredi-Saint, *augmentèrent les étourdissements;* la goutte, au contraire, diminua au pied gauche; cependant elle dura jusqu'au 10 avril, *les étourdissements ayant cessé par une abondante décharge de sérosités par le nez, qui en débarrassa la tête;* le reste continuant de se dissiper par le pied. La médecine que j'eus l'honneur de faire prendre au roi, le 17 du même mois (2), et qui le purgea douze fois d'humeurs bouillantes, emporta les restes du rhume et de la goutte.

Le roi fut ensuite purgé le 26 mai, et le mercredi 9 juillet. Le 30 de ce mois de juillet, le roi se réveilla avant sept heures du matin, et fit une grande selle de matière en bouse de vache. Il en fit encore deux dans la matinée, et deux après dîner de matières détrempées. Le lendemain, il s'éveilla à une heure après minuit, fit une grande selle d'humeurs qui n'empêcha pas que le roi ne dormît tranquillement le reste de la nuit. Le lendemain, il en fit une autre, qui fut suivie de huit jusqu'au soir. Et depuis, il a été, jusqu'au dimanche 3 août, cinq ou six fois par jour à la garde-robe; et cela en étant demeuré là tout d'un coup, il fut purgé le 13 de ce mois d'août, et le 29 septembre, neuf ou dix selles chaque fois, avec un très heureux succès, car pendant tout cet intervalle du 17 avril jusqu'au 16 octobre, excepté ce flux de ventre de trois jours, qui valut une purgation, S. M. se porta parfaitement bien.

(1) Le roi ne cessait d'aller dans ses jardins de Marly, où il faisait faire tous les jours de nouveaux changements. Il y était aussi plus libre et s'y livrait plus volontiers à des écarts de régime ; c'est ce qui est constaté continuellement ici par Fagon.

(2) Dangeau dit le 16.

Mais les grands couverts de Fontainebleau l'ayant excité beaucoup à manger (1), *les étourdissements se renouvelèrent assez* pour me faire aisément obtenir que le roi voulût bien avancer le temps de sa médecine. Il fut purgé le 29 octobre, treize fois d'une étonnante quantité d'excréments bouillants, et de sérosités ardentes, avec tout le succès que j'en attendais, *et sans aucun reste d'étourdissements.*

Le 21 novembre, le roi eut un léger ressentiment, ou plutôt une menace de goutte, n'ayant qu'un peu d'enflure au coude-pied droit, et un sentiment de plénitude presque sans douleur, et sans être obligé de changer de soulier; mais cette enflure étant disparue tout d'un coup, le 27 du mois, le roi se trouva le 28 novembre considérablement enrhumé. L'humeur de la goutte cessée étant manifestement la cause de ce rhume, je purgeai le roi le lundi premier jour de décembre, parce que je ne pus obtenir de le faire plus tôt, le roi n'ayant pas voulu entendre la messe dans sa chambre le dimanche, ni manger gras le samedi (2). Le rhume finit avec la treizième selle de la médecine, et la goutte, qui menaça un peu la jambe gauche le 15 du mois, disparut absolument par un petit flux de ventre de deux jours. FAGON.

Remarques pour l'année 1699.

Le 5 de janvier, le roi fut purgé quatorze fois de son bouillon ordinaire; il demeura néanmoins des humeurs en mouvement. Le matin du 6, il fut pressé d'aller à la garde-robe, de matières bien conditionnées, mais enduites de glaires bi-

---

(1) On voit que les indispositions du roi viennent le plus souvent après des excès de table.

(2) Dangeau dit, à la date du 1er décembre : « Le roi prit médecine, il la prend tous les mois, le dernier jour de la lune. » Fagon, au contraire, purgeait le roi à des époques irrégulières, suivant qu'il le croyait nécessaire, et suivant des idées n'ayant aucun rapport à l'astrologie, ainsi que pourrait le faire supposer la réflexion de Dangeau.

lieuses. Le 7 au matin, il y fut de semblables matières précipitées aussi brusquement, et le même jour, une fois après dîner, avec un peu de sueur ; étant ensuite arrivé à Marly et s'y promenant, il eut des nonchalances et de fréquents bâillements, sans aller à la garde-robe. La diète de Marly ne convenait pas à l'état ou était le roi, dans lequel il eût fallu laisser couler doucement les humeurs émues, en vivant d'une médiocre quantité d'aliments simples et doux, sans les faire bouillonner par le mélange et l'âcreté des ragoûts, qui donnèrent au roi une très méchante nuit. Il fut une fois à la garde-robe à une heure après minuit, une à trois heures, et quatre depuis cette heure-là jusqu'à son lever, qui fut retardé d'une heure. Il y fut encore une fois avant que d'aller à la messe, et deux depuis jusqu'à trois heures où cela s'est terminé, parce que le roi s'est réduit à moins souper le soir, ce qui a été suivi d'une nuit tranquille.

Le 9 de février, il a été purgé dix fois de sa médecine, dont S. M. s'est fort bien trouvée. Le 9 mars, elle fut réitérée ; les premières selles furent fort grandes et bouillonnantes, mais il n'y en eut que neuf en tout.

Le 13 du même mois, le roi fut à Marly se promener longtemps, par un grand vent froid, et après son retour à Versailles, *il se plaignit que sa tête était prise et prête à tourner*, ce qui était un effet du vent glacial qui lui avait longtemps frappé la tête par le froid, et qui, en resserrant les membranes et en condensant les humeurs, avait causé un embarras qui troublait le cours libre des esprits. Il l'a sentie trois jours embarrassée de ce rhume, qui, s'étant enfin déchargé par des éternuements et par beaucoup moucher, l'a soulagé.

Le 13 du mois d'avril, le roi a été purgé onze fois de sa médecine accoutumée, et l'effet en aurait été encore meilleur, si la fatigue et les jours maigres de la semaine sainte, ne l'avaient pas suivie de si près.

Le lundi de pâques, 26 d'avril (1), le roi eut, en sortant du

---

(1) Le lundi de Pâques était le 20 d'avril, Fagon a donc fait ici une erreur.

lit, une légère douleur de goutte, qui ne l'empêcha pas pourtant de se chausser et de marcher. Le pied droit, qui en fut attaqué, n'enfla point. La nuit du 21, le roi fut éveillé par quelques élancements, mais un moment après il se rendormit et passa le reste de la nuit tranquillement. Il eut peine à s'appuyer le matin, en mettant le pied à terre, mais, lorsqu'il fut chaussé, il marcha plus aisément et de mieux en mieux le reste du jour. Le 22, S. M. se leva et marcha sans douleur.

Le 6 de mai, le roi ayant pris des souliers neufs, dont la semelle était un peu ferme et sèche pour avoir les pieds plus au juste, se promena un après-midi avec des galoches, à Marly, par une pluie très froide, pendant quatre ou cinq heures sans être incommodé; mais le soir, il sentit tout d'un coup de la douleur au gros doigt du pied gauche. La nuit fut un peu inquiète, et la goutte se déclara assez doucement néanmoins pour se pouvoir chausser d'un soulier moucheté, aller à la messe à pied, et partout où S. M. eut affaire pendant le jour. Le soir, le pied se trouva rouge et fort enflé, ce qui a duré quatre jours sans troubler le repos de la nuit, ni causer presque de douleur au roi. Le 5, l'enflure et la douleur ont commencé à diminuer, et le 8, 13e du mois, S. M. a repris son soulier ordinaire, et a marché sans aucun reste de douleur ni de faiblesse.

Le voyage de Marly ayant empêché le roi d'être purgé le lundi 18 de mai, auquel jour il devait l'être, il le fut le dimanche 24, ayant été auparavant à la messe à la chapelle, parce qu'il ne voulut pas manquer au jour maigre du lundi des Rogations. Sa médecine le purgea moins, comme il arrive ordinairement quand on sort de sa chambre avant que de la prendre. Le roi a été repurgé le lundi 29 du mois de juin (1), ayant encore entendu la messe à la chapelle. Sa médecine ne laissa pas de bien faire, parce que l'air était plus chaud que dans le mois précédent. S. M. fut douze fois à la selle, *et rendit beaucoup de*

---

(1) Dangeau dit que cette médecine fut prise le 24.

pois, de matières fermentées, et de très ardentes sérosités. Le lundi 3 d'août, le roi prit sa médecine ordinaire, et quoique le temps fût sec, elle le purgea neuf fois de beaucoup d'excréments et de sérosités piquantes.

Le 7 de septembre (1), le roi a été heureusement purgé d'humeurs fort âcres, et de beaucoup d'excréments fermentés, en dix selles.

Le 23, le roi s'étant longtemps exposé à un vent assez froid, se plaignit le soir et le lendemain *de quelques étourdissements* dont il fut soulagé le 25, en commençant à beaucoup marcher, et rendant la matière d'un rhume préparé à se cuire.

Le mercredi 14 du mois d'octobre (2), le roi a été purgé neuf fois de sa médecine accoutumée. Les selles ont été grandes, remplies d'excréments bouillant dans le bassin, et de sérosités huileuses et cuisantes.

Le samedi 7 du mois de novembre, le roi, la veille ayant été longtemps debout et jusqu'à la nuit par un temps froid, pluvieux et relâchant, à voir travailler dans son jardin de Marly où il était depuis le 2, et où il s'était mangé beaucoup de ragoûts fort de haut-goût, sentit tout-à-coup, en se levant de son lit, de la douleur au pied droit, qui l'empêcha de s'appuyer. Mais après qu'il eût prié Dieu, il appuya le pied en se levant. Il se fit pourtant porter à la messe, mais à son retour il marcha, et après dîner et le soir encore mieux. La nuit se passa sans douleur. Le roi se promena le lundi matin, et le mardi matin; et après son dîner, le mercredi, il fut tirer après midi avec ses chiens couchants; mais le soir, sur les sept heures, étant chez Mme de Maintenon, où il travaillait avec ses ministres, en un instant il fut saisi de frissonnements à la jambe droite, et ensuite d'une douleur assez vive vers le talon, de sorte qu'il vint à sa table, pour souper, avec une grande peine, et encore plus de là à son cabinet, après avoir

---

(1) A Fontainebleau.
(2) A Fontainebleau.

bien soupé ; et fut contraint de se déshabiller promptement pour se coucher, souffrant beaucoup. La douleur diminua néanmoins lorsqu'il fut dans son lit, et il dormit la nuit avec inquiétude, ayant été éveillé seulement pendant les deux premières heures. Il recula son lever d'une heure le lendemain, et, quoiqu'il ne pût mettre le pied à terre en sortant de son lit pour aller à sa chaise, lorsqu'il fut chaussé il l'appuya et marcha un peu dans sa chambre, ne sentant quasi que de la pesanteur et de la plénitude au pied et à la jambe pendant tout le jour. Le soir, la douleur se renouvela ; cependant le roi dormit la nuit à bâtons rompus, mais plus doucement que la précédente. Le vendredi matin, le pied qui était enflé dès le jeudi vers le talon et les malléoles, se trouva enflé et douloureux particulièrement aux environs des doigts et sur le coude-pied, et de tout le jour il ne put l'appuyer. Par malheur, en faisant mener à table sa roulette, pour dîner, on lui poussa rudement le côté du pied contre le bois d'un tabouret, ce qui détermina particulièrement la douleur à cet endroit, vers le soir, et qui l'augmenta considérablement. Le roi a mangé maigre, mais bien moins qu'à son ordinaire. Ce jour et la veille, il s'est promené dans sa chaise, et même assez tard, par un vent de sud-ouest, froid et grand, et a voulu continuer encore le maigre depuis, ce qui a fait durer la goutte plus longtemps, accompagnée d'enflure et de faiblesse, qui ne s'est dissipée qu'après que le roi a été purgé.

Le 1ᵉʳ du mois de décembre, quoique le roi sentît encore un peu de douleur au coude-pied en le pliant, et que cette douleur fût accompagnée d'enflure et de faiblesse, je conseillai à S. M. de se purger, jugeant qu'il était nécessaire de vider l'humeur qui entretenait ce reste de goutte avant qu'un plus grand froid, lui fermant les ouvertures de la peau, la déterminât à se porter ailleurs ; ce qui ne se pouvait faire sans péril.

Le roi fut abondamment purgé, en douze selles (1), et le

---

(1) Le 2 décembre.

soir il marcha sans douleur. Le lendemain, il se leva sans aucun reste d'enflure au pied, dont la faiblesse se passa aussi en peu de temps. Mais, étant retourné à Marly le mercredi 5 du mois (1) et y ayant beaucoup mangé, il fut réveillé la nuit du jeudi au vendredi par un flux de ventre, mêlé de matières indigestes et d'humeurs qui précipitèrent encore les aliments du vendredi, mauvais par eux-mêmes dans cette occasion, et que le roi ne voulut pas quitter, ni le samedi. Pendant ces deux jours, il fut six grandes fois à la garde-robe. Le dimanche, il n'y fut qu'une fois, mais toujours avec quelque mélange d'humeurs. Ce qui, ayant continué à diverses reprises le reste du mois, m'obligea de représenter au roi la nécessité où il était de se repurger plus tôt qu'à son ordinaire, ce que S. M. voulut bien faire le mercredi 30 du mois. La médecine vida, en dix selles, beaucoup d'humeurs, et remit son ventre dans un état naturel. FAGON.

Remarques pour l'année 1700.

Le bon effet de l'évacuation faite le 30 de décembre de l'année passée, ne dura que jusqu'au jour des Rois. Le roi étant venu ce jour souper et coucher à Marly, fut réveillé le 7 du mois, à six heures du matin, par une selle d'excréments précipités, indigestes, qui fut suivie de trois autres dans la journée. Les trois jours suivants, le roi rendit, chaque jour, trois selles assez grandes d'excréments mêlés d'humeurs échauffées.

Après huit jours de repos, pendant lesquels le roi se contraignit à moins manger et à retrancher les ragoûts, il ne fut en tout que quatre fois à la selle naturellement. Le flux de ventre recommença le dimanche 17 du mois de janvier ; le roi fut sept fois à la garde-robe, le lundi, trois fois, le mardi,

(1) C'est le 9.

quatre, le mercredi, trois, et rendit toujours beaucoup d'humeurs. Ce désordre s'arrêta par la diète du roi, qui lui fit passer les trois jours suivants sans aller à la garde-robe. Le dimanche 24, le flux de ventre parut recommencer par une selle très grande d'excréments détrempés de beaucoup d'humeurs, mais elle n'eut point de suite, et le roi, par sa modération, fut le reste du mois et les premiers jours de février, dans son état ordinaire.

Le samedi 6 de février, le roi, étant depuis trois jours à Marly, se réveilla en sursaut et en rêvant, et fit une grande selle à cinq heures du matin. Après dîner, S. M. en fit encore deux, le lendemain trois, et le lundi, 8 du mois, autant; toutes détrempées de beaucoup de sérosités. Le roi ne fut point le mardi à la garde-robe, et le mercredi 10 février, il fut purgé dix fois de son bouillon, dont il se trouva fort dégagé, et, ayant dormi tranquillement la nuit, n'eut aucun retour de flux de ventre jusqu'au 16 février, que le roi fit une selle encore un peu détrempée de sérosités. Le 17, il en fit deux de même nature, et le 18, trois d'excréments précipités et indigestes. Mais S. M. ayant bien voulu se réduire à moins manger, particulièrement le soir, les restes des humeurs se sont vidés insensiblement et sans faire de désordre. Le lundi 15 mars, le roi a été purgé neuf fois, les premières grandes, et les cinq dernières médiocres pendant la journée; et une heure après son coucher, il se releva et en fit une grande, épaisse et rougeâtre, après laquelle il a dormi doucement le reste de la nuit, et s'est réveillé en parfaite santé.

Le roi vida par son bouillon purgatif, le 21 du mois d'avril, beaucoup d'excréments bouillants, mêlés d'humeurs et de petits pois, et dans les dernières selles, quantité de sérosités ardentes, treize fois en tout.

Le mardi 27 du mois, le roi sentit, en mettant le pied à terre au sortir de son lit, un peu de douleur au coude-pied gauche, qui s'étendit le long du tendon du gros doigt. Cela ne l'empêcha pas de chausser son soulier ordinaire; il marcha avec un peu de peine en allant à la messe, en revint plus aisément, et insensiblement ce petit mouvement de goutte se passa, de façon que le soir en se couchant, le roi ne sentait plus rien du tout.

La purgation du roi fut remise au 31 du mois de mai, lundi d'après la Pentecôte, parce qu'il était à Marly la semaine précédente. S. M. fut à la messe à la chapelle, avant que de prendre sa médecine, qui le purgea onze fois de matières fort âcres.

Mercredi 30 de juin, le roi a été purgé douze fois, de son bouillon purgatif, et s'en est trouvé fort léger. Il commençait d'en sentir la nécessité par un sommeil moins tranquille et troublé souvent par des réveils en sursaut, et en rêvant, qui la firent avancer de quelques jours.

Le 18 juillet et le 19, le roi fut incommodé de beaucoup de vents, et le 20, il fut réveillé à quatre heures du matin par une selle indigeste et détrempée, qui fut suivie de quatre autres pareilles dans la journée. Mais ayant bien voulu peu souper, et pendant quelque temps ne pas manger de petits pois, dont ses selles étaient remplies, cela fut terminé sans retour.

La chaleur des premiers jours du mois d'août obligea de remettre la médecine du roi au 11 du même mois. Elle le purgea neuf fois d'excréments fermentés et d'humeurs âcres.

Le roi a été purgé le 19 septembre, qui était le dimanche, parce qu'il était jeûne le lundi. Il entendit la messe à la chapelle, et ne fut purgé que huit fois lentement parce que l'air, qui n'était pas chaud, avait resserré les humeurs.

Le 6 du mois d'octobre, le roi se plaignit d'avoir mal à la tête. Les jours suivants il en fut encore incommodé à diverses reprises *et de quelques étourdissements*. Le 18, le nez commença à lui couler abondamment. Le 22, le roi cessa presque tout-à-fait de moucher, et toussa beaucoup, et les jours suivants de même. Je l'aurais purgé dès le 23, sans les jours maigres que le roi voulut faire, ce qui obligea de remettre la purgation au lundi 26 du mois (1). S. M. fut purgée douze

(1) Lundi 25.

fois d'une grande abondance de sérosités, dormit tranquillement la nuit, recommença à moucher des matières mûres, et ne toussa presque plus, quoique le matin de la médecine elle fut fort enrhumée.

Le roi a été purgé le mercredi 1ᵉʳ de décembre, et a rendu quatre grandes selles d'excréments échauffés et sept de sérosités épaisses et piquantes. Toutes les humeurs que S. M. a vidées par les purgations et par les fréquents flux de ventre, ont emporté la cause de la goutte, dont le roi n'a eu qu'une petite menace d'un jour en toute l'année; mais il aurait même évité les cours de ventre, sans les fréquentes occasions de trop manger qui conduisent à l'indigestion, laquelle remue les humeurs mal à propos, les fait fermenter et ne leur donne pas le loisir d'attendre la purgation, et de plus, elle en fournit une grande abondance de nouvelles, qui naissent du mélange d'un chyle mal préparé avec le sang. Et on doit aussi remarquer que les jours maigres ont bonne part à ces désordres, et que, lorsque ces mouvements de flux de ventre se calment, les jours maigres les réveillent. Cependant, le plus grand bien qui puisse arriver dans ces indigestions si fréquentes, c'est que leur mauvais produit soit emporté par les flux de ventre, ou au moins la plus grande partie.

FAGON.

Remarques pour l'année 1701.

Le 3 janvier de la présente année, le roi prit sa médecine ordinaire, qui le purgea dix fois de beaucoup d'excréments fermentés et de sérosités brûlantes.

Le 14 du mois de février, le roi, qui s'apercevait lui-même du besoin qu'il avait d'être purgé, par le trouble de son sommeil et le gonflement de son ventre, prit sa médecine, dont l'évacuation fut de douze selles, la moitié d'excréments bouillonnants, et le reste de sérosités âcres.

Le 9 de mars, la goutte attaqua le roi par le côté du pied et gagna le gros orteil du pied gauche. La nuit du 9 au 10 fut inquiète, et le roi fut réveillé par la douleur, le pied et la jambe étant enflés depuis assez considérablement avec rougeur. Les nuits suivantes ont été tranquilles, et le sommeil à l'ordinaire. Le roi s'est fait porter trois jours en allant à la messe ; mais tout d'un coup la douleur a passé, et non-seulement il s'est appuyé sur son pied, comme il avait fait le premier jour, mais il a marché jusque chez madame de Maintenon, et de jour en jour, le pied se remettant dans son état naturel, le roi s'est promené à pied dans la semaine suivante à Marly, et le Samedi-Saint, a touché dix-huit cents malades, chaussé de son soulier ordinaire sans se sentir incommodé. *Cependant il se plaignait d'avoir la tête chargée depuis longtemps*, et de sentir des douleurs vagabondes en différents endroits du corps, ce qui m'a obligé de le purger le 7 mars, quoiqu'il l'eût été trois semaines auparavant, parce que je craignais que l'humeur de goutte ne se portât mal à propos aux lieux où elle serait pernicieuse. Enfin le roi s'est trouvé tout d'un coup très enrhumé du nez, fort enroué et ne pouvant presque parler, le goût et l'odorat insensibles, toussant, crachant de la gorge, et mouchant beaucoup. Il s'est tenu couvert en dormant, mais seulement de sa couverture ordinaire, et a sué à changer le matin, ce qui l'a fort soulagé de son *enroûre*, comme il l'avait été de la goutte en suant pareillement la nuit à changer le matin, *sans autre cause que d'être couvert de sa couverture, qu'il ne tire ordinairement qu'à demi sur lui*. Le froid est grand et le temps chargé de neige hors de saison, et le roi s'y expose tous les jours avec peu de mouvements ; son ventre est resserré et ne s'est bien ouvert qu'hier 4 avril ; et même il s'est réveillé aujourd'hui, à quatre heures du matin, pour aller à la garde-robe, et il a saigné du nez, tout d'un coup, en priant Dieu dans son lit.

Le roi avait un grand besoin d'être purgé, mais le temps froid, âpre et sec, très mal disposé pour la purgation, m'avait obligé de la remettre de jour en jour, jusqu'au 13 du mois d'avril, espérant toujours que le roi, extrêmement plein, *forcé par la pesanteur de tête*, la douleur de gorge et celle qu'il sentait de temps en temps par tout le corps, se résoudrait à se faire saigner, comme je l'obtins à la fin de S. M. ledit jour 13 avril. Le roi fut saigné du bras gauche, d'environ cinq poèlettes, dont, bien loin d'être affaibli, il s'est trouvé plus fort et plus léger. *La pesanteur de tête s'est dissipée*, et les douleurs qu'il sentait de temps en temps en différents endroits du corps, et S. M. a été disposée, par cette évacuation à être heureusement purgée le lundi d'après, 18 du mois d'avril, et j'ai eu une très grande joie d'avoir l'honneur d'entendre dire au roi, après ces remèdes, qu'il s'en sentait léger et plus fort, et que depuis cette saignée, il n'était pas le même homme.

Le roi continuait de se bien porter, mais il voulait aller à Marly jusqu'à la veille de la Fête-Dieu, et il m'accorda d'avancer sa médecine, afin de ne la pas trop retarder. Il la prit le lundi 16 du mois de mai, et l'évacuation, qui fut de treize selles d'excréments et d'humeurs, se fit avec une facilité qui venait encore du dégagement que la saignée du mois précédent avait procuré.

Le 29 juin, le roi, après avoir entendu la messe à sa chapelle, prit sa médecine accoutumée, qui le purgea neuf fois *d'excréments remplis de beaucoup de petits pois* fort moussants, et d'une médiocre quantité de sérosités. De peur que la chaleur excessive n'empêchât le roi, dans la suite, de se purger assez tôt, S. M. voulut bien prendre son bouillon purgatif le 1er août, le temps ayant été rafraîchi et humecté par quelques orages. Il en fut purgé dix fois.

Sur la fin du mois, *le roi ayant un peu de vapeurs et de pesanteur de tête et ayant rêvé, trois nuits de suite, avec inquiétude, et s'éveillant même en rêvant*, ce qui a presque toujours marqué que S. M. avait besoin d'être purgée, j'obtins qu'elle consentît de l'être le lundi 29 d'août. Le roi rendit, en onze selles, des excréments bouillonnants et beaucoup de sérosités ardentes et glaireuses, et dormit ensuite fort tranquillement, et se trouva sans aucune incommodité.

Le roi a été purgé le mercredi 5 octobre par pure précaution, doucement et abondamment à son ordinaire. Mais ayant un peu trop mangé de poisson le vendredi et le samedi suivants, il se releva trois fois la nuit du 8 au 9 du mois, pour faire trois selles d'humeurs émues par la médecine, et d'aliments précipités, tant par ces humeurs que parce qu'ils étaient mal digérés. Le dimanche 9 du mois, le roi fut dix fois à la garde-robe depuis son lever jusqu'à quatre heures après midi, dont se trouvant fatigué, il prit le parti de se coucher, et, peu de temps après, il s'endormit jusqu'à neuf heures. A son réveil, il fut deux fois à la garde-robe, de matières crues et indigestes, et ayant bien voulu ne prendre qu'une teinture de véronique et de sauge, au lieu d'aliments, il s'endormit sur les onze heures, sans se relever, jusqu'à dix heures du matin; mais depuis, ces selles indigestes mêlées d'humeurs, continuant de couler fréquemment, le roi fut obligé d'entendre la messe dans son lit, et d'y demeurer jusqu'à cinq heures du soir, observant le régime que j'eus l'honneur de lui proposer. S. M. prit d'abord un demi drachme de confection d'hyacinthes avec un peu d'eau de noix, et par dessus, sa teinture de sauge et de véronique. A midi, on lui servit un bouillon, fait avec un coulis de pain bouilli dans de l'eau, avec un peu de sel, des clous de girofle et du cerfeuil, dans lequel on délaya deux jaunes d'œufs cuits dans leurs coques, et le roi y ajouta du pain coupé ce qu'il voulut. Il avait été cinq fois à la garde-robe depuis dix heures jusqu'à midi. Après ce petit repas, il y fut deux fois avec un peu de liaison; et, sur les quatre heures, se trouvant un peu languissant, je lui proposai de prendre une petite rôtie, avec deux ou trois cuillerées de vin d'Alicante, dont étant remis en meilleur état, vers les cinq heures, il se leva et passa chez madame de Maintenon; il en revint à neuf heures et demie manger un potage, comme celui du matin, et par dessus une rôtie dans du vin d'Alicante. Il fut deux petites fois liées à la garde-robe, et s'étant couché à onze heures et demie, il ne se leva qu'une fois la nuit, jusqu'à neuf heures du matin.

Il ne fut que deux petites fois à la garde-robe dans la journée ; mais ayant mangé deux ailes de poulet avec son potage, à dîner, le flux de ventre recommença le lendemain, et, pendant les trois jours suivants, le roi fit tous les jours trois ou quatre selles mal liées. Je le priai de se contenter, pendant ces trois jours, de son potage et d'œufs brouillés dans du bouillon, et de biscuit léger et sec, avec du vin d'Alicante. Le cours de ventre cessa, et le 16, le roi commença à manger de la viande modérément. Le 20 et le 27, son ventre coula encore un peu clair et fréquemment ; le roi ne voulant pas manger gras le vendredi et le samedi qui suivaient ces deux jours de retour de flux de ventre, je fus obligé de lui faire préparer son coulis de pain, de même que ci-dessus, et des œufs frais, pour manger avec des mouillettes de pain. Le cours de ventre s'arrêta, mais le ventre du roi ne fut bien remis qu'après la purgation du 7 novembre, qui le vida de beaucoup d'excréments, de glaires et de sérosités.

La nuit du mercredi au jeudi 24 du mois de novembre, le roi passa mal la nuit, et, en se levant, ne put appuyer le pied gauche, ni le souffrir à bas, sans douleur. Cela le fit résoudre à se remettre au lit et à y passer la journée. Le gras de la jambe était douloureux, et le talon, et le coude-pied. La jambe et le pied enflèrent et rougirent considérablement. Le roi se leva pourtant le lendemain, et se fit conduire dans sa roulette. La douleur ne l'empêchant pas de dormir et diminuant sensiblement de jour en jour lorsque le roi s'appuyait, il put en effet aller à Marly à la fin du mois, et à la chasse du cerf le 1er décembre.

Je n'étais point en état d'avoir l'honneur de voir le roi, ayant été taillé le 1er jour de décembre (1) ; mais sur le

---

(1) On trouve dans le *Journal* de Dangeau, à la date du 1er décembre 1701, la note suivante : « Pendant que le roi était à la chasse, on lui apporta une lettre où on lui mandait de Versailles que M. Fagon avait été taillé ; que l'opération s'était faite heureusement. *Maréchal*, qui est celui qui l'a taillé, espère qu'il échappera malgré sa faiblesse et la délicatesse de son tempérament. Le roi, qui aime fort M. Fagon, avait donné ordre qu'on lui apportât des nouvelles dès

rapport qu'on me fit tous les jours du train que prenait la goutte du roi, et sachant qu'il n'en restait à S. M. que la faiblesse et l'enflure à la jambe gauche, j'eus l'honneur de lui conseiller de prendre sa médecine le 19 décembre, et d'en écrire l'ordonnance; et depuis cette purgation, le roi commença à marcher plus aisément.   FAGON.

Remarques pour l'année 1702.

Le roi a commencé cette année avec une entière santé, excepté la décharge du reste de goutte qui a continué de se faire en finissant l'année précédente et en commençant celle-ci, et qui n'a pas peu contribué à assurer cette auguste santé en éloignant l'humeur de la goutte des parties principales. Le roi a eu la jambe et le pied gauche presque toujours enflés et quelquefois rouges, avec une légère douleur de temps en temps, pendant la plus grande partie de ce mois de janvier; et il n'a été en état de se purger que le 30 du mois. Sa médecine a eu un heureux succès, et S. M. n'a eu depuis aucun ressentiment de goutte dans le mois suivant.

Le roi a été repurgé le 22 du mois de février, avec une heureuse confirmation du bon état de sa santé.

L'exactitude avec laquelle le roi se réduit à l'usage des seules viandes simples, les jours qu'il fait gras pendant le carême, sans se relâcher pour aucun des plus simples ragoûts, a si bien conservé l'intégrité de sa santé, dans le cours du mois de mars de cette année, que rien ne pressant pour sa médecine, elle a été différée jusqu'au lundi 3 avril, près de six semaines après la dernière, prise dans le mois de fé-

---

que l'opération serait faite. »

Et, à la date du 20 du même mois : « M. Fagon, qui est au vingtième jour de son opération, commence à se lever, et on le croit hors de danger malgré sa grande faiblesse, qui est ce qu'on a toujours le plus craint dans son mal. »

vrier. Celle de ce mois, étant seulement de précaution, sage pourtant, et nécessaire pour satisfaire à l'habitude qu'il serait dangereux d'interrompre, a fait ce qu'on en devait attendre, et a purgé le roi médiocrement, et d'humeurs moins bouillantes que les autres.

Les premières douceurs de l'air, et *le commencement des petits pois*, donnaient un mouvement au sang du roi, *qui lui rendait quelquefois la tête pesante*, et faisait paraître les veines trop pleines. Cela marquait qu'il était à propos de le saigner avant sa purgation ; mais il ne le voulut pas, et je fus contraint de penser à le purger pour vider au moins ce qui gonflait le bas-ventre, et qui pouvait encore augmenter la plénitude des veines. La médecine fut prise le lundi 8 mai, et purgea le roi neuf fois de beaucoup d'excréments pleins de pois, et écumants, comme les sérosités qui les suivirent.

La plénitude non-seulement subsistant mais augmentant, une plus forte raison m'obligeait à supplier le roi de vouloir consentir à la saignée, qui me paraissait être absolument nécessaire. Elle fut résolue pour le lundi 5 de juin, et S. M. avoua qu'elle s'en était longtemps défendue, mais que depuis qu'elle avait été saignée, elle était plus forte et plus légère. On lui tira trois poëlettes de sang d'une bonne consistance, du bras gauche. La médecine suivit le lundi 12 du mois. Elle profita du relâchement qu'avait procuré la saignée du roi, et purgea S. M. treize fois coup sur coup d'excréments fort bouillants et de sérosités âcres.

Le vendredi, 16 du mois, le roi fut deux fois à la selle *d'excréments chargés de beaucoup de poisson*, mais précipités en partie avec les humeurs émues par la médecine, et rendues plus coulantes, à cause des chemins ouverts par la saignée. S. M. continua d'aller de la même manière trois fois par jour, et vida parmi des excréments souvent figurés, beaucoup d'humeurs, sans douleur ni interruption de sommeil. Le roi fut repurgé le lundi 17 de juillet ; la médecine tira moins d'humeurs, parce que les évacuations du mois passé en avaient beaucoup ôté, et que S. M., craignant la continuation du flux de ventre, s'était retenue sur le manger plus qu'à son ordinaire.

Le lundi 21 du mois d'août, le roi fut dix fois à la garde-robe, de sa médecine, qui tira beaucoup d'humeurs et d'excréments fermentés, *que les huîtres, les sardines et les salerins*, dont le roi avait beaucoup mangé les deux derniers jours maigres, avaient fournis.

Le lundi 25 septembre, le roi étant à Fontainebleau, prit sa médecine ordinaire, dont il fut purgé neuf fois d'excréments et de sérosités échauffées.

Le 27, en se levant, il sentit de la douleur à la malléole interne du pied droit, qui s'étendait sur le tendon du gros doigt. Il chaussa néanmoins son soulier ordinaire, fut à la messe à pied, et le soir il se coucha sans douleur.

Le roi suait toutes les nuits et avait bien voulu, depuis deux ans, s'accoutumer à changer de linge le matin, lorsqu'il était humide, ce qu'il continue encore, Dieu merci, et depuis ce temps, les mouvements de goutte, moins fréquents et moins longs, à cause de l'évacuation que font les médecines réglées toutes les cinq semaines, ou environ, se sont encore considérablement éloignés par le bénéfice des sueurs.

Le lundi 9 du mois d'octobre, *le roi sentit quelques étourdissements, suivis de pesanteur de tête; ce qui ayant continué à diverses reprises, toute la semaine,* je craignais que l'humeur de goutte, qui n'avait fait que menacer le pied, le mois précédent, ne fût en partie cause de ces étourdissements, et je proposai au roi de se repurger le lundi 16 du mois, quoiqu'il l'eût été trois semaines auparavant. S. M. y consentit, *fut bien purgée et délivrée de ces étourdissements* qu'un peu de rhume acheva d'emporter.

Le roi reprit son bouillon purgatif, le lundi 20 du mois de novembre. Il le purgea onze fois d'excréments et de sérosités bouillantes.

La fête de Noël arrivant le jour que le roi devait être purgé, S. M. voulut bien avancer d'une semaine son temps ordinaire. Elle prit sa médecine le lundi 18 de décembre, dont elle fut heureusement purgée neuf fois, ce qui disposa le roi à finir cette année, et à commencer l'autre, en parfaite santé.

FAGON.

Remarques pour l'année 1703.

Le roi a été purgé la première fois de cette année, le 22 de janvier. Le temps sec et froid n'était pas favorable. La médecine fit pourtant une évacuation de neuf selles assez grandes et bouillonnantes.

La médecine du lundi 26 de février a purgé le roi dix fois, de beaucoup d'excréments et de sérosités ardentes.

Une petite menace de goutte avait précédé d'un jour cette purgation, mais la cause en fut absolument emportée par son effet.

Le roi étant enrhumé, dès le 20 du mois de mars, *sentit de fois à autres des étourdissements*. Ce rhume continuant à le faire beaucoup moucher, *et les étourdissements ne laissant pas de subsister avec la pesanteur de tête*, je crus qu'il était important de le purger, pour détourner une humeur de goutte qui entretenait ces incommodités ; il le fut le deuxième jour d'avril ; sa médecine les diminua beaucoup, mais ne les emporta pas absolument, et ne le purgea que huit fois parce qu'il était trop plein.

Le 18 avril, *le roi saigna du nez deux fois et fut soulagé de la pesanteur que son rhume lui causait à la tête*. Cela détermina S. M. à consentir à la saignée, qui fut faite le lundi, dernier jour du mois d'avril, au bras droit, parce que les veines du gauche ne se trouvèrent pas aussi bonnes que l'année précédente. Je fis tirer trois poêlettes de sang, qui vint toujours également fort, même après que la ligature fut ôtée, et qui parut d'une consistance fort naturelle.

Le roi eut quelques légères nonchalances, trois ou quatre jours après, qu'il attribua à la saignée, et crut qu'elle l'avait affaibli ; mais le mouvement qu'elle donna aux humeurs, qui avaient été retenues par la plénitude, en fut la cause. Ayant été purgé le lundi suivant, 7 de mai, ces humeurs, auxquelles la saignée avait préparé le relâchement nécessaire pour les faire couler, se vidèrent abondamment, par onze selles remplies d'une prodigieuse quantité d'excréments fermentés, et de beaucoup de sérosités huileuses ; et depuis ce temps, S. M. a paru se bien porter, n'ayant que les incommodités que le frais et l'humidité de l'air, dont elle ne se défend pas souvent assez, ont pu lui causer, et quelquefois la surcharge de l'estomac.

Le 11 du mois de juin, le roi a pris sa médecine, dont il a été purgé huit fois d'excréments *remplis de beaucoup de pois*, et écumants, mais de moins grandes selles de sérosités. On en doit attribuer la cause aux sueurs, particulièrement à celles de la nuit, assez abondantes, et qui sont très utiles à S. M. *depuis qu'elle a bien voulu avoir toujours une garniture prête dans sa chambre pour changer tous les matins en s'éveillant, pour peu qu'elle soit mouillée, et le jour lorsqu'elle sue beaucoup.* Ce qu'elle m'a fait la grâce d'accorder à mes instantes supplications.

Le lundi 16 juillet, le roi fut purgé à peu près comme le mois passé, et s'en trouva bien, quoiqu'il ne l'eût été que huit fois, par la même raison.

La chaleur du temps compté pour la canicule étant fort diminuée, le lundi 20 du mois d'août, le roi a été purgé sept fois de son bouillon. Les selles ont été fort grandes, d'excréments échauffés, et de sérosités épaisses et hautes en couleur, et en moindre nombre, parce que S. M. s'est tenue plus longtemps sur sa chaise à chaque fois.

Le roi a senti de la pesanteur de tête les premiers jours de septembre, laquelle s'est passée quand il a commencé à moucher ; *mais depuis, ayant eu quelques étourdissements,* il voulut bien être purgé le lundi 17 du mois, huit jours avant son terme ordinaire. Sa médecine poussa huit selles de beaucoup d'excréments très mousseux et de sérosités ardentes, dont S. M. s'est fort bien portée pendant le voyage et le séjour de Fontainebleau.

J'ai remarqué que ces étourdissements arrivent presque tous les ans au roi pendant le séjour de Fontainebleau, parce que c'est le temps de l'équinoxe, qui remue davantage les humeurs qu'une autre saison, et *parce que S. M. ne reprend pas assez tôt son manteau d'ouate pour la nuit, et ne se précautionne point contre les premiers froids des matinées et des soirées, par la garniture des habits et par le feu dans sa chambre, particulièrement le matin, et quand l'automne est morfondante.* C'est ce qui l'enrhume, et qui est dans la suite la cause des étourdissements que la tête ressent, chargée de catharre, qui remplit et bande ses membranes dont la tension presse le cerveau et y trouble le mouvement des esprits. *Souvent aussi les grands repas, quand la cour d'Angleterre y est, ont contribué à ces étourdissements,* en fatiguant l'estomac *par l'excessive fermentation qu'excite la grande diversité des aliments d'un haut goût très composé ; l'inégalité du chaud et du froid dans les mois de mars et d'avril, a quelquefois aussi incommodé le roi de pareils accidents ; mais dans ce temps, plus de jours maigres à cause du carême,* et les premiers coups de soleil, auxquels il s'expose fréquemment, y ont autant de part que l'équinoxe du printemps, et les humeurs qu'il fait fondre (1).

Le roi a été purgé le lundi 22 octobre, trois jours avant son départ pour Fontainebleau, afin d'être déchargé des humeurs agitées par les fréquentes chasses en calèche, avant que de se mettre en chemin pour changer d'air. Il fut neuf fois à la garde-robe, d'excréments et de sérosités bouillantes en abondance.

La médecine que le roi a prise le 26 novembre, l'a purgé huit grandes fois avant son dîner, *deux fois pendant son conseil,* et la dernière, une heure après son coucher, d'une humeur épaisse et rougeâtre, pour laquelle il a été quelque

---

(1) Toutes les observations de Fagon tendent à démontrer que les nombreuses incommodités dont Louis XIV a été atteint pendant sa vie, doivent en partie être attribuées à son mauvais régime de vivre.

temps réveillé, et ensuite a fort bien dormi le reste de la nuit. Il avait eu, le soir de la surveille de sa médecine, un petit sentiment de goutte au bout du gros doigt du pied gauche, qui s'est entièrement dissipé avec l'effet de la médecine.

La pesanteur de tête, dont le roi s'était plaint à Marly, a continué depuis son retour à Versailles, accompagnée d'étourdissements quelquefois, et souvent de lassitudes et de douleurs vagues par tout le corps. Cette disposition me donnant un juste sujet de craindre que cette humeur vagabonde, de la nature de celle de la goutte, ne prît le parti de s'établir à la tête, que S. M. ressentait déjà douloureuse au front, aux sourcils et au dessous des oreilles, je lui conseillai d'avancer sa purgation qui tombait au 30 du mois de décembre, par la règle ordinaire de simple précaution, et qu'il me paraissait nécessaire d'employer plus tôt pour détourner la sérosité, laquelle non-seulement chargeait la tête, mais de plus menaçait la poitrine par un rhume qui excitait déjà la toux.

Le roi eut d'abord un peu de peine à s'y résoudre; il le fit néanmoins à la fin, et en reconnut la nécessité la veille du jour destiné pour sa médecine, ayant vidé un grand ver mort, ce qui ne lui était point arrivé depuis le 30 décembre de l'année 1697. La médecine fut prise le 20 du mois de décembre, et purgea le roi onze fois d'excréments très fermentés et de sérosités brûlantes, dont l'évacuation donna une trêve de la toux et de la pesanteur de tête, qui m'en faisait espérer la fin. Mais S. M. n'ayant point été du tout à la garde-robe les deux jours suivants, et si peu les autres d'après, cela ne débarrassait point le ventre du poids des excréments retenus, lesquels bouchaient en partie les extrémités des vaisseaux d'où pouvaient couler des humeurs fondues par la médecine.

La pesanteur de tête suivit une légère atteinte de goutte, qui surprit le roi pendant qu'il travaillait chez madame de Maintenon. Il s'était promené longtemps à pied à Trianon, avec une légèreté et une vitesse qui lassaient tous ceux qui avaient l'honneur de le suivre; d'où étant revenu avec toutes les apparences d'une parfaite santé, il sentit tout d'un coup une chaleur et une douleur vive vers le milieu de la jambe, qui s'étendit vers le coude-pied droit et le gros doigt du même pied. Cette douleur augmenta par degrés pendant une journée et demie, et s'apaisa dans un pareil espace de temps, insensiblement jusqu'à un état de douleur très supportable, laquelle était presque réduite à rien lorsque S. M. se coucha. Le roi passa la nuit tranquillement, mais n'y ayant quasi plus d'apparence de goutte à son réveil, *la pesanteur de sa tête, qui lui paraissait fendue,* succéda à la goutte, et le catarrhe, qui en était la cause, ne se déclara que la veille de Noël, par une fonte du nez, pendant que le roi était au service à la chapelle. Il se trouva aussitôt soulagé. Son ventre a commencé depuis à s'ouvrir, peu encore quelquefois, et d'autres assez abondamment. Le roi continue à beaucoup moucher, et la sérosité, qui coulait d'abord claire et crue, se mûrit et s'épaissit de jour en jour, et il y a sujet d'espérer que S. M. se déchargera suffisamment, par cette voie, des rhumes que la sécheresse du ventre avait arrêtés, lesquels ont donné le mouvement léger de goutte qui s'est terminé par ce grand rhume. La continuation de l'écoulement qui s'en fait par le nez, a soulagé le roi petit à petit de la pesanteur qu'il sentait à la tête, et l'a disposé à finir heureusement l'année, sans aucun reste de cette incommodité. FAGON.

Remarques pour l'année 1704.

Le roi a commencé l'année avec toutes les marques d'une santé qui se rétablissait entièrement par l'évacuation de l'humeur qui avait causé le catarrhe dont S. M. avait été incommodée sur la fin de l'année précédente; mais, le froid s'étant vivement déclaré tout d'un coup, *la chaleur des grands feux que l'on a faits dans les appartements pour s'en défendre,* ont excité une nouvelle fonte de sérosités, dont les glandes s'étant déchargées sur l'entrée de la trachée-artère, S. M. s'est trouvée le soir fort enrouée et ayant peine à parler. Cet accident ne l'a pas empêchée de prendre l'air le lendemain, et d'aller le 3 du mois de janvier à Marly, où s'étant promenée longtemps tous les jours, son enrouüre, malgré le froid extrême qu'il a fait jusqu'au 7 du mois, a diminué chaque fois que le roi est sorti, se renouvelant lorsqu'il était entré dans les chambres chaudes ; et S. M. en étant de jour en jour moins incommodée, en a été enfin tout-à-fait délivrée par la continuation des promenades, et par la liberté du ventre, à laquelle quelques verres d'eau, à la fin des repas et entre deux, l'ont disposée.

Le froid qui avait commencé sur la fin du mois de décembre de l'année précédente, ayant continué jusqu'à la fin de ce mois de janvier avec beaucoup de violence et de sécheresse, n'a pas permis de penser à purger le roi que le lundi 28 du mois, qui passait d'environ huit jours le temps ordinaire de sa purgation. Le dégel étant venu le 23, et l'air s'étant rendu suffisamment humide, S. M. prit sa médecine ordinaire, laquelle, trouvant les humeurs disposées par le relâchement et l'humidité de l'air, la purgea douze fois de beaucoup d'excréments fermentés et de sérosités piquantes, et, à la fin, d'une matière épaisse, glaireuse et grisâtre, et dans la dernière selle d'une humeur aussi épaisse, mais rougeâtre, qui a rendu l'évacuation de cette médecine complète, et très utile au roi, qui s'en est trouvé léger et rafraîchi, et disposé à un sommeil tranquille ; ce qui a été soutenu par une liberté de ventre suffisante pour ne point retenir le reste des humeurs ébranlées, comme cela arrive quelquefois les jours qui suivent les purgations qui ont beaucoup vidé.

Le 3 du mois de février, le roi étant venu coucher à Marly, le lendemain, entre une heure et deux après midi, au retour de la chasse du cerf, il fut à la garde-robe avec précipitation, et fit une grande selle détrempée et indigeste. Au sortir de son dîner, environ une heure après cette première selle, il en fit une seconde aussi mal liée et pas moins corrompue. A cinq heures et demie, en revenant de la promenade, il en fit une troisième de la même qualité, mais un peu moins grande, suivie d'une quatrième pareille, immédiatement avant son souper. La nuit ne fut pas interrompue par ces selles précipitées ; mais le mardi matin, le roi fut obligé d'aller à la garde-robe en se levant, *avant que de se chausser*, et une seconde fois avant la messe, de matières encore mal digérées et détrempées. S. M. en fit une beaucoup plus grande et aussi mauvaise après son dîner, et, au retour de la promenade, une médiocre de même nature. Le mercredi, le roi ne fit qu'une selle mieux conditionnée. Le jeudi et le vendredi, il y eut chaque jour trois selles encore abondantes et indigestes. Mais depuis, le roi ayant moins mangé, son ventre est revenu dans son naturel. L'air chargé de neige et morfondant *a causé les jours suivants quelques pesanteurs à la tête de S. M.*, qui ont été suivies d'un rhume qui s'est déchargé par le nez, *dont la tête a été soulagée*.

Le 16 février, le roi sentit de la douleur, en s'éveillant le matin, le long du gros tendon qui s'insère au talon, laquelle s'étendit au côté du pied gauche jusqu'au gros doigt. Il ne laissa pas de se chausser à son ordinaire et d'aller à la messe à pied, sans qu'il parût avoir de douleur : elle diminua aussi de telle manière, que le soir, en se couchant, il ne sentait aucun reste ; *et même il mania et tourna son pied pour couper des ongles et des cors, sans qu'il s'aperçût qu'il eût été douloureux (1).* La nuit s'étant bien passée, cette menace de goutte n'eut aucune suite. Le 18, le roi s'étant morfondu dans son cabinet pendant le conseil et à la promenade, en s'arrêtant longtemps à une place à voir travailler, se plaignit de douleurs errantes à la tête, aux épaules, aux bras, et par tout le corps. Cela continua, en augmentant plutôt que de diminuer, le 19. *Mais S. M. ayant bien voulu se couvrir dans son lit avec sa couverture d'ouate, elle sua en dormant, et, quoi-*

---

(1) Ce détail prouve que le roi ne suivait pas toujours le cérémonial et l'étiquette indiqués par les *États de la France*, et que l'on s'est habitué à considérer comme accompagnant toutes les actions de Louis XIV.

que le roi eût mis les bras hors du lit le matin pour éviter la nécessité de changer de linge, il fut néanmoins tellement soulagé qu'il ne sentit presque plus de douleurs. La nuit suivante, ayant dormi tranquillement, il ne s'en plaignit plus du tout. Le roi s'étant couché entre minuit et une heure du matin, la nuit du mardi au mercredi 27 février, se réveilla à une heure et demie, et fit une grande selle de matières en gros pelotons assez secs. Il se leva à son ordinaire, ayant bien dormi le reste de la nuit; mais, avant que de s'habiller, il fut pressé d'aller à la garde-robe, par une selle fort détrempée. Au sortir du conseil, il en fit une encore plus grande, mêlée d'humeurs, et après dîner, une troisième. Les jours suivants, il fut autant de fois à la garde-robe, et le dernier du mois particulièrement, d'humeurs, avec quelques aliments indigestes, et précipités si brusquement par ces humeurs, qu'ils furent retenus avec peine. Le roi, outre cette incommodité, s'étant fait raser la tête la veille, et s'étant morfondu le matin en essayant beaucoup de perruques par un temps glacial qui l'empêcha de sortir après dîner (1), à cause des fréquentes bourrasques de vents, de neige et de pluies froides, se sentit las, brisé par tout le corps, *mal à la tête, avec beaucoup de chagrin, et quelques autres accidents de vapeurs.* Mais ayant peu mangé ce soir, qui était vendredi, et s'étant tenu couvert la nuit, il sua en dormant tranquillement, et se réveilla le lendemain en parfaite santé, et la tête libre, et sans douleurs.

La nuit du samedi au dimanche, deuxième jour de mars, *le roi se leva en rêvant pour aller à la garde-robe deux*

(1) On voit que sous ses perruques le roi ne conservait pas ses cheveux, ainsi que quelques personnes l'ont pensé. Louis XIV avait un grand nombre de perruques, parce qu'il avait l'usage d'en changer et d'en porter de diverses grandeurs, suivant qu'il restait dans ses appartements, allait à la chasse, recevait les ambassadeurs, etc. Ces perruques étaient dans un cabinet séparé de la chambre à coucher par la chambre du Conseil. Il portait le nom de cabinet des perruques, ou des termes, à cause des *Termes* placés tout autour, et sur lesquels on posait les perruques. Ces deux salles ne forment plus aujourd'hui qu'une seule pièce, portant le nom de *Cabinet du Conseil.*

fois inutilement; et la nuit du dimanche au lundi, *il se leva encore en rêvant*, ce qui marquait le besoin que S. M. avait d'être purgée (1). Elle le fut aussi ce jour même, troisième du mois de mars, par son bouillon purgatif, qui commença d'agir plus tard qu'à l'ordinaire. Le roi fit néanmoins ensuite huit grandes selles pendant la journée, et il passa la nuit avec un sommeil très doux, qui fut suivi le matin d'une dernière grande selle de la médecine, encore épaisse et rouge brun, dont S. M. s'est fort bien trouvée, son sommeil ayant été depuis tranquille, et son ventre sans trouble.

Sur la fin du mois de mars, le roi, comme cela lui arrive ordinairement dans cette saison, à cause des jours maigres et des pieuses occupations qui l'arrêtent à l'église, et l'empêchent de prendre l'air, *sentit des vapeurs, des pesanteurs de tête et des lassitudes douloureuses par tout le corps;* ce qui fut encore augmenté par le vent froid et les coups d'un soleil ardent, auxquels il fut également exposé à son ordinaire. Cependant, les fêtes ayant reculé sa purgation, dont le trouble du sommeil, joint aux susdites incommodités, marquait l'extrême nécessité, elle fut remise jusqu'au mercredi, deuxième jour d'avril. Le besoin que le roi en avait parut par treize selles d'une surprenante quantité d'excréments échauffés, et de sérosités très cuisantes.

Le lendemain, le roi étant à Marly, et les jours suivants, fit encore des selles d'excréments mêlés d'humeurs; et le 6, qui était le dimanche, après des repas de poissons, fort amples, fut quatre fois à la garde-robe dans le jour, médiocrement; mais, étant très gonflé le soir en se couchant, il fut réveillé à trois heures du matin, par un besoin pressant de faire une grande selle; une seconde aussi brune suivit à quatre heures trois quarts, une troisième à cinq heures et demie, et une quatrième avant huit heures. Le roi recula son lever d'une heure, et, depuis neuf heures jusqu'à deux heures après

---

(1) Le roi ainsi que son fils Monseigneur, étaient sujets à se lever ainsi la nuit et à parler haut.

midi, il fit cinq selles liquides et âcres. Ensuite il dîna sobrement, et se trouva léger pour la promenade; et après un souper de régime, il dormit la nuit tranquillement, jusqu'aux trois quarts avant neuf heures, qu'il avait fixés pour son lever. Il fut encore ce jour trois fois à la garde-robe, et depuis, à diverses reprises, il parut les jours suivants des selles détrempées et précipitées par une sérosité dont la nature se déchargeait d'elle-même, et qui pressait les excréments de sortir brusquement, à proportion de ce que S. M. avait mangé, particulièrement à son souper. Ce qui a duré jusqu'à ce que le roi ayant commencé de suer et de changer de linge les matins, à cause de la chaleur extraordinaire survenue tout d'un coup, ces sérosités ayant pris un autre cours et s'étant déterminées à s'échapper par la peau, le ventre s'est remis à son ordinaire, plutôt serré que libre, et S. M. s'est bien portée jusqu'au changement de temps, lequel étant devenu froid et glacial, et le roi s'y étant exposé le soir et à toute heure, et s'étant morfondu la tête dehors et dans son cabinet pendant ses conseils, a senti sa tête chargée de la sérosité qui, ayant pris son cours par les sueurs, avait été tout d'un coup arrêtée par le froid, et par le resserrement de la peau.

Cette sérosité rendait la tête du roi d'autant plus pesante, qu'en gonflant la peau de cette partie, elle y comprimait les veines et les artères, trop remplies, parce que le roi avait besoin de la saignée, qui avait été retardée à cause de l'excessive chaleur, et qui a été faite le 5 mai (1), du bras droit, dont le sang est venu toujours également en arcade, lequel s'est trouvé pris dans la première poëlette, aussitôt que les deux autres ont été tirées, fort beau, mais trop fibreux, et sa sérosité très *salée*. Les trois poëlettes ont été remplies pour

---

(1) Cette saignée fut faite par *Maréchal*. Il saignait le roi pour la première fois depuis qu'il avait été nommé son premier-chirurgien. — On sait que *Maréchal* avait opéré Fagon de la pierre, et c'est cette opération qui le fit appeler à ce haut emploi.

aller environ jusqu'à quatre (1). Le roi ne s'en est point trouvé faible, et a été à la messe à la chapelle vers midi, n'ayant pris qu'un demi bouillon à dix heures. Il s'est bien porté tout le jour, sans vapeurs, a dormi tranquillement la nuit suivante, et ayant été le lendemain se promener à Marly, il me fit l'honneur de me dire qu'il avait marché tout le jour avec une légèreté extraordinaire; et le soir, il fut deux grandes fois à la garde-robe.

Le mercredi 7 du mois, S. M. prit son bouillon purgatif, dont elle fut purgée onze fois de beaucoup d'excréments fermentés et de sérosités brûlantes. Il sortit néanmoins moins d'excréments, dont les deux prodigieuses selles du soir précédent avaient vidé une grande partie.

Le 20 du mois, le roi ayant été quelque temps exposé au soleil en chassant, qui l'avait mis en sueur, sentit sur le soir un vent froid; il se boutonna, et, continuant à sentir du froid, il prit son manteau, et enfin monta en carrosse pour revenir, et, malgré toutes ces précautions, il fut assez morfondu pour être tout d'un coup enrhumé de la gorge, avec perte de la voix et un poids pressant et empêchant la liberté de la respiration vers le haut du sternum, et l'entrée de la trachée-artère dans le poumon; incommodité, laquelle n'étant point encore connue de S. M., l'inquiéta. Je la suppliai de vouloir bien rester couverte pendant la nuit, ce qui l'ayant aidée à suer considérablement en dormant, elle se réveilla le matin à moitié guérie et soulagée du poids qui l'inquiétait; et ayant continué de se couvrir et de suer les nuits suivantes, et consenti à ne point aller à la procession le jour de la Fête-Dieu, pour ne se pas exposer à quelque nouveau coup de soleil, ce rhume s'est réduit presque à rien, faisant seulement cracher et moucher le roi, particulièrement les matins en s'éveillant, pour se dégager d'une pituite épaissie pendant le sommeil, et collée à la gorge; ce qui a duré longtemps sans autre incom-

---

(1) Les poêlettes, ou palettes, étaient de petits vases de métal d'une capacité de trois onces, d'après Dionis, premier-chirurgien de la reine *Marie-Thérèse*.

modité. La chaleur excessive qu'il a fait au commencement du mois de juin, m'a obligé à différer la purgation du roi, quoiqu'elle me parût nécessaire quelque temps auparavant, à cause de l'interruption fréquente de son sommeil par des rêveries et des réveils en sursaut, qui marquent presque toujours la plénitude d'humeurs, qui demande la purgation. Elle se fit le 11 juin, un peu de pluie tombée le 10 ayant paru devoir rafraîchir le temps. Mais la chaleur se ralluma malheureusement dans la matinée. Le roi se trouvant échauffé, altéré, et la médecine ne s'étant mise en état d'agir que tard, et presque point, je lui conseillai de boire un verre d'eau, qui lui donna d'abord des nonchalances et des angoisses d'estomac, *qu'on appelle vulgairement vapeurs,* en détrempant les humeurs dont il était rempli. Mais peu de temps après, il fut soulagé par une très grande selle de matières échauffées, que ce verre d'eau aida à faire couler plus promptement. Cette selle fut suivie de huit autres d'excréments et de bile recuite, bouillonnantes et très abondantes, et le soir, d'une selle rouge et épaisse.

Cependant la chaleur excessive ayant obligé le roi à boire trop d'eau froide pendant la journée, qu'il chargea d'un souper pas médiocre, il se sentit le ventre gonflé en se couchant, et tendu, avec une inquiétude qui l'empêcha de s'endormir qu'à trois heures du matin, et le mit toute la journée dans une langueur et un abattement assez grand pour lui ôter l'appétit. Ce qui l'ayant réduit à légèrement souper et à se coucher un peu plus tôt, il dormit fort bien, et se trouva rétabli à son réveil.

L'incommodité que cette médecine, prise dans un jour qui n'était pas favorable, avait causée, ne l'empêcha pas de produire un important effet; ayant détourné, par son évacuation, l'humeur qui pouvait conduire un petit furoncle, que le roi nous fit toucher le matin du jour de cette médecine, à un anthrax peut-être aussi terrible que celui sur le bord de la cicatrice duquel il commençait à paraître. Ce petit furoncle heureusement est demeuré à la peau, parce que l'eau-forte, qui l'avait fait croître, a été beaucoup diminuée par l'effet de la médecine ; laquelle réduisit pareillement à rien une menace de goutte, que le roi sentit le lendemain de sa purgation, au coude-pied droit, qui n'a point eu de suite, et a seulement marqué que la médecine lui avait ôté le moyen d'augmenter.

Ce petit furoncle a été arrêté par la diversion promptement faite de l'humeur préparée à le rendre terrible ; mais quoiqu'il n'ait plus incommodé le roi depuis, cependant, malgré l'esprit de vin dont M. Maréchal l'a fortement bassiné deux fois tous les jours, il n'a pas laissé de se soutenir presqu'en même état plus de six semaines ; d'où l'on peut juger ce qu'il y avait à craindre d'une telle cause de maladie.

Les sueurs abondantes, la nuit et le jour, pendant les chaleurs du commencement de ce mois, entretenaient la tête du roi libre, comme je l'ai remarqué plusieurs fois, mais des pluies froides étant survenues, *S. M. s'est plainte de pesanteur de tête*, qui s'est terminée par un écoulement de sérosités par le nez, et ensuite de matières de catharre cuites, et le retour de la chaleur et des sueurs a achevé de la remettre dans son état naturel.

Ce bénéfice des sueurs ayant continué dans le commencement de ce mois, et rien ne pressant de purger le roi, sa médecine a été différée jusqu'au mercredi 16 juillet, favorable par la pluie qui arriva heureusement le matin, et modéra la chaleur, de façon que le roi fut purgé treize fois, dont la selle rouge fut la dernière, sans incommodité, et avec peu d'altération. Un sommeil tranquille suivit cette évacuation, dont le trouble et l'inquiétude du roi dans les précédentes nuits, avaient marqué la nécessité.

Le rafraîchissement de l'air a continué jusqu'au 20 du mois de juillet, mais depuis la chaleur a été excessive le reste du mois. Le roi en a été incommodé par l'altération continuelle le jour et la nuit, et par la sécheresse de la bouche et de la gorge, qui l'a souvent empêché de dormir, ou pour le moins a rendu son sommeil inquiet et interrompu. Je lui ai conseillé de boire et de se laver souvent la bouche dans ces occasions, pour se rafraîchir, s'humecter, et disposer le ventre à s'ouvrir. Cependant la sécheresse des excréments, réduits à la consistance et à la couleur de boudin brûlé, a duré presque toujours jusqu'à ce que l'air se soit rafraîchi et relâché par les pluies qui sont arrivées au commencement du mois suivant, et qui se sont augmentées insensiblement assez, pour bien mouiller la terre et humecter les corps.

Le changement de la disposition de l'air, joint à la nature des aliments, dont le roi avait rempli son estomac, étant à Marly le 4 du mois d'août, contribua à l'indigestion, qui obligea le roi à se lever trois fois, la nuit du lundi au mardi 5 du mois, pour aller à la garde-robe et y vider une très grande abondance d'excréments noirs et bouillants. Cette évacuation a continué le jour, la nuit et le jour suivant, de façon qu'en deux fois vingt-quatre heures le roi fut vingt-cinq fois à la garde-robe, et fit, outre les excréments bouillants, indigestes, et les aliments précipités sans coction, plusieurs selles d'humeurs, pures et très âcres. Ce qui l'ayant obligé à ne pas manger de viande le soir du mercredi, il passa la nuit suivante tranquillement et sans se relever qu'à sept heures et demie du matin. Depuis, le roi ne fut que trois fois à la garde-robe jusqu'à deux heures et demie après dîner, et dans le reste du jour n'y fut point, rendit des vents secs, et parut remis dans son état ordinaire. Mais n'ayant mangé que du pain dans du bouillon à son souper, il but deux verres de vin et d'eau à la glace par dessus, et prit à la fin du repas trop de vin d'Alicante avec des biscuits, dont je lui avais conseillé l'usage de deux doigts seulement, et enfin ayant avalé un plein verre d'eau à la glace en se couchant, les excréments déjà *figurés* furent détrempés de nouveau et l'obligèrent à faire six selles pendant la nuit, dont la matière était de plus de moitié d'excréments formés.

On pressait le roi de prendre du chocolat pour remettre son estomac dans un meilleur état. Je proposai à S. M. le vendredi matin, 8 août, d'en essayer, à la place de la teinture de véronique et de sauge ; mais le roi s'en trouva échauffé et altéré, ce qui m'obligea à lui faire reprendre l'usage de sa teinture de véronique, et même de lui conseiller d'en reprendre après dîner, au lieu d'eau à la glace, pour apaiser sa soif, ce qui a bien réussi, et avec le régime que S. M. a bien voulu suivre, a remis son ventre dans un train réglé.

Les grandes évacuations de cette indigestion et du bénéfice du ventre qui l'a suivie et qui a vidé beaucoup d'humeurs, outre la grande chaleur, laquelle a duré jusqu'à la fin du mois d'août, m'a empêché de penser à purger le roi, que cette décharge avait mis en état d'attendre un temps plus favorable, lequel étant arrivé le 31 du mois, par un orage qui a humecté et rafraîchi l'air, S. M. a pris son bouillon purgatif le 1er du mois de septembre, dont elle a été purgée neuf grandes selles, et depuis elle a dormi tranquillement, s'est trouvée moins altérée, plus légère, et soulagée de la cuisson qu'elle sentait aux paupières. Mais le roi étant venu à Marly, le 3 du mois, et le 4 ayant beaucoup dîné, et étant allé à la chasse du cerf immédiatement après, quoiqu'il eût peu soupé, il s'est relevé trois fois, la nuit du 4 au 5 du mois, pour faire trois selles ; la première très grande à trois heures, la seconde à quatre, et la troisième à cinq heures. Mais n'ayant mangé que deux œufs à son dîner, et le blanc d'une petite sole, il n'y a été qu'une fois avant dîner, et point dans le reste du jour. Depuis cette indigestion, le roi a vidé un ver mort, fort grand, qui n'a point eu de suite. Mais deux jours auparavant, *S. M. eut des vapeurs et des nonchalances plus marquées qu'elle n'en avait eu depuis longtemps ;* et je ne doute pas que le mouvement de ce ver dans les intestins, et peut-être même dans l'estomac avant que de mourir, n'eût excité quelques secousses des fibres nerveuses de ces parties, qui ont été cause des langueurs, appelées vapeurs, que le roi a ressenties (1).

---

(1) La plupart de ces troubles sont évidemment dus à de mauvaises digestions, mais il est à présumer aussi que les tourments éprouvés par le roi de la mauvaise tournure de ses affaires en Allemagne, et de la perte de la bataille d'Hochstedt, y ont contribué pour une bonne part.

Les pluies froides, qui ont commencé presque aussitôt que le roi est arrivé à Fontainebleau, ont diminué les sueurs de S. M. pendant les nuits; ce qui, joint aux chasses fréquentes du cerf, où le vent froid et la pluie l'ont pu morfondre souvent, *a sans doute contribué à la pesanteur de tête, dont elle s'est plainte; ce que j'ai remarqué ne pas manquer de lui arriver dans ces occasions.*

Le roi et la reine d'Angleterre ayant engagé le roi, par l'occasion des grands repas, à manger davantage et plus de ragoûts, la nuit du samedi au dimanche, 28 du mois, il se releva trois fois, et le lendemain et les jours suivants, il fut dix fois à la garde-robe. Ce qui n'a fini qu'en mangeant moins, en ayant dormi un peu plus longtemps et retranché quelques chasses du cerf. Les restes de l'indigestion qui avait causé ce flux de ventre, et en partie les humeurs amassées depuis la dernière purgation du roi, mises en mouvement par l'inégalité de la saison et le trouble qu'elle apporte à la transpiration, commençaient à rendre le sommeil de S. M. moins tranquille et à la faire rêver. J'étais dans l'impatience de la purger; mais le départ de la cour d'Angleterre obligea le roi à remettre encore trois jours, et il ne fut purgé que le mercredi 8 octobre. La nécessité qu'il avait de l'être, parut par les évacuations très grandes. Le roi fut dix fois à la garde-robe, et les six premières prodigieuses et bouillonnantes. Cela finit tout d'un coup. Le froid et l'àpreté de l'air qui survint resserra le ventre brusquement. A quoi contribua beaucoup aussi l'humeur mélancolique retenue trop longtemps et rendue plus àpre ensuite des esprits dissipés par la chaleur précédente, et par beaucoup d'autres circonstances.

S. M. fut trois jours sans aller à la garde-robe, et dans presque tout le reste du mois, elle y fut fort peu et de matières très dures, lesquelles *ayant causé et retenu beaucoup de vents, il s'en échappa entre les muscles et les membranes du bas-ventre, qui donnèrent des douleurs sourdes et vagabondes à S. M., et se poussèrent même jusque dans les bourses et le voisinage, passant promptement en d'autres endroits;* ce qui faisait voir manifestement que ce n'étaient que des vents formés des excréments trop gardés et renfermés par ces excréments durcis, qui, s'étant glissés dans les membranes, cherchaient un chemin pour en sortir tout-à-fait sans autres accidents qui pussent faire craindre aucune disposition inflammatoire, *n'y ayant tout au plus que quelques gouttes de sérosité qui les eussent accompagnés,* lesquelles se sont dissipées avec eux, par la transpiration augmentée avec le secours d'un linge chaud mis plusieurs nuits de suite sur le ventre du roi en se couchant, et ont absolument disparu, par l'amollissement et la sortie plus abondante d'excréments, dont trois ou quatre bonnes selles ont entièrement délivré S. M. de cette incommodité, son ventre s'étant remis depuis à une décharge suffisante tous les jours, ce qui m'a empêché d'avancer sa purgation, que le séjour de Marly, dans le commencement du mois de novembre, devait reculer jusqu'au 17 du mois.

Mais comme il arrive presque toujours à cause des grands couverts réitérés matin et soir pendant ces longs séjours, le 10, le roi fit une grande selle, mêlée d'humeurs et d'indigestion. Le 11, après son dîner, il en fit une pareille, suivie d'une autre entièrement détrempée, qui n'eut point de suite ce jour-là, ni la nuit, ni le lendemain jusqu'après dîner ; mais peu après s'être présenté à sa chaise sans y rien faire, le roi étant sorti fut obligé de revenir avec précipitation pour se défaire d'une selle de matières détrempées, bouillonnantes, et mêlée d'aliments indigestes, qui remplit le bassin. Il ne vint rien depuis jusqu'au lendemain, 13 du mois, qu'il fit une grande selle indigeste avant la chasse du cerf, une seconde après son dîner, et une troisième conditionnée de même, le soir au retour de la promenade. Le 14, le roi n'y fut qu'après son dîner, et fit une grande selle d'abord, pour laquelle il revint de la promenade au château, une moindre ensuite, et une troisième le soir en rentrant tout-à-fait, toutes trois également liquides et indigestes. S. M. se réduisit à garder un régime convenable ce jour et les suivants, qui produisit un heureux succès et rétablit la coction des aliments, la tranquillité du sommeil et les forces du roi, et mit S. M. en état de pouvoir prendre sûrement son bouillon purgatif le 17, comme elle l'avait résolu. Elle en fut très bien purgée, de moins d'excréments qu'à l'ordinaire, dont beaucoup avaient été vidés par les évacuations précédentes, et peu remplacés par suite du régime, mais de quantité d'humeurs bilieuses, glaireuses et séreuses. Le lendemain, la selle rouge les suivit, et le jour d'après une bonne selle, encore chargée de matières bilieuses, mais bien conditionnée d'ailleurs. Le ventre du roi a été assez bien réglé le reste du mois, qui s'est passé sans que S. M. ait ressenti d'incommodité considérable.

Le 19 de novembre, le roi s'étant morfondu, a commencé d'être enrhumé, et l'a été depuis beaucoup davantage ; de façon que le 2 décembre, la sérosité du catharre remplissant les sinus voisins du nez et ses glandes, et abreuvant la gorge, le palais et la langue, S. M. a perdu le goût et l'odorat, et a senti la tête pesante. Elle a été trois jours dans cet état, avec des lassitudes douloureuses par tout le corps. Mais ayant bien voulu se couvrir davantage la nuit qu'à son ordinaire, elle s'est réveillée avec une moiteur assez considérable pour avoir besoin de changer de linge et pour dissiper la cause de ses lassitudes ; et de plus, son ventre qui avait été resserré les premiers jours de ce rhume, s'étant ouvert assez abondamment, une partie de la sérosité fondue a suivi ce courant, et le rhume en a été considérablement diminué. Le goût même n'étant que trop revenu, les grands repas de Marly commençaient à dévoyer le roi. Mais S. M. s'étant réduite à beaucoup moins manger et des choses plus simples, l'indigestion n'a point eu de suite, et la médecine que le roi a prise le 22 décembre, quoique dans un temps très froid, qui ne rendait pas les humeurs coulantes, n'a pas laissé de vider quantité d'excréments fermentés, et a emporté les restes du rhume, et a mis le roi en état de finir cette année en parfaite santé.

Remarques pour l'année 1705.

Le roi s'est parfaitement bien porté jusqu'au 9 du présent mois de janvier, où S. M. étant à Marly, un cours de ventre a commencé de troubler sa santé; ce qui n'a point eu de suite, par l'attention qu'elle a bien voulu avoir à moins manger, et point de ragoûts, pendant quelque temps. Il n'y a rien eu d'extraordinaire dans le reste du mois. Le ventre du roi a même été plus réglé qu'il n'a coutume de l'avoir, allant presque tous les matins suffisamment à la garde-robe, et cela pendant un froid de gelée presque continuel, qui, le plus souvent, resserre le ventre. Cette heureuse disposition, jointe à la température de l'air, froide et sèche, mal préparée pour la purgation, m'a empêché de purger le roi, jusqu'à ce que le froid se soit relâché par le dégel et par la pluie; ce qui étant arrivé le 4 février, il a pris ce jour son bouillon ordinaire, dont il a été fort bien purgé en neuf selles, desquelles les trois premières étaient d'une prodigieuse quantité d'excréments fermentés, et les autres remplies d'humeurs séreuses et glaireuses, teintes d'une bile ardoisée, exaltée par le mélange de l'acide qui avait causé pareillement la fermentation des humeurs mêlées parmi les excréments vidés dans les premières selles. Cette purgation a été terminée tout-à-coup, mais heureusement le roi fut à la garde-robe le lendemain et quelques jours de suite.

Il a été passablement réglé jusqu'à ce que le temps s'étant remis au froid et sec, S. M. a eu le ventre fort resserré à différentes reprises, ce qui a contribué à entretenir des douleurs vagues aux bras, aux épaules et sur les muscles de la poitrine, que le roi s'était attirées en demeurant trop tard exposé au froid, et que l'âcreté des excréments trop longtemps retenus, et les vents qu'ils fournissent en abondance et qui se glissent souvent sous les tégume..., avaient augmentées. *Le roi a même ressenti des vapeurs*, qui n'ont pas duré, ayant été calmées par la teinture de sauge et de véronique, que

S. M. prit par extraordinaire après dîner dans cette occasion; ce qui a même aidé à détourner la cause de ces douleurs rhumatisantes, parce que cela disposa son ventre à s'ouvrir, en amortissant par sa légère amertume l'aigreur âpre qui resserrait les intestins, et qui durcissait les excréments. Mais cette dureté de ventre ayant été la disposition la plus ordinaire pendant le reste du mois et le commencement de mars, *le roi a toujours été incommodé de vents, de douleurs passagères, de rhumatismes, de quelques vapeurs et de trouble pendant le sommeil,* ce qui marquait particulièrement la nécessité de le purger. Il a pris son bouillon purgatif le 9 mars, lequel a vidé beaucoup d'excréments mêlés de sérosités bouillantes, dans trois grandes selles, qui furent suivies de sept autres assez amples, d'humeurs glaireuses, écumantes, dont le roi se trouva fort dégagé, avec beaucoup d'appétit et un sommeil tranquille. Cependant dès le soir de ce jour, l'air, qu'un relâchement de froid, et un peu de pluie, avaient amolli à propos pour la purgation, s'étant tout d'un coup remis à la gelée, l'effet de la médecine cessa brusquement, et le ventre demeura fermé trois jours absolument, et ne s'ouvrit ensuite que peu, et pas tous les jours, quoique le temps fut retourné à l'humidité. S. M. étant revenue à Marly, le 14, elle se plaignit le soir d'un peu de plénitude au pied droit, qui n'eut point de suite pendant la nuit. Mais le lendemain, vers le soir, le roi sentit un peu de douleur au gros orteil, qui ne l'empêcha pas de dormir, ni de marcher le lundi jusqu'à la nuit, qui fut inquiète, sans pourtant l'obliger le lendemain à quitter son soulier ordinaire. Ce qui resta de douleur pendant la journée fut peu sensible, et la nuit ayant été assez tranquille, il y eut apparence que ce ne serait qu'une menace de goutte. Mais le soir elle se déclara tout-à-fait. Le pied rougit et enfla jusqu'aux malléoles. Le roi passa mal la nuit, et fut obligé de se faire porter à la messe. Il fut néanmoins dehors après dîner, et monta à cheval pour chasser. Le soir, sa jambe se trouva fort enflée, et S. M. s'éveilla trois fois la nuit, se rendormant pourtant assez promptement pour ne guère perdre de son sommeil ordinaire. Le matin, elle se fit encore porter à la messe, mais elle fut le soir à pied chez madame de Maintenon. Elle dormit bien la nuit, fut à pied à la messe sans presque sentir de douleur, et la jambe s'étant fort enflée, le roi ne se plaignit plus que de la plénitude et de la pesanteur. Le samedi suivant, 21 mars, le temps s'étant remis au froid et au sec, la jambe désenfla tout-à-coup, et le dimanche il reprit son soulier ordinaire sans aucun reste d'enflure. *Peu de jours après, le roi eut quelques étourdissements, des pesanteurs de tête, de légères douleurs vagabondes au col, aux bras, aux épaules et aux muscles de la poitrine*, lesquelles marquaient fort manifestement un reflux de l'humeur de la goutte, qui avait brusquement quitté le pied et la jambe, et que j'aurais purgé sans retardement, si le voyage de Marly ne m'avait obligé de remettre la purgation au lundi 6 avril, après le retour du roi à Versailles. Il en fut heureusement purgé. Un commencement de rhume, *la pesanteur de tête*, et les douleurs rhumatisantes se dissipèrent, et S. M. se porta bien le reste de la semaine, *fatigante par les dévotions, et dans laquelle le roi fut trois jours sans prendre l'air*. Il y a sujet de croire que le bon effet de l'évacuation aurait continué, si le malheur de la mort de monseigneur le duc de Bretagne (1) n'eût obligé le roi à venir à Marly huit jours plus tôt qu'il n'avait résolu, où le vent froid et quelques promenades un peu trop tard dans son jardin ont déterminé l'humeur, *que beaucoup d'occasions de chagrins, soutenus par le courage héroïque du roi, sans qu'il y parût*, avait préparée à commencer un catarrhe goutteux, *qui ayant rendu la tête pesante et douloureuse* et répandu la même humeur sur les épaules, les bras et tout le reste du corps, a commencé à se déclarer en goutte par la douleur au gros doigt du pied, quoi-

---

(1) Lundi 13, à Versailles, Monseigneur le duc de Bretagne fut assez mal toute la nuit. A onze heures du matin il eut de grandes convulsions; on le saigna et on lui donna l'émétique; mais la nature était si accablée que tous les remèdes ne le purent sauver; il mourut sur les sept heures du soir. (*Journal de Dangeau.*)

qu'en même temps le roi mouchât beaucoup, comme dans le commencement des grands rhumes, et qu'une partie de l'humeur embarrassât et rendît la gorge douloureuse. Le roi eut la première nuit passablement bonne, et fut le dimanche à la messe à pied, quoique le droit fût déjà rouge un peu vers le coude-pied ; mais ayant été l'après-dînée à Saint-Germain, et monté et descendu le degré de l'appartement de la reine d'Angleterre, il revint avec une augmentation de douleur considérable. Son pied se trouva rouge et enflé le soir, et le roi compta toutes les heures de la nuit sans dormir, à cause de l'inquiétude et de la douleur, et fut obligé de se faire porter et mener dans sa roulette, et de se coucher vers les huit heures du soir. Il ne dormit la nuit qu'environ quatre heures, avec inquiétudes et à diverses reprises, entendit la messe et tint conseil dans son lit, et néanmoins fut se promener après dîner, et ne se coucha qu'à son ordinaire après avoir soupé à son grand couvert, et dormit assez bien la nuit. Mais la peine que le roi sentit à se remuer le matin en sortant du lit, augmenta tellement sa douleur, qu'elle commença à se faire sentir au genou et au pied gauche, et l'obligea à se recoucher à six heures, après avoir été environ deux heures à la promenade. Vers les neuf heures, je trouvai que le pouls du roi s'élevait, et cela continua de façon qu'à dix heures la fièvre fut bien déclarée. S. M. voulut bien ne prendre qu'un potage, deux verres d'eau et quelques bouchées de pain, et s'étant retirée à onze heures et un quart, elle s'endormit promptement et ne se réveilla que deux fois, ayant dans ses trois reprises de sommeil dormi près de onze heures sans se plaindre ; mais les parties attaquées se trouvant rouges et très douloureuses, le roi ne put sortir de son lit que pour le faire raccommoder. Il y entendit la messe, et a continué depuis tous les jours de même, y tenant son conseil, sans pouvoir demeurer debout, à cause de la douleur, et cependant ne mangeant à dîner qu'un potage de santé et des poulets rôtis, et le soir, du potage seulement, et ne buvant, soir et matin, que de l'eau, tant que la fièvre, qui a duré plus de dix jours, m'a obligé à lui faire garder ce régime, *qui aurait été beaucoup trop nourrissant pour un autre, et que les courtisans trouvaient épuisant pour le roi.* Son ventre, dans ce temps, étant tout-à-fait resserré, et S. M. ne voulant absolument pas prendre de lavements, j'ai été obligé de lui faire manger des pâtes de violettes récentes, ou avaler du sirop de violettes, préparés de manière, l'un et l'autre, que toutes les quatre fois qu'il a pris des pâtes, trois pour chaque dose, ou du sirop une once, elles lui ont toujours bien ouvert le ventre. La douleur de gorge, dont le roi se plaignait pendant tout ce temps, et celle de la tête, précisément au-dessus de la racine du nez, s'étendant vers le haut du frontal, inquiétaient S. M., *parce que beaucoup de gens qui en étaient alarmés, n'en connaissant pas la cause, faisaient souvent de mauvais raisonnements, qui lui donnaient sujet de craindre la squinancie, et de me demander de temps en temps si je ne le ferais pas saigner.* Mais comme j'observais et le jour et la nuit, avec le soin que je devais, toutes les circonstances de cette douleur de gorge et de tête; que la fièvre était douce, et ne troublait point les fonctions des parties intérieures; que le roi respirait très aisément et avalait presque sans aucune peine; qu'il n'y avait rien qui parût enflé ni enflammé à sa gorge, et que sa douleur ne l'incommodait que lorsqu'il voulait cracher, je crus, comme cela s'est trouvé vrai, que cette douleur n'était causée que par une pituite qui s'était déterminée à couler par les glandes de la gorge et par celles du nez, dans le commencement du catarrhe, et dont les restes s'étant épaissis lorsqu'ils n'avaient plus fait que suinter en petite quantité, la matière principale de ce catarrhe étant emportée par le torrent du dépôt qui se faisait sur les pieds; ces restes, dis-je, s'étant épaissis et englués autour de la gorge et en faisant froncer les membranes, donnaient au roi l'incommodité qu'il y sentait, et ce même englument dans le haut du nez, en contraignant sa membrane et tirant quelques fibres du péricrâne, donnait occasion à la douleur fixe que le roi sentait à la tête. N'y ayant donc aucune apparence de tumeur, ni d'inflammation à la gorge ni à la tête, je ne trouvai pas qu'il fût sûr de faire saigner le roi, pendant que la nature faisait son devoir et continuait le départ de l'humeur de la goutte sur les parties inférieures, dont la saignée, faite mal à propos, pouvait interrompre, et même détourner le cours. Je proposai donc au roi des gargarismes pour décoller cette pituite incommode. Mais S. M. ne pouvant gargariser, faute d'habitude, au lieu du *cristal-minéral*, etc., que j'avais ordonné d'abord, je lui fis préparer de l'eau chaude avec du miel de Narbonne, dont le roi tenait des gorgées autant qu'il le pouvait dans sa gorge, avant que de les avaler, ce qui lui a insensiblement nettoyé la gorge ; et de l'eau de veau tiède, respirée par le nez, l'a si heureusement débarrassé, que les douleurs de ventre et de tête se sont également dissipées sans autre secours. Le roi ayant en même temps consenti à se tenir couvert, pour ne point supprimer la sueur, a commencé à suer assez abondamment tous les matins, ce qui, avec l'ouverture du ventre procurée par les pâtes de violettes, a contribué à terminer la fièvre et à diminuer insensiblement la douleur de la goutte de jour en jour, de façon que le roi, s'étant levé pendant quelques jours un peu de temps dans sa chambre, a commencé de s'habiller, de passer sur sa roulette chez madame de Maintenon, et enfin de sortir pour se promener, quand le temps, qui a longuement été fort mauvais, s'est adouci, les nuits étant bonnes ou fâcheuses selon les bourrasques et le froid de l'air ou sa douceur.

Cependant, quoique la douleur des pieds fût fort modérée, les muscles et les jointures étant encore engorgés, il a été nécessaire, pour empêcher qu'il ne se figeât quelques portions de l'humeur qui entretient de l'embarras et de la faiblesse dans ces parties, de les baigner et frotter dans un lave-pieds de savon fondu dans de l'eau bouillante avec un peu d'esprit de vin jeté dedans quand la chaleur en était tempérée ; ce qui en trois bains seulement a fondu suffisamment pour commettre le reste à la nature, de peur d'entamer la peau dont l'épiderme s'en allait. La pesanteur du corps du roi, dans le fort de la douleur et de la fluxion, ayant meurtri les genoux par les efforts qu'il faisait en s'y appuyant pour se lever, y avait déterminé une partie de l'humeur de la goutte, ce qui a fort augmenté l'incommodité du roi pour se lever, se remuer, et pour être couché, et qui a même laissé assez longtemps un reste de douleur et de faiblesse avec quelqu'engorgement glaireux dans tout le genou gauche, qui empêchait S. M. de se servir du pied gauche qui commençait à le pouvoir soutenir. J'ai fait frotter ce genou avec du baume blanc de *Fioravant*, où j'ai fait ajouter du camphre, ce qui a dégorgé et affermi insensiblement ce genou. Depuis que la fièvre a cessé, j'ai consenti, *pour satisfaire au murmure des goulus de la cour*, que le roi ait recommencé à boire du vin à dîner seulement, et qu'il mangeât le soir de la viande, et à dîner quelques entrées sans ragoûts, *qu'on ne saurait pourtant s'empêcher de lui présenter pour faire sa cour mal à propos*. Enfin tout tournant à la guérison, *le roi s'est fait mettre dans sa couche de chasse*, le 9 mai, et est allé courre le cerf, ce qu'il a fait encore le 12 et le 15, et de jour en jour sa pesanteur et la difficulté que le roi avait à se remuer devenant moins incommode, je purgeai S. M. le 18 du mois de mai (1). Cela fut avec tant de succès que le roi marcha le même soir *depuis sa table jusqu'à la ruelle de M*^me *de Maintenon*. J'avais eu l'honneur de l'en assurer la veille qu'il commençait à se soutenir seul sur ses pieds et qu'il craignait que la médecine ne détruisît cette apparence de meilleur état.

L'heureux effet de cette purgation aurait encore été plus grand et de mieux en mieux, si l'âpreté de l'air et le froid, qui allait toutes les nuits à des gelées considérables, n'eût empêché ce progrès. Cependant le roi se soutenait de jour en jour plus aisément par les sueurs du matin, ce qui le mit enfin en état de retourner à Versailles le mercredi 27 du mois de mai, quittant Marly, où il avait demeuré quarante-quatre jours de suite. Il fit ses dévotions le samedi 30 du mois, et fut

---

(1) A Marly.

assez bien le reste du jour et le lendemain ; mais s'étant allé promener, le lundi 1er juin, *à Trianon*, et y étant demeuré trop tard et s'étant morfondu, *il se sentit la tête pesante*, et le lendemain non-seulement la tête, mais les épaules, les bras, le dos et un peu tout le reste du corps, à quoi le froid de la chambre du roi avait aussi contribué, parce que depuis son retour on n'y faisait point de feu le matin ni le soir. Le roi se sentant accablé, avec la fièvre et un renouvellement de goutte au pied gauche, voulut bien se coucher, ne prendre que du bouillon avec un peu de pain dedans, permettre qu'on allumât un bon feu dans sa chambre, qu'on lui mît des petits oreillers sur le col et sur les épaules, particulièrement sur la gauche et sur le bras droit, et qu'on étendît sa couverture d'hiver sur lui. Dans cet équipage il s'endormit presqu'aussitôt que son rideau fut fermé, sans s'éveiller de toute la nuit, que je passai dans sa chambre, sua abondamment pendant son sommeil, et à son réveil avoua qu'il n'avait jamais dormi si tranquillement. Je le trouvai sans fièvre et presque sans aucun ressentiment de son catarrhe à la tête, au col, ni au reste du corps, dont l'humeur, qui avait pu transpirer, s'était dissipée par la sueur, et le reste s'était entièrement déchargé sur le pied gauche où la goutte se trouva bien marquée, et un peu au pied droit, qui en furent pourtant délivrés promptement par un bénéfice de ventre, que la boisson de quelques verres d'eau, que je lui avais conseillée, procura. Cela fit aller le roi, la nuit et le jour du 4 au 5 du mois de juin, treize à quatorze fois, et donna lieu, par cette évacuation considérable, d'attendre que l'air très sec, dur et froid, fût mieux disposé pour purger S. M., dont cette rechute marquait la nécessité pressante, sans ce secours qui mit tout en sûreté par la décharge grande et convenable qu'il produisit, et permit de remettre la purgation au lundi 15 de juin.

Elle fut très heureuse, l'évacuation fort grande, et le succès assez favorable pour mettre le roi en état d'aller habiter Trianon le jeudi au soir, 18 du mois, d'aller à Meudon le mercredi 24, de revenir à Trianon le samedi 27 juin, et d'aller à Marly le mercredi 8 juillet, ayant repris ses souliers ordinaires et marchant aisément.

J'avais tâché d'adoucir et vider beaucoup de saumure par l'eau que j'avais fait boire au roi, et les grandes sueurs pendant les nuits achevaient de consommer une portion de l'humeur de goutte, dont les parties qui en avaient été attaquées étaient encore un peu abreuvées ; *mais la continuation des grands repas dans les longs jours de Marly et de Trianon,* en réparaient plus encore que toutes les évacuations n'en dissipaient, et remplissaient le roi d'humeurs et de sang dont l'abondance m'inquiétait il y avait déjà longtemps. Les veines du roi paraissaient extrêmement pleines, comme elles le devaient être effectivement par la quantité d'aliments trop succulents, et par le peu de décharge des excréments, que la sécheresse et l'excessive chaleur de l'air et l'évaporation de ce qui les pouvait détremper retenaient. *Le roi dormait avec inquiétude, se réveillait souvent en sursaut et avec des rêveries turbulentes,* qui marquaient le besoin qu'il avait d'être désempli autant par la saignée que par la purgation. Il répugnait à la saignée; mais la chaleur qui faisait bouillir les humeurs, et la sécheresse, plus grande qu'elle n'a jamais été, qui les rendait mal disposées à couler, autant que la gorge et la bouche du roi, sèches et pâteuses tous les matins, m'empêchaient de consentir à la purgation, qu'il n'y eût un peu de modération du sec et du chaud ; ce qui étant arrivé vers le 29 juillet, il ne fut plus question que de vaincre la répugnance que le roi témoignait avoir à se laisser saigner, *que soutenaient, pour faire leur cour à ses dépens, la plupart des courtisans, que l'ignorance et la témérité fait toujours parler mal à propos, et décider de tout (1).*

Cependant, malgré *les prédictions impertinentes* qu'ils lui

---

(1) De temps en temps éclate la mauvaise humeur de Fagon contre les courtisans, et l'on devine ainsi la lutte qu'il avait à soutenir souvent pour faire adopter au roi ses conseils, malgré la confiance que Louis XIV lui montrait, et l'appui de madame de Maintenon.

faisaient d'un retour de goutte par la saignée, j'obtins enfin qu'elle fût faite le 20, dont il se trouva plus fort et plus léger, et sans aucune apparence de retour de goutte. Et quoiqu'on menaçât encore que la purgation après la saignée l'affaiblirait et remuerait l'humeur de goutte, je profitai d'une petite pluie inespérée qui vint à propos le mercredi d'après la saignée, 22 juillet. Le roi en fut purgé au-delà de ce qu'on devait attendre de la disposition du temps, et sans retour de goutte.

La chaleur et l'extrême sécheresse qui ont duré tout le mois d'août, et les grands repas continués, firent moins de mal au roi qu'ils n'en auraient fait sans la précaution des évacuations qui avaient été faites dans le mois de juillet.

Cette sécheresse m'obligea à reculer la médecine du roi jusqu'au 31 août, près de six semaines après la précédente. La nécessité en fut marquée par un flux de ventre d'humeurs et de matières indigestes, qui fournirent, depuis le 27 du mois jusqu'au 30, plus de trente selles et obligèrent le roi à se lever presque toutes les nuits. Il voulait reculer la purgation, mais le temps rafraîchi et favorable par la pluie, et par une bonne nuit, du 30 au 31, m'obligèrent à le presser de n'en pas perdre l'occasion, que le flux de ventre précédent, au lieu de devoir éloigner, marquait très nécessaire. Le succès fit voir qu'elle avait été faite à propos. Le roi en fut très bien purgé, dormit tranquillement la nuit ; le cours de ventre cessa sans qu'il fût resserré, et il s'en est bien porté presque pendant tout le mois de septembre, *quoique les jours de Meudon et de Marly aient encore fait trop manger.*

Le roi a été seulement un peu enrhumé par peu de précaution contre les premiers froids qui sont venus tout d'un coup, et cela dans les premiers jours du séjour de Fontainebleau, ce qui s'est passé depuis que le roi a *permis qu'on allumât du feu dans sa chambre le matin. Il a continué tout l'été de mettre la nuit son petit manteau de satin au lieu de celui de toile,* ce qui a entretenu les sueurs modérées, ou tout au moins une moiteur qui lui est très salutaire.

Il a été purgé le 5 octobre (1), dans son terme accoutumé. La médecine eut d'abord de la peine à forcer la digue que beaucoup d'excréments épaissis avaient formée; mais ensuite il en fut bien purgé. Cependant ayant eu besoin d'aller à la garde-robe en soupant avec le roi d'Angleterre, et s'étant retenu, il eut le ventre gonflé, et se releva deux fois dans la nuit pour faire deux grandes selles, qui ne purent pas néanmoins emporter des vents remontés qui lui donnèrent la colique et l'empêchèrent de dormir qu'à diverses reprises et avec inquiétude.

Il voulut bien entendre la messe dans sa chambre, et dormir jusqu'à midi et demi. Ce sommeil avec un léger dîner, et de sa teinture de véronique et de sauge, sur les cinq heures après dîner, firent passer cette colique; et, ayant médiocrement soupé, avec beaucoup d'appétit, il dormit bien toute la nuit, et après avoir passé vingt-quatre heures sans aller à la garde-robe, son ventre se remit à son ordinaire, *jusqu'à ce qu'ayant mangé beaucoup de sardines salées et d'esturgeons* le vendredi 16 octobre, il se releva à cinq heures du matin pour faire une grande selle brune, bouillante et liquide, qui n'eut point de suite jusqu'au 20 du mois, que le roi fut obligé de sortir du conseil pour faire deux grandes selles indigestes, qui furent suivies d'une troisième, après dîner, qui empêcha le roi d'aller à la chasse. Il ne fut point néanmoins à la selle le reste du jour, ni la nuit, et y fut seulement deux fois le 21 au matin, une avant la messe, et l'autre avant dîner, assez bien liées, mais couvertes d'un reste d'humeurs ébranlées, et de quelque chose d'indigeste, ce qui fut suivi d'une selle qui obligea le roi à se relever sur les trois heures après minuit. Le lendemain 22 et les deux jours suivants, S. M. n'y fut point, et le ventre au contraire fut resserré et réduit à des matières fort dures, ce qui continuant, m'obligea de presser le roi de manger un peu de fruits fondants pour rendre son ventre un

---

(1) Dangeau dit le 7.

peu plus libre, *sa tête se trouvant chargée* par cette paresse du ventre, et par le rhume auquel *les chasses pendant des jours de pluie et de vent glacial* avaient beaucoup contribué.

Le samedi 7 novembre, le roi étant à Marly et *s'étant morfondu à la chasse et dans son jardin les jours précédents et ce même jour*, sentit un peu de pesanteur et de la disposition à la goutte au pied droit, et la nuit quelques légères douleurs qui ne l'empêchèrent pas néanmoins de dormir; et *le matin ayant pris un autre soulier un peu moucheté*, il fut à la messe à pied; mais, après dîner, ayant été à Saint-Germain voir la reine d'Angleterre, il revint avec de la douleur plus marquée, qui n'augmenta pas pourtant fort considérablement le soir. Je fis préparer de quoi le purger le matin du lundi 9 novembre, si la nuit se passait bien. Mais quoiqu'elle eût été assez douce, le roi ne voulut pas perdre un jour à Marly. La goutte continua de chicaner, son pied enfla et rougit vers le coude-pied, et la jambe aussi. Mais le temps s'étant mis à la gelée resserra la peau, répercutta l'humeur, et la goutte disparut. Mais le roi toussa sec et assez fréquemment. Je voulus le purger le jeudi 12 du mois, mais il voulut encore remettre au lundi 16, après son retour à Versailles, où son rhume augmenta *à cause du froid de sa chambre, qui n'était pas suffisamment échauffée*. Il fut néanmoins purgé le 16, l'air s'étant relâché tout d'un coup à propos, et passé à la pluie la nuit du dimanche au lundi.

Le roi en fut bien purgé, s'en trouva fort dégagé, et son rhume diminua, ce qu'il a continué de faire quoique le froid revenu et *son appartement pas encore bien échauffé* en soutinssent le reste de la cause, qui s'est insensiblement achevé de mûrir. Mais ayant été tirer, il sentit une douleur assez considérable au bras droit, qui a duré depuis, et s'est étendue sur les muscles qui servent au mouvement de cette partie. Son sommeil a été souvent inquiet, turbulent, et mêlé de réveils en sursaut; et *le roi ayant, sur la fin de ce mois, et à deux ou trois reprises, dans le commencement de décembre, remué et feuilleté beaucoup d'anciens papiers très parfumés, a été saisi de vapeurs assez fortes, accompagnées d'étourdissements, nonchalances, baillements, et de besoin de se parfumer de papier brûlé (1)*. Ce qui ayant continué, avec inquiétude dans le sommeil, et le roi se trouvant dans une espèce d'angoisse de gonflement, et éloigné de son état naturel, m'a proposé lui-même d'avancer sa purgation de quinze jours, tant pour la nécessité présente, que pour se purger avant le voyage de Marly et avant le temps des fêtes de Noël.

J'ai eu beaucoup de joie que S. M. non-seulement consentît à ce que je lui voulais proposer, mais qu'elle le prévînt ; et ayant mis à mon choix le 9 ou le 14 décembre, le 9, qui était le mercredi, s'étant trouvé très favorable par le relâchement fort humide de l'air, j'ai cru qu'il valait mieux ne pas attendre plus longtemps. Le roi a été purgé moins de fois de sa médecine, mais de grandes selles d'excréments mêlés d'humeurs bouillonnantes, et les trois dernières d'une bile ardente, épaisse et recuite, dont l'évacuation a contribué au soulagement que le roi a ressenti de cette purgation, qui l'a dégagé, *délivré de ses vapeurs*, et qui lui a procuré la nuit d'ensuite tranquille et d'un sommeil tout d'une pièce. Le lendemain, S. M. fit deux petites selles qui ont éloigné la disposition à la sécheresse du ventre, ordinaire après les purgatifs. Elle a continué d'aller depuis presque tous les jours à la garde-robe, ce qui a eu grande part à la santé dans laquelle le roi a paru depuis sa médecine, ses nuits étant tranquilles, et ne se plaignant que de la douleur de son bras droit, qu'un jour de chasse assez mauvais lui a rendu plus sensible.

Dans une petite selle, qu'il fit le 23 du mois, après dîner, avant que de s'aller promener, il rendit un ver mort, long de près d'un *quartier*, replié et embarrassé dans un morceau de

---

(1) Quels étaient ces papiers parfumés qui donnaient alors tant de vapeurs au grand roi ? il est permis de penser qu'à l'époque où il les avait reçus, leurs parfums n'avaient pas produit sur lui l'effet désagréable qu'il en ressentait en ce moment.

matière assez dure, qui faisait toute la selle. Ce ver avait apparemment contribué, *autant que les lettres parfumées, aux vapeurs qui avaient incommodé le roi considérablement avant sa médecine,* laquelle ayant tué le ver qu'il a rendu mort, a fait cesser l'inquiétude que S. M. ressentait, dont l'estomac et les intestins piqués légèrement, étaient peut-être la cause, comme il a paru dans d'autres occasions où j'ai remarqué que le roi a rendu des vers morts par l'effet d'une médecine, précédée de vapeurs à peu près comme cette fois, qui avaient été causées par l'irritation convulsive des membranes touchées par ces vers.

Le roi s'est bien porté depuis.

Remarques pour l'année 1706.

Le roi a commencé cette année en bonne santé, mais s'étant morfondu, *après avoir été fort échauffé du feu des appartements de Marly,* il s'est trouvé enrhumé, a beaucoup mouché, et comme il commençait à tousser, avant que la toux n'augmente, je lui ai conseillé de prendre sa médecine le 17(1) du mois de janvier. Il s'en est trouvé léger et débarrassé le soir après son effet ; et le reste du rhume a cessé de le faire tousser de la poitrine, et a seulement fait sa décharge par les glandes de la gorge, dont l'embarras a excité les matins une toux de la gorge, simplement pour détacher les flegmes cuits qu'il en fallait arracher après le sommeil.

Sur la fin du mois de janvier, le roi, ayant donné occasion à quelque nouvelle fonte de sérosités par l'inégalité du froid et du chaud auxquels il s'exposa souvent alternativement, a été enroué de nouveau, a toussé assez fortement, quoique de la gorge seulement, et a senti de la douleur au bras et à l'é-

---

(1) Dangeau dit le dix-huitième. Ce doit être ce jour, le dix-septième étant un dimanche.

paule droite plus forte qu'à l'ordinaire ; ce qui a diminué par la sueur de la nuit, que le roi a laissé sortir davantage en se tenant plus couvert de ses oreillers et de sa couverture.

Deux jours après, ayant été tirer avec ses chiens couchants, et *s'étant ensuite tenu longtemps à Trianon dans les lieux où on travaillait, enduits récemment de plâtre*, la douleur de la jointure de l'épaule s'est renouvelée, le rhume et la toux de la gorge en ont fait autant. Dans les premiers jours de février, ces accidents se sont augmentés et ont même troublé le sommeil de S. M. Ce qui a duré quelques nuits de temps en temps, jusqu'au huit du mois, *où le roi ayant pris des souliers neufs*, fut obligé de les quitter, sentant son pied pressé, et ensuite un petit avant-coureur de goutte à l'orteil du pied gauche, qui menaça aussi légèrement le coude-pied, de façon pourtant *que le roi se réduisit au soulier moucheté*. En même temps la douleur du bras et l'enrouüre diminuèrent. Pendant le voyage de Marly, S. M. ayant été quatre fois à la selle abondamment, le 14, et le 15 encore trois assez grandes fois mêlées de matières indigestes et d'humeurs, et le roi se tenant sur ses gardes en mangeant, ses nuits ont été plus tranquilles et ses pieds approchant de leur naturel, où ils sont entièrement revenus après la médecine du 22 du mois, dont S. M. fut fort bien purgée et vida beaucoup d'excréments écumants, et deux selles, entr'autres, d'une bile très ardente et d'une couleur orangée.

Les nuits ont été depuis fort tranquilles, mais l'enrouüre a continué et le roi a craché tous les matins des flegmes attachés fortement à la gorge, qui ne s'en détachaient que par des secousses de toux réitérées. Cependant il s'est mieux porté en général le reste du mois, *à cause de la régularité avec laquelle il évite tous les ragoûts les jours qu'il fait gras, pendant le carême. Il a pourtant ressenti quelques pesanteurs de tête* dans les approches de l'équinoxe, *ce qui lui arrive tous les ans*, tant à cause du mouvement plus sensible qui commence à se faire alors généralement dans tous les corps, qu'à cause de quelques rayons de soleil, vifs et dangereux, qu'il n'évite pas assez. La même cause a réitéré de pareilles incommodités de temps en temps, jusqu'à ce que l'ouverture des pores de la peau ait donné plus de liberté au sang, échauffé par ces coups de soleil, de s'étendre et de transpirer davantage, et que le roi, ayant été purgé le 29 du mois de mars, se soit délivré d'une partie des humeurs qui servaient de levain pour augmenter le gonflement du sang et la tension des membranes, *laquelle est la principale cause de ce sentiment de pesanteur et d'embarras de la tête qu'on appelle vapeurs*, et qu'on attribue à des fumées des humeurs élevées à la tête, quoiqu'il n'y ait point de passage pour les y porter et qu'elles ne pussent pas, si elles y étaient enfermées, se dissiper aussi promptement que finissent ordinairement ces accidents que l'on nomme vapeurs.

Les nuits devenant de jour en jour moins froides, et le roi commençant à suer davantage, le mois d'avril s'est passé heureusement pour la santé de S. M. Sa médecine, prise le trois du mois de mai, procura une évacuation suffisante d'excréments et d'humeurs, et son ventre s'étant ouvert encore le lendemain et les jours suivants, renouvelait un train de bonne santé; mais quelques jours après, *le séjour de Marly ayant réparé avec usure ce que le purgatif avait emporté*, le 12 du mois *le roi sentit sa tête tourner en sortant de son lit, ce qui continua à diverses reprises dans la journée et, dans les jours suivants, laissa des sentiments de pesanteur de tête assez fréquents*. La chaleur commençait à être grande, et la plénitude du roi me faisait juger qu'il avait besoin d'être saigné, dans un temps où les premières chaleurs raréfiaient son sang, sans que la peau fût encore ouverte tout-à-fait, et que la purgation, dont il n'avait pas moins besoin, ne réussirait pas que les parties ne fussent relâchées par la saignée, et les humeurs, par ce moyen, plus disposées à couler, et plus tempérées. Mais le roi, n'ayant pas voulu avancer sa médecine, m'obligea à différer la saignée jusqu'au dernier du mois afin d'en profiter pour le succès de la purgation qui fut remise au lundi 7 juin, dont il fut fort bien vidé. Depuis ces deux évacuations les sueurs des nuits étant plus libres, le roi a eu la tête dégagée, le corps plus léger, et toutes les autres marques d'une bonne santé plus complètes (1).

La chaleur et la sécheresse de l'air, sur la fin du mois, commençant à lui constiper le ventre plus qu'à son ordinaire, particulièrement au commencement du mois de juillet, et le quatrième un peu de pluie ayant humecté l'air et modéré la chaleur, j'ai avancé la médecine du roi de huit jours, pour profiter de cette occasion de vider ces excréments retenus, et prévenir l'augmentation de chaleur des jours caniculaires. Elle fut prise le lendemain 5 du mois, et poussa une quantité très grande de matières desséchées et de bile ardente et épaisse. Le roi s'en trouva rafraîchi et plus léger. Mais depuis, *beaucoup de petits pois, tant en potage qu'en ragoûts, et ce qu'on appelle des vents faits avec du blanc d'œuf et du sucre très cuit, dont S. M. mange trop, empêchant que les fraises qu'elle mangeait à son fruit,* n'aidassent son ventre à s'ouvrir, et leur donnant occasion de se fermenter au lieu de sortir promptement, *le roi eut des vapeurs, des étourdissements et des nonchalances,* qui ne durèrent pas, parce qu'ayant bu trois fois la nuit, comme je l'avais prié de faire s'il se réveillait échauffé, il fut le lendemain deux grandes fois à la garde-robe; et, depuis, il s'est bien porté, malgré l'excessive chaleur, le reste du mois et tout le mois d'août, *ayant bien voulu manger des prunes de Tours, très douces, trempées et rafraîchies dans de l'eau, pour son principal dessert, et un verre d'eau par dessus.*

Il eut le ventre assez libre pour empêcher la fermentation d'excréments retenus; et ne voyant pas de raison pressante de le purger, avec cette médiocre liberté du ventre, pendant les jours caniculaires et la chaleur qui les suivit encore jusqu'au 8 septembre, j'attendis un peu de pluie, qui arriva le 8, pour le purger le 9. S. M. le fut médiocrement, n'y

---

(1) Peut-être faut-il attribuer une partie de ces accidents aux nouvelles désastreuses que le roi reçut de son armée de Flandre.

ayant pas d'amas aussi grand qu'à l'ordinaire, parce que son ventre avait été plus réglé.

Le 14 septembre, le roi ayant été tirer, et s'étant trouvé fort mouillé de sueur vers le soir, et pénétré d'un vent assez froid auquel il demeura exposé quelque temps, il fut fort enrhumé; son nez coula beaucoup, et la toux vint ensuite de la gorge pourtant, et du haut de la trachée-artère, ce qui a duré longtemps, le roi ayant tous les matins la gorge enduite d'un flegme épais qu'il détachait avec peine pour le cracher. Les sueurs des nuits empêchèrent le rhume d'être plus grand. Ces sueurs qui ont été abondantes tout l'été, et qui ont même continué pendant l'hiver suivant, et qui n'ont point été supprimées par intervalles, comme les années précédentes (*parce que le roi a bien voulu ne point quitter son petit manteau de ouate l'été, au lieu de le changer, comme il avait accoutumé de faire, contre un seul manteau de toile*), ces sueurs, dis-je, sont très importantes pour le sauver de beaucoup de maux, et lui font un très grand bien, *leur bon effet étant soutenu par les frictions que j'ai obtenu qu'on lui fasse tous les jours avec des linges chauds, par tout le corps, les matins et chaque fois qu'il change de linge;* ce qu'il veut bien faire enfin présentement, comme je le souhaitais il y a longtemps, toutes les fois qu'il se sent moite après avoir fait quelqu'exercice. Il prévient par là l'occasion de se morfondre et d'en sentir les dangereuses suites, particulièrement des rhumes opiniâtres, des rhumatismes, et surtout aident fort à éloigner les accès de goutte, en en dissipant la matière.

Le mardi 5 octobre, le roi fit une bonne selle le matin en se levant. Peu de temps après, il en fit une seconde presque toute liquide et mêlée de matières indigestes. *Il se plaignit d'avoir la tête chargée*, et dîna pourtant avec bon appétit, et, entre autres choses, *il mangea d'un ragoût de bœuf au concombre, et à son fruit beaucoup de raisin muscat*, lesquels ayant bouilli dans son estomac et s'étant aigris, donnèrent occasion à trois selles indigestes, poussées et précipitées depuis trois heures jusqu'à quatre, et en même temps, *le roi* se sentit la tête étourdie, avec peine de la soutenir ; ce qui l'empêcha de sortir, tant à cause de l'étourdissement de tête et tournement, que la peur d'avoir envie d'aller à la garde-robe, ce qui n'arriva pourtant pas ; au contraire, ces matières aigries et fermentées s'arrêtèrent, et, *outre l'étonnement de la tête,* causèrent un gonflement, et une angoisse de l'estomac qui excitait l'embarras de la tête par une correspondance de contractions convulsives des nerfs et des membranes de l'estomac et de celles de la tête, lesquelles, étant contraintes, affaissent toutes les parties du cerveau et en troublent les fonctions, en interrompant et dérangeant le cours des esprits. Je conseillai au roi de prendre de la teinture de sauge et de véronique, telle que je lui fais prendre le matin, afin d'amortir la fermentation des aliments aigris et d'aider l'estomac à s'en défaire plus tôt, et par ce moyen, de le soulager de ce qui le fatiguait, et sa tête avec lui. Peu de temps après, il sentit l'angoisse de l'estomac diminuer ; *mais la tête, quoique moins ébranlée, demeurant toujours prête à tourner,* je priai S. M. de ne point souper et de se coucher de bonne heure. Elle se retira et se coucha à dix heures et demie, et ayant dormi toute la nuit tranquillement, *contre la prophétie des courtisans,* elle se trouva beaucoup mieux à son réveil. *Cependant ayant encore senti des étourdissements en sortant de son lit,* je crus qu'il était à propos de la purger pour vider promptement ce qui restait de chyle et d'excréments fermentés dans les intestins, et pour donner occasion à la nature de se décharger de ce qui en était passé plus avant. La médecine fit fort bien. Le roi rendit prodigieusement d'excréments bouillants et corrompus, mêlés de matières indigestes d'abord, et ensuite de grandes selles de sérosités glaireuses, ardentes et écumantes, et, environ aux deux tiers de ces évacuations, S. M. sentit que la tête devenait libre et ferme, ce qui, allant de mieux en mieux avec le reste de la purgation, elle dîna de bon appétit, et se trouva vers le soir à peu près dans son naturel ; ce qui ayant été confirmé par un souper léger, au petit couvert, et par une nuit longue et tranquille, le roi, à son réveil, se leva en parfaite santé, fut se promener à Marly après dîner, et y marcha beaucoup avec une légèreté extraordinaire, et depuis, il a continué de se bien porter, *ayant tenu bon contre les beaux muscats qu'on lui a présentés, sans y goûter.*

Le 5 novembre, *le roi ayant été longtemps dans son jardin de Marly, à voir planter des arbres, trouva sa tête chargée, et cette pesanteur continua les jours suivants,* dont la cause était en partie l'abondance d'excréments retenus par la constipation du ventre, à laquelle le roi a toujours eu de la disposition, mais bien plus dans cette année qu'à l'ordinaire, ce que l'on a sujet d'attribuer à la sécheresse extraordinaire de l'air, *et plus encore,* comme je l'ai déjà remarqué, *à l'augmentation de la sérosité mélancolique par beaucoup d'occasions de chagrins (1). Mais outre cette cause de l'embarras de la tête,* un commencement de rhume sans moucher y avait la plus grande part, et le long temps qu'il s'est exposé, le soir particulièrement, à l'air froid et humide de son jardin, que personne ne pouvait supporter, en a été une cause sensible. *Ces pesanteurs de tête, accompagnées de quelques étourdissements, ayant continué le dimanche 7 du mois,* à Versailles, je lui proposai d'avancer sa médecine, dont le terme approchait. Il y consentit enfin après assez de résistance. Elle fut prise le lundi 8 du mois de novembre, et déchargea le roi d'un grand poids d'excréments et d'humeurs ; et depuis, tout étant ouvert et plus libre, il a mouché et craché beaucoup, et a eu la tête en repos et débarrassée.

Le roi a été repurgé le 15 décembre, et, après une grande quantité d'excréments durcis, a vidé des matières glaireuses aigries et bouillonnantes, parce qu'elles avaient été retenues longtemps par cette digue d'excréments desséchés. Elles furent suivies de sérosités ardentes, mais pas en si grande abondance qu'à l'ordinaire de ses autres purgations, par le mauvais effet de la longue constipation du ventre qui bouche, avec

---

(1) Fagon n'osant pas toujours mettre dans son journal la cause des indispositions du roi, est obligé de laisser échapper ici le cri de sa conscience.

un encroûtement de matières épaissies, la plupart des ouvertures par lesquelles ces sérosités ont coutume de couler abondamment, après que la décharge des excréments dans les deux ou trois premières grandes selles leur ont ouvert la porte. Le 19 décembre, *le roi sentit le matin quelques tournements de tête;* il en fut soulagé en prenant l'air après dîner. *Sa tête demeura chargée pendant huit jours, à diverses reprises,* et enfin, son nez ayant coulé, et le roi ayant aussi mouché et craché beaucoup, cette pesanteur s'est tout-à-fait dissipée, la cause en étant détournée par ce rhume. qui a duré le reste de cette année et le commencement de 1707, suivante, S. M. se portant d'ailleurs parfaitement bien.

Remarques pour l'année 1707.

Le roi a commencé cette année en bonne santé, à la réserve d'un reste de rhume qui ne l'incommodait que par un peu de difficulté à cracher, le matin en s'éveillant, un flegme cuit et attaché à la gorge, dont la matière a insensiblement diminué en se vidant par cette voie et en crachant beaucoup, sans que la poitrine en ait été embarrassée, ni S. M. fatiguée de la toux. Les sueurs, qui ont continué toujours un peu toutes les nuits, ont aussi dissipé une partie de la sérosité qui fournissait ce petit reste de rhume; ce qu'a fait encore davantage la médecine que le roi a prise le 17 du mois de janvier, qui a désempli son ventre d'un grand amas d'excréments et vidé beaucoup d'humeurs, moins pourtant qu'à l'ordinaire, parce que *l'effet en fut arrêté par une trop longue attention à travailler avec M. de Souzy, immédiatement après son dîner,* ce qui fut prolongé plus que de coutume.

Le 24, *le roi fut incommodé de tournements de tête, accompagnés d'éblouissements des yeux, suivis dans le reste de la journée d'un peu de douleur et de pesanteur de tête.* Ce qui doit être regardé comme une espèce de migraine, quand ces vapeurs ou étourdissements sont suivis de douleurs de tête avec lesquelles ils cessent. Le resserrement du ventre qui a duré plusieurs jours depuis la médecine du 17 de ce mois, en est une des plus fréquentes causes, et, dans cette dernière occasion, le ventre s'étant ouvert, et le nez ayant un peu coulé, la tête de S. M. s'est trouvée tout-à-fait libre.

Le roi ayant senti du vent froid à la chapelle, pendant le sermon, le jour de la Chandeleur, *fut surpris de pesanteur et de douleurs de tête, lesquelles se répandirent sur le col, les épaules, le dos et les bras. Mais un peu d'attention à ne pas s'exposer au vent, à se garnir d'une doublure de flanelle de plus pendant le jour, et la nuit à se bien couvrir et à provoquer la sueur*, ont prévenu les suites que ces impressions extérieures de froid pouvaient avoir. Le roi ayant même senti quelqu'espèce de plénitude légèrement douloureuse au coude-pied, qui paraissait menacé de la goutte, s'en est défendu par cette transpiration augmentée; et ainsi depuis les cinq ou six premiers jours du mois, le reste s'est heureusement passé.

Le roi a été purgé le 21 d'une quantité prodigieuse d'excréments fermentés, *dont la nature et le mélange des ragoûts, des potages et des diverses salades, desquelles il mange beaucoup à souper*, sont la cause presque continuelle. Le purgatif vida aussi beaucoup de sérosités et de matières bilieuses, échauffées, et *cette selle rougeâtre*, qui rend toujours, quand elle paraît, le bon effet de la médecine plus complet. Et depuis, S. M. s'est bien portée, le ventre n'ayant été que deux jours à se remettre en train de se vider.

Le roi étant venu le dernier jour de février à Marly, qui avait été inhabité pendant quatre mois, le temps, qui dans ce mois avait été aussi chaud au moins qu'au mois d'avril, se tourna tout d'un coup au froid le premier jour de mars, et jusqu'au 11 fut toujours très mauvais par la bise violente, la neige, les brouillards gelés, et les bruines fort froides.

La chambre du roi n'était pas suffisamment échauffée, parce que la chaleur qu'il avait fait jusqu'au premier jour qu'il y coucha avait empêché qu'on y fît autant de feu qu'en aurait demandé la fin ordinaire de février. Le roi, qui suait beaucoup à Versailles, n'eut qu'une légère moiteur cette première nuit, et encore moins les suivantes, quoiqu'on fît du feu dans sa chambre, parce que le froid allait toujours en augmentant.

Cependant le roi s'échauffait d'ailleurs le dedans du corps *par les grands repas et la variété des mets*, et, se sentant échauffé la nuit, au lieu de boire de l'eau pour apaiser la fermentation des aliments dans son estomac, il se découvrait et mettait ses pieds hors de sa couverture pour se rafraîchir. Outre cela, il retardait son coucher pour laisser un peu diminuer sa plénitude, et dans la journée, et surtout vers le soir, il se morfondait dans son jardin, *non-seulement mauvais par le grand froid de l'air, mais particulièrement par l'humidité et la puanteur marécageuse de l'eau de toutes les fontaines qui jouaient et poussaient une eau croupie tout l'hiver*. Tout cela a préparé une disposition de goutte qui a menacé le pied gauche, en donnant un sentiment de plénitude vers le coude-pied. Le dimanche, cela augmenta insensiblement jusqu'à obliger le roi de prendre un soulier moucheté assez large. Mais le mercredi 9 du mois, S. M. ayant bien voulu me faire l'honneur de me croire et de tenir ses pieds couverts, et tout le reste de son corps assez pour recommencer à suer, autant que la disposition dure de l'air le permettait, cette menace n'eut pas de suite, et l'incommodité que le roi sentait au pied se rendit de jour en jour presque insensible. A quoi le commencement du carême ne vint pas mal à propos, *à cause de la modération des repas, qui sont ceux d'abstinence pour lui*.

Le roi ayant un peu tourmenté *le chicot d'une dent d'en bas*, dont la pointe l'incommodait, pour tâcher de la tirer, et ne l'ayant pu faire qu'avec trop de peine, le laissa; mais le soir, il y sentit de la douleur et de la dureté, et le matin, il y parut de la rougeur qui s'augmenta, et la tumeur avec elle. Elles gagnèrent ensemble tout le tour de la mâchoire inférieure où se forme le menton, avec une dureté assez considérable. *Ce qui fut accompagné de douleur et de pesanteur au derrière de la tête*, au col, à l'épaule gauche, au bras droit vers l'articulation de l'épaule, et un peu de mal de gorge. L'ébranlement *du chicot* avait donné occasion au mouvement de l'humeur qui se répandait sur tous les endroits où S. M. sentait de la douleur. Mais la petite émotion de goutte, trop tôt disparue, m'inquiétait et me faisait craindre un reflux d'humeur de goutte vers les parties supérieures, où elle faisait déjà *la mentagre*, causait les autres sentiments de la douleur au col, aux épaules, etc., et pouvait faire pis. Mais le roi s'étant relevé la nuit, un peu après une heure, pour faire une grande selle mêlée d'humeurs écumantes, et ayant sué considérablement le reste de la nuit, étant bien couvert comme je l'avais pressé de l'être, à son réveil la rougeur parut amortie, la tumeur amollie, et la douleur de la tête, du col, des épaules et des bras, diminuée.

Le mercredi suivant, 16 du mois, le roi *se fit tirer le chicot*, qui sortit presque sans douleur, et tous les accidents cessèrent, ne s'étant pas trouvé assez d'humeur de goutte au commencement de cette émotion pour faire et continuer plus de mal, à cause de l'évacuation qu'en font *ses purgations régulières de toutes les cinq semaines. Le roi a seulement ressenti quelques pesanteurs de tête*, que différentes occasions de se morfondre lui causent le plus souvent, et qui se terminent aussi fréquemment par un rhume qui le fait moucher et cracher sans presque tousser que de la gorge.

Le lundi 28 mars, le roi a été purgé. Il sortit d'abord des excréments fort bouillonnants et fort abondants, quoique la veille et les jours précédents il eût été deux ou trois fois à la garde-robe. Les trois premières selles d'excréments furent suivies de sérosités chargées de bile et d'un sel ardent qui cuisait au fondement en sortant, dès la seconde selle d'humeurs. S. M. dormit tranquillement la nuit suivante, ce qui fut un très bon effet de la médecine, parce que les nuits précédentes avaient été inquiètes. Le deuxième jour, le roi eut le ventre resserré, *ce qui donna occasion à quelques pesanteurs de tête*, qui n'ont pas eu de suite, quoiqu'un peu d'ardeur de soleil, dont le roi se laisse souvent échauffer la tête sans y prendre garde dans cette saison, eût part à cet appesantissement de tête, autant que le resserrement du ventre.

Le roi s'est bien porté pendant tout le mois suivant. Le froid même, à contre raison très âpre dans le commencement de ce mois d'avril, dont tout le monde a été incommodé à Marly et à Versailles, ne lui a presque pas été sensible, et tout le mois s'est bien passé.

Le roi a été purgé le second jour du mois de mai. Les premières selles ont été fort grandes, remplies d'excréments qui commençaient à s'échauffer à l'ordinaire. Les autres ont été de sérosités moins ardentes et en quantité médiocre. Le roi s'en est bien trouvé et a passé le reste du mois en bonne santé.

Le froid, qui avait continué presque toujours dans le mois d'avril, et qui avait été encore plus sensible dans le mois de mai, fut cause que je ne proposai point au roi de se faire saigner que dans le temps où l'air commença à s'adoucir et à donner plus de mouvement au sang ; ce qui n'étant arrivé que vers le commencement du mois de juin, dont les premiers jours étaient maigres ou fêtés, le roi n'a été saigné que le lundi 6 du mois, et sa médecine remise au mercredi 8 juin. On a tiré seize onces de sang au roi, en trois poêlettes, dont la première et la seconde étaient un peu couvertes d'une superficie blanchâtre, comme elle a coutume de paraître sur le sang disposé à causer des fluxions, ou qui n'est pas encore rétabli depuis celles qui ont précédé la saignée. S. M. s'en trouva plus légère, plus forte, et se promena le lendemain longtemps sans être fatiguée. La médecine qui fut prise le mercredi suivant, 8 juin, purgea le roi promptement, abondamment, et son effet fut complet par la selle rougeâtre qui finit son opération. Le lendemain, le ventre du roi s'ouvrit un peu, et les jours suivants suffisamment ; ce qui s'est dû attribuer à l'utile relâchement que la saignée avait produit pour faire couler les humeurs plus facilement.

Le roi s'était bien porté depuis la saignée et la purgation

qui l'avait suivie, et l'air étant extrêmement sec et chaud, rien ne pressait de le repurger dans ce mois. Mais le lundi 11 juillet, un peu de pluie ayant modéré la chaleur excessive des jours précédents, je crus qu'il valait mieux en profiter dans le terme ordinaire de le purger, de peur que la reprise de chaleur n'éloignât trop l'occasion de le faire. La médecine le purgea de beaucoup d'excréments et de sérosités rendues plus ardentes à cause des trop grandes et continuelles sueurs, et du mélange de bile exaltée par l'excès de la chaleur. *Celle qu'il souffrit dans sa chambre, remplie de beaucoup de monde à son dîner,* l'obligea à boire plusieurs verres d'eau pendant l'après-dînée, ce qui, joint au trop grand souper, lui gonfla considérablement le ventre, dont heureusement le sommeil, beaucoup d'urines et de sueurs le débarrassèrent. Le ventre demeura un peu resserré depuis cette médecine, tant à cause de l'évacuation que de l'augmentation des sueurs. A cela près, le roi se porta bien le reste du mois.

Le roi sentit quelques étourdissements en sortant du lit, le 4 du mois d'août, qui se renouvelèrent après son lever, et furent suivis d'une grande selle d'excréments détrempés et fort puants. Il rendit ensuite beaucoup de vents sans aller à la garde-robe. *Les jours suivants il eut encore des tournements de tête,* sans que le ventre s'ouvrît que très-peu, et dans quelques pelotons d'excréments assez mal digérés, il parut un long ver mort. Tout cela marquait la nécessité de purger S. M. Mais la chaleur excessive me faisant craindre que malgré la petite pluie qui avait un peu tempéré l'ardeur de l'air, la nuit du mercredi 17 août, elle ne se rallumât et ne devînt insupportable pendant l'action de la médecine, j'obtins du roi qu'il voulût bien, aussitôt qu'il aurait pris sa médecine et que tout le monde serait sorti, *qu'on fermât les fenêtres de sa chambre, de sa grande antichambre et de son cabinet, et qu'on ouvrît l'enfilade de toutes les portes,* ce qui rafraîchit l'air de sa chambre, de manière que l'opération de sa médecine se passa avant son dîner sans que S. M. fût incommodée du chaud. Elle en fut fort bien purgée. Le lendemain et les jours suivants elle fut un peu à la garde-robe, *ayant la tête en son état naturel*, ce qui dura le reste du mois.

Le roi ayant été purgé le 17 du mois d'août, et n'y ayant rien du côté de sa santé qui obligeât à le purger avant le terme ordinaire, il ne l'aurait pas été sitôt sans le voyage de Fontainebleau; mais les mesures que le roi avait prises après son arrivée reculant trop loin la médecine, il prit la résolution d'être purgé le mercredi 7 du mois de septembre, avant que de partir pour Fontainebleau, ne le pouvant être les autres jours à cause de la fête du 8 et des jours maigres qui la suivaient. Le temps était chaud quoiqu'il eût un peu plu la veille. La médecine fut un peu tardive à commencer, mais ensuite elle purgea le roi de beaucoup de matières fort puantes, *dont la quantité de gibier augmenta dans cette saison l'abondance, et la disposition à une plus grande corruption*, que les aliments moins succulents. Elle vida aussi des sérosités ardentes; mais l'évacuation finit tout d'un coup avec son dîner; et S. M. ne fit qu'une petite selle en travaillant après dîner avec M. de Souzy. Il dormit bien la nuit, mais pas si tranquillement qu'il l'aurait fait s'il eût moins soupé. Il ne fut à la garde-robe que deux jours après, d'une matière encore mêlée d'humeurs. Il partit, et arriva à Fontainebleau en bonne santé, où le temps se trouva rafraîchi par la pluie qui commença à Petit-Bourg, et qui revint très souvent pendant le reste du mois, ce qui rendit les chasses moins dangereuses. Il y eut cependant quelques coups de soleil assez ardents *qui contribuèrent à un peu de pesanteur de tête dont le roi se plaignit pendant quelques jours*, et qui n'eurent pas de suite parce que les sueurs de la nuit emportèrent les sérosités épanchées qui en étaient la cause.

Le roi fut purgé le 10 du mois d'octobre. La médecine poussa promptement trois selles prodigieuses d'excréments écumants, qui furent après suivies d'autres grandes selles de beaucoup de sérosités chargées de bile, et sur le soir, avant le souper du roi, d'une selle rougeâtre fort grande. Il retint un peu son appétit à ce repas, et en fut récompensé par un sommeil fort tranquille, suivi le matin d'une petite selle d'un reste d'humeurs émues par la médecine. S. M. s'en porta bien pendant le reste du séjour à Fontainebleau, et en partit en bonne santé, à un peu de rhume près, *gagné à une chasse où le roi fut mouillé de la pluie qui avait coulé par le dossier de son soufflet (1)*.

Le 7 novembre, le roi se releva une heure après son coucher pour aller à sa chaise, où il fit une grande selle d'excréments un peu détrempés. Vers les quatre heures, il fut obligé de se relever encore pour une seconde selle d'excréments très fermentés et mêlés de matières indigestes ; un peu avant six heures, il en fit une troisième pareille, *ce qui l'obligea à remettre l'entrée de sa chambre à neuf heures*. Il s'était rendormi environ à six heures et demie, et avait dormi assez tranquillement jusqu'à l'heure qu'il avait ordonnée. En se levant il fut une quatrième fois à la garde-robe de mêmes matières, ce qui lui fit prendre la résolution de se tenir sur ses gardes à son dîner. *Mais la compagnie et la tentation l'ayant empêché de se contraindre autant qu'il était nécessaire*, il fut cinq fois à la garde-robe de matières précipitées sans coction ; ce qui le fit enfin résoudre à se retirer absolument, et à se contenter d'un potage, ce qui, ayant été exécuté, réussit, le roi ayant bien dormi et à son réveil n'ayant point été à la garde-robe, ni pendant le reste de la journée. Le 14, il fut purgé, et comme il s'était moins rempli, les premières selles d'excréments furent moins grandes, moins échauffées et en moindre nombre. Le roi en eut une nuit fort tranquille, et s'en porta bien le reste du mois.

Le bouillon purgatif fut pris par le roi le 18 du mois de décembre ; les premières selles furent très grandes, et beaucoup de sérosités ardentes fournirent les autres au nombre de dix. *Un peu de rhume qu'avait causé le froid que S. M. avait souffert à la chapelle pendant le sermon*, fut diminué par l'effet de cette médecine, et se termina insensiblement dans le

---

(1) Voiture particulière dont se servait souvent le roi.

reste du mois, que le roi finit, avec l'année 1707, en bonne santé.

Remarques pour l'année 1708.

Le roi s'est fort bien porté dans le commencement de cette année, et sa purgation a été reculée du jeudi, où elle tombait, au mercredi 25 du mois de janvier, sans qu'il en parût pressé. Un peu de rhume seulement paraissait, et disparut aussitôt que S. M. eut été purgée, comme cela est arrivé plusieurs autres fois. Cette médecine poussa de grandes selles, allant à dix ou onze le premier jour; le lendemain, quatre grandes, et les jours suivants encore quelques-unes. Le roi s'est bien porté ensuite à Marly; mais étant retourné à Versailles, *le feu des bougies et le grand monde du bal* lui ayant échauffé et fondu le sang, il en a eu mal à la gorge, qui a été enrouée et enduite d'une pituite épaisse qui s'en arrachait difficilement (1). Ce rhume chargeait aussi la tête, faute de moucher aisément, et elle redevenait libre aussitôt que S. M. avait bien mouché; ce qui a duré le reste du mois, et une partie de celui de février, sans faire tousser le roi, que légèrement le jour, de la gorge seulement, et point les nuits qu'il a employées à dormir tranquillement.

Au retour de Marly, le 27 février, le roi prit son bouillon purgatif. Les premières selles furent prodigieuses, mais les dernières s'arrêtèrent tout d'un coup en travaillant avec *M. de Souzy*, et le tout fut à la valeur de neuf ou dix. Cependant le roi se portait assez bien depuis cette médecine, *la simplicité des aliments dans les jours gras du carême* rendant sa santé manifestement meilleure, et donnant moins de nécessité d'une plus grande évacuation.

---

(1) On trouve une longue description de ce bal, donné dans la galerie et les grands appartements de Versailles, dans le *Mercure Galant* de janvier 1708.

Le commencement du mois de mars s'est assez bien passé, le ventre de S. M. étant suffisamment libre. Mais le 11 du mois, le roi entendant le sermon à la chapelle (1), y fut morfondu au dos et aux épaules, ce qui a recommencé un autre rhume, dans lequel le nez de S. M. d'abord a beaucoup coulé, avec de fréquents éternuements, et ensuite de l'enchifrènement, *de la pesanteur de tête*, de la toux de la gorge engluée d'une pituite abondante et un peu âcre. Et dans le temps de l'équinoxe, le vent du nord ayant ramené la neige, et le froid qui resserrait les pores du roi ayant supprimé ses sueurs la nuit, il s'est plaint de douleurs générales, depuis la tête jusqu'aux jambes, et surtout au col, au dos et aux épaules. *J'ai fait augmenter le soir le feu de sa chambre, et j'ai supplié S. M. de se couvrir davantage.* Par cette précaution, elle a recommencé à suer abondamment, ce qui ayant continué l'a sauvé de la goutte, dont ce rhume épanché la menaçait. Ce qui me réussit de même au premier rhume survenu au retour de Marly, lequel diminua sensiblement, et les lassitudes qui l'accompagnaient et faisaient craindre quelque dépôt goutteux, par l'augmentation de la chaleur de sa chambre, et le soin d'obtenir son attention à se couvrir, qui rappelèrent les sueurs.

Le roi a été purgé le 2 avril, le temps étant humide et convenable par le vent tourné au midi, et la pluie très abondante qui l'avait précédé. J'avais fait augmenter les doses du séné et de la manne, parce que sa purgation du 27 février s'était arrêtée un peu trop tôt dans son cours. Cependant, malgré toutes ces circonstances et mesures, elle a commencé d'agir fort tard, et a moins fait qu'à l'ordinaire. Les premières selles ont pourtant été fort grandes; elles ont été jusqu'à huit, valant environ dix; mais il y en a eu pour la sixième et la septième deux extraordinaires, d'une sérosité gluante assez ardente, mêlée d'une matière jaunâtre, grénelée (comme de

---

(1) C'était l'ancienne chapelle, placée où se trouve aujourd'hui le vestibule du nord et le salon d'Hercule.

certains miels communs ont accoutumé de l'être), et sentant une odeur de corroyeur très forte, ce qui n'arrive point ordinairement à ces dernières selles qui ne sentent rien. Celles-ci cuisaient aussi beaucoup au fondement. Le roi fit encore une selle rouge, comme cela arrive quelquefois pour la dernière. Son rhume, bien loin d'augmenter par cette purgation, diminua. S. M. se trouva le soir abattue; mais elle avait travaillé le matin avec M. de Pontchartrain, immédiatement après avoir avalé sa médecine, ce qui sans doute en retarda l'effet. Après son dîner, elle tint conseil d'État, et, en finissant, retravailla le soir avec M. de Pontchartrain. C'était assez pour être abattue et fatiguée. La nuit fut tranquille, et le roi se porta bien à son réveil. Le lendemain de sa médecine se passa sans selle; mais il en fit une bonne le jour d'après, et toutes les suites de cette médecine auraient été encore mieux, *si les jours maigres et l'assiduité aux services de la Semaine-Sainte* n'en avaient diminué le succès.

Le roi, étant à Marly, fut saigné du bras droit le 7 du mois de mai. Le sang vint avec impétuosité et fournit de même jusqu'à la fin de la saignée, qui fut de dix-huit onces et quelques gros, sans que le bras fût marqué du sang. Il s'est trouvé d'une bonne consistance, la superficie un peu rhumatisante, qui était une suite du long rhume, mais médiocre, établi dès le commencement du carême. Le roi s'est fort bien trouvé de sa saignée, et sans abattement.

Le 9, S. M. a été purgée; quoique la surveille trois grandes selles eussent vidé beaucoup d'excréments, il en sortit encore considérablement. L'opération de la médecine commença tard, mais ensuite le nombre et la grandeur des selles pleines d'une bile ardente et épaisse, récompensa ce retardement, et même peu de temps après que le roi fut couché, il se releva pour faire une onzième selle d'une bile fort ardente, et le lendemain et le jour d'après, il fit encore quelques selles chargées par dessus d'un reste de pareilles humeurs.

Bien que l'évacuation faite par la médecine du mois passé eût déchargé les entrailles du roi d'une quantité considérable de bile ardente et d'autres humeurs qui avaient été cantonnées et échauffées par leur séjour, la longue habitation de Marly jusqu'au 19 du mois de mai, et le retour du 28 mai jusqu'au 2 de juin, ayant rempli avec usure ce qui avait été vidé par la médecine, le 3 de juin, jour de la Trinité, *le roi se plaignit le matin d'avoir la tête chargée*, et ne fut point à la garde-robe. *Après dîner, sentant encore de la pesanteur de tête*, il fit une selle assez grande d'excréments fort secs, et depuis, ayant pris l'air à la chasse, il se trouva mieux. Mais la nuit, un débordement de matières et d'humeurs bouillantes, écumantes, et très puantes, le réveillèrent plusieurs fois pour faire six grandes selles, et, depuis qu'il fut levé, encore trois le matin, après lesquelles il partit pour Meudon, où Monseigneur l'attendait à dîner, en résolution d'y peu manger. Mais étant arrivé sans avoir eu besoin d'aller à la garde-robe, ni même depuis qu'il fut arrivé jusqu'au dîner, il se crut quitte du flux de ventre, et, pressé par la faim, *et tenté par la bonne chère et le nombre des ragoûts nouveaux*, il mangea beaucoup et de diverses choses. Le dîner fini, le ventre s'ouvrit, et le roi fit cinq grandes selles avant que de partir, et, de retour à Versailles, sans être pressé d'aller à son cabinet, *il but un verre d'eau à la glace*, qui précipita une selle d'une matière ardente mêlée d'une bile exaltée et bouillante qui jeta S. M. dans une grande langueur, des angoisses, des sueurs froides, et une disposition prochaine de syncope qui m'obligea de lui faire prendre de l'eau de cannelle, laquelle ranima son estomac et le mit en état de faire des efforts pour vomir, lesquels, sans aller jusqu'au vomissement, le soulagèrent, et, le ventre s'étant encore vidé, le roi revint dans son état naturel, et depuis continua d'aller de temps en temps à la selle, de manière qu'avant de se coucher cela fut à sept fois ; et, en comptant avec ces sept celle qu'il fit en arrivant, les neuf de la nuit précédente et du matin, et cinq à Meudon, le tout monta à vingt-deux selles en moins de vingt-quatre heures. Mais le roi ayant bien voulu ne prendre que sa sauge en se couchant, il ne se releva qu'une fois la nuit. Le mardi, il fut sept fois à la garde-robe le jour; le mercredi, trois la nuit ; le jeudi, cinq le jour, et, le soir, ayant beaucoup soupé, il se releva quatre fois la nuit pour autant de selles qui troublèrent son sommeil. De sorte que le roi, fatigué et abattu, fut contraint de manger gras le vendredi, *et voulut bien qu'on ne lui servît à dîner que des croûtes, un potage aux pigeons, et trois poulets rôtis;* le soir, du bouillon pour y mettre du pain, et point de viandes. Il dormit tranquillement toute la nuit sans se réveiller. Le matin, il fit une selle tempérée et qui commençait à se lier, et demi-heure après, il en fit une seconde qui n'était qu'un reste de la première conditionnée comme elle. Avant que de se mettre à table pour dîner, il en fit une petite d'une cuillerée de matières commençant à se bien lier. Il fut servi comme le jour précédent, *les croûtes, un potage avec une volaille, et trois poulets rôtis, dont il mangea, comme le vendredi, quatre ailes, les blancs et une cuisse.* A quatre heures et demie après dîner, il fit une selle mêlée de matières en commencement de boudins, et quelques restes d'humeurs. Depuis ce temps jusqu'au soir, il ne fut point à la garde-robe, et se coucha sans y aller, n'ayant mangé, comme la veille, que du pain dans du bouillon, et du biscuit. Il passa la nuit encore mieux que la précédente, et, à son réveil, ne fut point à la garde-robe. Immédiatement avant son dîner, il fit une petite selle en rocher avec un peu de bile par dessus, et, quoique servi à son petit couvert ordinaire, *il ne mangea point d'entrées, et se contenta des quatre ailes, des blancs, et de la cuisse de poulets.* Il a été depuis un jour sans que son ventre se soit ouvert, mais se sentant léger et point abattu, ni du régime, ni de l'évacuation, laquelle ayant satisfait à la nécessité de celle que la médecine aurait procurée le lundi 11 de juin, qu'il devait être purgé, j'ai retardé cette purgation de quinze jours, à cause du voyage de Fontainebleau pour lequel le roi partait le lundi de la semaine d'après, 18 de juin.

Sa Majesté s'est fort bien portée jusqu'à son départ de Versailles, excepté un peu de rhume *qu'elle s'était attiré en essayant plusieurs fois des perruques et en se morfondant la tête;*

mais ce rhume n'a été que de la tête et de la gorge. Le roi a beaucoup mouché, et l'enrouüre de la gorge s'est dissipée en crachant beaucoup les matins, sans que cela ait interrompu son sommeil, qu'une ou deux fois la nuit.

Le roi étant arrivé en bonne santé à Fontainebleau, et son rhume presque tout-à-fait passé, il a pris sa médecine, différée de quinze jours, le lundi 25 juin, dont il a été purgé promptement et très abondamment en sept grandes selles, qui en renfermaient chacune deux ou trois, que le roi rend tout de suite, *étant chaque fois près de trois quarts d'heure sur sa chaise*. Elles étaient remplies de quantité d'excréments fermentés, mêlés de bile et autres humeurs bouillantes. Il y en a eu encore quatre petites, la grande évacuation ayant fini tout d'un coup après le dîner de S. M. Le lendemain le roi ne fut point à la garde-robe; mais le surlendemain il fit deux grandes selles d'excréments bien liés, encore surchargés de quelques restes d'humeurs mousseuses et bilieuses. Depuis, S. M. a eu le ventre un peu resserré, à quoi plusieurs jours maigres de suite ont contribué, et du reste elle s'est trouvée légère et dégagée, et s'est fort bien portée.

Le mois de juillet, qu'on craignait à Fontainebleau comme devant être naturellement très-chaud, ayant été plutôt froid que chaud, à cause des grandes et fréquentes pluies, le roi n'a point été incommodé, comme je le craignais, de l'ardeur du soleil pendant les chasses de tous les jours, quand l'excès de la pluie ne le réduisait pas à la seule promenade du soir. Il a été purgé le 30. Sa médecine vida d'abord assez promptement de fort grandes selles; mais le roi ayant travaillé trop tôt après son dîner, les dernières selles furent retardées, et peut-être en partie supprimées, n'y ayant eu que deux depuis, et le ventre du roi étant demeuré resserré pendant trois jours sans néanmoins que S. M. en ait été incommodée.

Le roi s'est bien porté pendant le mois d'août, quoiqu'il y ait eu des jours de chaleur assez vive pour craindre que les coups de soleil dans les rochers ne lui frappassent la tête, *et que le chagrin* (1) ne les rendît plus dangereux. Il a paru dans ce mois, à deux ou trois reprises, quelques selles fermentées et précipitées, trois ou quatre par jour, dont la quantité, la consistance et la mauvaise odeur, faisaient connaître que l'excès du gibier nouveau contribuait à ces indigestes évacuations.

Le roi devait être purgé le 3 septembre, *mais l'inquiétude des nouvelles qui pouvaient arriver* (2) me faisant appréhender que l'émotion qu'elles auraient pu donner à S. M. dans le mouvement de la médecine n'en supprimât l'effet, m'obligea à proposer au roi de la retarder; mais, après huit jours de retardement, il n'aurait pas été sûr de différer plus longtemps par delà le terme ordinaire de la purgation, *dans une conjoncture où l'inquiétude inévitable pouvait agiter extraordinairement les humeurs.* Il prit donc sa médecine le 10, dont il fut fort bien purgé. Mais la même cause qui avait occasionné des mouvements de flux de ventre continuant à produire le même effet, le roi se releva la troisième nuit d'après la médecine pour aller à sa chaise abondamment. Le matin de la quatrième nuit, il se leva brusquement, *quand on ouvrit son rideau,* pour faire une grande selle, *où, comme dans la précédente, il paraissait que la chair succulente des faisandeaux et des perdreaux se corrompait.* Peu après il en fit une seconde pareille, ce qui obligea S. M. à se modérer un peu, et bientôt le flux de ventre cessa par une petite selle et des vents.

Le roi se porta assez bien après ce flux de ventre, jusqu'au 12 du mois d'octobre qu'il sentit des frissonnements de la peau, *de la pesanteur de tête, et des étourdissements, ce qu'il appelle des vapeurs,* et qui la plupart du temps est l'effet d'un commencement de rhume, comme cela se déclara le 13 et le

---

(1) C'était pendant les désastres de la campagne de Flandre, où l'armée était commandée par le duc de Bourgogne.

(2) Lille était assiégée par les ennemis, et l'on craignait à tout moment que le maréchal de Boufflers qui commandait dans la ville ne fût forcé de capituler.

14. Il fut purgé le 15. Les premières selles furent très grandes, et fort écumantes ; les autres, dans la suite, d'humeurs ardentes et bile huileuse et bouillante ; et, en ne comptant que pour une chacune des plus grandes selles, qui sont composées tout au moins de ce qui viendrait à trois fois, si le roi ne demeurait pas si longtemps sur sa chaise, il en fit treize jusqu'au soir, et entre autres les dernières rougeâtres et fort grandes.

Le lendemain le roi fut encore à sa chaise en se levant, et une fois de mêmes matières, quelque temps après.

Le purgatif, que j'avais augmenté d'une demi-once de manne, emporta le commencement du rhume, comme cela est arrivé plusieurs fois, et le reste d'une douleur au bras droit, qui s'était renouvelée *parce que S. M. s'était morfondue, n'étant pas assez habillée, ce qui l'avait obligée à faire garnir sa manche d'une flanelle*, et à souffrir qu'on lui frottât le bras avec du baume blanc et qu'on y mît, le soir et le matin, une flanelle trempée dans ce baume.

La santé du roi s'était bien soutenue depuis sa dernière purgation du 15 octobre, et son ventre ayant été réglé à s'ouvrir tous les jours suffisamment le matin, sa tête en était plus libre et tout le corps plus léger ; mais sur la fin du mois, et dans le commencement de celui de novembre, cette liberté du ventre n'ayant pas continué, *S. M. s'est plainte à diverses fois de n'avoir point sa tête bonne et d'y sentir de la pesanteur et des étourdissements.* La diminution des sueurs de la nuit contribuait aussi au commencement d'un nouveau catarrhe, qui est presque toujours la principale cause de cette pesanteur de tête et des étourdissements qui l'accompagnent, lesquels se passent ordinairement considérablement aussitôt que le roi commence à moucher, et que les sueurs de la nuit sont abondantes, et la décharge du ventre suffisante. Le 16, le 17 et le 18, le roi sentit aussi quelques légères menaces de goutte au genou et sur le pied droit.

Sa médecine fut prise le 19, et, quoiqu'elle le purgeât abondamment avant son dîner, elle s'arrêta tout court après, et son ventre fut resserré trois jours. Cependant ces apparences de goutte se dissipèrent, et le rhume aussi. Mais dans la fin de ce mois et dans le courant du mois de décembre suivant, son ventre fut souvent resserré deux ou trois jours, et ensuite vidé par des selles ordinaires et point détrempées, lesquelles, quoique grandes, ne me paraissaient pas répondre à ce qui devait être vidé, par rapport à ce qu'il devait y avoir d'amassé, des restes de ce qui était entré.

L'humeur mélancolique *exaltée par des sujets de tristesse continuels (1)*, que le courage héroïque du roi ne pouvait pas empêcher de froncer les membranes et de répandre une *stipticité* extraordinaire dans les humeurs, était la principale cause de ce resserrement de ventre, que les aliments capables de s'aigrir et de couler difficilement soutenaient autant que l'âpreté du froid dominante depuis trois mois. Ces raisons, et l'embarras de ne pas trouver un jour libre dans le terme ordinaire de la purgation du roi, m'obligèrent de l'avancer de huit jours, l'air s'étant un peu relâché par un dégel, lequel, quoiqu'incomplet, le rendait moins dur et moins sec. Elle fut prise le 17, et l'effet en fut retardé près d'une heure plus qu'à l'ordinaire par l'obstacle qu'y apportaient des excréments très durs, qui ne sortirent enfin que par la quantité prodigieuse de matières et d'humeurs fermentées qui les poussèrent dehors, et qui furent suivies de grandes évacuations d'autres matières épaisses, d'humeurs et de sérosités très ardentes, lesquelles, rendues en cinq bassins quasi pleins, auraient fourni de quoi compter quatorze ou quinze selles.

Le cours de cette médecine fut encore brusquement arrêté, comme dans le mois passé, par le dîner du roi, qui mangea beaucoup, et entr'autres choses, *outre les croûtes, le pain mitonné en potage et les viandes fort solides, combla la mesure à son dessert, avec des vents faits avec du blanc d'œuf et du sucre, cuits et séchés au four, force confitures et des biscuits*

---

(1) Produits par les revers de son armée de Flandre, et par la prise de la ville de Lille.

bien secs; ce qui, joint à quatre grands verres en dînant, et trois d'eau sortie de la glace, après dîner, donna sujet au roi de se plaindre, après avoir travaillé trois heures avec M. de Pontchartrain, qu'il se sentait faible, et qu'il avait de la peine à marcher. Ce qui venait de la surcharge de son estomac, et non de l'épuisement d'une trop grande évacuation de cette médecine, que S. M. craignait à cause d'un rhume qu'elle s'était attiré en souffrant du froid la nuit, faute de s'être assez couverte pour ne pas aller au-delà de la coutume, ce qui l'avait fait beaucoup tousser le matin du jour qu'elle fut prise. Cependant elle eut tout le succès dont j'avais eu l'honneur de lui répondre, et détourna l'humeur du rhume si promptement, que le roi ne toussa plus de toute la journée, et, malgré la charge de son estomac, redoublée par son souper, il dormit fort tranquillement toute la nuit, sans même tousser à son réveil.

Le froid et la gelée ayant recommencé durement, le roi a eu encore la gorge embarrassée, pendant le sommeil, d'une pituite épaisse, qui l'a obligé à tousser le matin pour la cracher sans être forcé à continuer sa toux, comme le sont ceux qui toussent par l'irritation du poumon, dont ils ne peuvent arrêter la secousse jusqu'à ce qu'ils aient craché ce qui vient de cette partie, dans cette occasion ordinaire de tousser; au lieu que le roi était le maître de faire ces efforts de toux pour débarrasser sa gorge de ce qu'il voulait cracher, non par quintes, mais quand il lui plaisait de le faire. Le froid s'étant un peu relâché sur la fin du mois, le roi a recommencé à suer les nuits, et cette diversion des sérosités supprimées a diminué son enrouement et la nécessité de tousser pour nettoyer sa gorge ; et S. M. a fini l'année en très bonne santé.

Remarques pour l'année 1709.

Le roi a commencé l'année dans une bonne disposition excepté l'enrouement, qui durait encore à la fin de l'année 1708, et qui a continué en diminuant insensiblement, avec très peu d'incommodité; de sorte que rien d'ailleurs ne me donnant d'inquiétude, ni de sujet de craindre, de ce qu'il fallait reculer la purgation ordinaire de S. M. à cause du froid excessif qui commença avec une extrême violence le 6 de ce mois de janvier, et dura presque tout le mois avec une gelée, une sécheresse, et un hâle de bise sans exemple. J'attendis jusqu'au 28 à purger le roi, le temps ayant changé le 26, et le vent s'étant tourné au midi avec de la pluie. Il prit donc son bouillon purgatif le lundi; mais le vent, malheureusement, ayant retourné au nord sur le midi, empêcha qu'il ne continuât son effet aussi bien qu'il l'avait commencé, en faisant sortir d'abord deux grandes selles bouillantes et pleines d'excréments échauffés, et ensuite des humeurs chargées d'une bile huileuse et presque rouge. Le cours en fut arrêté par ce refroidissement terrible de l'air, et parce que S. M. mangea beaucoup à dîner, ce qui gonfla son ventre et *lui chargea la tête*, de façon qu'elle consentit, tant pour la nature des humeurs dont le cours avait été arrêté, que pour le brusque reflux qui s'en était fait, et pour l'état où S. M. se trouvait le soir, que je la repurgeasse trois semaines après, au retour de Marly. Le roi fit pourtant une grande selle à dix heures du soir *avant que d'aller souper*, qui le soulagea de l'extrême tension de ventre qui l'incommodait. Il dormit bien la nuit. *Cependant il sentait sa tête pesante*, et un renouvellement de rhume qui l'obligeait à tousser fortement de la gorge pour se débarrasser de la pituite *colleuse* qui s'y amassait. Cela augmenta pendant le séjour de dix jours que le roi fit à Marly; ce qui me donna encore plus de sujet de le presser de vouloir bien être purgé, comme il l'avait promis avant ce voyage. Cela fut exécuté le lundi 18 de février, s'étant heureusement trouvé un relâchement de l'air convenable pour en profiter.

Le roi fut purgé promptement d'une grande quantité d'excréments mêlés d'humeurs écumantes, dont il y eut trois bassins chargés de pareilles matières poussées à plusieurs reprises, et ensuite beaucoup de selles d'humeurs, mêlées d'une bile fort ardente. Le rhume du roi diminua considérablement après ces évacuations ; mais les occasions de se morfondre, *soit en changeant souvent de perruques pour les essayer, et se tenant la tête nue pendant ces changements, soit à la chapelle en écoutant les sermons*, ont renouvelé son rhume plusieurs fois, *et causé des retours de pesanteur de tête*, jusqu'à ce que la sérosité qui la chargeait commençât à s'écouler par le nez, et à se mûrir pour être mouchée ou crachée. Dans ce temps, S. M. commença à se plaindre de quelques douleurs en différents endroits du ventre, mais principalement du côté gauche, dans la région du colon. Ces douleurs étaient médiocres, sans changement de couleur à la peau, ni de sensibilité extraordinaire, non plus qu'aux muscles et aux autres téguments du bas-ventre, et paraissaient n'être causées que par des vents renfermés dans les intestins, où ils étaient retenus par des matières durcies, le roi ayant le ventre resserré plus qu'à l'ordinaire. Ces douleurs étaient néanmoins fort supportables et souvent passagères (1).

Mais le 6 du mois de mars, S. M. en fut plus incommodée pendant le conseil, et, en approchant de l'heure de son dîner, s'étant mise à sa chaise, *selon sa coutume*, pour essayer d'aller à la garde-robe, elles devinrent si pressantes, que, m'ayant fait l'honneur de m'envoyer appeler, elle se trouva si mal, qu'elle prit la résolution de renvoyer son dîner, de se coucher et *de vaincre la répugnance qu'elle avait pour les lavements, dont elle n'avait point pris depuis vingt ans*. Je lui en fis préparer un (lavement), composé d'une once et demie de *diaphœnic*, de trois onces de miel mercuriale, d'une drachme et demie de cristal-minéral, dans une décoction de racines de guimauve, de feuilles de mauves, et de sommités de camomille. Ce remède, quoique trop peu gardé, tira des pelotons d'excréments endurcis et peu de vents. Cependant le roi fut soulagé et passa quelque temps avec beaucoup moins de

(1) Ce furent là les premiers prodrômes de la gravelle dont il fut atteint peu de temps après.

douleur; mais elle continuait. Je lui en fis reprendre un second, qu'il garda encore moins que l'autre, *parce qu'en le prenant, ses oreillers s'éboulèrent, et la tête en fut étourdie, à quoi succédèrent des vapeurs* qui l'obligèrent à se lever et à se mettre sur sa chaise, où il rendit la plus grande partie de son lavement avec peu de soulagement. Mais s'étant remis dans son lit, lorsque les vapeurs furent presque passées, peu de temps après il s'endormit, et fut réveillé par l'envie d'aller à la garde-robe, où il rendit le reste de son lavement, avec des vents et des excréments, dont la décharge diminua fort sa douleur; et, après s'être recouché, il prit un bouillon qui l'aida encore à pousser des vents; et s'étant ensuite rendormi, à son réveil, il se trouva beaucoup mieux, se remit à sa chaise, où il fit une selle de matières gluantes et bilieuses, et quantité de vents qui emportèrent le reste de sa douleur. S'étant recouché, il rendit encore beaucoup de vents, et demeura en repos jusqu'à l'heure de son souper. Avant que de se chausser, il retourna à sa chaise, où il acheva de se débarrasser le ventre d'une tempête de vents, et se trouva tout-à-fait rétabli dans son état naturel. Il mangea avec beaucoup d'appétit et se coucha en bonne santé, passa la nuit avec un sommeil tranquille, et se releva dans une santé parfaite. Il fut à Marly, où il se promena toute l'après-dînée fort à son aise, soupa avec appétit, et dormit tranquillement la nuit, et parut ensuite se bien porter, excepté la dureté du ventre qui continua le plus souvent, et le rhume qui lui tenait toujours la gorge embarrassée d'une pituite épaisse, difficile à détacher et à cracher.

Le 25 de mars, il prit son bouillon purgatif, où j'avais fait ajouter, comme dans le précédent, demi-once de manne et l'infusion de deux gros de fleurs de pêcher, sèches, infusées dans de l'eau bouillante. Il en fut fort bien purgé de trois grandes selles d'excréments écumants, et de sérosités huileuses, fort ardentes. Il dormit la nuit suivante tranquillement, se réveilla en bonne santé, et fut un peu à la garde-robe, dès ce jour lendemain de la médecine. Mais ayant mangé maigre le mercredi et les trois jours suivants, il ne fut point à la garde-robe et sentit beaucoup de vents et quelques douleurs passagères dans le ventre, de temps en temps, au milieu, qui lui répondaient quelquefois au bout de l'urêtre, comme dans l'autre attaque, mais surtout dans la région du colon.

Le roi paraissait triste et abattu, à quoi le jeûne, le maigre, l'assiduité aux longues messes, aux ténèbres et autres offices, sans pouvoir presque sortir ni prendre l'air, tant par le peu de jour qui lui restait après les ténèbres, que par le mauvais temps qui l'en empêchait, contribuaient, en augmentant la présence de la cause principale qui lui donnait de grands et justes chagrins.

Le samedi veille de Pâques, *il toucha beaucoup de malades;* déjà fatigué par le long temps que S. M. avait employé à ses dévotions, qui dura plus qu'à l'ordinaire, il mangea peu à son dîner et avec peu d'appétit, et presqu'immédiatement après, travaillant *avec le Père Le Tellier,* tout d'un coup il ressentit les mêmes douleurs de coliques dans le ventre dont il avait été incommodé dans le commencement du mois, il y avait environ trois semaines, toujours dans la région du colon, mais plus bas vers son extrémité qui se termine au rectum. Elle devint si vive, que, m'ayant fait appeler, je le trouvai couché en arrivant à sa chambre. Comme il avait été purgé le lundi de la même semaine, et qu'il avait mangé depuis ce temps-là moins qu'à son ordinaire, je jugeai que les vents qui causaient sa douleur étaient produits d'une humeur dont l'âpreté et l'*acerbité* les rendait de même nature, durs et âpres, et plutôt renfermés par l'irritation des membranes des intestins et par leur froncement, que par la quantité des excréments retenus qui les pouvait boucher ; et, sur cette idée, j'ordonnai un lavement fait avec la décoction de racines de guimauve, feuilles de mauves, camomille, graine de lin, anis, coriandre et la dissolution d'une once et demie de pulpe de casse du levant, de six grains de castor, et de trois onces de manne. Ce lavement, plus adoucissant et relâchant que purgatif, produisit son effet à l'instant, et détendit si promptement l'intestin qui souffrait, que la douleur du roi cessa dans le moment comme par un charme. Mais S. M. le garda si peu, quoiqu'elle ne fût pas pressée de le rendre, que son effet ne fut pas aussi complet qu'il aurait pu l'être avec plus de patience.

Cependant le roi après l'avoir rendu fut en repos avec peu de douleur, et dormit même près d'une heure et demie. Ensuite, sentant des vents qui lui gonflaient l'estomac, et qui sortaient avec peine, je lui conseillai, parce qu'il avait soif en même temps, de prendre un gobelet de l'infusion de sauge et de véronique, en manière de thé, que je lui fais prendre le matin. Il en fut soulagé, rendit beaucoup de vents par la bouche et demeura tranquille un temps considérable, sommeillant de fois à autres. Cependant, la douleur le chicanant encore à diverses reprises, je lui fis reprendre le même lavement qui calma comme le premier, quoiqu'encore peu gardé, plutôt par la crainte que le roi avait de le trop garder, que par être pressé de le rendre. Le roi ayant soif, je lui fis préparer de l'eau panée, un peu chauffée av c des tranches de pain rassies, qui lui fit bien et tint lieu d'un bouillon que je voulais faire prendre à S. M. la trouvant mieux, le pouls tranquille et fort égal, ce qui n'avait pas été dans le fort de la douleur ; *mais le roi voulut se retirer sans le prendre, à condition que s'il s'éveillait après minuit il le prendrait, ne voulant pas le faire que le carême ne fût terminé.* Il dormit, et s'éveilla peu de temps après minuit, prit son bouillon, dormit toute la nuit jusques à huit heures du matin, et nous fit l'honneur de nous dire à son réveil qu'il n'avait jamais si bien et si longtemps dormi. Cependant, étant sur sa chaise, où il fit une petite selle de la nature de celles qu'il avait faites après son second lavement de la veille qui étaient d'une matière glaireuse, mêlée de bile ardente et brune, il ressentit quelques douleurs, et une inquiétude qui le fit résoudre à ne pas aller à la grand'messe, comme il l'avait dit, et d'en entendre une petite à la tribune de la chapelle. Cette sourde douleur ou *mésaise*, continua jusqu'à son dîner, où il mangea peu et sans appétit, et s'étant mis à sa chaise au sortir de table, la douleur et l'angoisse continuèrent, de façon qu'il fut obligé de se coucher. Je lui fis préparer le même lavement; mais, le roi s'étant tourné sur le côté gauche, et ayant rendu des vents par la bouche et beaucoup par en bas, se trouva si soulagé qu'il n'en prit point. Il dormit, but de l'eau panée chaude, et, sa douleur étant calmée, il se leva pour manger du pain dans du bouillon, du potage et un peu de poulet rôti; ce qu'il fit un peu trop avidement, sentant l'appétit et le besoin. Cela, *et la chaleur étouffante qu'un grand nombre de gens parfumés de poudre ou de tabac avaient laissée dans sa chambre*, furent cause que le roi se sentit gonflé et le ventre tendu. Mais ce ne furent *que des vapeurs qui le tourmentèrent dans son lit un quart-d'heure, jusqu'à ce que j'eusse fait ouvrir la fenêtre de sa chambre qui était encore calfeutrée*; ce qui ayant rafraîchi l'air et chassé l'odeur qui lui causait ces vapeurs, elles cessèrent tout d'un coup. Il s'endormit et passa fort bien la nuit.

Il y avait déjà longtemps que *je soupçonnais une humeur de goutte vagabonde d'être en partie cause de l'embarras que le roi sentait si souvent à la tête*, et de ce rhume réitéré tant de fois, qui le faisait si fréquemment tousser et cracher de la gorge. Ce soupçon, et celui que j'avais que la même humeur pouvait prendre part à tous ces retours de colique, et beaucoup d'autres raisons me marquant la nécessité de faire saigner le roi, je le priai de vouloir bien avancer la coutume ordinaire, comme je lui avais déjà proposé avant ces dernières coliques, et S. M. y ayant consenti, cela fut exécuté le lundi premier jour d'avril à son réveil. On lui tira vingt-deux onces quatre gros de sang couvert d'une couenne rhumatisante, lui-même pressant qu'on continuât d'en tirer. Cette évacuation, quoique grande, fut fort bien soutenue : et le roi parut un peu abattu, mais plutôt de la douleur et de l'abstinence précédente, que de la saignée. Il dîna de bon appétit, ayant tenu conseil dans son lit, où il avait entendu la messe et pris un bouillon. Le lendemain il fut se promener à Trianon, où il me dit qu'il avait marché avec force et légèreté ; ce qu'il essaya encore plus le mercredi, étant allé à Marly où il marcha très longtemps avec la même légèreté. Je remis à le purger jusqu'au jeudi 4 du mois, afin que le calme établi par la saignée fût plus confirmé, et qu'il y eût moins de danger de remuer l'humeur qui aurait pu renouveler la douleur. Je le purgeai avec trois onces de manne, et l'infusion d'un gros de rhubarbe seulement, dans un bouillon de poulet, dont il fut fort bien purgé neuf fois, surtout de deux grandes selles d'une humeur épaisse, ardente et gluante, et de sérosités de même nature. Cela a encore redoublé la légèreté du roi, confirmé sa santé et la tranquillité de son sommeil.

La chaleur excessive qui s'était fait sentir tout d'un coup quelques jours, ayant cessé aussi brusquement qu'elle avait commencé, et le froid revenu de nouveau, le roi, *qui avait fait dégarnir ses habits et ôter le feu de sa chambre*, a cessé de suer la nuit; et le mauvais temps l'ayant morfondu, non-seulement sa tête en a été plusieurs fois appesantie, mais il a ressenti quelques menaces de goutte, tantôt au col et aux épaules, tantôt au bras et à la cuisse, et enfin à la partie supérieure de la poitrine et à la jointure de la clavicule avec le sternum. Mais s'étant frotté avec de l'esprit de vin en cet endroit, l'ayant couvert avec un linge en plusieurs doubles, *en se couchant s'étant bien mis à l'abri de sa manche de duvet* qu'il avait oublié de prendre les nuits précédentes, il a sué la nuit, *y étant encore disposé par le feu qu'on a rallumé de nouveau dans sa chambre la nuit*, et les douleurs se sont dissipées. Depuis, le roi s'est assez bien porté le reste du mois, et dans le commencement de mai, à Marly.

La médecine qu'il a prise le 13 de mai l'a promptement, bien, et abondamment purgé en dix grands bassins remplis d'excréments fermentés et d'humeurs épaisses et ardentes. Il en serait encore sorti davantage si, *trois heures avec M. de Pontchartrain, et le reste du soir un grand conseil extraordinaire et chagrinant autant qu'appliquant*, n'en avaient arrêté l'évacuation. *La tête remplie de ces fâcheuses idées*, et des humeurs retenues, mêlées avec un grand souper, ont rendu la nuit inquiète et le sommeil interrompu, faisant manquer le bénéfice de la transpiration. La toux, qui avait commencé avec un nouveau rhume trois jours avant la médecine, s'est rétablie, soutenue par le vent du nord, aussi âpre qu'au mois de mars, et aussi froid. S. M. a passé un jour sans aller à la garde-robe depuis sa médecine; le ventre a repris son train dès le second et le troisième.

Il lui est survenu un peu de rougeur et d'enflure au bord de la paupière de l'œil gauche, qui a suivi une inquiétude douloureuse, comme celles qui viennent de quelqu'ordure dans l'œil, et qui obligea le roi à tourmenter un peu son œil. Ce qui peut avoir donné occasion à cette petite fluxion, autant que le vent que le roi avait senti à la chasse.

Le vendredi 17 du mois de mai, le roi, sans avoir eu aucun mouvement de colique, ni de douleur dans le rein, ni dans la conduite de l'uretère, sentit quelque chose qui l'inquiétait au col de la vessie, lui donnant l'envie d'uriner, et en même temps l'en empêchant par une espèce de picottement et de cuisson au sphincter de la vessie. Cela dura assez pour obliger S. M. à se lever de dessus sa chaise; mais, s'y étant remise après quelqu'intervalle, elle sentit passer quelque chose dans l'urètre avec l'urine qui vint abondamment; et je trouvai au fond un petit peloton de sable de la grosseur d'un grain de blé et de sa figure, qui s'écrasa aisément entre les doigts, comme un sel à demi fondu, sans rien laisser qui parût véritable grain de sable. Le roi ne s'aperçut d'aucune impression restée du passage de ce petit amas; et même, le 23 du même mois, j'en trouvai un plus petit dans son bassin, qui avait coulé avec l'urine sans que S. M. l'eût remarqué. Mais à trois jours d'après, 27 du mois, travaillant avec M. de Chamillart, il sentit à diverses reprises des envies pressantes d'uriner sans le faire, ou peu chaque fois; il parut, vers le soir seulement, quelques grains de la même matière dans son urine, qui disparaissaient entre les doigts. Mais le lendemain matin, le roi, s'étant mis sur sa chaise en sortant du lit, pissa beaucoup et rendit, sans peine et sans l'avoir presque senti, un peloton aussi gros et un peu moins long que le premier du 17 du mois, et plusieurs petits grains de sable de même nature, dispersés au fond du bassin. Le lundi 3 de juin, il se trouva encore un petit grain dans le fond de son urine, sorti sans avoir été senti.

Le lundi 17 de juin, le roi, étant à Marly, a été fort abondamment purgé de sa médecine jusqu'à son dîner, quoiqu'il en eût un peu suspendu le cours *par une attention continuelle à des affaires d'État, et à regarder plusieurs cartes de géographie fort remplies.* Mais le dîner, et ensuite le travail particulier, et le conseil assez long, arrêtèrent les humeurs fondues et en train de couler, et ce qui se vida ne fut pas suffisant pour en achever l'évacuation, *ce qui chargea la tête de S. M.* autant que le trouble de la digestion *dont l'estomac fatigué augmentait la pesanteur de la tête, et causait les nonchalances et vapeurs du roi.* Il ne laissa pas de souper, et me dit, en se couchant, qu'il était mieux depuis; ce qui, n'arrivant que parce que la nouvelle nourriture dont il surchargeait son estomac apaisait pour quelque temps, par son mélange, la fermentation et l'aigreur de celle de son dîner, ce soulagement ne servit qu'à lui rendre la nuit inquiète *et à recharger sa tête, ce qui lui causa des étourdissements et de l'abattement,* jusqu'à ce que le ventre se fût rouvert, et que l'air et la promenade l'eussent un peu rafraîchi, et qu'un nouveau mouvement de rhume eût fait couler le nez et cracher S. M.; et depuis, le roi se trouva mieux, et sa tête se remit dans son état naturel.

Le 26 juin, S. M. sentit, en voulant uriner, vers les quatre heures après midi, quelque chose qui piquait vers le col de la vessie, et elle jeta ensuite avec l'urine trois petits grains de la grosseur d'une tête d'épingle. Le soir, avant son souper, le roi sentit encore un pareil picottement au même endroit, causé par un semblable grain de sable, qui sortit avec l'urine sans peine et sans aucune cuisson après l'avoir rendu.

Le temps froid et pluvieux excessivement, soutenant le

mauvais effet des grands repas qui chargeaient l'estomac du roi deux fois par jour, et encore plus les jours maigres, et *rendaient sa tête appesantie* par cette surcharge de l'estomac, très aisé à être embarrassé par le refroidissement extérieur, a commencé à mettre S. M. *dans ces dispositions d'étourdissements qui ont même augmenté après un sommeil tranquille en apparence, mais plutôt véritable assoupissement* causé par la plénitude de l'estomac et par le froid de la nuit qui diminuait la sueur, laquelle aurait soulagé la tête des sérosités que le froid et le vent du jour précédent y avaient arrêtées. *Le roi se plaignit de cette pesanteur de la tête toute la journée;* mais la nuit suivante ayant été moins froide, et la sueur ayant sorti plus abondamment, aidée par la couverture que S. M. laissa sur elle toute la nuit, les étourdissements cessèrent, et le ventre s'étant ouvert, et le roi ayant commencé à moucher aisément, il ne resta plus de tout ce désordre que le besoin de cracher pendant quelques jours les restes du rhume qui avait embarrassé les membranes de la tête.

Le vendredi 5 du mois de juillet, le roi sentit en urinant un léger picottement avant que d'aller à la messe, et le soir il rendit quelques petits grains de sable sans rien sentir. Le lendemain 6 du même mois, il en rendit encore deux ou trois le matin, qui passèrent aussi sans qu'il s'en aperçût. Le 15 juillet il en rendit plusieurs qui ne se firent sentir que légèrement en pissant dans le bassin de sa chaise. Le lendemain 16 du même mois, il en sortit un gros comme la moitié d'un grain de blé, accompagné d'ardeur et de cuisson peu considérables qui cessèrent à l'instant.

Le 22 du mois de juillet, le roi prit son bouillon purgatif. La chaleur étant modérée et l'humidité de l'air suffisante pour rendre les humeurs coulantes, il commença son effet promptement, et, pendant une heure que le roi fut d'abord sur son bassin, il poussa à cinq ou six reprises tant d'excréments et de matières écumantes, qu'il fallut le changer, rempli autant qu'il en pouvait contenir. Un moment après, le roi se remit à sa chaise, et remplit presque un second bassin, ce qui continua ensuite, de sorte qu'avant le dîner de S. M. il y eut en six bassins la valeur de douze grandes selles d'excréments fermentés et d'humeurs ardentes; et deux selles pendant son dîner et trois dans le reste du jour, toutes grandes, mirent S. M. en état de dormir tranquillement la nuit, se trouvant dégagé et léger de cette évacuation. Le lendemain, il y eut encore une selle médiocre, et les jours suivants, jusqu'à la fin du mois, le ventre s'est entretenu suffisamment libre, et le roi l'a passé sans incommodité, à la réserve d'un petit grain de sable sans liaison qui passa presque sans le sentir, le 25 de juillet, et autant le 31.

Le roi étant arrivé à Marly, il en vida un de même consistance, mais un peu plus gros. Le 16 du mois d'août, le matin, S. M. ayant passé la nuit avec un peu d'inquiétude *causée en partie par quelques punaises qui l'avaient réveillée (1)*, et par la fatigue des deux jours précédents passés en dévotion sans que le roi eût pris l'air, mais aussi par le passage de ce petit flocon de sable qui avait mis l'urètre et la vessie, pendant quelque temps de la nuit, dans une espèce de *mésaise* et de sourde agitation des parties nerveuses correspondantes, sans une douleur déclarée. Après dîner, il en vida deux fort petits qui se firent très légèrement sentir en passant dans l'urètre. Ensuite, pendant le reste du mois, les urines coulèrent fort claires, sans y rien voir d'extraordinaire.

Le roi devait être purgé le 26 de ce mois, mais la chaleur et le voyage de Marly m'ont fait prendre le parti d'attendre jusqu'au 2 septembre, après le retour de S. M. à Versailles, rien ne pressant de le faire plus tôt et moins à propos.

Le roi s'est bien porté depuis cette médecine dont il fut abondamment purgé d'excréments au-delà de tout ce qu'on avait jamais vu, et de beaucoup d'humeur après. Il a été en-

---

(1) N'est-il pas curieux de voir Louis XIV incommodé par les punaises dans un de ses plus jolis châteaux, et où il allait si souvent?

rhumé de la gorge à diverses reprises, selon que l'inégalité de l'air y a contribué et *les occasions où le roi s'est morfondu particulièrement la tête en essayant des perruques, et souvent par la variété des différentes choses qu'il mêle le soir à son souper avec beaucoup de viandes et de potages, et entr'autres les salades de concombres, celles de laitues, celles de petites herbes, lesquelles toutes ensemble assaisonnées comme elles le sont de poivre, sel, et très fort vinaigre en quantité, et beaucoup de fromage par-dessus,* font une fermentation dans son estomac, dont la vapeur âcre lui sèche la gorge, en épaissit les sérosités qui s'y collent et le font tousser quelquefois, fréquemment de la gorge seulement, qu'il se plaint de demeurer sèche malgré la boisson de beaucoup d'eau, laquelle ne saurait suffisamment amortir cette fermentation pour empêcher que la fumée n'en réchauffe la gorge et sèche la bouche qui demeure ouverte pendant la nuit, dont le sommeil ne peut éviter d'être troublé.

Le 19 septembre, le roi a commencé d'aller à la garde-robe plus abondamment, et les selles indigestes et détrempées l'ont fait aller le 20, plusieurs fois le jour et une la nuit. Le 21, encore cinq fois le jour et point la nuit parce que S. M. se tint sur ses gardes, dîna et soupa peu. Il resta pourtant une irritation qui le fatigua pendant la journée de plusieurs petites évacuations glaireuses, larges chacune seulement comme une pièce de *trente sols*, mais qui échappaient quelquefois sans les pouvoir retenir, cependant sans douleur et sans aucune teinture de sang, que d'une hémorroïde gonflée en s'essuyant. Cela a duré tout le 22, et a empêché le roi de sortir ce jour et le précédent, quoiqu'il se portât fort bien d'ailleurs, et qu'il se sentît plus vigoureux, sans toux, sans sécheresse de gorge, et qu'il eût dormi fort tranquillement depuis cette grande évacuation, qui n'avait emporté que beaucoup de matières âcres, indigestes ou superflues. Sur la fin du mois, *le roi s'étant morfondu en essayant et changeant plusieurs fois de perruques,* et pour n'être pas assez couvert la nuit et le jour dans les premiers froids, a recommencé à tousser de la gorge, causé comme les autres fois par la pituite glaireuse qui y était attachée.

Mais au commencement du mois d'octobre, son ventre s'étant déchargé jusqu'à deux ou trois grandes selles par jour, de matières détrempées de sérosités, S. M. s'est trouvée quitte de ces incommodités et sa santé en bon état, ce qui m'obligea à lui proposer de reculer sa purgation, qui devait être le 8 du mois, jusqu'au 14, après son retour à Versailles. Cependant la continuation des grands repas ayant refourni ce qui s'était heureusement vidé, le roi recommença d'aller plus souvent à la garde-robe de matières crues et corrompues, ce qui a continué le reste du séjour à Marly, depuis le mercredi 9 du mois, jusqu'au 12, ayant fait relever le roi quelquefois la nuit. Mais celle du 12 au 13 il se releva quatre fois, ce qui m'aurait empêché de le purger le lundi 14 du mois, si un peu d'attention à moins manger n'avait procuré une bonne nuit, précédée de peu de selles l'après-dînée du dimanche. Je trouvai même à propos de donner au roi sa médecine ordinaire sans en rien retrancher, afin de prévenir ce que les restes d'indigestion pouvaient renouveler de désordres dans les entrailles. S. M. en fut bien et abondamment purgée de beaucoup d'humeurs fort ardentes, et surtout d'une bile exaltée, que le roi appelle la selle rouge, quatre grandes selles qui firent relever S. M. deux fois la nuit, et le tout fut jusqu'à vingt selles. Les jours suivants, le roi a continué d'aller à la garde-robe deux ou trois fois par jour de matières encore un peu liquides, mais bien digérées, et *deux fois la nuit pour avoir trop mangé de salades et de fromage le soir*, le ventre n'étant pas tout-à-fait remis dans son état naturel, parce qu'il coulait encore quelques sérosités, lesquelles en cessant d'entretenir son rhume avaient heureusement pris ce cours; ce qui avait rendu S. M. plus légère et en état de marcher longtemps sans se lasser, et du reste en meilleure santé. Depuis, le roi a été plutôt resserré que trop libre du ventre.

Depuis le 16 du mois d'août, le roi n'avait point senti de coliques, ni vidé de gravier; mais le 20 du mois d'octobre, il eut un peu de colique, et les jours suivants aussi sans rien davantage. Le 23, le roi sentit plus de colique, et ensuite de l'irritation au col de la vessie et au bout de l'urètre, sans qu'il parût autre chose qu'un fort petit peloton de sable dans ses urines. Le 25, S. M. sentit en se promenant à Marly un mouvement de colique plus marqué se dissiper, qui laissa seulement de l'irritation à l'extrémité de l'urètre sans qu'il y eût rien dans son urine. Enfin, le matin du jour de la Toussaint, le roi, après une colique, laquelle l'empêcha de dormir tranquillement la nuit, rendit dans son pot de chambre une urine trouble et mêlée de sang qui la rendait d'un rouge sale, et, s'étant mis à sa chaise, il en rendit encore de pareille. Il fit ses dévotions sans sentir de colique, *mais, en touchant les malades,* elle commença, et elle augmenta de façon qu'il prit le parti de ne pas aller à la grand'messe. Cependant, s'étant promené quelque temps dans son cabinet, elle passa. Le roi dîna de bon appétit et employa toute l'après-dînée à la chapelle, au sermon et au reste de l'office jusqu'au soir; et dormit bien la nuit, ses urines restant néanmoins un peu troubles, et S. M. ressentant toujours quelque chose au bout de la verge et au col de la vessie, quoiqu'il ne parût que du sable rouge au fond du bassin. Mais enfin, le troisième jour du mois, à Marly, après la chasse de Saint-Hubert, étant à sa chaise, elle sentit en pissant sortir quelque chose qui lui fit une assez vive douleur au col de la vessie, et qui demeura dans le canal de l'urètre, et il ne parut dans l'urine qu'un peu de sang. Mais le soir du même jour, un flot d'urine en pissant chassa le peloton de sable, de la grosseur de deux grains de blé, sans néanmoins de plus forte liaison que ceux qu'elle avait vidés d'autres fois. Depuis cela, S. M. n'a plus senti de coliques, ni de douleur au col de la vessie, ni au bout de l'urètre, et les urines sont revenues belles. Cet accès de néphrétique a enfin déterminé le roi à vouloir bien boire de l'eau d'infusion à froid de graine de lin, pour en user seule et avec son vin, et d'en boire tous les jours trois verres le matin; et de plus, il a ordonné, comme je le demandais il y a longtemps, qu'on diminuât le sel dans tout ce qu'il mangeait, de façon qu'il n'y en eût plus d'excès.

S. M. a vidé depuis des pelotons de sable de temps en temps sans en sentir de douleur. Mais les repas de Marly ayant donné occasion à de nouvelles décharges de matières indigestes, le roi a été obligé de se lever la nuit du 11 au 12 du mois pour aller à sa chaise. Il y fut cinq fois le jour suivant, quatre le 14 du mois, et fit encore quelques selles un peu détrempées le 16. Le 18, il fut purgé abondamment de matières ardentes et fort puantes, qui marquaient encore un reste de corruption dont la purgation a heureusement délivré ses entrailles. Il s'est bien porté depuis, ayant été le lendemain et jours suivants réglement à la garde-robe, pour entretenir le ventre seulement un peu libre.

Au commencement du mois de décembre, un nouveau débordement de matières indigestes a suivi quelques soupers un peu trop forts, et a été arrêté par une sage modération dans les jours suivants.

Le 5, le roi a senti de l'irritation au col de la vessie, et a rendu de temps en temps quelques grains de sable. Mais le 7, un petit peloton, gros comme un demi grain de blé, sortit à Trianon, avec une légère douleur, pendant que le roi s'y promenait. Le 9 du mois, *S. M. s'est plainte de pesanteur et de tournements de tête un peu plus forts que ceux qu'elle avait sentis quelques jours auparavant.* Étant à Marly le 11 et le 12, le roi fut deux grandes fois à la garde-robe ; le 13, il y fut cinq de matières indigestes, et, dans la quatrième, il jeta un grand ver vivant, qui avait sans doute contribué aux étourdissements précédents en irritant les membranes des intestins.

Le 16 du mois, le roi a été purgé. La première décharge fut d'un bassin prodigieux d'excréments mêlés d'humeurs bouillantes. Le second, encore fort grand, de pareilles matières plus détrempées d'humeurs fort ardentes. Ils furent suivis de sept autres d'humeurs bouillantes, hautes en couleur et gluantes. Le ventre ensuite fut paresseux deux jours, mais le troisième, trois selles fort puantes, les deux dernières, de matières précipitées et indigestes, vidèrent ce qui avait été retenu. Le 26, le roi jeta un petit peloton de sable sans douleur. Le reste de l'année s'est bien passé.

Remarques pour l'année 1710.

Le roi, qui avait commencé cette année 1710 en bonne santé, le mardi 7 du mois, sentit quelque chose qui se présentait au col de la vessie sans sortir. Le 9, il rendit un petit peloton de sable, *qu'il écrasa lui-même entre ses doigts*, sans avoir senti de douleurs. Le 11, il fut trois fois à la garde-robe de matières indigestes, et la nuit du 11 au 12, il se releva pour faire une grande selle de même nature. *Il se plaignit le 15 de pesanteur de tête*, causée par un commencement de rhume; mais, ayant eu soin de se mieux couvrir, il dormit plus tranquillement et avec un peu de moiteur qui termina ce rhume à cracher quelques flegmes de la gorge. Le roi devait être purgé le lundi 20 du mois de janvier, mais les gelées trop fortes *et les affaires de S. M.* m'obligèrent à remettre au 22 du mois. La médecine fut prise aussitôt qu'elle arriva. Elle commença d'agir une heure après si abondamment, que le roi fut obligé de se lever un moment, parce que le bassin était trop plein de matières fermentées et d'humeurs. Le second et le troisième encore fort grands, et de pareilles matières, suivirent de fort près, et, ne comptant ces grands bassins que pour une selle chacun, le roi en fit huit avant son dîner, une en dînant, trois dans le reste de l'après-dînée, une grande selle rouge avant son souper, avant que de rentrer chez lui, et une moindre de même nature en se couchant. Le 28, il vida un petit peloton de sable sans douleur; et les jours suivants quelques petits grains de sable.

Le 3 de février, le roi fut trois fois à la garde-robe de matières fort puantes et mal digérées, *dont la grande quantité de gibier que S. M. mange depuis les premiers perdreaux jusqu'au carême*, est la principale raison. Le 10, au matin, il rendit une urine fort trouble et un peu rougeâtre mêlée de beaucoup de sable au fond de son bassin. Dans le reste de la journée, il en jeta quelques petits pelotons, avec une urine un peu louche. Le lendemain, elle redevint claire à son ordinaire.

La fête de Saint-Mathias a fait reculer au mercredi 26 de février la purgation qui devait être le lundi 24. Elle a bien et abondamment purgé le roi. Les premiers bassins, également pleins de matières bouillantes et d'humeurs, ont été relayés jusqu'au quatrième sans que S. M. se soit remise au lit. Les selles, en ne comptant ces premières que pour une chacune, ont été jusqu'à treize, et ont fini le soir par la selle rouge, faisant la quatorzième.

Le 6 de mars, le roi a vidé un peloton de sable, gros comme un grain de coriandre, accompagné de deux plus petits. Le lendemain, un autre assez gros, sans douleur. Le 9, le roi en jeta encore un assez gros, à Trianon. Le 10, il en vida deux petits le matin; et tous sans autre douleur qu'un peu d'inquiétude au bout de l'urètre. Le 11, il s'en trouva un le matin, gros comme un grain de blé, dans son bassin, sans qu'il s'en fût aperçu.

Le 12 et le 13, *il se plaignit de pesanteur et de tournement de tête,* qu'une grande selle, le 14 au matin, fit passer tout-à-fait. Le 17, *il se plaignit encore d'avoir la tête mauvaise;* et le 18, ayant été à Trianon par une bruine très froide et un fort vilain temps, dont tout le monde fut incommodé, et qui avait été presque aussi mauvais la veille à Marly, il revint avec des lassitudes douloureuses depuis la tête jusqu'aux pieds. Je le pressai de se tenir bien couvert la nuit pour rappeler les sueurs qui avaient absolument cessé *parce qu'il se découvrait toutes les nuits.* Il voulut bien me faire l'honneur de me croire, et, avec un peu de feu, que j'avais ordonné d'augmenter dans sa chambre, il sua à tout percer presque la nuit entière, et se réveilla sans douleur, ni lassitude. La nuit suivante il en fit autant, sua de même, et s'en trouva fort bien.

Le 22, *ayant tiré son bras hors de sa manche de duvet,* il y sentit de la douleur : mais s'étant bien couvert, et ayant bien sué les nuits suivantes, il en fut quitte. Il a depuis continué de suer. Vers la fin du mois, le temps, qui était au nord, s'étant trouvé tout d'un coup à l'est et au midi, avec un chaud vent, *le roi, qui avait mangé beaucoup de ragoûts*, à son dîner maigre, *se plaignit d'avoir la tête pesante et douloureuse vers le soir ; ce qui continua jusqu'au lendemain*, et ne finit que par une grande selle que S. M. fit avant d'aller à la messe.

Le terme ordinaire de la médecine du roi tombait au lundi 31 de mars ; mais il était trop plein, *et les pesanteurs de tête assez fréquentes qui lui étaient arrivées dans les premières chaleurs de ce printemps*, qui faisaient bouillir son sang pendant que la peau, encore trop serrée, empêchait l'entière liberté d'une transpiration proportionnée à sa raréfaction, me firent croire qu'il était plus à propos de commencer par la saignée ordinaire du printemps, qui avait été faite l'année précédente le 1er d'avril, et qui a été faite celle-ci le 31 de mars, du bras droit, et de vingt-deux onces de sang, qui vint toujours en arcades et d'une fort bonne qualité, à la réserve d'une légère disposition rhumatisante. S. M. n'en fut pas abattue, et fut entendre à midi la messe à la chapelle, sans avoir besoin de s'asseoir.

Le 2 avril, elle a été purgée. La médecine trouva des excréments endurcis, qui retardèrent son effet. Mais quand elle eut commencé à débâcler par un grand bassin rempli de beaucoup d'excréments et d'humeurs bouillantes, il fut suivi de treize autres, et de la selle rouge la nuit, avec une petite, ensuite, de sérosités bilieuses.

Le lendemain 3 avril, le roi étant allé se promener à Marly, y rendit trois ou quatre petits pelotons de sable en pissant dans son bassin. Le 4 et le 5, il en rendit encore, et, ayant été deux jours sans en avoir senti, il en a jeté le 8 deux pelotons, dans le dernier desquels il y avait un petit gravier de la grosseur d'une menue tête d'épingle qui ne se put écraser. Le 15 et le 18, il en rendit encore deux chaque jour. Le

22, un le matin, et le 25, encore un après-dîner, lesquels enfermaient tous un petit gravier, de même du reste, gros comme un grain de navette. Le roi les sentit tous, mais particulièrement le dernier, au col de la vessie avant que de les rendre. Le 30 avril, étant à Marly, il sentit quelque chose, en sortant du dîner, au bout de l'urètre, qui le pressait d'uriner, et cependant il ne se trouva rien dans son urine.

Le deuxième jour de mai, en arrivant de la chasse, un peu d'irritation au col de la vessie précéda une assez grande quantité d'urine et un peloton de sable gros comme une coriandre, dont le milieu ne se put écraser entre mes doigts, et qui, apparemment, était resté dans la vessie depuis le 30 du mois d'avril, que S. M. avait senti quelque chose au bout de l'urètre qui ne sortit pas.

Le 5 de mai, le roi a pris sa médecine ordinaire, qui commença son évacuation par un bassin si excessivement plein d'excréments fermentés et détrempés de sérosités bouillantes, *qu'il ne restait pas de place pour le prendre.* Cette première décharge fut suivie de deux autres grandes de mêmes matières ; et ensuite de beaucoup d'humeurs très ardentes qui fournirent huit grandes selles, et finirent par deux autres de matières glaireuses mêlées de bile. Le 7 et le 9 de mai, le roi rendit chaque jour trois ou quatre pelotons de sable, petits et sans douleur. Ils furent accompagnés de sable au fond de l'urine, et paraissaient avoir été précipités par la médecine, car, depuis ce dernier jour jusqu'au samedi 24, il n'en parut qu'un, à Marly où le roi était allé de Versailles se promener. Il était gros comme un grain de blé, avec un petit gravier dur au milieu. *Pendant le courant de ce mois, S. M. s'est plainte de temps en temps d'étourdissements et de pesanteur de tête.* Ce qui est arrivé particulièrement les jours que le ventre ne s'était point désempli, secours toujours nécessaire, *mais encore plus dans cette saison où le roi le remplit à tous ses repas d'une quantité prodigieuse de petits pois, dont ses potages, autant que les ragoûts, sont excessivement fournis, à quoi se joignent les fraises au dessert,* lesquelles fermentent et gonflent le ventre, de concert avec les vents que les petits pois entretiennent comme une tempête perpétuelle dans le bas-ventre, duquel les membranes, violemment étendues, tirent celles de la tête, et donnent occasion aux étourdissements que cause la compression du cerveau, lorsqu'il est contraint par le tiraillement de ses membranes. A cela près, le roi s'est bien porté le reste du mois depuis sa médecine.

Le temps, qui avait été fort sec par la continuation du vent du nord, très hâlant, s'étant relâché et humecté par des pluies chaudes d'orage et convenables à préparer les humeurs à la purgation, j'ai eu l'honneur de conseiller au roi de profiter de cette occasion de prendre sa médecine, de peur qu'étant obligé de passer le temps de son terme ordinaire à cause des fêtes de la Pentecôte, on ne trouvât pas une occasion aussi favorable pour le faire. Elle a été prise le deuxième jour de juin. S. M. en a été très bien purgée en onze selles, dont les premières énormes, le jour, et une douzième la nuit, rouge et très grande. Le roi s'en est bien trouvé, dégagé et sans abattement. Le 4 du mois, il a jeté deux pelotons de sable le matin en urinant, avec un peu de cuisson, desquels l'un, gros comme un grain de blé, contenait un petit gravier dur.

Le 18 juin, le roi, après avoir dîné de bon appétit, étant rentré dans son cabinet et y parlant à M. le duc de Berwic, *eut besoin de lâcher un vent qu'il retint*, et peu de temps après il sentit une douleur vive de colique, du côté droit du ventre, dans la région du colon, un peu au-dessus de l'appendice du cœcum. Il se présenta au bassin inutilement. La douleur resta fixe au même endroit. Je lui fis prendre deux cuillerées du rossolis des cinq graines chaudes. Peu après il rendit quelques vents par la bouche, et rien par en bas. La douleur ne quittant pas, mais étant plus supportable, le roi pissa et jeta un peu de sable dispersé dans l'urine, qui n'était point la cause du mal, mais un effet de l'agitation et compression convulsive de tout le ventre, qui avait excité les reins et les uretères à faire cette décharge. Il commença à travailler avec M. Pelletier, mais un moment après, m'ayant envoyé rappeler, je le fis coucher et lui fis donner un lavement composé d'une décoction de mauves, guimauves, sommités de camomille, graine de lin, baies d'alkékange, et dissolution d'une drachme de cristal minéral, d'une once de diaphœnic, trois onces de miel mercuriale, de quatre grains de castoreum. Le roi fut soulagé aussitôt qu'il l'eut pris, et, l'ayant gardé tranquillement près d'une demi-heure, il le rendit avec une grande selle d'excréments, réduits en crottes dures, et beaucoup de vents qui étaient remontés par dessus ces crottes, et y avaient été retenus. Il dormit ensuite une heure et demie, et quoiqu'il n'eût plus de douleurs, pour plus de sûreté il prit un second lavement où je fis ajouter de l'huile d'amandes douces et de grains de castor de plus. Il passa le reste de l'après-dînée dans le lit sans douleur, se releva à neuf heures et demie pour manger du pain trempé dans du bouillon, et rien de plus, et, s'étant couché à onze heures, il dormit toute la nuit fort tranquillement. Le matin, il fut à la garde-robe et rendit des vents sans douleur avec un peu de matières. Il fut recevoir le Saint-Sacrement à la porte de la chapelle, y entendit la messe, et dîna à son ordinaire.

Le reste du mois s'est bien passé, *excepté quelques étourdissements passagers* qui n'ont point eu de suite; et, sur la fin du mois, il a jeté quelques pelotons de sable sans douleur, quoiqu'il y eût quelques grains au milieu qui ne se pouvaient écraser.

Le 2 du mois de juillet, le roi prit sa médecine qui le purgea, en trois bassins, d'excréments et de matières glaireuses fermentées, suivis de six selles d'humeurs bilieuses et *colleuses*. Mais s'étant trop longtemps appliqué après son dîner, la purgation s'arrêta tout d'un coup, et ayant ensuite trop soupé, il se sentit gonflé et le ventre tendu. Mais s'étant relevé la nuit et ayant fait une grande selle rouge avec de la viande mal digérée, il dormit tranquillement le reste de la nuit et se réveilla en bonne santé.

Peu de temps avant cette purgation, S. M. avait fait un effort au bras droit en se plaçant le soir dans son lit, dont il lui était resté une douleur assez vive à l'épaule et aux attaches du deltoïde qui s'est dissipée en frottant pendant quelques jours ces parties, soir et matin, avec des linges fort chauds et beaucoup d'esprit de vin, et les enveloppant la nuit d'un linge brûlant, et le matin jusqu'à ce que le roi se relevât pour s'habiller.

Le 8 du mois, quelque temps avant son dîner, il sentit une médiocre douleur au côté gauche du ventre qui fut suivie d'environ demi-setier d'urine teinte légèrement de sang et quasi couleur de café, qui avait pris cette couleur dans le rein détrempant en passant quelques gouttes de sang qui y avaient été caillées et y avaient séjourné quelque temps. La douleur continua de la même manière, mais vers le col de la vessie, quoique le roi eût été à la garde-robe et qu'il eût rendu de l'urine toute claire. Elle cessa sur la fin de l'après-dînée, le roi ayant jeté en pissant un peloton de sable graveleux qui était demeuré vers le col de la vessie.

Le 14 et le 15 du mois, le roi ayant eu le ventre tout-à-fait resserré, *se plaignit d'avoir la tête en mauvais état;* à quoi avait aussi contribué d'avoir eu la tête morfondue du vent froid et de la pluie dont il avait été mouillé à la chasse du cerf, et pas moins *de l'avoir eue souvent et longtemps découverte en essayant des perruques.* Il a été soulagé quand son ventre s'est suffisamment ouvert et qu'il a sué davantage en se tenant couvert la nuit. Mais avant qu'il se fût déchargé de l'embarras de son ventre, *il dormit si profondément une nuit, et rêva si fort, qu'il se fit mal à la gorge à force de crier et d'appeler si haut quoiqu'on lui répondit,* que la douleur de gorge continua le lendemain après son réveil et encore une partie du reste de la journée (1).

Le 28 et le 29 de ce mois, le roi, qui n'avait point vidé de

---

(1) Tous ces détails prouvent combien Louis XIV était alors tourmenté par le mauvais état des affaires du royaume, car, c'est à cette cause, encore plus qu'à son mauvais régime de vivre, que paraissent dues ces grandes agitations du roi.

pelotons de sable depuis le 8 du même mois, en rendit deux petits chaque jour, dont il ne s'aperçut pas, et qui furent apparemment excités à sortir par le trouble de l'air, agité d'un terrible ouragan qui a presque toujours continué pendant ces deux jours. Le 31 du mois de juillet et le premier du mois d'août, il en rendit encore deux chaque jour, fort petits, qui délayaient d'eux-mêmes dans l'urine, et dont il ne restait rien de dur entre les doigts, à quoi peut heureusement contribuer l'eau de l'infusion de graine de lin que S. M. boit assez abondamment le jour et la nuit, qui amollit et fait couler ces matières sablonneuses sans leur laisser le loisir de s'endurcir.

Le roi a été purgé le 4 du mois d'août. Les trois jours précédents s'étaient écoulés sans que S. M. fût à la garde-robe, ce qui avait établi une digue que la médecine eut de la peine à forcer ; mais, en récompense, le débordement très grand remplit d'abord deux bassins et ensuite cinq autres moins grands. Mais l'effet en fut arrêté tout court parce que le roi mangea trop à dîner, et encore plus à souper, dont il se sentit le ventre tendu et *la tête embarrassée,* ce qui se passa avec le sommeil. Le lendemain, il rendit en urinant quatre petits flocons de sable qui s'écrasèrent tous entre les doigts, et dont il resta pourtant de la cuisson au bout de l'urètre. Son ventre ne s'ouvrit point pendant trois jours entiers depuis celui de la médecine. Le quatrième jour, il fut un peu à la garde-robe de matières fort dures. Le samedi 9 du mois, il y fut le matin, avant que d'aller à la messe, de mêmes matières. La veille *il avait été tirer, et, ne s'étant pas aussitôt couvert de son surtout, lorsqu'il cessa d'agir, il se sentit morfondu avant que de s'être rentré dans son carrosse,* et le soir il se plaignit de douleurs et de lassitudes par tout le corps. Je lui conseillai de se tenir bien couvert dans son lit sans écarter sa couverture, ce qu'il fit, et ayant sué prodigieusement, il fut entièrement soulagé de ses lassitudes douloureuses. Mais après la selle qu'il fit avant que d'aller à la messe, il sua toujours, et, en sortant de son conseil, il fut, comme cette continuation de sueur me le faisait attendre, une prodigieuse fois à la garde-robe de grosses matières fort dures, suivies de détrempées et très puantes. S'étant mis ensuite à table avec la même persévérance de sueur, il se trouva sans appétit, *ne mangea point de potage, mais deux œufs à la coque seulement, et une pêche au sucre fondu comme un sirop par le jus des pêches*, le tout à contre cœur. Au sortir de table il se présenta au bassin et eut des envies de vomir assez fortes, à diverses reprises, sans pouvoir vomir ; ce qui fut accompagné de sueurs froides, de retraite du pouls et de grandes angoisses, jusqu'à ce que son ventre s'ouvrit et se vida d'un grand amas de matières pareilles à celles qui étaient sorties, avant son dîner, d'aliments corrompus très puants. L'envie de vomir passa, mais l'angoisse et le gonflement du ventre continuèrent. Il travailla pourtant avec M. Voisin après avoir changé de linge et avoir été bien essuyé du reste de sa sueur.

Il passa ensuite chez madame de Maintenon, où il fit à huit et à dix heures deux selles très indigestes et puantes (1). Il se coucha sans rien prendre que de l'eau, pour détremper et faire couler ces mauvaises matières, sans les échauffer et les faire bouillir par des liqueurs vives et chaudes qui en auraient entraîné une partie dans le sang, et auraient mis le reste en mousse, ce qui l'aurait empêché de se vider. Ce fut la même raison qui me fit prendre le parti de ne point donner de ces liqueurs spiritueuses pendant que S. M. eut envie de vomir, *ni même de l'eau chaude, parce que le roi ne vomit point avec ce secours, quoiqu'aidé des doigts portés dans la gorge*, et je ne voulus pas qu'on lui donnât autre chose que de l'eau comme elle est naturellement, sans glace, afin qu'elle délayât sans faire bouillir, ce qui ne gonflait que trop son

---

(1) Il y avait à côté de la chambre de madame de Maintenon un cabinet dans lequel se trouvait une garde-robe ; c'est là que Louis XIV entrait lorsqu'il en ressentait la nécessité. (Voir appartement de madame de Maintenor, par J.-A. Le Roi, dans les *Mémoires* de la Société des Sciences morales de Seine-et-Oise.)

ventre. Il dormit d'abord d'accablement; mais il se réveilla une heure et demie après, et fit une grande selle fort détrempée, *d'une puanteur cadavéreuse excessive, qui se faisait sentir davantage à mesure que l'amas de viande de gibier, entassée sans pain et sans presque être mâchée, qui avait croupi longtemps, se remuait pour se vider.* Une heure après, il en fit une autre, et, deux heures après, une troisième de même qualité. Il dormit ensuite jusqu'à huit heures du matin, qu'il se réveilla pour une quatrième selle, encore très grande et très puante. Il dormit depuis deux heures d'un bon sommeil, qui le remit un peu, et fit en s'éveillant une cinquième selle moins puante, et, une heure après, une sixième pareille. Il demeura et entendit la messe dans son lit, et ne prit rien de la journée que de l'eau panée bien faite, et renouvelée de demi-heure en demi-heure, afin qu'elle ne s'aigrît point. Il fut pendant le cours du jour encore trois fois à la garde-robe, de matières successivement moins puantes, et la dernière plus du tout, ce qui ne serait pas arrivé si, au lieu de l'eau panée, j'avais entretenu la corruption avec des bouillons qui se seraient gâtés par le mélange des excréments pourris qu'il fallait vider. A dix heures du soir, il se leva pour manger du pain dans du bouillon de poulet fort léger, et un petit biscuit grand comme le doigt; ce qu'il fit avec beaucoup d'appétit. Il se coucha à onze heures, et se leva une fois seulement la nuit, parce qu'il voulut boire, pour la coutume, sans soif, un verre d'eau que je ne croyais point nécessaire. Il fut encore à la garde-robe le lundi matin, mais sans puanteur, et seulement de sérosités chargées de bile, et après dîner, de même qualité une fois, mêlée de quelques petits brins qui commençaient à se lier. Depuis cela, le roi ne fut point à la garde-robe tout le mardi, et seulement le mercredi après dîner, de matières *figurées* et bien conditionnées.

Le dimanche 17 août, il a jeté beaucoup de grains de sable qui s'écrasaient entre les doigts, et le lundi encore, mais dont quelques-uns avaient un petit centre qu'on ne pouvait écraser. Du reste, les jours et les nuits, depuis le mardi 12 août, ont été fort tranquilles, et S. M. ayant bien voulu se contraindre à ne point manger de gibier pendant quelques jours, mais seulement de la volaille, et ensuite de l'un et de l'autre avec modération et presque pas de ragoûts, en a remarqué l'utilité par la force de ses jambes, la légèreté de son corps, la liberté de la tête, et la douce tranquillité des nuits; *et ce qu'il a quelquefois senti de pesanteur ou d'embarras à la tête, n'est venu que de l'inégalité de l'air, ou de l'avoir morfondue en changeant et essayant des perruques, ou pour avoir supprimé la sueur en se découvrant la nuit.*

Le jeudi 4 septembre, le roi ayant beaucoup tiré, et, sur la fin de sa chasse, s'étant laissé surprendre par la fraîcheur de l'air du soir, sentit une lassitude douloureuse particulièrement aux bras et aux épaules; mais ayant été bien couvert en dormant, comme j'avais eu l'honneur de lui conseiller, il se réveilla presque sans aucun reste de cette lassitude, qui se serait entièrement dissipée, si la chasse du cerf, *par la rapidité du mouvement de sa calèche,* jointe à un vent froid qui supprimait la transpiration, n'avait renouvelé cette lassitude et les douleurs rhumatisantes qui l'accompagnaient, lesquelles s'étendirent au derrière de la tête, au col, vers l'oreille et la joue gauche, aux épaules et aux reins, et qui furent plus marquées au poignet de la main droite, où le roi, depuis quelques jours, sentait une douleur fixe, quoique légère. Ces lassitudes douloureuses se répandirent par tout le corps généralement comme une espèce de menace de goutte, ce qui empêcha S. M. d'aller tirer le 8, comme elle l'avait projeté, et ayant continué même en augmentant, le 9, donna sujet au roi de me demander si je le purgerais le lendemain dans cet état. J'eus l'honneur de lui dire que si ce n'eût pas été le jour déterminé pour le faire, je lui aurais proposé de la prendre sans délai pour prévenir une vraie déclaration de goutte, dont la cause se préparait par la diminution de la transpiration et par la dureté du ventre, qui, depuis quelques jours, ne se déchargeait pas suffisamment. S. M. prit sa médecine le 10 septembre, retardée de deux jours de son terme, à cause de la fête de la Vierge, et je fis ajouter dans le bouillon d'après l'infusion de deux drachmes de fleurs de pêchers, afin que le mouvement du purgatif ne cessât pas trop tôt, comme il arrive souvent par la prise du bouillon qui émousse le reste de son aiguillon. Le roi fut bien purgé. Le premier bassin excessivement rempli, le second très grand, suivi de cinq autres tous grands et de matières ardentes, avant son dîner, et de deux autres après son conseil, encore fort grandes de sérosités écumantes. S. M. s'en trouva bien dégagée, et quitte de ses douleurs, dormit tranquillement, et sentit avec plaisir le lendemain, en se promenant à Marly où elle était, la légèreté et la vigueur que cette évacuation lui avait procurées ; et, contre l'ordinaire d'un lendemain de médecine, elle fit encore une fort grande selle l'après-dînée, à quoi je crois que la teinture de fleurs de pêchers, que j'avais fait mettre dans le bouillon d'après la médecine, avait contribué.

Le dimanche suivant, 14 du mois, il jeta beaucoup de graviers qui s'écrasaient entre les doigts. Le 15, il en vida encore cinq mêlés de sable détrempé, mais dont quelques-uns avaient un petit centre qui ne se pouvait écraser ; lesquels cependant sortirent avec l'urine sans que le roi s'en aperçût. Du reste, rien ne lui a donné sujet de se plaindre de sa santé jusqu'à la fin du mois de septembre et au commencement de celui d'octobre, *où il a senti de la pesanteur et des tournements de tête, qui l'ont repris à diverses fois, sans lui laisser la tête tout-à-fait libre dans les instants de relâche.* Cela m'a fait craindre que dans cette saison, S. M. ayant le ventre fort resserré, et *ne voulant pas se couvrir assez la nuit pour suer et transpirer* autant qu'il était nécessaire pour dissiper une humeur qui pouvait être goutteuse, *elle ne prit le train de s'établir sur la tête, ou de s'y porter au moins plutôt que sur les autres parties ; pour cette raison j'ai pressé le roi de vouloir bien avancer de huit jours le terme ordinaire de sa médecine.* Il l'a prise le lundi 6 octobre, et, quoiqu'elle eût été précédée la veille de deux grandes selles, elle en a fait vider d'abord une prodigieuse d'excréments fermentés, une seconde encore aussi grande d'humeurs et d'excréments détrempés, huit autres de sérosités glaireuses fort ardentes, et enfin le soir de celles qu'il appelle les selles rouges, et même la nuit d'une autre grande encore, deux heures après son premier sommeil. Le lendemain, il rendit de l'urine trouble et rougeâtre, et d'autre après encore trouble de sable, mais moins ardente. Le 9 du mois, il vida un peloton de sable deux fois aussi gros que le plus gros qu'il ait rendu, avec un peu de peine au col de la vessie et dans l'urètre, cependant sans qu'il renfermât rien de dur. Le 11, il en jeta un gros avec quelques grains de gros sable dur et un peu piquant. Le 20 du mois, il en rendit un peloton assez gros, ayant été la surveille à la chasse du cerf. *Sur la fin du mois d'octobre, S. M. s'est encore plainte d'un retour de pesanteur de tête,* qui venait en partie de s'être morfondu la tête le jour, mais principalement de ne s'être pas assez couverte la nuit pour suer ; ce qui a paru depuis qu'elle a bien voulu se couvrir suffisamment, et que les sueurs ont recommencé à couler ; car elle s'est trouvée assez bien dans les commencements du mois de novembre.

Le roi a été purgé le 10 novembre, avec un peu de changement dans la manière de préparer sa médecine. Les citrons, dont j'emploie l'écorce pour corriger en partie le goût désagréable des drogues qui la doivent composer, ayant perdu leur force depuis le froid excessif du grand hiver de 1709, et leurs restes ne fournissant pas un parfum suffisant pour prévaloir sur ce qui pouvait faire peine au roi en prenant son bouillon purgatif, j'ai ordonné qu'on tirât à froid avec plus d'eau la teinture du séné, dont j'ai augmenté la dose d'une drachme, et j'ai fait mêler cette teinture et celle de la rhubarbe dans le bouillon passé, sans y faire bouillir, comme c'était la coutume, les feuilles de séné et le marc de la rhubarbe avec le reste de la composition de ce bouillon purgatif. S. M. n'y a pas trouvé le déboire qui lui déplaisait, et en a été promptement et très abondamment purgée d'une grande selle d'excréments, presque seuls d'abord, et ensuite d'un prodigieux bassin plein jusqu'à bord d'excréments et d'humeurs bouillantes, et de cinq autres avant son dîner d'humeurs épaisses et ardentes, et de trois autres selles après, dont la dernière rouge et très ample; et le roi venant à son coucher le soir de cette médecine me fit l'honneur de me dire qu'il s'en portait à merveille. Le soir du lendemain il fit une petite selle et se releva la nuit du 11 au 12 pour faire une grande selle mêlée d'excréments solides, de petites glaires sanguinolentes et de sérosités rougeâtres assez épaisses. Le 12, il fit six selles de même nature, sans douleur, mais seulement étant pressé de les rendre. La nuit du 12 au 13, il dormit tranquillement, et le jour suivant il ne fit qu'une petite selle d'excréments mêlés d'un peu de filets glaireux et roussâtres. Toute cette évacuation, au lieu d'abattre le roi, le rendit plus léger et plus en état d'agir, n'étant qu'une décharge d'humeurs superflues mises en train de se vider par la médecine sans rien troubler.

Le 15 et le 16, il jeta de petits pelotons de sable qui s'écrasaient entre les doigts. Le 19 et le 20, il en jeta encore, entre autres un de la grosseur d'un grain de chenevis, qui ne se put écraser. Il en vida encore le 22 et le 24 quelques pelotons, au milieu desquels il y avait un petit grain, comme une graine de navette, qui ne se pouvait écraser; tout cela ayant été ébranlé et mis en train de sortir par la purgation.

Dans le reste du mois, *S. M. s'est encore plainte d'étourdissements et de pesanteur de tête,* qu'elle s'est attirée en se morfondant. *Il lui en est encore arrivé au commencement de décembre,* où la même cause les a produits, qui a été de ne pas se couvrir assez la nuit, et de supprimer par là les sueurs du matin, et *de plus, s'être fait raser la tête sans prendre ensuite aucunes précautions pour éviter de la morfondre, surtout en essayant ses perruques.* Elle jeta aussi, le 2 de ce mois, un peloton de sable un peu dur, qui néanmoins s'écrasa entre mes doigts.

Le roi a été purgé le 15 décembre, *ayant commencé la veille à se plaindre d'avoir la tête et la gorge embarrassées* d'un commencement de rhume. Sa médecine fut préparée comme la précédente avec la seule teinture de quatre gros de séné, tirée à froid par six onces d'eau, sans jus de citron, et celle de rhubarbe tirée de même avec deux onces d'eau, sans faire bouillir sa substance, ni les feuilles de séné, dans le bouillon composé d'ailleurs comme il le doit être d'ordinaire. Dans le bouillon qui suit la médecine, j'y fis ajouter, comme la dernière fois, pour le rendre un peu laxatif, quelques feuilles de *linozassés,* avec les herbes potagères que j'y fais mettre à la place des fleurs de pêchers aussi rares que mauvaises présentement.

La médecine a beaucoup vidé d'excréments fermentés et bien des sérosités en dix selles, dont les deux premières en valent quatre chacune fort grandes ; sur la fin, elles ont été fort ardentes, et les deux dernières de matières glaireuses écumantes. La tête du roi en a été dégagée, et il a craché et mouché beaucoup d'humeurs mûres, comme elles doivent être sur la fin d'un rhume qui était avancé par la purgation. Il a jeté le 17, le 20, le 22 et le 27 des pelotons de sable, cette décharge ayant été précédée le 16 par une urine trouble et rougeâtre, remplie de sable et de petits pelotons au nombre de quinze, gros comme des têtes de petits camions.

Remarques pour l'année 1711.

Le roi a commencé heureusement l'année, mouchant et crachant abondamment, *ce qui lui rendait la tête libre* et le sommeil tranquille, suivi de la sueur que la douceur et l'humidité de l'air aidaient à faire sortir; ce qui a empêché qu'il ne se soit senti incommodé d'avoir été plusieurs jours de suite sans prendre l'air, à cause de ses dévotions et d'autres occupations importantes qui l'ont arrêté. Il a cependant jeté un gravier plus gros qu'un grain de chenevis, qui n'a pu s'écraser entre les doigts, le premier jour de l'an. Il s'est fait sentir au col de la vessie et à l'urètre en même temps, avec une légère douleur, quoiqu'après un peu de séjour vers le col de la vessie il ait passé aisément par l'urètre. Il en a jeté deux autres le 3 et le 4 janvier, de l'un desquels, pareil au premier, il ne s'est point aperçu, et que j'ai trouvé sans qu'il sût l'avoir rendu. Son ventre s'est ouvert de temps en temps suffisamment et sans rien de trop; et le reste de la santé est comme je le souhaite pendant toute l'année pour S. M. Le voyage de Marly, qui a duré depuis le 5 jusqu'au 17 du mois, n'y a rien dérangé, que le sommeil de deux ou trois nuits qui n'a pas été aussi tranquille qu'à son ordinaire, dont *l'hyppocras* que le roi avait bu le soir de ces nuits à son souper avait été la cause; ce qu'il remarqua lui-même, et, ayant cessé d'en boire, il a retrouvé le repos entier de ses nuits. Son ventre s'ouvrit le 13 et le 14, et rendit, en trois selles chaque jour, des matières puantes et précipitées, qui l'obligèrent à revenir de la promenade fort vite.

Le 19 janvier, il a été purgé, n'ayant point été à sa chaise depuis le 16. J'ordonnai la médecine comme la précédente, sans faire bouillir les feuilles de séné, ni la rhubarbe. Elle eut un peu de peine à rompre la digue établie depuis deux jours entiers; mais elle combla le premier bassin d'excréments et d'humeurs fermentées. Le second ne fut pas moins plein d'humeurs et d'excréments détrempés, réduits en une grosse bouillie tout écumante. Les autres furent d'humeurs épaisses, bilieuses, glaireuses et fort ardentes. Le roi s'en trouva fort bien, point abattu, presque sans soif et point gonflé, et, se couchant fort content, dormit toute la nuit tranquillement. Il fut un peu à la garde-robe le matin, mais il n'y fut point les deux jours suivants, se portant d'ailleurs fort bien, son rhume s'étant dissipé, la toux càlmée, et ne crachant plus que peu et fort aisément.

Le 1er février, il jeta un petit peloton de sable le matin, s'en étant légèrement aperçu. Il en jeta un assez gros le 4, qu'il avait senti le 3 au col de la vessie sans qu'il fût sorti. Le froid ayant pris dans ce temps fort âprement, *le roi s'est plaint d'avoir la tête chargée.* Ce qui venait du défaut de la transpiration, parce qu'il ne se couvrait pas assez la nuit, et de la dureté du ventre; mais s'étant plus couvert la nuit et le jour *par une flanelle de plus à son juste-au-corps,* et le ventre s'étant ouvert, la tête est revenue en bon état.

Le 7, il a jeté un grain assez gros qui n'a pu s'écraser. Le 9, il en jeta un plus petit qui s'écrasa tout-à-fait. Son ventre s'est encore resserré à cause de l'augmentation du froid, qui est devenu très grand, et surtout le 10, par une pluie glaçante, mêlée de neige, de vent, de grêle, et de lambeaux de glace de la longueur du bras, qui, avec un froid épouvantable, ont encroûté les arbres et les murailles de glace, et toutes les branches d'un étui transparent, et à leurs extrémités de longues pointes de glace pendantes comme de larges coutelas tout durs et transparents. Le ventre du roi en a été fortement resserré, et *sa tête incommodée.* Depuis, le ventre s'étant ouvert à diverses reprises jusqu'à deux ou trois grandes selles par jour, le roi a dormi, la nuit des jours où cela était arrivé, tranquillement. Quelques-unes des autres nuits, S. M. a été incommodée d'un grand chaud qui a troublé le sommeil, à quoi la surcharge de l'estomac, et l'hyppocras qu'elle avait commencé de boire en soupant, pendant le carnaval, avaient autant contribué, *que la muraille de sa chambre échauffée, à Marly, du côté de la ruelle par la cheminée du salon* où elle soupait.

Le 16, il pissa, la nuit, de l'urine trouble et teinte d'un peu de sang, et le soir après souper il jeta un peloton de sable qui renfermait un grain fort dur. Le 17, il en vida un assez gros le matin, et le 18 encore un assez médiocre le soir avant son souper. Le 19, il en jeta trois à différentes heures, et surtout le soir en se couchant un quatrième grain, que je ne pus écraser, gros comme un petit grain de sel à angles inégaux et piquants. Le 20 au matin, il s'en trouva un peloton dans son bassin, avec beaucoup d'urine, qu'il n'avait pas senti.

Malgré tout cela, il a voulu faire les quatre premiers jours de carême. Il a été purgé le lundi 23 février. L'air sec et de gelée qui avait précédé, et les jours maigres, avaient rendu son ventre paresseux; de sorte qu'encore que la veille et le jour de la médecine, il eût plu le matin, et qu'il y eût un brouillard fort humide, le ventre du roi ne s'était point ouvert et la médecine trouva une digue qui l'empêcha de commencer d'agir qu'après midi.

Elle allait bon train depuis ce temps, de sorte que le roi, sans se recoucher, fut obligé de changer de bassin, le premier étant trop plein. Mais après ce retour de bassin, les fusées continuant de se suivre fréquemment, S. M. *qui s'était senti la tête embarrassée et quelques nonchalances*, tant que la médecine avait eu peine à se faire place, se trouvant mieux, *voulut se faire couper et accommoder ses ongles des pieds*, et ensuite *y travailler elle-même en mettant une jambe sur la cuisse de l'autre (1)*, ce qui pressait le ventre et m'obligea de lui représenter que cela interrompait le cours de ces fusées d'humeurs, qui se faisaient entendre à tous moments, et lui faisait mal. Mais, ayant voulu continuer, ce que j'avais prévu arriva quelque temps après. Ces matières arrêtées, refluant vers l'estomac et empêchant ce qui s'en devait vider de sortir, il sentit tout d'un coup des langueurs, des sueurs froides et des envies de vomir qui l'obligèrent à faire de grands efforts inutilement, et en même temps la faiblesse du pouls, la disposition à s'évanouir, des tintements d'oreilles et la sueur froide abondante. On lui changea de linge et on l'essuya, et l'ayant remis dans une meilleure posture et lui ayant fait sentir de l'eau de la reine de Hongrie et avaler quelques gorgées d'eau de fleurs d'oranges, ces matières recommencèrent heureusement à couler abondamment pour remplir le bassin d'une évacuation prodigieuse, et à mesure qu'elle se fit tous les accidents passèrent et le roi revint dans son état naturel. Je fis un peu retarder le bouillon et je conseillai à S. M. d'en prendre moins. Elle n'eut pas d'abord en dînant tant d'appétit qu'à son ordinaire, mais sur la fin elle le sentit rétabli et

---

(1) Ce détail prouve de nouveau qu'il ne faut pas trop s'en rapporter à *l'État de la France* pour tout ce qui concerne l'étiquette, et que le roi savait très bien s'en affranchir quand cela lui convenait.

ne s'y abandonna pas. Après plusieurs selles l'évacuation finit par une selle rouge, fort grande. Le roi dormit tranquillement toute la nuit, et se porta fort bien. Mais il vida en un jour trois pelotons de sable et de petits graviers, les sentant passer sans douleur. Il en jeta quatre jours de suite quelques autres pelotons dans l'un desquels il s'est trouvé au milieu un gravier si dur qu'on ne put l'écraser. Son ventre a été fermé trois jours entiers. Le quatrième il s'ouvrit médiocrement. Deux jours après il se déchargea en deux fois très abondamment, et ainsi de suite assez inégalement. Mais d'ailleurs il s'est fort bien porté, se louant lui-même de sa santé. Le 12, il a jeté un grain dur et un peloton de sable aisé à écraser. Le 15, il en jeta autant et pareils.

Le 26 mars, quoique le roi parut se bien porter d'ailleurs, *se sentant un peu pesant*, il consentit d'avancer sa saignée, encore plus nécessaire dans ce temps que dans le mois de mai, où la transpiration plus abondante donne plus de liberté au mouvement du sang. On lui tira vingt-six onces de sang du bras droit en trois poêlettes. S. M. remua son bras toute la journée facilement et se trouva soulagée sur-le-champ de cette évacuation, *se sentant la tête plus libre*, et en tout plus légère et plus en état d'agir. Le roi a été purgé le 30 du même mois, très abondamment en deux selles prodigieuses d'excréments et d'humeurs bouillonnantes, et en sept autres de matières bilieuses et gluantes. L'évacuation quoique grande abattit moins le roi que la charge de son estomac trop rempli de viandes, et un conseil de trois heures et demie pendant lequel en urinant il jeta quatre petits graviers, dont deux étaient enveloppés de sable et les deux autres seuls comme de petits grains de sel, secs et durs, sans se pouvoir écraser entre les doigts. Ils sortirent sans douleur, de manière pourtant que le roi sentit qu'ils passaient. Il y avait près de quinze jours que S. M. n'en avait vidé. Le lendemain, 31 du mois, elle fit une petite selle avant que d'aller à la messe, et après dîner fut se promener à Marly, se portant fort bien de ses remèdes.

Le roi n'a fait que le vendredi et le samedi maigre pendant tout le carême depuis le premier dimanche, ayant voulu faire les quatre premiers jours maigre. Il n'a jeûné que les trois jours des Quatre-Temps, et, depuis cette purgation du 30 mars jusqu'à celle du 4 mai, il a rendu avec ses urines trente-un graviers ou pelotons de sable de différentes grandeurs et consistances, mais toujours sans douleur.

Le roi s'est bien porté jusqu'au 14 du mois d'avril, *où il fut saisi d'une inconcevable tristesse de la mort de Monseigneur arrivée à Meudon, comme un coup de foudre, dans le septième de sa maladie et le cinquième de l'éruption de la petite vérole, entre onze heures et minuit (1).* S. M. arrivant cette nuit à Marly, *tomba dans un frissonnement général de vapeurs* causé par le saisissement violent du cœur; et, quoiqu'elle dormît ensuite trois à quatre heures, elle se sentit tout le jour dans un état fort éloigné de son naturel, et depuis ce jour, le renouvellement continuel de ce triste état de douleur, entretenu par tous les ordres que le roi a été obligé de donner sur cet affligeant sujet, en rendant sa tristesse toujours présente, en a soutenu aussi les mauvais effets, savoir : *la pesanteur et la douleur de tête,* et une espèce de lassitude douloureuse presque continuelle, ou pour le moins revenant toujours à la moindre occasion. Son ventre a été fort serré par la même cause et en devenait une nouvelle de ses incommodités. J'attendais avec impatience l'occasion de le purger, que j'aurais tâché d'avancer sans les tristes cérémonies qui s'y sont opposées. Enfin il l'a été le 4 du mois de mai, parfaitement, et, après une grande évacuation du jour, il se releva la nuit pour faire une grande selle rouge, et une seconde moins grande de même qualité. Il a été depuis trois jours sans aller à la garde-robe, et son ventre ensuite s'est remis dans son train; mais du 3e de sa médecine jusqu'au 6e, il a

---

(1) Voir dans Saint-Simon et Dangeau les détails de la mort du dauphin et du séjour du roi à Marly.

jeté six pelotons de sable assez gros et plusieurs petits graviers assez durs. Il suait beaucoup avant sa purgation sans un sensible soulagement ; mais depuis la médecine, les sueurs, quoique moindres, ont été accompagnées de nuits tranquilles et plus utiles. Cela a continué de temps en temps. Il a jeté des pelotons de sable assez gros avec un grain dur au milieu, et, depuis sa purgation jusqu'au 20 du mois, il en a jeté dix-sept d'inégales grandeurs. Mais quoique son ventre s'ouvrît assez passablement de deux ou trois jours l'un, le roi sentait toujours des vents qui le gonflaient, et se plaignait de douleurs rhumatisantes et de lassitudes fréquentes, auxquelles l'inégalité des jours froids et pluvieux contribuait autant que *le commencement des petits pois dont il mangeait beaucoup à son ordinaire à mesure qu'ils devenaient plus communs.*

Je voyais que l'humeur mélancolique et goutteuse, la saison, sa coutume qu'il ne voulait pas changer de se découvrir la nuit, et *surtout un fond de tristesse depuis la mort de Monseigneur*, rendaient l'état de sa santé fort suspect, et menaçait au moins quelque déclaration de goutte. Cela m'obligea à presser S. M. d'avancer de huit jours le temps de sa purgation et de se résoudre de commencer à en prendre la coutume. Elle a bien voulu me croire, et elle a été purgée le lundi 1er juin, quoique les jours précédents son ventre se fût amplement ouvert.

La première selle a été prodigieuse de matières et d'humeurs fermentées, et les autres ensuite d'humeurs glaireuses et ardentes. Mais, ensuite d'une longue séance avec M. de Pontchartrain, *ayant beaucoup soupé et mangé des petits pois, de la salade et autres mélanges de pareille nature en assez grande quantité*, il se plaignit d'une tension de ventre, qui faisait une espèce de commencement de colique et de *mésaise* considérable. Je lui conseillai de mettre une serviette chaude sur son estomac, et de se coucher sans boire autant qu'à son ordinaire et un peu plus tôt. Ayant bien dormi et rendu beaucoup de vents, il s'est trouvé soulagé le matin. Le gonflement a pourtant un peu continué et le roi a senti quelqu'espèce d'inquiétude vers le col de la vessie, qui lui faisait craindre qu'un gravier arrêté n'en fut la cause. Mais ayant encore rendu beaucoup de vents, cela a cessé, et, malgré les petits pois, la grande chaleur et l'assiduité pénible aux services de l'Octave du Saint-Sacrement à la paroisse de Marly, il a eu le ventre en assez bon état, allant tous les jours un peu, ou de deux l'un, abondamment à la garde-robe, et suant beaucoup les nuits.

Il a rendu le 4, d'après sa purgation, un gros peloton de sable et deux autres un jour après le huitième jour. Ensuite, le lendemain de chasse du cerf, il rendit tout d'un coup six petits graviers assez durs, et un jour après un gros peloton de sable qui s'écrasa tout-à-fait; et après une autre chasse, S. M. en rendit encore deux petits, dont l'un était plus dur, qui passa comme les autres sans douleur.

Vers le 20 de ce mois de juin, le roi, qui ne se tenait point couvert les nuits pour laisser échapper la sueur, se plaignit de quelques douleurs au col, au côté de la tête, et quelquefois au reste du corps, et le ventre étant moins libre, *toujours rempli de petits pois, de fraises et d'autres matières* qui gonflent et qui fermentent, il sentait une espèce de pesanteur et de peine à s'appliquer qui marquait la nécessité de le purger et me faisait croire avec raison qu'il était nécessaire d'avancer sa purgation, et dans la suite d'en venir réglement aux quatre semaines. Je l'obtins enfin, avec peine, et le roi a été purgé le 1er jour de juillet. Il le fut très-abondamment de matières fermentées et d'humeurs glaireuses et bilieuses, écumantes et très ardentes. La nuit suivante il dormit fort tranquillement.

Le 4 du mois, il vida tout d'un coup quatre pelotons de graviers, avec un petit noyau dur et difficile à écraser. Le lendemain, en sortant de son lit, il pissa une grande chopine d'urine louche et mêlée de plusieurs tout petits graviers et de beaucoup de sable rouge, le tout sans douleur. Deux jours ensuite, il rendit deux graviers assez durs, gros comme des grains de chenevis, et deux autres jours après, un plus gros dont les deux tiers s'écrasèrent. A trois jours de là, il en rendit encore un pareil, et depuis il n'en a pas vidé qu'un, étant arrivé à Fontainebleau, le 18 du mois.

L'air s'étant fort rafraîchi les premiers jours du séjour que le roi y a fait, étant fort légèrement habillé et *couché à rebours de son ordinaire dans son lit,* il s'est senti des douleurs à l'épaule droite et au col du même côté; et les chaleurs étant revenues violentes *et fondantes,* S. M., se privant des secours de la sueur en se découvrant la nuit, a continué de sentir les mêmes douleurs et *un embarras de la tête.* Quoiqu'il fût assez souvent à sa chaise, remarquant qu'il commençait à faire de grandes selles puantes, *qui se sentaient des premières abondances du gibier dont le roi mangeait beaucoup,* je le pressai de suivre la coutume dont il était convenu, de se purger au bout du mois. Mais il fallait aller jusqu'au 3 août qui se trouva heureusement encore humide et rafraîchi par la pluie des deux jours précédents, qui m'avait obligé à presser le roi de n'en pas perdre l'occasion de peur du retour de la chaleur excessive. S. M. en a été très bien purgée de plusieurs grandes selles, les premières toujours surprenantes et les autres d'humeurs ardentes, gluantes et écumantes, comblées par une grande rouge au milieu de la nuit, dont le roi s'est trouvé bien et fort à son aise.

Deux jours, il jeta tout ensemble cinq pelotons de sable et de l'urine trouble et sablonneuse. Deux jours après, il en vida encore deux que le roi avait sentis dans la vessie, et qui coulèrent sans douleur; mais, y ayant séjourné, ils eurent plus de peine à s'écraser. Le lendemain, il en sortit un dans le bassin qui s'écrasa aisément. Tous ont été poussés par la médecine avant laquelle S. M. avait passé douze jours sans en rendre. Il a eu, depuis cette médecine, de petites décharges de quelques glaires rougeâtres, sans douleur, qui venaient d'un écoulement de sérosités, dont la nature se débarrassait par l'extrémité des vaisseaux que la médecine avait débouchés. Le roi d'ailleurs se portant fort bien, *quoique dans une con-*

joncture d'affaires qui ne se pouvaient rencontrer sans lui donner de justes inquiétudes (1).

Dans le courant du reste du mois, le temps froid et pluvieux empêchant la liberté des sueurs pendant les nuits, et le roi se découvrant souvent, *il s'est plaint de temps en temps de n'avoir pas la tête bonne;* le ventre pas assez libre y contribuait aussi, dont la cause principale a été le mouvement de l'humeur mélancolique dont ce qui se passait en Flandre était la triste source (2).

Ici finit le récit de Fagon. C'est là une lacune regrettable, car les années qui suivent ont dû être terribles pour le roi et son médecin, si l'on en juge par l'état de mélancolie dans lequel paraît tomber Louis XIV dans les dernières années du Journal, état qui a sans doute considérablement augmenté par suite des chagrins de toute sorte qui sont venus accabler le monarque dans les derniers temps de sa vie. Il est surtout un point sur lequel il aurait été curieux d'avoir le récit de Fagon : c'est sur la dernière maladie et la mort de Louis XIV. On a, il est vrai, la narration donnée par le *Mercure galant,* par le *Journal de Dangeau,* et surtout celle que viennent de publier MM. Soulié et Dussieux, retrouvée à Vienne par ces studieux éditeurs, et qui paraît être la véritable version de Dangeau. Il y a bien encore le récit de Saint-Simon; mais ce récit paraît empreint d'exagération et de beaucoup de mauvais vouloir à l'endroit de Fagon, et c'est surtout à son occasion que l'on regrette vivement de ne pouvoir lui comparer celui du premier-médecin du roi.

Il est certain que si Fagon eût pu connaître ce qu'écrivait

---

(1) Louis XIV était alors obligé de souscrire à des conditions humiliantes pour son orgueil, afin d'obtenir la paix.

(2) L'armée de Flandre n'était pas payée et manquait de tout, à tel point que, pour se procurer le nécessaire, les soldats se livraient au pillage, et que les paysans d'Artois exaspérés, tuaient tous ceux qu'ils rencontraient isolés.

à ce sujet Saint-Simon, il l'aurait, sans aucun doute, placé au nombre de ces *courtisans décidant avec autant de témérité que d'ignorance sur les choses les plus importantes de la médecine (1).*

Saint-Simon accuse en effet Fagon de la mort de Louis XIV.

On a vu, d'après le Journal, combien le roi baissait dès l'année 1711; quelles infirmités l'accablaient déjà de tous côtés, goutte, gravelle, menaces de coups de sang, qui, joints à la mort de son fils, aux troubles intérieurs et à la guerre étrangère, le jetèrent dans cet état de tristesse et de mélancolie signalé par Fagon, contre lequel il employait les ressources de son art, et ce régime de vivre, arme médicale maniée par lui vec une grande habileté, qu'il sut si bien employer sur lui-même, et dont la difficulté d'application au roi était l'une des grandes douleurs de sa vie (2).

De 1711 à 1715, date de la mort du roi, quatre années s'étaient écoulées! quatre années pendant lesquelles les malheurs du grand roi étaient arrivés à leur comble. Et ces malheurs qui l'avaient affecté dans ce qu'il avait de plus cher, sa famille et son orgueil de roi, n'auraient plus eu de retentissement sur sa santé depuis 1711, et Louis XIV à sa mort, *avait toutes les parties si entières, si saines, et tout si parfaitement conformé, qu'on jugea qu'il aurait vécu plus d'un siècle sans les fautes qui lui mirent la gangrène dans le sang (3)?* Qui donc lui avait ainsi mis la gangrène dans le sang? Fa-

---

(1) Paroles de Fagon. Année 1694.

(2) C'est ainsi qu'en parle madame de Sévigné dans une de ses lettres à madame de Grignan. « Madame de Coulanges causa l'autre jour une heure avec Fagon chez madame de Maintenon, ils parlèrent de vous; Fagon dit que votre grand régime devrait être dans les aliments; que c'était un remède que la nourriture; *que c'était le seul qui le soutînt*; que cela adoucissait le sang, réparait les dissipations, rafraîchissait la poitrine, redonnait des forces; et que quand on croit n'avoir pas digéré après huit ou neuf heures on se trompe; que c'étaient des vents qui prenaient la place, et que si l'on mettait un potage ou quelque chose de chaud sur ce que l'on croit son dîner, on ne le sentirait plus, et l'on s'en porterait bien mieux; que c'était une de vos grandes erreurs. »

(3) Saint-Simon.

gon, répond Saint-Simon, *Fagon, premier-médecin, fort tombé de corps et d'esprit. Fagon, en effet,* ajoute-t-il, *était en science et en expérience le premier médecin de l'Europe, mais sa santé ne lui permettait plus depuis longtemps d'entretenir son expérience, et le haut point d'autorité où sa capacité et sa faveur l'avaient porté l'avait enfin gâté. Il ne voulait ni raisons, ni réplique, et continuait de conduire la santé du roi comme il avait fait dans un âge moins avancé, et le tua par cette opiniâtreté.*

Comme on le voit, Saint-Simon y va de main de maître. Les infirmités de Louis XIV que le Journal nous montre aller toujours en augmentant; les chagrins de toute nature qui l'accablent dans ses derniers jours; l'âge du roi, 77 ans, rien ne menace ses jours, et c'est Fagon, vieux et entêté, qui, ne sachant plus ce qu'il fait, vient le tuer, comme l'ours de la fable, par des soins mal entendus.

Voyons donc comment Fagon conduisit cette santé, et par quelles terribles épreuves il la fit passer pour avoir ainsi déterminé la mort d'un vieillard plein de vie, et qui, sans cette conduite imprudente, aurait pu vivre encore de longues années ! Transcrivons ici le récit même de Saint-Simon :

« La goutte dont il avait eu de longues attaques avait engagé Fagon à emmailloter le roi, pour ainsi dire, tous les soirs dans un tas d'oreillers de plumes qui le faisaient tellement suer toutes les nuits, qu'il le fallait frotter et changer tous les matins, avant que le grand chambellan, et les premiers gentilshommes de la chambre, entrassent. Il ne buvait depuis longues années, *au lieu du meilleur vin de Champagne* dont il avait uniquement usé toute sa vie, que du vin de Bourgogne avec la moitié d'eau, si vieux qu'il en était usé. Il disait quelquefois, en riant, qu'il y avait souvent des seigneurs étrangers bien attrapés à vouloir goûter du vin de sa bouche. Jamais il n'en avait bu de pur en aucun temps, ni usé de nulle sorte de liqueur, non pas même de thé, café, chocolat. A son lever seulement, au lieu d'un peu de pain, de vin et d'eau, il prenait depuis fort longtemps deux tasses de sauge et de véronique, souvent entre ses repas, et toujours en se mettant au lit, des verres d'eau avec un peu d'eau de fleur d'orange, qui tenaient chopine, et toujours à la glace en tous temps; même les jours de médecine il y buvait, et toujours aussi à ses repas, entre lesquels il ne mangea jamais quoi que ce fût, que quelques pastilles de cannelle qu'il mettait dans sa poche à son fruit, avec force biscotins pour ses chiennes couchantes de son cabinet.

« Comme il devint la dernière année de sa vie de plus en plus resserré, Fagon lui faisait manger, à l'entrée de son repas, beaucoup de fruits à la glace, c'est-à-dire des mûres, des melons et des figues, et celles-ci pourries à force d'être mûres, et à son dessert beaucoup d'autres fruits, qu'il finissait par une quantité de sucreries qui surprenait toujours. Toute l'année, il mangeait à souper une quantité prodigieuse de salade. Ses potages, dont il mangeait soir et matin de plusieurs, et en quantité de chacun sans préjudice du reste, étaient pleins de jus, et d'une extrême force, et tout ce qu'on lui servait plein d'épices, au double au moins de ce qu'on y met ordinairement, et très fort d'ailleurs. *Cela et les sucreries n'étaient pas de l'avis de Fagon*, qui, en le voyant manger, faisait quelquefois des mines fort plaisantes, sans toutefois oser rien dire, que par-ci par-là, à Livry et à Benoît, qui lui répondaient que c'était à eux à faire manger le roi, et à lui à le purger. Il ne mangeait d'aucune sorte de venaison, ni d'oiseaux d'eau, mais d'ailleurs de tout, sans exception, gras et maigre, qu'il fît toujours, à l'exception de quelques jours dans le carême depuis une vingtaine d'années. Il redoubla ce régime de fruits et de boisson cet été.

« A la fin, ces fruits, pris après son potage, lui noyèrent l'estomac, en émoussèrent les digestifs, lui ôtèrent l'appétit, qui ne lui avait manqué encore de sa vie, sans avoir jamais eu ni faim, ni besoin de manger, quelque tard que les hasards l'eussent fait dîner quelquefois. Mais aux premières cuillerées de potage, l'appétit s'ouvrait toujours, à ce que je lui ai ouï dire plusieurs fois, et il mangeait si prodigieusement et si solidement soir et matin, et si également encore, qu'on ne s'accoutumait point à le voir. Tant d'eau et tant de fruits, sans être corrigés par rien de spiritueux, tournèrent son sang en gangrène, à force d'en diminuer les esprits, et de l'appauvrir par ces sueurs forcées des nuits, et *furent cause de sa mort, comme on le reconnut à l'ouverture de son corps*. Les parties s'en trouvèrent toutes si belles et si saines, qu'il y eut lieu de juger qu'il aurait passé le siècle de sa vie. Son estomac surtout étonna, et ses boyaux par leur volume et leur étendue au double de leur ordinaire, d'où lui vint d'être si grand mangeur et si égal. »

Nous venons de transcrire tout entier l'acte d'accusation dressé par Saint-Simon contre ce pauvre Fagon. A quoi donc se réduisent les griefs qui lui sont reprochés, et qui laissent planer sur son nom le terrible reproche d'avoir déterminé la mort du grand roi ? A avoir fait envelopper chaudement Louis XIV, pour qu'il n'eût pas froid pendant la nuit ! A lui avoir fait boire du vin de Bourgogne au lieu de vin de Champagne ! A lui avoir fait prendre quelques tasses d'infusion de sauge et de véronique, et quelques verres d'eau sucrée avec la fleur d'orange ! et surtout à avoir commis le crime énorme de lui faire manger à l'entrée de ses repas *des mûres, des melons et des figues,* qui finirent *par lui noyer l'estomac et en émousser les digestifs !* « Aussi, s'écrie Saint-Simon dans sa colère contre Fagon, tant d'eau et tant de fruits, sans être corrigés par rien de spiritueux, tournèrent son sang en gangrène à force d'en diminuer les esprits, et de l'appauvrir par ces sueurs forcées des nuits, et furent cause de sa mort, *comme on le reconnut à l'ouverture de son corps.* »

On reste vraiment étonné de l'aplomb avec lequel Saint-Simon parle sur un pareil sujet, et l'on sent combien Fagon, à l'occasion de ce qui regardait la médecine du roi, avait raison de s'élever contre *ces courtisans que l'ignorance et la témérité font toujours parler mal à propos, et décider de tout (1).*

(1) Fagon. Année 1705.

On se contenterait de sourire à cette singulière pathologie, s'il ne cherchait à lui donner raison en annonçant que les griefs énumérés plus haut étaient la cause de la mort, *comme on le reconnut à l'ouverture du corps;* raison suffisante pour le plus grand nombre des lecteurs, qui vont répétant avec Saint-Simon, l'ouverture du corps étant venue démontrer que la mort *était due aux causes si graves* énumérées par cet auteur : c'est donc bien à Fagon que l'on doit attribuer la mort de Louis XIV.

Faisons observer d'abord que Saint-Simon n'est pas chiche d'employer les ouvertures de corps comme preuves des faits avancés par lui, sans que pour cela on doive y attacher une grande importance. C'est ce que nous avons déjà eu lieu de signaler à l'occasion de la mort de Louvois, où il s'appuyait sur l'ouverture du corps pour démontrer l'empoisonnement, quand cette même ouverture, signée par les médecins qui la firent, démontrait tout le contraire (1). Il est probable qu'il en serait ici de même si Fagon, continuant son journal, avait pu nous donner le détail de l'autopsie du roi. Saint-Simon lui-même semble nous l'annoncer, car dans le peu qu'il nous raconte de cette ouverture, on ne voit aucune trace de ces désordres que nous devrions retrouver dans les organes, *si son sang était tourné en gangrène.* Nous voyons au contraire *des parties si belles et si saines qu'il y eut lieu de juger qu'il aurait passé le siècle de sa vie!*

Quelle fut donc la cause de la mort de Louis XIV?

Depuis plusieurs années le roi s'affaiblissait ; les secousses morales de toute nature qui étaient venues l'accabler depuis huit ou neuf ans, et qui n'avaient fait qu'augmenter depuis la mort des ducs de Bourgogne et de Berry, avaient porté un coup terrible à ce tempérament, beaucoup plus fort en apparence qu'en réalité, si l'on s'en rapporte au curieux récit de ses médecins. On a vu, dans la partie rédigée par Fagon, com-

---

(1) Voir note 6 des Pièces justificatives, et *Histoire des Rues de Versailles*, par J. A. Le Roi.

bien ce médecin était déjà tourmenté de l'état de mélancolie et de langueur dans lequel tombait Louis XIV, et l'on sait la peine que se donnait madame de Maintenon, dans les dernières années de ce prince, pour lui procurer quelques distractions. C'est dans ces circonstances que le roi, dont la maigreur et l'affaiblissement devenaient de plus en plus sensibles pour tout le monde, fut obligé de prendre le lit, dans le mois d'août 1715, et qu'il commença à se manifester sur ses jambes des taches gangreneuses, qui ne tardèrent pas à en envahir la totalité et à amener la mort.

Il est certain, pour tout homme de l'art, que Louis XIV a succombé à ce que l'on nomme la gangrène sénile, c'est-à-dire à la gangrène qu'éprouvent souvent les vieillards chez qui la contractilité et la sensibilité sont diminuées, sans être tout-à-fait éteintes.

Eh! quel vieillard était plus que lui disposé à cette grave affection! d'un tempérament lymphatique; — ayant des organes dont la fibre molle et lâche avait peu de réaction, ce que ses médecins avaient déjà constaté dans ses grandes maladies;—atteint de la gravelle et de la goutte, deux affections disposant à l'ossification des artères, et par conséquent aussi à la gangrène; — enfin, accablé de tristesse et de mélancolie; — voilà ce qui a certainement amené sa mort, et non le régime innocent reproché à Fagon comme un crime par le passionné Saint-Simon.

Nous avons pensé que nous devions laver Fagon du reproche si grave fait à sa mémoire par le spirituel et mordant écrivain, dont les paroles pèsent encore d'un si grand poids dans le jugement porté par quelques personnes sur tout ce qui concerne Louis XIV. Cette petite discussion, que nous ne croyons pas déplacée ici, nous engage à relever aussi quelques expressions, plus plaisantes que justes, dont quelques écrivains se sont servis en parlant du *Journal de la santé du Roi*, et des médecins qui l'ont écrit.

Parmi ces écrivains, il en est un surtout, placé parmi les hommes dont l'opinion, dans ces sortes de recherches, n'est point à dédaigner, et que par cela même on doit le plus chercher à réfuter, lorsqu'on le croit entré dans une voie qui ne lui est pas habituelle.

Dans une petite dissertation intitulée : *Journal de la santé de Louis XIV,* le bibliophile Jacob (1), sous le prétexte de faire connaître, à l'aide de ce Journal, les rapports qui ont pu exister entre la situation physique de Louis XIV et sa conduite morale, profite de cette donnée si philosophique et qui pourrait être si curieuse, pour se livrer, dans tout ce petit écrit, à des plaisanteries, dans le goût des farces de Molière, contre les médecins du roi et contre le roi lui-même.

« Trois premiers-médecins de Louis XIV, dit-il en commençant, ont pris la plume, chacun à son tour, pour enregistrer les indispositions de leur auguste client, le nombre et les formules des médecines et lavements composés pour lui, et, en même temps, les éloges adulateurs adressés à ce grand roi avec accompagnement de seringues et de mortiers. Vallot, d'Aquin et Fagon sont les auteurs du plus étrange journal manuscrit qu'on puisse imaginer, sous l'impression des comiques reminiscences du *Malade imaginaire.* La bibliothèque du roi possède ce burlesque et grave Memorandum des victoires et des flux de ventre de Louis XIV. »

Cette entrée en matière est fort plaisante, mais est-elle bien digne du sujet philosophique que l'auteur veut au moins indiquer, s'il n'a pas la prétention de le traiter à fond. Qu'est-ce d'abord que le *Journal de la santé du Roi?* Les médecins qui l'ont écrit ont-ils eu l'intention d'écrire un livre historique? Ont-ils pensé un seul instant qu'ils travaillaient pour la postérité? ou bien, comme Dangeau, ont-ils voulu tenir un journal pour qu'aucune des actions du roi ne restât inconnue? Évidemment non. Leur but, comme le dit Vallot, a été de consigner par écrit les accidents qui pouvaient arriver au roi, et les remèdes employés pour les combattre,

---

(1) Voir : **Curiosités de l'Histoire de France,** un volume in-12°.

afin de leur servir d'instruction dans la conduite d'une santé si importante. Il est bien vrai que ces observations sont souvent accompagnées d'éloges adulateurs; mais il ne faut pas oublier que ce Journal était quelquefois lu par le roi lui-même; d'ailleurs, n'était-ce pas, pour ainsi dire, l'usage de n'approcher Louis XIV qu'en l'entourant d'adulations, et, en les comparant aux éloges si exagérés, non-seulement des courtisans, mais encore des savants, des littérateurs et des artistes, que sont ceux répandus çà et là dans le Journal et mitigés souvent par des réprimandes que les médecins seuls osaient se permettre?

On se rappelle *les réflexions générales sur la naissance et le tempérament du roi*, par lesquelles Vallot commence le Journal; on se souvient que dans ces réflexions il dit que Louis XIII étant faible et malade, au moment où Louis XIV fut conçu, on craignait qu'il ne se ressentît de la faiblesse de son père, *ce qui indubitablement serait arrivé*, ajoute-t-il, *si la bonté du tempérament de la reine et sa santé héroïque n'avaient rectifié l'impression de ces premiers principes.*

Il semblera à tout lecteur non prévenu qu'en plaçant ces réflexions en tête de son Journal, Vallot ait voulu indiquer à ses successeurs, et de manière à laisser le moins de doute possible dans leur esprit, le véritable tempérament du roi, et les engager à ne pas se fier à son apparence extérieure, à ne pas s'en rapporter seulement à *la santé héroïque* de sa mère, mais à faire entrer, comme un élément important de leur appréciation, la faiblesse et la mauvaise santé du roi son père. Eh bien! c'est justement le contraire qu'y voit le bibliophile Jacob, et il y découvre l'aveu indirect d'un mystère dans la grossesse de la reine Anne d'Autriche. « Ce paragraphe, en style d'apothicaire, dit-il, renferme cependant sous son obscurité et son embarras, qui ne résultent pas tant de l'ignorance de l'écrivain que de la préoccupation du courtisan, *le germe d'une révélation historique* qui planait, du vivant de Louis XIII, sur le berceau de *Louis-Dieudonné*. Vallot, ajoute-t-il, médecin d'Anne d'Autriche, était initié aux détails de *la romanesque conception de la reine*, qui, grâce à un hasard adroitement ménagé, rencontra son mari au Louvre, un soir du mois de décembre 1627, et partagea, cette nuit-là, le lit conjugal, où elle n'était pas entrée depuis douze ans; mais le bonhomme Vallot ne se fit aucun scrupule d'attribuer à son vin émétique et à son quinquina *la robuste constitution de Louis XIV, qui n'avait rien de la débilité maladive et malsaine de Louis XIII.* »

Il est curieux de voir dans quelles erreurs peut tomber un auteur sérieux lorsqu'il écrit sous la préoccupation d'une idée préconçue. Ainsi, comme il paraît persuadé que Louis XIV n'est pas le fils de Louis XIII, il croit que Vallot, médecin d'Anne d'Autriche, doit savoir parfaitement que *la santé héroïque* de la mère n'a pas seule participé à la bonne constitution du fils.

Et d'abord Vallot n'a été médecin de la reine Anne d'Autriche qu'après la mort de Louis XIII, et par conséquent il n'a pu *être initié aux détails de la romanesque conception de la reine;* puis le bonhomme Vallot, qui n'était pas si bonhomme que veut bien le dire l'auteur, mais bien, pour nous servir des expressions de Fagon, un *habile médecin,* n'a jamais attribué la *robuste constitution* de Louis XIV à son vin émétique et à son quinquina, par deux bonnes raisons : la première, c'est qu'il ne lui a donné le vin émétique qu'une seule fois, et à l'âge de vingt ans, pendant sa grande maladie de Calais ; et la seconde, parce qu'il ne lui a jamais fait prendre de quinquina, et que ce médicament n'a commencé à être administré au roi que plus de quinze ans après la mort de Vallot. Enfin, il faut être bien prévenu en faveur d'une idée, pour donner une *robuste constitution* à Louis XIV, quand on a sous les yeux, dans un Journal unique, la preuve la plus évidente de cette disposition maladive, que le *bonhomme* Vallot regardait comme un héritage paternel.

Le bibliophile Jacob tourne trop en ridicule la médecine de ce pauvre Vallot, qu'il compare au Purgon de Molière, pour croire qu'il en parle sans y rien comprendre, et qu'il n'a pas un système et des connaissances arrêtées dans cet art. Aussi nous permettra-t-il à notre tour de lui présenter quelques observations sur quelques-unes de ses singulières théories physiologiques.

Le roi avait au sein une tumeur que Vallot considérait comme de nature squirreuse. Il y fait appliquer un emplâtre, dont il donne la composition, et qui lui avait déjà servi pour les religieuses de Sainte-Marie, très sujettes, dit-il, aux loupes des genoux à cause de l'austérité de leur vie et de la nudité de leurs pieds. Cette explication donnée par le médecin pour indiquer la nature identique de ces tumeurs, et la nécessité d'y appliquer le même remède, paraît sans doute singulière à l'auteur, car il la donne en caractères *italiques*. Vallot ajoute encore que le roi ayant eu des dartres vives et furfuracées au visage, il lui donna une pommade qui les fit disparaître. C'est à l'occasion de ces deux petits troubles dans la santé du roi que l'auteur de la dissertation nous fait connaître ses idées physiologiques. Mais pour leur donner plus de poids il change un peu ce qu'avait dit Vallot. Le médecin, dans son Journal, ne parle que de dartres au visage ; l'auteur dit que le roi *avait des dartres vives par tout le corps*, et alors il ajoute : « Louis XIV avait dans le sang une âcreté qui se révéla dès sa naissance par des gales et des érysipèles, sans que les médecins parvinssent à détruire ce principe d'éruption cutanée. *C'était là certainement une des causes organiques de son caractère orgueilleux, obstiné, despote, irritable ; c'était là aussi le foyer de ses amours.* »

Jusqu'ici nous avions pensé, avec la plupart des physiologistes, que l'orgueil, l'obstination, le despotisme, l'irritabilité, étaient des facultés de l'esprit, et, comme telles, avaient leur siége dans le cerveau, et il nous a fallu lire la dissertation du bibliophile Jacob pour savoir que les seules personnes qui ne soient ni orgueilleuses, ni obstinées, ni despotes, ni irritables, sont celles qui n'ont ni gales, ni érysipèles ; d'où nous avons encore conclu qu'il devait y avoir bien plus de maladies cutanées qu'on ne le croit généralement.

Mais ce que nous ignorions complétement, nous devons l'avouer, et ce qui nous fait redouter encore un bien plus grand nombre de maladies de la peau, c'est que ces maladies *soient le foyer de l'amour;* il n'y a pas à en douter, et il faut que l'auteur ait, sur ce point de physiologie, des observations nombreuses et positives, puisqu'il ajoute : « Il faut le dire, en demandant pardon de cette hypothèse triviale aux dames et à la dignité de l'histoire (il paraît que les dames n'ont pas besoin de gales pour être amoureuses), si Louis XIV ne fût pas venu au monde *couvert de gale,* et s'il n'eût pas tari le lait d'un nombre infini de nourrices, il aurait imité son père, qui tirait avec des pincettes un billet doux caché dans le corset de madame de Hautefort, et les noms de Mancini, de La Vallière, de Montespan, de Fontanges, et de tant d'autres, n'éveilleraient aucun souvenir de galanterie et de libertinage. »

Nous n'approfondirons pas davantage les idées physiologiques de l'auteur que nous laissons à chacun le soin de caractériser; nous ferons seulement remarquer que, riant d'abord de la bonhomie de Vallot qui veut faire croire à la paternité de Louis XIII, il accepte ici cette paternité pour le besoin de sa thèse physiologique, puisqu'il dit aux dames, en leur demandant toutefois pardon, que sans cette gale communiquée par le mauvais sang de son père, il aurait, comme lui, fui leur présence et leur contact, compliment qui doit leur paraître assez peu flatteur.

En parlant de cette dissertation, nous avons voulu seulement nous occuper de la partie médicale, et faire absoudre Vallot du reproche d'ignorance que semblent laisser planer sur sa réputation les plaisanteries de l'auteur. Nous laissons à d'autres le soin de défendre la mémoire de Louis XIV de l'accusation de poltronnerie, accusation pour la démonstration de laquelle semble avoir été principalement fait ce petit écrit. Nous ne voulons pourtant pas terminer sans relever une erreur de date, d'autant plus impardonnable qu'elle s'applique à un fait qui préoccupa vivement toute la France à cette époque; c'est-à-dire à la grande maladie du roi à Calais, en 1658.

Louis XIV avait alors vingt ans. Mazarin voulant que le roi se montrât à la tête de son armée, l'emmena à celle de Flandre, commandée par Turenne. Il assista à plusieurs siéges, et vécut plusieurs mois dans un pays marécageux, couvert de morts, et pendant les chaleurs de l'été. Bientôt se développèrent les premiers symptômes de la fièvre maligne qui faillit l'emporter. On a vu, par le récit très circonstancié fait par Vallot de cette maladie, quelle fut sa gravité, et combien, pendant sa durée, furent vives les anxiétés de la Cour. Pendant cette maladie, Marie Mancini, s'abandonnant au plus violent désespoir, laissa éclater son amour pour le roi. Ces sentiments de Marie, qu'il ne tarda pas à connaître dans sa convalescence, ne le laissèrent point insensible, et, de ce moment, il s'attacha sérieusement à elle. L'amour du roi pour Marie devint bientôt très vif. On parlait déjà d'elle comme de la reine future, et cet amour ne cessa qu'après le mariage que Mazarin s'empressa de faire contracter à Louis XIV et à Marie-Thérèse. Cette séparation du roi et de sa maîtresse coûta sans doute beaucoup à Louis XIV, mais ne troubla en rien sa santé. L'auteur, s'étant donné pour thèse de constater l'influence du moral sur le physique et réciproquement, et ayant pris pour type de ses observations Louis XIV, n'est pas fâché de le trouver malade après une séparation qui lui fit *verser des pleurs*. Il choisit justement, dans le Journal de Vallot, cette maladie de Calais, sans faire attention qu'elle eut lieu au mois de juillet 1658, et fut le début des amours du roi et de Marie Mancini, tandis que leur séparation n'eut lieu qu'en juin 1660, c'est-à-dire deux ans après. « Le Journal de Vallot, dit-il, parlant des pleurs versés par le roi en se séparant de Marie, nous permet de supposer que ces pleurs dérivaient d'une affection véritable, et que le roi obéissait avec regret, moins à sa mère qu'à la raison d'État; *sa santé même fut singulièrement altérée à la suite du départ de Marie.* Vallot usa, en cette circonstance, de la panacée universelle des médecins de Molière, *saignare, purgare* et *clysterium donare;* le triste adorateur de Marie de Mancini fut saigné deux fois des pieds, six fois des bras, et purgé quatre fois; le nombre des lavements ne nous est pas connu, mais on peut l'imaginer en raison des saignées et des purgatifs. Nous ne croyons pas que Vallot ait emprunté cet étrange traitement au *Remedium amoris* d'Ovide. Néanmoins Louis XIV guérit et oublia sa maîtresse, en épousant Marie-Thérèse d'Autriche. »

Il est évident que si l'auteur n'eût point fait ici confusion de dates, et que s'il se fût aperçu que la maladie, dont il parle si agréablement, avait eu lieu deux ans avant la séparation des deux amants, nous n'aurions pas eu le plaisir de lire les plaisanteries dont il ne se fait pas faute contre ce pauvre Vallot. Nous pourrions, à ce sujet, reprocher à l'auteur de ne pas beaucoup mieux connaître la médecine que la physiologie. S'il eût lu, en médecin, le récit de cette maladie de Calais, au lieu de comparer Vallot aux médecins de Molière, et de chercher à faire rire à ses dépens, il eût admiré au contraire son tact médical, la sûreté de son diagnostic, l'habileté de sa pratique, et, loin de se moquer de ses saignées et de ses purgatifs, il aurait certainement applaudi à l'énergie avec laquelle il les appliqua dans un cas aussi grave, et la manière habile dont il sut les combiner à l'emploi judicieux des vésicatoires, des cordiaux et du vin émétique. Disons-le donc hautement et en l'honneur de Vallot, la conduite et le traitement de cette maladie sont des modèles, et peut-être le bibliophile Jacob serait-il étonné s'il apprenait que malgré tous les progrès de la science, le traitement d'une maladie pareille différerait probablement bien peu aujourd'hui de celui appliqué par Vallot à Louis XIV, dans sa grande maladie de Calais.

Fagon, bien plus que Vallot, peut prêter à la plaisanterie dans son langage médical. Homme supérieur, rempli de connaissances diverses, l'un des médecins de l'École de Paris qui brisèrent le plus complètement le cercle étroit dans lequel s'était enfermé cette École, il n'en avait pas moins sucé le lait, et conservé quelques-unes des habitudes de son langage. Aussi décrit-il avec une certaine complaisance, et même, pourrait-on dire, avec une certaine poésie, s'il pouvait y en avoir dans de tels sujets, les effets produits par sa médication. Ce langage, si extraordinaire pour les gens du monde, a frappé les éditeurs du Journal de Dangeau, et, dans une de leurs intéressantes notes (1), ils l'ont comparé à celui d'un des médecins de Pourceaugnac. Ils plaisantent surtout Fagon sur son amour des purgations, et, pensant probablement que la nécessité, où il croyait se trouver, de purger le roi tous les mois, n'était pas encore assez, ils l'accusent, ce qui aurait été presque de la folie, de l'avoir, en 1694, purgé pendant six semaines de suite, *tous les jours*. Nous nous permettrons de leur faire observer qu'ils ont lu le passage cité un peu rapidement. Fagon ne dit pas qu'il ait fait prendre médecine au roi pendant six semaines, tous les jours; il raconte que Louis XIV, atteint d'une fièvre intermittente, fut obligé de prendre du quinquina pendant six semaines; que ce quinquina le purgea chaque jour cinq à six fois, ce qui arrivait très souvent avant la découverte des sels de quinine; et c'est simplement, et sans aucun air de triomphe, qu'il ajoute : *qu'il n'en fut pas affaibli*.

La lecture du Journal de Fagon a permis aux éditeurs du Journal de Dangeau, de se faire (non pas, disent-ils, une opinion scientifique), mais une opinion de curieux sur la médecine de ce temps. Sans traiter la question de savoir s'il est possible, pour juger la médecine de cette époque, de séparer la partie scientifique de ce que son application peut avoir aujourd'hui de ridicule à nos yeux, nous croyons devoir dire quelques mots en faveur des médecins de Louis XIV.

Ce qui frappe, au premier abord, dans les mémoires du temps, et particulièrement dans Saint-Simon et Dangeau, c'est le grand nombre de médecines prises par le roi, que, sur la foi des historiens, tout le monde considérait comme

---

(1) *Journal* de Dangeau, Tome 4e, page 388.

jouissant d'une excellente santé. On voit, au contraire, en lisant le *Journal de la santé du Roi*, qu'il fut atteint successivement de maladies fort graves, et que sa santé resta toujours fort chancelante. Mais ce qui surtout fut un sujet de craintes perpétuelles pour ses médecins, ce sont ces terribles vapeurs toujours suspendues, comme l'épée de Damoclès, sur la tête du roi.

Louis XIV avait vingt-quatre ans lorsqu'il en ressentit les premières atteintes; c'était en 1662. Vallot semblait en avoir triomphé, lorsqu'elles reparurent en 1664, à Versailles, au milieu du tourbillon de fêtes qu'il y donnait alors à madame de La Vallière. Pendant l'hiver qui précéda la grande fête dans laquelle Molière fit représenter pour la première fois son admirable pièce du *Tartufe*, Louis XIV avait fait faire dans le Parc une immense glissoire, dans le genre d'un jeu moderne appelé *Montagnes-Russes*. Placé dans un traîneau à côté de sa maîtresse, il aimait à se laisser aller avec elle à ce jeu qui n'était pas sans danger. Ce fut à la suite de *cet exercice rapide et turbulent*, dit Vallot, qu'il commença à ressentir de nouveau *ces pesanteurs de tête, accompagnées de mouvements confus, de vertiges et de faiblesse (1)*, devenus depuis le tourment de sa vie. Ces menaces de coups de sang, loin de s'apaiser avec l'âge, ne firent au contraire qu'augmenter. Plusieurs affections graves vinrent s'y joindre, et, à l'âge de quarante-quatre ans, en 1682, il ressentit les premières atteintes de goutte, auxquelles vint s'adjoindre un peu plus tard la gravelle. Les médecins devaient-ils rester désarmés devant un pareil mal, qu'eux seuls, pour ainsi dire, connaissaient? et ne devaient-ils pas employer tous les moyens qu'ils avaient en leur pouvoir pour conjurer un état si menaçant? C'est ce qu'ils ont fait. Lisez le Journal, vous les verrez toujours préoccupés de ces vapeurs, de ces étourdissements, qui font leur désolation; et ils en expriment leur crainte et leur effroi à chaque page. Ils leur opposent un bon nombre de

---

(1) Paroles de Vallot.

moyens; mais ils ont surtout recours à la saignée et aux purgatifs, les deux médications les plus actives et les plus énergiques à opposer à ce mal, et qu'on emploierait peut-être encore avec autant d'énergie en pareille circonstance. Mais Louis XIV vieillissant, et de plus podagre et tourmenté de la gravelle, l'un des deux moyens dut céder le pas à l'autre. La saignée, souvent pratiquée chez un vieillard goutteux, pouvait ne pas être sans dangers. Fagon était trop habile médecin et trop bon hygiéniste pour ne pas s'en tenir à la médication qui, tout en combattant le mal qu'il redoutait par dessus tout, pouvait le moins faire perdre au roi de cette force vitale si nécessaire à sa conservation, et il se vit réduit à ne plus se servir, en quelque sorte, que de la purgation. De là, la nécessité de ces médecines rapprochées, devenues comme parties nécessaires de l'hygiène du roi. Sans doute aujourd'hui, les progrès de l'anatomie et de la physiologie, ceux de la physique et de la chimie, la perfection des instruments d'observation, ont fait rejeter bien loin de nous les théories médicales en faveur à cette époque; mais n'est-ce pas une chose remarquable et montrant dans les médecins de Louis XIV une grande sagacité et un véritable tact médical, qu'avec de pareilles théories ils l'aient tiré d'affaire dans tant de circonstances graves, et qu'avec une santé si chancelante, et ces accidents menaçants et souvent renouvelés, ils aient pu le faire parvenir à un âge si avancé. Et maintenant comprend-on que Fagon, Fagon surtout que l'on a le plus attaqué pour son langage, concentrant, en quelque sorte, toute son observation dans l'action de ce remède resté presque seul à sa disposition, en ait indiqué avec tant de soin tous les résultats, et ait accumulé toutes les expressions pour en signaler les moindres nuances qui, pour lui, avaient un si important intérêt?

PIÈCES JUSTIFICATIVES

NOTE 1.

L'heureuse convalescence du Roy, avec l'histoire de sa maladie.

Toutes les actions de Leurs Majestés sont trop exemplaires pour ne mériter pas d'être exposées aux yeux d'un chacun, et tout ce qui se passe en cette cour tire après soi trop de conséquences, pour vous le taire ; mais surtout, la santé de notre jeune monarque, le bonheur de la France, l'espoir de la chrestienté et qui doit estre un jour la gloire de l'univers, cette précieuse santé est une pièce trop considérable, sa convalescence d'une maladie qui nous a tenus entre l'espérance et la crainte et qui nous donne aujourd'hui une pleine consolation et fait épanouir nos cœurs d'aise, est un joyau de trop grand prix pour ne le montrer que par un bout au lieu de le faire voir tout entier et en son jour.

Ce levain qui tire sa source du principe de la génération ; cette cause commune, ou qui est si générale que les exceptions en sont rares, laquelle nous assujettit tous à la petite-vérole, est un sujet tant rebattu des médecins, que je renvoye ceux qui en ignoreront les causes aux livres qu'ils en ont faits, me contentant de vous déduire ici l'histoire de cette importante maladie, qui nous a tenus si longtemps en échec, et de ne suspendre pas davantage vos esprits en l'attente d'une si bonne nouvelle qu'est la guérison de ce prince : dans laquelle n'y ayant aucune circonstance qui ne soit considérable, je vous en fais part, afin que vous ne sachiez pas seulement en général que le roy se porte bien, mais que vous soyez encore plus particulièrement informé des raisons et des moyens dont on s'est servi pour parvenir à sa guérison.

Le lundi 11 de ce mois de novembre 1647, le roy se plaignit d'une douleur de reins : laquelle pensant divertir il fut sur les cinq heures du soir à la comédie, dans le même Palais-Cardinal où demeurent Leurs Majestés : mais le mal le pressant et s'augmentant, accompagné d'une douleur sautelante non-seulement dans la région des reins, mais aussi et principalement sur l'extrémité de l'épine du dos, cette douleur obligea

S. M. à sortir du lieu de la comédie et s'en venir dans la chambre de la reine, où était le sieur Vautier, son premier-médecin, que la reine, selon les grands soins qu'elle apporte incessamment à tout ce qui concerne une personne si chère, avait mandé en entrant dans la comédie, où cette bonne princesse n'ayant pu demeurer longtemps après le roy, d'autant que son esprit n'est guère à repos qu'en sa présence, ou bien qu'elle est assurée de sa parfaite santé : elle en sortit pareillement.

La reine ayant demandé d'abord audit sieur Vautier ce que c'estait du mal du roy, après l'avoir considéré il fit un prognostic selon sa prudence et sagacité ordinaire, qui sera difficile à croire à ceux qui n'y estaient pas présens, mais que l'on vous peut assurer, ayant eu pour témoins la reine et toute la cour, à sçavoir, qu'il craignait que ce ne fust un signe de la petite-vérole : ce qui fust trouvé d'autant plus extraordinaire que le mal semblait avoir l'idée d'un rheumatisme.

Pour y remédier, il fust d'avis que le roy se couchast promptement ; mais ce jeune prince sentant ses forces, n'ayant point encore de fièvre, et ses douleurs lui donnant quelques bons intervalles, ne se voulust coucher qu'à son heure ordinaire, qui est celle de dix heures.

Sa Majesté dormit la nuit, mais avec quelqu'inquiétude, qui ne l'empescha pas toutesfois de se vouloir lever à sept heures du matin, qui est aussi l'heure ordinaire de son lever : mais son pouls ayant esté lors trouvé plus fréquent et fiévreux, on l'obligea à se tenir au lit et prendre un lavement : ensuite duquel se trouvant mieux elle voulut encore se lever, et n'en fust empeschée que sur la remontrance qu'en se levant son mal pourrait de beaucoup empirer. Sur les deux heures après midi, la fièvre continuant, le sieur Vautier lui fit tirer huit onces de sang du bras droit, pour oster la plénitude, soulager promptement la nature, la rendre plus libre, et faciliter l'éruption de la petite-vérole, si son jugement ne se trompait point, et en tous cas empescher les progrès de la fièvre.

Le reste de la journée, qui était le mardy 12, se passa assez doucement, mais toujours avec fièvre.

La nuit du mardy au mercredy fut encore inquiète ; ce qui joint à quelques petites taches rouges qui commencèrent à paraistre sur le visage le matin du mesme jour, donna sujet au dit sieur Vautier de proposer une seconde saignée, en laquelle on lui tira encore le mesme jour du mercredy huit onces de sang : l'effet de laquelle seconde saignée parut dès le mesme jour, car la petite-vérole se manifesta plus amplement dès ce jour-là, et la nuit suivante encore plus : tellement que le lendemain jeudy 14 du mesme mois dès le matin, il n'y eut plus à douter que le prognostic du dit sieur Vautier ne fust très-véritable : ce qui d'un costé donna quelque soulagement au trouble dans lequel estoyent les esprits de la cour sur leur incertitude à quoy se devait terminer cette indisposition que la continuité de la fièvre commençait désjà à rendre suspecte : mais d'ailleurs les jetta dans l'appréhension de ses succez douteux, pour les grands accidents qui accompagnent ordinairement cette fascheuse maladie de petite-vérole. Aussi avait-il eu un léger délire par intervalle, depuis cinq heures du mercredy au soir jusques à dix heures du mesme jour.

Ce jour-là du jeudy, 14 du mois, et quatrième de la maladie, les sieurs Guénault et Vallot, médecins des plus employez de cette ville, furent adjoints par le dit sieur Vautier aux sieurs Séguin, oncle et neveu, premiers-médecins de la reine, qui avaient déjà veu le roy avec lui, et la journée se passa assez bien, n'y étant arrivé aucun autre symptôme que le délire susdit qui retourna sur les quatre heures du soir, et dura jusques environ les dix heures du mesme soir : de sorte que le conseil susdit, assemblé par le dit sieur Vautier, ne trouva rien à faire qu'à approuver tout ce qui avait été fait, et notamment ce généreux remède de la saignée.

Mais le vendredy 15 du dit mois, en la consultation du matin, deux des consultants ayant été d'avis de la saignée, et deux autres d'avis contraire, sur cette diversité d'opinions, le premier-médecin du roy conclud à la dite saignée pour empescher le progrès de la fièvre : ce qui fust fait à l'instant et si heureusement que ce fascheux symptôme de la resverie ne retourna plus, et que la petite-vérole sortit avec plus de liberté et plus copieusement par tout le corps, au lieu qu'il n'y en avait guères auparavant qu'aux extrémités.

Cet amendement n'empeschait pas la continuation des grands soins de la reine, qui, nonobstant sa profonde tristesse, cette maladie la jettant en des appréhensions qui ne sont point aisées à concevoir à d'autres qu'à une si bonne mère, voyant que le roy avait tousjours les yeux sur elle, et n'avait rien de si agréable que sa présence, lui tesmoignait une gayeté extérieure, dont le cœur était bien éloigné : et pour n'abandonner point ce cher fils, elle avait, dès le commencement de cette indisposition, fait porter son lit dans un petit cabinet proche la chambre du roy, d'où elle en demandait incessamment des nouvelles, alors que la fatigue l'obligeait à prendre quelque repos, et qu'elle estait contrainte de s'en fier au rapport d'autruy.

Les inquiétudes du roy avaient beau diminuer, celles de cette grande reine ne cessaient point, et ont esté telles, que, ne pouvant commettre à aucun autre la charge de ce qu'elle pouvait faire elle-mesme, cette bonne princesse s'assujettissait avec plaisir aux moindres offices nécessaires à cet illustre malade. S. M. lui donnait elle-mesme presque tous ses aliments, qui n'étaient que des bouillons rafraîchissants et cardiaques : tels qu'ont été aussi ses remèdes, ayant pris souvent des eaux cordiales, du Bezoard, et des tablettes faites avec les perles préparées et le sucre dissoult, en eau d'oxytryphillon ; et son boire ayant été de la décoction de corne de cerf, dans laquelle on dissouldait le plus souvent cet excellent cardiaque l'aigre de cèdre.

Il n'arriva rien de considérable en cette maladie depuis le 15 du dit mois : l'éruption s'acheva dans ce temps-là ; et néanmoins la fièvre continuant, bien que sans redoublement, resverie, ni autre fascheux symptôme, sur les six heures du soir du mesme jour 21 du dit mois, qui estait le neuvième de l'éruption ou sortie de la petite-vérole, et onzième de la maladie, elle s'augmenta, parut presque ardente avec grande inquiétude et soif excessive. La chaleur ayant été si grande qu'elle desséchа ses pustules par tout le corps, et demeura en cet estat jusques à dix heures et demie de la mesme nuit ; auquel temps ces inquiétudes commencèrent à diminuer par la sortie d'une matière érésypelateuse qui lui couvrit tout le dos. Ce qui obligea la compagnie des médecins à se porter unanimement à une quatrième saignée, qui fut faite le lendemain 22 du dit mois : auquel jour lui furent encore tirées deux palettes de sang. Et cette saignée réussit si heureusement, que le roy passa la journée avec beaucoup plus de modération qu'il n'avait fait la précédente.

Le samedy 23 du mois, et treizième du mal, se passa sans aucun mouvement de cette matière bilieuse de la nature de celle qui avait paru sur le dos et sans aucun autre accident que la continuation de la fièvre avec la soif qui l'a accompagnée presque durant tout le cours de sa maladie.

Le dimanche 24 du dit mois, et quatorzième du mal, il survint au roy un flux de ventre bilieux, qui ne lui apporta qu'un léger soulagement.

Le lendemain 25 du mois, et quinzième de la maladie, tout demeura en mesme estat, sinon qu'on reconnut une rétention de matières séreuses, faisant pointe à l'extrémité des deux poulces des pieds, et sur le petit dolgt du pied droit, à laquelle on donna promptement issue en ouvrant la peau avec le ciseau.

Le mardy matin 26 du mois, et seizième du mal, S. M. fut purgée avec une infusion de casse sans séné, faite en une décoction rafraîchissante et cordiale, et une once de syrop de chicorée, composé avec rhubarbe ;

le succès de laquelle purgation fust si favorable, que la fièvre et la soif s'en trouvèrent beaucoup diminuées.

Le lendemain 27 du mois, et dix-septième de la maladie, le roy voulust voir un cheval d'Angleterre que Son Em. lui a donné, et qui fut mené par le comte Ferretti, escuyer de sa dite Éminence, jusques dans la chambre de S. M. ; toute la cour ne pouvant contenir ses joies de la voir en estat de reprendre ses divertissements. De sorte que l'on voyait dès lors la face de la cour toute changée par cet amendement : lequel continua de telle sorte que ce bon effet de la première purgation donna lieu à une seconde, faite avec la mesme infusion de casse pure, une once de syrop de pommes composé, et demi-once de syrop de chicorée aussi composé, que S. M. prit hier, avec un succès si avantageux qu'ensuite elle fut trouvée sans soif, et avec si peu de fièvre qu'on la pourrait attribuer à la seule intempérie de la peau, se deschargeant d'une partie des pustules desséchées de cette petite-vérole, qui tombent et se séparent tous les jours.

Et aujourd'huy matin 29 du mois et dix-huitième du mal, S. M. s'est trouvée avoir passé la nuit si tranquillement ensuite de la seconde médecine, qu'il est sans fièvre, dont il n'avait pas été exempt jusques à ce jour.

La patience que ce jeune monarque a apportée en cet âge dans tout le cours de sa maladie, n'est pas aisée à concevoir, non plus que la constance avec laquelle, bien loin des appréhensions que les plus martiaux ne se sont pu souvent empescher d'avoir à la vue de leur sang, il a courageusement présenté son bras à toutes les fois que l'on lui a fait voir la saignée lui estre nécessaire, raisonnant et se payant toujours de raison, hors ces petits intervalles que je vous ay marquez ; et il ne prenait pas avec moindre résolution les médecines et les autres remèdes qu'on lui offrait. Aussi jamais les saignées ne l'ont affaibli, et les purgations encore moins. Mais il avait surtout extrêmement agréable en tout temps ce qui lui était dit et présenté par la reine.

Ne croyez point aussi que la piété de la reine ait rien obmis de ce qui était nécessaire pour implorer le secours d'en haut en une affaire de telle importance, ayant fait à cette fin prier Dieu et exposer le Saint-Sacrement dans toutes les églises. Ce qui se fit avec un tel concours de peuple et avec un si grand zèle, qu'il était capable mesme en une plus grande extrémité de maladie, de forcer le ciel à rendre ce prince à la France. Aussi la reine n'a-t-elle point de plus grande impatience que de conduire bientost le roy à Notre-Dame pour en rendre grâces à Dieu, faire voir à ce peuple dans le visage serein de son roy le bon succès de leurs prières et de leurs vœux, et ensuite de leur faire sentir tous les effets d'une affection réciproque.

Son Eminence n'a aussi jamais rien eu de plus cher ni de plus recommandable que cette santé si précieuse, et pendant tout le cours de cette maladie n'a cessé de visiter le roy: faisant admirer à un chacun la fermeté de son esprit : lequel nonobstant les grandes inquiétudes que lui donnaient l'estat variable de la disposition du roy, qui se lisaient en son visage, n'a en rien interrompu ses soins assidus, ses veilles et les travaux continuels qu'il employe si heureusement pour la conduite des affaires de l'Estat.

Il est aussi malaisé d'exprimer la grande confiance que la reine a tesmoignée avoir en la suffizance et prudence du sieur Vautier et l'estime qu'elle a tousjours faite de sa grande conduite, sur laquelle S. M. s'est entièrement reposée en la maladie du roy, d'autant plus qu'elle en venait de recevoir des preuves par la guérison de celle de Monsieur, frère unique de S. M., si parfaitement guéri qu'il est entièrement remis en son premier estat, à laquelle confiance a aussi grandement servi l'embonpoint auquel elle a veu le roy depuis vingt mois, qu'il y a que le dit sieur Vautier en prend soin, sans lequel estat fleurissant auquel cette maladie a trouvé le roy quand elle lui est survenue, une si longue fièvre l'eust pu consumer, au lieu qu'il l'a vigoureusement supportée et avec peu de diminution de cette bonne habitude.

Ainsi voyons-nous combien Dieu aime la France, se contentant, comme il fait, de lui montrer les verges du châtiment qu'il déploye sur les autres.

A Paris, du bureau d'adresse rue Saint-Honoré, près la Croix-du-Tiroir, le 29 novembre 1647.

(Ext. de la *Gazette de France,* année 1647, tom. II, pag. 1137.

Petite-vérole du Roi, 1647.

Le roi au milieu de la plus grande santé du monde, le 10 novembre, quitta le jeu, et se lassa de la comédie, puis dit à la reine qu'il se trouvait mal, et qu'il avait mal aux reins. On crut alors que ce ne serait rien ; mais le lendemain, la fièvre le prit bien fort, ce qui donna aussitôt une grande frayeur à la reine, qui eut peur que ce ne fût la fièvre continue. On dépêcha un courrier au duc d'Orléans, qui était à une de ses maisons, pour lui apprendre l'état où était le roi. Cette maladie, deux jours après, dégénéra en petite-vérole, dont la reine se consola d'abord, craignant quelque chose de pis. Elle quitta son appartement le même jour, pour aller coucher dans celui du malade. Comme la fièvre du roi continua, l'inquiétude de la reine croissait de moment en moment, et les médecins n'eurent pas le pouvoir de la rassurer. Toutes les jeunes personnes qui prétendaient en beauté, ou celles qui n'avaient point eu cette maladie, quittèrent le Palais-Royal. Je crois que je fus la seule qui n'avait point renoncé à la jeunesse, qui ne voulut point quitter la reine en cette occasion. J'avoue que je fis quelqu'effort sur moi-même, pour lui donner cette marque de mon zèle, car, quoique je l'eusse eue, il est assez ordinaire de l'avoir deux fois, et plus ordinaire encore de penser à sa conservation propre. Ma sœur, de plus, ne l'avait point eue, à qui je pouvais porter le mauvais air ; mais Dieu nous en préserva. Monsieur, encore malade et faible de sa maladie, fut envoyé chez de Mauroi, intendant des finances, dont la maison près de la porte Saint-Honoré, était en bel air, et proche le Palais-Royal. La reine, dans cette occasion, emportée par ses sentiments, n'observa nulle politique à l'égard du public ; et, par cet empressement, elle témoigna qu'elle avait une tendresse infinie pour le roi, plus grande que pour son second fils qu'elle aimait néanmoins beaucoup.... Deux ou trois jours après, elle eut sujet de se rassurer ; la fièvre du roi diminua tout d'un coup, et la petite-vérole sortit en abondance.

Le roi, jusques au onzième de sa maladie, ne donna nulle inquiétude à la reine, que celle qu'elle eut avant que la petite-vérole eût paru. Elle souffrait de le voir souffrir ; mais, comme c'est un mal qui est commun à tous les enfants, elle était toute résolue de se consoler de la perte de sa beauté, pourvu que la vie lui demeurât.

Le 21 du mois, sur les neuf heures du matin, pendant qu'elle était allée à Notre-Dame faire ses dévotions, tout d'un coup le roi se trouva plus mal. La fièvre se redoubla, il tomba en faiblesse, et y demeura trois quarts d'heure. La reine, à son retour, le trouvant en cet état, eut le cœur pénétré d'une vive douleur ; et peu s'en fallut qu'elle ne mourût elle-même. Tout le jour, au jugement des médecins, il fut en grand péril, et la reine ne cessa de pleurer. Le duc d'Orléans fut toujours auprès d'elle, ce qui augmenta sa peine ; elle ne trouvait pas de soulagement ni de consolation à jeter des larmes devant lui. Le soir, jusqu'à minuit, le roi se porta un peu mieux ; mais le lendemain matin son mal augmenta beaucoup davantage. Le dimanche, quatorzième jour de sa maladie, il se trouva si mal, que les médecins le crurent en état d'en craindre une prompte mort, parce que depuis le onzième qu'il s'était évanoui, toute la petite-vérole était rentrée ; et quatre saignées qu'on lui avait faites ne lui avaient point diminué sa fièvre. L'ardeur en était si grande, qu'elle l'avait entièrement desséché par ce qui était sorti de son corps. Tout ce jour, la reine pensa étouffer ; car naturellement elle ne pleurait guère, et quand elle avait de la douleur, elle la renfermait en elle-même... Enfin sur le minuit, Dieu lui redonna cet enfant qui lui était si cher, et dont la vie était si nécessaire à la France. La fièvre lui diminua, et la petite-vérole sortit tout de nouveau. Le lundi et le mardi on le purgea ; et dès lors sa maladie commença à diminuer jusqu'à sa guérison entière.

Dans cette maladie, le roi parut à ceux qui l'approchaient un prince tout-à-fait porté à la douceur et à la bonté. Il parlait humainement à ceux qui le servaient ; il leur disait des choses spirituelles et obligeantes, et fut docile en tout ce que les médecins désirèrent de lui. La reine en reçut des marques d'amitié qui la touchèrent vivement ; car, à tout moment, il l'appelait et la priait de se tenir auprès de lui, l'assurant que sa présence diminuait beaucoup son mal ; aussi, la reine nous assura que dans toute sa douleur elle n'avait appréhendé de le perdre, que par la seule tendresse, et qu'elle l'aimait et par la qualité de fils, sans mêler celle de roi, dont elle nous dit n'être nullement touchée.

(Ext. des *Mémoires de Mme de Motteville*, Tom. II, pag. 102. — Édition de 1739.)

NOTE 2.

Maladie du Roi à Calais, 1658.

Environ le 22 du même mois (juin), le roi tomba malade à Calais d'une fièvre continue, avec le pourpre qui fit craindre pour sa vie... Il fut quinze jours dans un péril extrême, et la reine en sentit toute la douleur que l'amour qu'elle avait pour lui devait causer..... Le roi prit du vin émétique par deux fois; et Dieu, qui ne voulut pas priver la France de ce prince enrichi de tant d'éminentes qualités qui devaient le rendre un roi digne de l'être, par sa miséricorde reçut une nouvelle vie, et ce bonheur causa beaucoup de joie à la reine-mère, à Monsieur, et à tous les bons Français. Le ministre en fut aussi fort content.

(*Mémoires de Mme de Motteville*, 1739.)

Le roi ayant été surpris le 1er de ce mois, d'une fièvre continue accompagnée de douleur de tête, S. M. a été saignée plusieurs fois, et avec les autres remèdes qu'on a jugé à propos de lui donner, ses médecins ont si heureusement dompté cette maladie qui semblait menacer la France de la plus sensible et de la plus désolante perte qu'elle pût faire, qu'il y a grand sujet d'espérer, qu'avec l'assistance du Ciel, nos craintes se verront heureusement changées en des transports de joie extraordinaire, par la convalescence de cet aimable prince.

Le dernier courrier, parti de Calais la nuit du 10 à l'onzième, rapporte que les médecins, après l'avoir fait saigner du pied pour la deuxième fois, le matin du huitième, sans que S. M. en parût soulagée, sur les deux heures après midi du même jour, ils firent prendre le vin émétique, dont l'effet fut si merveilleux, qu'elle passa la nuit avec assez de tranquillité, et se trouva le lendemain neuvième presque entièrement dégagée, et, comme ils jugèrent par le redoublement de la nuit suivante, qui toutefois fut beaucoup moindre que les précédents, qu'il était encore resté quelques vapeurs et humeurs qui pourraient entretenir la rêverie et les autres accidents de cette fièvre maligne, ils lui firent prendre, le dixième au matin, un autre médicament purgatif, lequel, bien que des plus benins, ne laissa pas d'opérer avec tant de succès, qu'ils assurent unanimement que sa dite Majesté était entièrement hors de danger.

(*Gazette de France*, 1658.)

Le roi est tombé malade à Mardick, d'où il a été mené à Calais. Ses médecins sont Guénault, Vallot et d'Aquin. On dit que le jour que Guénault arriva, Vallot avait purgé le roi, dont il s'est trouvé plus mal. Aussi n'y a-t-il rien de plus dangereux qu'une médecine prise trop tôt et qu'un médecin ignorant. Dès le commencement du mal, le roi n'ayant encore été saigné qu'une fois, il y eut dispute, entre Vallot et un autre médecin de la cour, touchant la saignée. Vallot disait qu'il ne fallait point saigner, l'autre pressait de le faire. On appela pour arbitre un tiers, qui est un médecin d'Abbeville, où on l'alla quérir, nommé M. Du Saulcy, qui fut d'avis que le roi devait être saigné. Vallot trouva mauvais cette opposition, et lui dit qu'il était bien hardi. M. Du Saulcy lui répondit : Monsieur, je vous connais bien ; le roi a besoin d'être saigné et le doit être ; si vous ne trouvez pas bon mon avis, je ne m'en soucie pas, non plus que je ne vous tiens point capable de juger de ce différend. Le roi fut saigné, et, sur cette diversité d'avis, la reine dit qu'il fallait envoyer quérir Guénault à Paris. Quelques jours après, le roi demanda lui-même le médecin d'Abbeville ; on le retourna quérir ; il continua de traiter le roi avec les autres. On l'a saigné neuf fois en tout. Il eut une mauvaise nuit le 13 et le 14 de juillet. Il y en a qui disent ici que le roi n'est pas encore bien et qu'il n'est pas exempt de fièvre ; mais, soit qu'il l'ait ou non, j'ai toujours cru qu'il en guérirait, et l'ai voulu gager contre plusieurs personnes. Le roi est un prince bien fait, grand et fort, qui n'a pas encore vingt ans, qui ne boit presque pas de vin, qui n'est point débauché, qui n'a nulle partie gâtée ni intéressée dans le corps. Sa maladie n'a été qu'un excès de chaleur d'avoir monté à cheval, et d'avoir eu longtemps le soleil sur la tête, qui est, selon le témoignage de Galien, une des plus puissantes causes externes des maladies ; joint qu'il y a du mauvais air et de la puanteur en ces quartiers maritimes où est l'armée. C'a été une fièvre continue-putride qui avait besoin seulement de la saignée et d'une diète rafraîchissante, avec de légers purgatifs, sans aucun besoin de vin émétique, comme ils publient qu'on lui a donné. S'il en a pris, apparemment ils ne lui en auront pas donné plus d'une once dissoute dans quelque infusion de séné, et ce que notre maître Guénault a fait mettre dans la Gazette par son bon ami Renaudot, n'a été que pour tâcher de canoniser ce poison, que les charlatans appellent un remède précieux, et qu'on pourrait plus véritablement nommer pernicieux.

(*Guy-Patin*, lettre 255, à Falconnet.)

Nous avons appris ici de ceux qui y étaient l'histoire du vin émétique de Calais : le roi ayant à être purgé, on lui prépara trois doses d'apozèmes purgatifs, qui étaient chacun de cinq onces d'eau de casse, et l'infusion de deux dragmes de séné. Le cardinal demanda si l'on n'y mettait rien d'extraordinaire. *Esprit*, médecin de M. le duc d'Anjou, dit que l'on y pouvait ajouter quelque once de vin émétique (voyez la belle politique de notre siècle!), le médecin du prochain héritier de la Couronne, et successeur immédiat, *adhibetur in consilium pro rege, et venenatum stibium audet præscibere.* S'il en eût été cru, et que le roi fût mort, son maître eût été roi, et lui premier-médecin du roi. *Non sic erat in principio*, autrefois on n'appelait jamais chez le roi malade les médecins des princes du sang, pour des raisons politiques très fortes (mais aujourd'hui tout est renversé). *Guénault* dit qu'il n'y en fallait donc guère mettre. *Yvelin* proposa deux dragmes de tablettes de *citro*, alléguant qu'elles n'avaient pas tant de chaleur que le vin émétique. *Guénault* répondit que la chaleur du vin émétique n'était point à craindre, vu que l'on en mettait peu ; là-dessus, Mazarin dit qu'il fallait donc prendre du vin émétique, dont on mit une once dans les trois prises ; le roi en prit une, sauf à lui donner les autres quand il serait temps. Au bout de deux heures, le remède passa, et le roi fut ce jour-là à la selle vingt-deux fois, dont il fut fort las. Le soir, la fièvre redoubla plus fort ; la nuit suivante fut fort mauvaise : il fallut le saigner de grand matin, non sans regret d'avoir donné du vin émétique ; car s'il en fût arrivé pis, ils n'eussent pas manqué d'en être maltraités. Le roi fut encore saigné deux autres fois, et puis il fallut le repurger, ce que l'on fit avec deux dragmes de séné et de casse délayée, et une once de sirop de chicorée composé de rhubarbe, et il se porta mieux ensuite. Si bien que ce n'est pas la peine de dire que le vin émétique a sauvé le roi, vu qu'il en a pris si peu qu'il ne se peut moins ; et même le roi ne voulut point prendre l'autre remède qu'ils ne lui jurassent qu'il n'y avait point de vin émétique tant il le haïssait encore. Ce qui a sauvé le roi a été son innocence, son âge fort et robuste, neuf bonnes saignées, et les prières *des gens de bien comme nous*, et surtout des courtisans et officiers, qui eussent été fort affligés de sa mort, particulièrement le cardinal Mazarin. Le roi d'une part, et la reine de l'autre, voulaient faire chasser *Vallot*, et l'eussent fait, mais le *Mazarin* l'a maintenu. *Guénault* est ici assez mal content de ce peu qu'on lui a envoyé pour le voyage qu'il a fait à Calais, en la maladie du roi, et a dit que, si une autre fois on le mandait pour aller si loin, il le refuserait. Le tiers d'une once de vin émétique n'a donc servi qu'à faire babiller le gazetier, suivant sa coutume.

(*Guy-Patin*, 257ᵉ lettre à Falconnet.)

Le roi revint de l'armée, malade d'une fièvre continue très dangereuse. La nouvelle en vint à Paris..... On fut cinq ou six jours à n'avoir que de très mauvaises nouvelles, entre autres un courrier que Saint-Quentin envoyait à S. A. R. mon père, lequel était de sa part à la cour pour savoir des nouvelles de la santé du roi. Ce courrier m'apporta une lettre par laquelle il me *mandait* que l'antimoine n'avait rien fait ; que les médecins n'avaient aucune bonne espérance de la maladie du roi, et qu'il craignait bien que lorsque je verrais sa lettre, il ne fût plus en vie.

Tout le monde était dans l'attente à Paris de ce qui arriverait de la maladie du roi..... On manda un jour de la cour que le roi avait reçu le viatique, et que la reine et M. le cardinal étaient sortis de la chambre, désespérés... Après toutes ces mauvaises nouvelles, il en vint que la seconde prise d'antimoine lui avait fait quelque effet. Le lendemain, on eut avis qu'une médecine avait fait merveille ; ainsi, de jour en jour, on apprit que le roi était hors de danger ; ce qui donna bien de la joie à tout le monde.

(*Mémoires de Mlle de Montpensier*, 1658, collection Petitot.)

Le roi tomba malade à Calais, et fut plusieurs jours à la mort..... Un empirique d'Abbeville guérit le roi avec du vin émétique, que les médecins de la cour regardaient comme un poison. Ce bonhomme s'asseyait sur le lit du roi, et disait : Voilà un garçon bien malade, mais il n'en mourra pas.

(Voltaire. — Siècle de Louis XIV, 1658.)

On transporta, le 1ᵉʳ juillet, le roi à Calais, et bientôt on désespéra de sa vie.... un médecin d'Abbeville, nommé *Du Sauzai*, malgré l'opposition de Vallot, premier-médecin, fit prendre au roi du vin émétique qui le sauva.

(Hist. de France, par Sismondi.)

Il fut (le roi) transporté à Calais le 1ᵉʳ juillet. Le pourpre, et peut-être ce qu'on a depuis appelé *la suète*, survint à la suite de la fièvre ; bientôt on désespéra de sa vie ; un médecin d'Abbéville le guérit avec l'émétique.

La crainte avait été générale et sincère, la joie le fut aussi. Pour conserver la mémoire du danger qu'on avait couru, et les sentiments de reconnaissance d'en avoir été délivré, on frappa une médaille. — La santé y est représentée, à la manière des anciens, sous la figure d'une femme près d'un autel entouré d'un serpent. La légende : *salus imperii*, et l'exergue : *rege convalescente caleti*, expriment que *la guérison du roi fut le salut de la France.*

(Hist. de Louis XIV, par B. de la Martinière, tom. II, pag. 430.)

Le roi eut d'abord la fièvre, et il fallut le porter à Calais, où il fut deux jours après à l'extrémité... Il reçut les sacrements dans de grands sentiments de piété, et se disposa à la mort avec une résignation parfaite. Il était aussi malade qu'on peut l'être ; tout son corps était couvert de pourpre, et les médecins désespéraient de sa guérison. Un d'entre eux, qu'on avait fait venir d'Abbeville, croyant qu'il pouvait y avoir encore quelqu'espérance, fit consentir ses confrères à lui donner l'émétique, remède peu usité dans ce temps-là, et auquel on n'avait recours qu'à la dernière extrémité. La première prise qu'on lui en donna ne produisit aucun effet. Alors on le crut entièrement désespéré.... On donna au roi une seconde prise d'émétique, et elle opéra si puissamment et si à propos, que dès le lendemain il fut sans fièvre.

(Hist. du règne de Louis XIV, par Reboulet, tom. I, pag. 474.)

Enfin, ce fantôme odieux
Qui n'a point d'oreilles, ni d'yeux,
L'insensible et sévère Parque
A respecté notre monarque.
Les oraisons des gens de bien,
Sujets de ce roi très chrétien ;
Dont, partout, on aime les charmes,
Nos vœux, nos soupirs et nos larmes,
Ont prolongé de ces beaux jours
L'aimable et nécessaire cours.
Avec ses vertus sans pareilles,
L'émétique a fait des merveilles,
Ressuscitant ce grand Louis,
Dont tous nos cœurs sont réjouis.

> Certes, *Carneau* (1), ce sage moine,
> Digne avocat de l'antimoine,
> Par cet heureux et beau succès
> Gagne, maintenant, son procès,
> Et tous les antimoniaques,
> Contre certains démoniaques
> Qui décriaient ce minéral.
> O vous, la France en général
> Loyaux sujets, âmes fidèles,
> Sachez donc pour bonnes nouvelles
> Que Louis, partout si chéri,
> Est véritablement guéri.
>
> (*La muse historique*, par Loret. 1658.
> Lettre xxviie du 20 juillet.)

Pendant la grande maladie du roi à Calais, les échevins de la ville de Paris conduisirent à Calais la relique de saint Roch, qui était aux Carmes du grand couvent. De plus ils firent un vœu solennel d'aller tous les ans en procession au Louvre, le jour de Saint-Louis, avec les Pères Carmes, et d'assister à une messe chantée par les mêmes Pères, dans la chapelle des Tuileries. Ce vœu, fait en faveur de Louis XIV, s'est continué sous Louis XV et Louis XVI.

(Éloge de Louis XV, par le P. Dufour de Gache.)

NOTE 3.

Rougeole du Roi, 1663.

Dans ce même temps la reine eut la rougeole. Elle n'eut nul mauvais accident, et en peu de jours elle en fut quitte. Quand le roi vit qu'elle se portait mieux, il souhaita de la mener à Versailles, pour y prendre l'air; mais comme les premiers jours de sa maladie il n'avait point quitté son

---

(1) Religieux Célestin.

lit, qu'au contraire il était toujours demeuré auprès d'elle, il ne fut pas plus tôt arrivé à Versailles qu'il fut attaqué du même mal, mais beaucoup plus dangereusement, car, au jugement de Vallot, son premier-médecin, il fut menacé d'une prompte mort. Ce prince connut aussitôt le péril où il était ; il appela *Le Tellier*, et lui dit qu'il fallait en avertir la reine sa mère. Le Tellier lui ayant répondu qu'elle était trop malade elle-même pour lui pouvoir donner cette inquiétude, le roi lui répliqua : *n'importe, il faut qu'elle le sache*. Ce mal passa si vite qu'il ne fut point nécessaire de lui obéir, car quelques heures après il se porta mieux, et Dieu redonna la santé à ce prince dont la France avait grand besoin.

(*Mémoires de Mme de Motteville*, tom. VI, pag. 206. — Édition de 1739.)

Le roi étant arrivé à Versailles le 29 du passé, sur les six heures du soir, il se sentit incommodé de douleurs de tête, avec fièvre, et d'une lassitude universelle, qui lui fit passer le reste du jour et la nuit avec beaucoup d'inquiétude. Le lendemain la rougeole parut ; mais comme elle ne sortait pas assez librement, et que la fièvre augmenta, le sieur Vallot, premier-médecin de S. M., lui fit tirer du sang sur les deux heures après midi. Ensuite duquel remède, accompagné de cordiaux, les rougeurs parurent en abondance, et les accidents diminuèrent jusqu'au 31 sur les cinq heures du soir. Néanmoins la fièvre redoubla alors, et rendit sa dite Majesté encore beaucoup plus inquiète cette nuit-là ; ce qui obligea le premier-médecin, assisté du sieur Guénault, premier-médecin de la reine, de lui faire, de rechef, tirer du sang sur les quatre heures du matin du 1er courant. Cela se fit si à propos et avec tant de succès, que bientôt après la rougeole sortit entièrement, et ses accidents s'apaisèrent ; de sorte que le même remède ayant été réitéré sur les six heures du soir, le roi se trouva sans fièvre sur la moitié de la nuit qu'il passa fort tranquillement, et depuis a si parfaitement repris sa première vigueur, qu'il ne lui reste aucune marque ni faiblesse de son indisposition.

(*Gazette de France*, 9 juin 1663, pag. 537).

NOTE 4.

Naissance du duc de Bourgogne au château de Versailles, 1682 (1).

Anne-Marie-Victoire de Bavière, princesse d'une constitution délicate, épousa, au mois de janvier 1680, le dauphin, fils de Louis XIV. La première année de ce mariage ne fut qu'une longue série de fêtes pour la jeune dauphine. Mais quand, vers la fin de 1681, l'on eut la certitude de sa grossesse, de grandes précautions, commandées par la faiblesse de son organisation, lui furent imposées. Tout le monde s'intéressait à cette princesse et attendait avec anxiété l'époque de sa délivrance. La naissance d'un petit-fils était surtout le désir le plus ardent de Louis XIV, et il voyait approcher ce moment avec une joie mêlée de quelques inquiétudes.

Une première pensée dut se présenter à lui dans une conjoncture aussi grave : à qui remettrait-on le soin d'accomplir cette opération importante ? à un accoucheur ou à une sage-femme ?

Aujourd'hui le choix serait bientôt fait, ou plutôt il n'y en aurait pas. Mais il n'en était pas ainsi à cette époque. Les accoucheurs n'étaient pas répandus comme ils le sont actuellement, et la science obstétricale était presqu'entièrement confiée à des femmes. Non pas que déjà depuis longtemps il n'y eût d'illustres chirurgiens qui eussent pratiqué des accouchements, mais en général c'était dans des cas exceptionnels et difficiles, et, dans l'ordre ordinaire des choses, l'on voyait les accouchements confiés presqu'exclusivement à des accoucheuses. Déjà, cependant, les femmes avaient moins de répugnance à se remettre dans les mains des hommes, et quelques accoucheurs célèbres étaient parvenus à se faire une brillante réputation parmi les dames de la cour, de la magistrature et de la haute bourgeoisie. Mais le plus grand nombre des femmes grosses choisissaient des accoucheuses pour les délivrer, et les reines

(1) Les ouvrages qui nous ont servi à composer ce récit sont : 1° *Récit véritable de la naissance de Messeigneurs et Dames les enfants de France*, par *Louise Bourgeois*. 1626. 2° *Cours d'opérations de chirurgie*, par **Dionis**. 1716. 3° *Traité général des accouchements*, par **Dionis**. 1721. 4° Le *Mercure Galant*, journal presque officiel de la cour de Louis XIV.

Marie de Médicis, épouse de Henri IV, Anne d'Autriche, épouse de Louis XIII, et Marie-Thérèse, épouse de Louis XIV, avaient été accouchées par des femmes. Il semblait donc tout naturel que dans cette circonstance le roi choisît une sage-femme pour accoucher la dauphine. Il n'en fut cependant pas ainsi, et un accoucheur fut chargé de cette importante opération. On a déjà dit que la dauphine était d'une constitution délicate et que le roi redoutait beaucoup cet accouchement ; il voulut donc la remettre entre les mains d'un homme habile et ayant toute sa confiance, et il désigna pour son accoucheur, *Clément.*

Clément (Julien) était alors l'accoucheur le plus célèbre de Paris. Né en 1638, à Arles, il vint fort jeune à Paris pour étudier l'art des accouchements. Gendre et élève de *Lefèvre*, autre accoucheur en renom de la même époque, il acquit bientôt une grande réputation ; et, par son habileté et le talent qu'il montra dans quelques occasions dangereuses, il contribua beaucoup à la véritable révolution qui fit préférer les accoucheurs aux sages-femmes, révolution achevée surtout par le choix que Louis XIV fit de lui pour la dauphine.

La réputation de Clément ne l'avait pas seule indiqué au choix de Louis XIV. Amené mystérieusement auprès de madame de Montespan, quand elle mit au monde le duc du Maine, il avait continué de l'assister dans ses autres accouchements, et le roi avait pu ainsi apprécier ses talents (1).

L'accoucheur choisi, il fallait s'occuper de prendre une nourrice. Celles-ci ne manquèrent point ; et il en vint s'offrir de tous côtés. On était dans l'usage de les choisir vers le septième mois de la grossesse.

Peut-être paraîtra-t-il curieux de connaître les conditions exigées alors pour être la nourrice d'un prince. — Elle devait être âgée de 22 à 30 ans, — avoir un lait de trois mois, — avoir déjà fait une nourriture étrangère, — être d'un tempérament sanguin, — avoir les cheveux noirs ou d'un châtain brun, — avoir une constitution forte et robuste, — être assez grasse, — avoir bon appétit, — et n'être délicate ni sur le boire, ni sur le manger, — être gaie et de bonne humeur, — avoir toujours le mot pour rire, — n'être sujette à aucune incommodité, — ne sentir mauvais ni de la bouche, ni des aisselles, ni des pieds, — n'avoir point de dents gâtées et les avoir toutes, — avoir la peau blanche et nette, — enfin avoir tous les signes d'une bonne santé. — Il fallait de plus qu'elle fût assez jolie, — gracieuse dans son parler, — bien faite

---

(1) Voir *Histoire amoureuse des Gaules*, par Bussi Rabutin.

dans sa taille, — ni trop grande, ni trop petite, ni bossue, ni boiteuse, et qu'elle n'eût aucun accent prononcé. — Mais ce qu'on exigeait surtout, c'était que la gorge fût bien faite et contînt suffisamment de lait. — Quant au lait, on n'avait pas alors les moyens que l'on possède actuellement pour juger de sa bonté, et l'on s'en rapportait à son aspect et à son goût.

Quand une nourrice réunissait toutes ces qualités, on exigeait encore d'elle, et par dessus tout, qu'elle fût de bonne vie et mœurs. C'était sans doute, et c'est encore aujourd'hui, une très bonne précaution de s'informer de la sagesse de la femme à laquelle on va confier son bien le plus cher. Mais comment le savoir positivement? Et d'ailleurs ne se peut-il pas que quelque grave affection soit venue atteindre une nourrice, sans que pour cela elle ait en rien manqué à une conduite sage et réglée. Une histoire arrivée dans une circonstance analogue, et racontée par *Louise Bourgeois*, la célèbre accoucheuse de Marie de Médicis, montre combien l'on peut être encore trompé malgré toutes ces précautions : « La reine étant grosse de Madame, sa fille aînée, dit madame Bourgeois, alla à Fontainebleau pour y faire ses couches, et partit en octobre de Paris, après la moitié du mois, où, étant arrivée, l'on avait quantité de nourrices qui importunaient tellement le roi et la reine, et tout le monde, que Leurs Majestés en remirent l'élection à Fontainebleau, où il ne manqua d'en venir de tous côtés. L'on attendit proche de l'accouchement de la reine à en faire l'élection. Il vint un homme, lequel avait envoyé sa femme pour être nourrice, laquelle avait une petite fille fort délicate et menue. La femme était bien honnête, et de gens de bien, en faveur de quoi il se trouva des plus signalés seigneurs de la cour qui en parlèrent d'affection aux médecins. Ce fut une affaire qui me donna bien de la peine. Elle logea chez une de mes amies, laquelle s'employa de bon cœur pour elle ; elle me priait aussi d'y faire ce que je pourrais. Je voyais son enfant extrêmement menu, mais elle était appropriée à son avantage, de sorte que la hard paraît le fagot. Quand on m'en parlait, je ne pouvais répondre gaiement, à cause que sa nourriture ne m'agréait guère. Je fus un jour, comme j'avais coutume, la voir, où j'entendis nommer cette nourrice du nom de son mari. Je me ressouvins que c'était le nom d'un jeune homme que mon mari (1) avait traité de la v....., lequel avait voulu sortir sans attendre qu'il eût été guéri..... Je fus bien empêchée et eusse voulu ne l'avoir jamais vue..... Elle fut re-

---

(1) Son mari était chirurgien à Paris.

tenue, et aussitôt on fit état de renvoyer toutes les autres ; c'était l'heure du dîner. Je fus chercher M. Dulaurens (1), lequel était allé dîner en compagnie. Comme je vis qu'il ne se trouvait pas, et qu'il n'eût pas été à propos de le dire quand les autres nourrices eussent été renvoyées, je priai mademoiselle Cervage, femme de chambre de la reine, de lui aller dire de ma part..... La reine le dit aussitôt au roi, lequel dit tout haut que des nourrices venaient de loin pour le tromper, devant tout le monde. Il envoya chercher M. Dulaurens et les autres médecins, lesquels me vinrent trouver pour savoir la vérité, et comment, si je vérifierais cela. Je leur dis le tout, et que, pour preuve, il y avait un valet de chambre de madame de *Beaulieu-Rusé*, qui, demeurant en notre logis, l'avait aidé à panser, qui en pourrait dire la vérité, et un autre qui était chirurgien à Auxerre, qui avait été en même temps chez nous. Comme cela fut vérifié, on fit une autre élection de nourrice. »

La conséquence à tirer de cette histoire, c'est que, malgré tous les certificats, on peut encore être trompé, car si le hasard n'avait pas fait connaître à l'accoucheuse de la reine l'état antérieur du mari de cette femme, elle aurait été parfaitement acceptée pour nourrice de la fille du roi. Ainsi donc, s'il est bon en tout état de choses, de tâcher d'avoir les meilleurs renseignements sur la vie antérieure d'une nourrice, il faut cependant, sous ce rapport, s'en remettre un peu à la grâce de Dieu.

Voici, du reste, comment on s'y prit pour la dauphine. On choisit d'abord les quatre meilleures nourrices, c'est-à-dire celles qui remplissaient le mieux les conditions déjà indiquées, et l'on prit leurs noms et leurs demeures ; puis le premier-médecin envoya un homme de confiance pour procéder aux informations. Cet homme s'adressa aux curés, pour avoir un certificat constatant *qu'elles étaient de la religion catholique, qu'elles servaient bien Dieu, et qu'elles fréquentaient les sacrements*. Il obtint ensuite un certificat des chirurgiens de chacune d'elles, assurant qu'ils n'avaient connu dans leurs familles aucune personne atteinte de maladies contagieuses, ni écrouelles, ni épilepsie. Après avoir obtenu ces deux certificats, il assembla les voisins, qui attestèrent qu'elles étaient de bonne conduite, et qu'elles avaient toujours bien vécu avec leurs maris et leurs voisins. Une fois cette enquête terminée, on les mit chez la gouvernante des nourrices, où chacune d'elles avait une chambre et nourrissait son enfant en attendant l'accouchement de la dauphine ; et, sitôt qu'elle fut accouchée, les médecins vinrent visiter les nourrices,

(1) Le premier-médecin du roi.

choisirent celle qu'ils considérèrent comme la meilleure, et les trois autres restèrent chez la gouvernante, pour n'en pas manquer, en cas qu'on fût dans la nécessité d'en changer. La nourrice choisie fut ensuite gardée à vue par une femme qui ne la quittait point, pour qu'elle ne pût approche de son mari ; car on craignait qu'elle ne devînt grosse et ne donnât à l'enfant de mauvais lait.

On était très rigide sur cette séparation des maris, et *Dionis* (1) raconte à ce sujet ce qui arriva à l'une des premières nourrices de Louis XIV. — Cette nourrice était de Poissy. La cour habitait à cette époque le château-neuf de Saint-Germain. Louis XIII, ravi d'avoir un fils, l'allait voir tous les jours et s'entretenait avec la nourrice. Celle-ci lui raconta plusieurs aventures amoureuses arrivées entre les dames de Poissy et les mousquetaires de quartier. Le roi en fit quelques réprimandes à leur commandant, en lui ordonnant de mieux veiller sur leur conduite. Un jour, le mari de la nourrice, impatient de voir sa femme, rôdait autour du château. La nourrice l'ayant aperçu descendit un moment pour lui parler sur une des terrasses du jardin. Malheureusement pour elle, elle fut vue du mousquetaire en sentinelle sur cette terrasse. Ne voulant pas perdre une si belle occasion de se venger des discours tenus par elle au roi sur leurs aventures, il la dénonça, et elle fut immédiatement changée.

L'accouchement tant désiré de la dauphine eut lieu au mois d'août 1682. Le roi venait de fixer depuis quelques mois son séjour à Versailles, et cette ville présenta alors le plus curieux spectacle.

Depuis près d'un mois, Clément était établi dans les appartements du château, lorsque le mardi 4, dans la soirée, la dauphine ressentit les premières douleurs. Depuis ce moment jusqu'au jeudi 6, jour de la délivrance, l'accoucheur ne quitta plus la princesse. Aussitôt les premières douleurs, la dauphine fit prévenir la reine et la pria de n'en rien dire, pour éviter, dans ces premiers moments, le trouble que cette nouvelle allait jeter parmi tout le monde. Le dauphin vint aussi et ne quitta pas la chambre de la nuit. Cependant, comme elle souffrait de plus en plus, vers une heure du matin, le bruit s'en répandit dans tout le château.

Lorsque les reines accouchaient, on préparait, près de leur chambre ordinaire, une autre chambre où devait se terminer l'accouchement, et dans laquelle se tenaient toutes les personnes ayant le droit d'y assister. C'était dans cette dernière chambre qu'était le lit où elles restaient après l'ac-

---

(1) Premier-chirurgien de la dauphine.

couchement, et le lit de travail. Celui-ci était placé dans une espèce de
petite tente pour la reine, le roi, l'accoucheuse et les aides. Cette tente
était entourée d'une autre, beaucoup plus grande, pour les assistants.
Ce cérémonial ne fut pas suivi pour la dauphine, et l'accouchement se fit
dans sa chambre à coucher.

Bientôt toute la cour fut en mouvement. Les princes et les princesses
du sang se rendirent aussitôt chez la dauphine. Les cours, les places, le
chemin de Versailles à Paris, furent éclairés presque comme en plein
jour par la grande quantité de torches et de lumières de toute espèce
des allants et venants.

Les antichambres de l'appartement de la dauphine et la galerie qui y
menait, ne tardèrent pas à être encombrées par tous les habitants du
château et de ses environs. Cet appartement était situé à l'extrémité de
l'aile du sud, vis-à-vis la pièce d'eau des Suisses, dans le pavillon de la
surintendante de la maison de la reine (1).

Malgré tout ce mouvement, l'on n'avait pas encore jugé nécessaire
d'éveiller le roi. Cependant, sur les cinq heures du matin on vint lui
apprendre l'état de la princesse. Il se leva aussitôt, et, après l'assurance
que rien ne pressait encore, il ordonna d'adresser des prières au ciel, et
entendit immédiatement la messe. Vers six heures, il se rendit chez la
dauphine, afin de savoir où tout en était.

La Cour grossissait à tous moments. Les moins diligents se rendaient
de toutes parts aux environs de l'appartement de la jeune malade, d'où
l'on ne pouvait approcher, tandis que le reste du château paraissait
désert.

Vers neuf heures, le roi, voyant diminuer les douleurs de sa belle-
fille, sortit de chez cette princesse pour aller au conseil ; et la plupart
des princes et princesses, ayant veillé toute la nuit, profitèrent de ce moment pour prendre quelques heures de repos.

La reine passa toute cette matinée en prières ou auprès de la princesse.
Le roi y revint encore aussitôt que le conseil fut terminé. Il la trouva
assez calme, y demeura quelque temps, voulut qu'elle mangeât pendant
qu'il était là, et sortit ensuite avec la reine, chez laquelle il vint dîner,

---

(1) C'est ce qui a fait dire à plusieurs historiens, et entr'autres à M. Vatout dans son livre du Palais de Versailles, que la dauphine était accouchée à
la Surintendance. La Surintendance était complètement séparée du Château,
et l'on a évidemment confondu le pavillon de la Surintendance avec ce bâtiment. Sous Louis XVI ce pavillon portait le nom de *Pavillon de Monsieur*.

accompagné de tous les princes. Vers la fin du dîner, on lui annonça que la dauphine reposait. Jugeant alors sa présence inutile, il laissa la reine dans son appartement, et alla, selon sa coutume, travailler dans son cabinet.

L'un des premiers soins de ce prince avait été d'ordonner des prières dans toutes les églises de Paris et de Versailles, et de faire distribuer des aumônes considérables dans ces deux villes.

Les douleurs de la dauphine la reprirent avec force vers l'après-dînée ; le roi revint immédiatement auprès d'elle.

Pendant tout ce temps, la plupart des ambassadeurs, des envoyés et des résidents des princes étrangers, se rendirent à Versailles, afin d'être prêts à faire partir des courriers à leurs cours aussitôt après l'accouchement.

La reine n'avait point quitté l'appartement de la dauphine depuis ses premières douleurs ; les voyant se continuer avec énergie, elle fit apporter dans la chambre les Reliques de sainte Marguerite, que l'on était dans l'usage d'exposer dans la chambre des reines, quand elles accouchaient. Puis on dressa le lit de travail. Ce lit, conservé dans le garde-meuble du roi, avait déjà servi aux reines *Anne d'Autriche* et *Marie-Thérèse* (1).

Les femmes de la dauphine entrèrent alors, arrangèrent ses cheveux, et lui mirent sur la tête de grosses cornettes, comme c'était l'usage, pour qu'elle n'attrapât point de froid à la tête.

Toute la nuit du 5 au 6 se passa encore dans des douleurs de plus en plus vives et prolongées, surtout vers le matin.

Les soins et les prières de la reine redoublèrent. Tous les services qu'une femme est si heureuse de recevoir dans cet instant solennel, furent rendus à la dauphine avec empressement par la reine et les princesses du sang.

Le roi lui-même cherchait à l'encourager et était rempli d'attentions pleines de bonté. A plusieurs reprises, aidé du dauphin, il la soutint pendant qu'elle se promenait dans sa chambre, et, comme les douleurs

---

(1) Il était composé de deux matelas sans lit de plumes, placés sur un lit de repos large de trois pieds. Une planche était placée entre les deux matelas afin que le siége ne fût pas dans un creux. On étendait dessus deux draps et une couverture. Un double traversin était placé sous les épaules et la tête. Enfin il était complété par deux chevilles d'un pied de long, placées l'une à droite et l'autre à gauche, que la princesse devait saisir pendant les douleurs, et par une barre au pied, pour servir d'appui à ses pieds pendant le travail.

ne discontinuèrent plus, il y passa la nuit sans vouloir prendre un moment de repos.

Pendant cette soirée du mercredi, la nuit du mercredi au jeudi, et la matinée du jeudi jusqu'à l'heure de la délivrance, il n'est sorte de mots doux et affectueux qui n'aient été échangés entre Louis XIV et la dauphine. Le jeudi, le roi ne se reposa pas un moment. Le matin, il entendit la messe ; puis il tint conseil comme à l'ordinaire, car l'on sait que c'était un des devoirs qu'il s'était imposés, et que rien ne pouvait empêcher. Immédiatement après le conseil, il revint chez la dauphine.

La longueur du travail commençait à donner de l'inquiétude à tous les assistants, et les visages semblaient abattus et consternés. *Clément* seul, pendant tout ce temps, paraissait impassible. Il s'était assuré, à plusieurs reprises, de l'état de la princesse ; il n'avait reconnu à l'accouchement aucun obstacle important, et il avait déjà prévenu le roi que si, par suite de la constitution assez grêle de la dauphine, l'accouchement devait être long, il devait cependant se terminer sans accident. Le roi, on l'a déjà dit, avait une entière confiance dans l'accoucheur ; il s'en rapporta complètement à son savoir, attendit avec patience l'instant qui allait combler ses vœux, et convint avec lui, qu'afin de savoir le premier le sexe de l'enfant au moment de la naissance, il lui demanderait *ce que c'était*, et que Clément répondrait : Je ne sais pas, Sire, — si c'était une fille ; et je ne sais point *encore*, Sire — si c'était un fils.

Les douleurs devenant de plus en plus vives et prolongées, Clément jugea nécessaire de faire pratiquer une saignée, et les médecins furent tous de cet avis.

Aussitôt les apothicaires apportèrent du vinaigre, de l'eau de la reine de Hongrie, et un verre rempli d'eau, dans le cas où la princesse aurait une faiblesse. Le chirurgien Dionis pratiqua la saignée. On était alors dans l'usage de fermer les volets et de se servir de bougies, afin de mieux voir la veine. C'est ce qu'on fit pour la dauphine. Le premier-médecin du roi tint la bougie, et le premier-apothicaire tint les *poèlettes* (1).

Après la saignée, les douleurs reprirent de l'intensité, et tout annonçait la prompte terminaison de l'accouchement. Pour soutenir les forces de la dauphine, le roi voulut qu'on lui donnât de temps à autre de son *Rossolis* (2).

Clément, jugeant que l'instant de la délivrance approchait, en prévint

---

(1) Qu'on a traduit plus tard en *palettes.*
(2) Voir page 112 ce qu'était le Rossolis du roi.

le roi. La dauphine fut placée sur le lit de travail, et le roi ordonna de faire entrer toutes les personnes qui devaient assister à cet acte solennel.

Alors se trouvaient dans la chambre : le roi, la reine, le dauphin, Monsieur, Madame, Mademoiselle d'Orléans, et les princes et princesses du sang qu'on avait mandés à cause du droit que leur donnait leur naissance d'être présents à l'accouchement. Il y avait en outre celles des dames dont les charges leur donnaient le privilège d'y assister, ou dont le service était nécessaire à la princesse ; c'étaient : madame de Montespan, surintendante de la maison de la reine ; la duchesse de Créqui, et la comtesse de Béthune, dames d'honneur de la dauphine ; la maréchale de Rochefort et madame de Maintenon, dames d'atours ; — la duchesse d'Uzès ; — la duchesse d'Aumont, femme du premier gentilhomme de la chambre en année ; — la duchesse de Beauvilliers, femme du premier gentilhomme de la chambre ; madame de Venelle, première sous-gouvernante ; madame de Montchevreuil, gouvernante des filles d'honneur de la dauphine ; — madame Pelard, première femme de chambre du nouveau-né ; madame Moreau, première femme de chambre de la dauphine ; et les femmes de chambre de jour.

Tout ce monde était sans mouvement et paraissait attendre avec anxiété le dernier moment. Bientôt les dernières et énergiques douleurs se succédèrent et se rapprochèrent, et la dauphine accoucha à dix heures vingt minutes du matin.

A peine l'enfant venait de passer, le roi, impatient, demanda à Clément ; Qu'est-ce ? Celui-ci, d'un air satisfait, lui répondit ainsi qu'il en était convenu : je ne sais point *encore*, Sire. Aussitôt, le roi, radieux, s'écria : Nous avons un duc de Bourgogne (1).

---

(1) L'usage de la plupart des accoucheurs de cette époque, ainsi que l'enseigne *Moriceau*, dans son traité des accouchements, était de délivrer la femme aussitôt la sortie de l'enfant, et de ne couper le cordon que lorsque l'arrière faix tout entier était dehors. Clément était d'un avis tout opposé. Il voulait que l'on commençât par la ligature du cordon. Il donnait pour raison, qu'on ne peut trop tôt ôter l'enfant d'auprès de sa mère et l'en débarrasser pour le mettre entre les mains de celles qui doivent l'accommoder. Il ajoutait que plus l'on différait à lier le cordon, plus la circulation de l'enfant avec le placenta se continuait, et plus par conséquent le placenta se détachait difficilement de l'utérus ; et, de plus, qu'en laissant crier l'enfant près de sa mère, on lui faisait de la peine, et que cet éveil à la tendresse maternelle pouvait être encore une cause de retard à la sortie du délivre.

Il lia donc le cordon, le coupa, et remit l'enfant entre les mains des femmes

Tout ce qui se passa alors dans la chambre où ce prince venait de naître, peut à peine se décrire.

Le roi, dans le premier moment de sa joie, embrassa la reine et la dauphine. Puis on ouvrit deux portes à la fois, afin de faire connaître la grande nouvelle à ceux du dehors. Le roi annonça lui-même aux princesses et aux dames du premier rang la naissance d'un prince, et la dame d'honneur aux hommes réunis dans la pièce à côté. Il se produisit alors un mouvement incroyable. Les uns tâchaient de percer la foule pour aller publier ce qu'ils venaient d'apprendre, et les autres, sans bien savoir où ils allaient ni ce qu'ils faisaient, forcèrent la porte de la chambre de la dauphine. Tout le monde paraissait dans l'ivresse de la joie. Il y eut un tel pêle-mêle, dans ce premier moment, que les domestiques se trouvèrent dans l'antichambre au milieu des princes et des dames de la première qualité. Le roi défendit qu'on renvoyât personne, et voulut que chacun pût exprimer librement sa joie.

Il semblait que le nom du prince nouveau-né eût volé dans l'air, jusque dans les endroits les plus reculés du château et aux deux extrémités de Versailles ; partout des feux de joie s'allumèrent comme par enchantement, et les missionnaires, établis depuis peu par le roi dans le château, chantèrent un *Te Deum* d'actions de grâces dans la chapelle.

Quelques instants après sa naissance, le duc de Bourgogne fut ondoyé dans la chambre de la dauphine, par le cardinal de Bouillon, grand aumônier de France, revêtu de l'étole, en camail et en rochet. La cérémonie se fit en présence du curé de la paroisse de Versailles (1), et, sitôt

qui devaient l'arranger. On l'enveloppa dans un linge et on le porta dans un cabinet voisin, et, près du feu, on le lava avec une éponge trempée de vin légèrement chauffé, dans lequel on avait fait fondre une certaine quantité de beurre. Clément vint lui mettre le cordon dans un linge huilé, plaça la bande de corps et l'on emmaillota l'enfant. Il s'occupa ensuite de délivrer la princesse. L'arrière faix, à sa sortie, fut placé sur un plat d'argent et présenté à l'examen des médecins pour s'assurer de son intégrité.

(1) Les curés de paroisses royales avaient le droit, non-seulement d'assister en étole aux baptêmes, mariages et autres sacrements qui s'administraient à la cour, mais encore de faire mention de leur présence dans les actes les constatant. Voici comment cet usage s'était introduit :

Le cardinal de Richelieu connaissait le grand nombre de ses ennemis et la faiblesse de Louis XIII. Craignant qu'après sa mort sa famille ne fût inquiétée, il chercha pour elle un appui dans la puissante maison de Condé, et fit épouser à sa nièce Claire-Clémence de Maillé-Brézé, Louis de Bourbon, duc d'Enqu'elle fut faite, on alla bercer le prince dans le cabinet de la dauphine, d'où on le rapporta un peu après pour le montrer à cette princesse. Puis, la maréchale de la Mothe étant entrée dans une chaise à porteurs, on le mit sur ses genoux, et il fut ainsi porté jusque dans l'appartement qu'on lui avait préparé. A peine y fut-il entré, le marquis de Seignelay, secrétaire d'Etat et trésorier de l'ordre du Saint-Esprit, lui mit au cou, de la part du roi, la croix de cet ordre, que les fils de France portaient dès leur naissance.

Enfin, après deux jours et deux nuits d'inquiétudes et de fatigues, il était temps de laisser reposer la dauphine (1) ; mais ici une nouvelle scène allait commencer pour le roi.

ghien, si connu depuis sous le nom de grand Condé.
Ce mariage se fit le 11 février 1645, dans la chapelle du Louvre, et le frère de Richelieu, le cardinal de Lyon, leur donna la bénédiction nuptiale. Le prince de Condé, père de Louis, et Louis lui-même, ayant montré de la répugnance pour cette alliance, le cardinal ne parvint à la conclure qu'à l'aide des grands avantages qu'il assura à sa nièce ; et, comme il craignait que plus tard on ne cherchât quelques prétextes pour la rompre, il voulut que le curé de Saint-Germain-l'Auxerrois fût présent à la célébration avec son étole, et qu'il apportât ses registres afin d'y faire inscrire l'acte. Telle est l'origine de l'usage où étaient les curés des résidences royales, d'assister en étole à tous les sacrements s'administrant à la cour. Cet usage s'est renouvelé de nos jours, car on a vu, il y a quelques années, le curé de l'église de Notre-Dame de Versailles, depuis évêque de Dijon, venir au château de Trianon et y assister en étole à la cérémonie du mariage de la princesse Marie, fille du roi Louis-Philippe, avec le prince de Wurtemberg.

(1) Après que les femmes de la dauphine eurent procédé à sa toilette, elle fut placée dans son lit préalablement chauffé. Comme l'enfant était resté assez longtemps au passage, les parties externes de la génération étaient contusionnées et douloureuses. Clément y fit appliquer un cataplasme ainsi fait : On prit deux onces d'huile d'amandes douces et deux œufs dont on mit le blanc et le jaune, qu'on fit cuire dans un petit vase, comme des œufs brouillés ; on les étendit ensuite sur de l'étoupe, et on les appliqua médiocrement chauds sur la partie.
Le ventre était un peu sensible. Clément se servit, pour prévenir l'inflammation de cette partie, d'un singulier moyen, auquel il renonça cependant pour les autres accouchements de la dauphine, quoiqu'ils aient été aussi laborieux. (*) Il fit appliquer la peau encore chaude d'un mouton noir nouvellement écorché. Pour cela on avait fait venir un boucher qui écorcha le mouton dans une pièce voisine. Le boucher, voulant ne pas laisser refroidir la peau, s'empressa d'entrer dans la chambre de la princesse, en ayant cette peau ployée dans son

(*) Dionis.

En sortant de la chambre, il fallait traverser la foule de grands seigneurs et de personnages de toutes sortes, encombrant les portes et les corridors. Aussitôt qu'il parut, chacun se précipita, et, quelque fût son rang, chercha par ses acclamations et ses gestes à lui témoigner sa joie. Le roi paraissait, dans ce moment, si heureux, et il recevait ces manifestations d'un air si engageant, que, loin de s'éloigner, chacun cherchait à se rapprocher de lui. Il faut se figurer que, depuis l'appartement où la dauphine était accouchée jusque chez la reine, où le roi allait souper, il y avait à traverser une antichambre, la salle des gardes de la dauphine, une très longue galerie, le palier de l'escalier des princes avec les retours, diverses salles, la salle des gardes de la reine, et que tous ces lieux étaient tellement remplis de monde, qu'on peut dire que Louis XIV fut porté à table, depuis la chambre de la dauphine jusqu'au lieu où il soupa (1).

tablier, et laissa la porte ouverte; de sorte que le mouton écorché et tout sanglant le suivit et entra jusqu'auprès du lit, ce qui fit une peur effroyable à toutes les dames présentes à ce spectacle. Les seins furent ensuite recouverts de deux petits matelas de laine. Ces soins terminés, la dauphine prit une potion, qu'on était dans l'usage d'administrer pour éviter aux femmes les tranchées, consistant dans un mélange d'huile d'amandes douces, de sirop de capillaires et de jus d'orange.

A la couche de la dauphine, Clément se conforma encore à un usage observé chez les reines, mais qu'il supprima plus tard, c'était d'empêcher la femme de dormir aussitôt après l'accouchement. Dionis resta trois heures auprès du lit de la dauphine, ainsi qu'il l'avait fait à la reine, pour causer avec elle et l'empêcher de se livrer au sommeil.

Après que tout le monde se fut retiré de la chambre de la dauphine, on ferma tous es volets des fenêtres, et une seule bougie éclaira sa chambre jour et nuit pendant les neufs premiers jours. Excepté l'accoucheur, les médecins, et les femmes nécessaires au service, personne ne s'approcha non plus de la dauphine pendant tout ce temps. Les trois premiers jours, sa nourriture se composa de bouillons, d'œufs frais et de gelée, et sa boisson de tisane d'orge, de chiendent et de réglisse chaude. Lorsque la fièvre de lait fut passée, on donna du potage et du poulet, et elle but un peu de vin trempé.

Une précaution, regardée comme très importante, était de ne laisser entrer dans la chambre de l'accouchée aucune personne ayant sur elle quelque odeur. Aussi un huissier était-il placé à la porte de l'appartement de la princesse, avec ordre de sentir toutes les dames, et de renvoyer celles ayant quelque parfum ou quelque fleur, non-seulement pendant les neufs premiers jours, mais même pendant les six semaines qui suivirent l'accouchement.

(1) Dans son livre du Palais de Versailles, M. Vatout dit qu'après la naissance du duc de Bourgogne, Louis XIV s'étant montré en public, le peuple le

Quant au dauphin, ce qu'il avait vu souffrir à la dauphine, et les choses tendres qu'elle lui avait dites pendant cette longue attente, l'avaient jeté dans une sorte de stupéfaction. Aussi, quand il fallut passer de la tristesse à la joie, il eut peine à la soutenir. Il semblait sortir d'un long rêve et sa première action fut d'embrasser non-seulement la dauphine, mais toutes les dames qui se trouvaient dans la chambre.

Le roi fit, dès le soir même, donner de fortes sommes d'argent pour délivrer des prisonniers.

Louis XIV, dans ses libéralités, ne pouvait oublier celui qui, par son sang-froid et sa prudence, avait été la cause principale de l'heureuse réussite de cet événement. Il fit donner à l'accoucheur 10.000 livres, et, lorsque Clément alla le remercier, il le reçut gracieusement, lui dit qu'il était très satisfait du service qu'il lui avait rendu, qu'en lui donnant cette somme il ne croyait pas le payer, que ce n'était que le commencement de ce qu'il voulait faire pour lui.

En effet, Louis XIV ne cessa de le combler de bienfaits. Il n'avait de confiance qu'en lui. Outre la dauphine, qu'il accoucha de tous ses enfants, Clément fut plus tard l'accoucheur de la duchesse de Bourgogne, et il alla trois fois à Madrid pour accoucher la reine d'Espagne. Enfin, en 1711, le roi lui donna des lettres de noblesse avec une clause qui honore au même degré l'homme de mérite auquel s'adressait cette distinction et le souverain qui la lui accordait ; cette clause portait qu'il ne pourrait abandonner la pratique de son art, ni refuser ses conseils ni ses secours aux femmes qui les réclameraient.

La joie manifestée si vivement dans le château, à la nouvelle de cet heureux événement, ne fut pas moins vive au dehors et dans tout Versailles.

Un garde du roi dormait sur une paillasse pendant l'accouchement de la dauphine. Réveillé en sursaut par le bruit extraordinaire que la joie venait de produire dans l'intérieur du palais, et comprenant, quoiqu'encore à moitié endormi, qu'il venait de naître un prince, il prit sa paillasse sur son dos, et, sans rien dire à personne, courut le plus vite pos-

porta depuis la Surintendance où la dauphine était accouchée, jusqu'à ses appartements. On voit, par ce récit, que cette scène d'effusion entre Louis XIV et ses courtisans eut lieu dans l'intérieur du palais, et que *le peuple* n'y prit aucune part. L'erreur de M. Vatout vient, on l'a déjà fait remarquer, de ce qu'il a confondu la Surintendence avec le pavillon de la Surintendante.

sible jusqu'à la première cour (1), et mit le feu à cette paillasse. Il semblait que chacun n'attendît que ce signal, car on vit presqu'au même instant un nombre infini d'autres feux s'allumer comme par enchantement : les uns allaient chercher du bois ; d'autres prirent tout ce qu'ils trouvèrent, bancs, tables, meubles de toute nature, et jetèrent au feu tout ce qui pouvait l'alimenter. Il se forma des danses où se trouvèrent mêlés ensemble, peuple, officiers et grands seigneurs. A peine ces manifestations de la joie publique eurent-elles commencé, qu'on vit couler des fontaines de vin de chaque côté de la première grille du château, ainsi que dans l'intérieur des cours.

Versailles était alors rempli d'un grand nombre d'ouvriers attirés par les travaux immenses que faisait exécuter le roi. On leur fit distribuer du vin en grande quantité à l'Étape (2), et dans les ateliers. Les soldats des gardes française et suisse ne furent pas les derniers à manifester leur joie ; ils firent du feu de tout, et brûlèrent même quantité de choses dont on ne leur aurait pas permis de disposer dans un autre moment. Le roi, apercevant tout ce désordre, voulut cependant qu'on les laissât faire, *pourvu*, ajouta-t-il, *qu'ils ne nous brûlent pas*.

Devant chaque hôtel de ministre, l'on avait établi des feux et des distributions de vin.

Ces réjouissances durèrent plusieurs jours avec les mêmes transports. C'était à qui varierait chaque fois les illuminations et les artifices.

Tant que durèrent les fêtes, la Pompe (3) fut magnifiquement illuminée, et tous les feux dont brillaient Versailles, se reflétant sur l'or couvrant le château (4), imprimèrent à la ville une physionomie toute magique.

(1) Il y avait alors la grande cour, appelée aussi première cour, fermée par la grille que l'on voit encore aujourd'hui ; la seconde cour, ou cour Royale, séparée de la première par une grille aujourd'hui détruite, et la troisième cour, ou cour de Marbre.

(2) L'Etape était une espèce de halle aux vins dans laquelle les marchands de vins en gros de la ville déposaient leurs pièces pour les vendre aux habitants. Elle était située derrière l'ancienne Geôle.

(3) La Pompe, située rue des Réservoirs, sur l'emplacement du restaurant Duboux, était un instrument hydraulique servant à élever l'eau de l'étang de Clagny dans les réservoirs du château pour, de là, la distribuer dans les bassins du parc. Plus tard madame de Pompadour fit bâtir son hôtel sur le même emplacement.

(4) Tous les ornements en plomb de la toiture du château et des ailes des ministres étaient dorés.

Pendant les deux ou trois premiers jours qui suivirent celui de la naissance du duc de Bourgogne, tout le chemin de Versailles fut couvert de peuple venant témoigner sa joie par ses acclamations. Après avoir vu le roi, on allait voir le nouveau-né, et la maréchale de La Mothe était fréquemment obligée de le montrer à tout ce peuple accouru pour contempler un instant son visage (1).

A l'occasion de cette naissance, on chanta plusieurs *Te Deum* en musique à Versailles. La plupart des maîtres en avaient composé, et le roi voulut bien les entendre dans sa chapelle.

Louis XIV avait dispensé les différents corps de l'Etat des compliments d'usage; quant aux ambassadeurs et aux ministres des princes étrangers, il leur accorda l'audience qu'ils lui demandèrent à cette occasion. Elle eut lieu dans le grand appartement de Versailles, avec les cérémonies accoutumées. Tous les corps de la garde du roi étaient en haie. Les ambassadeurs entrèrent par le grand escalier (2).

---

(1) Sauf les grands seigneurs, les habitants de Versailles étaient alors composés de paysans, d'ouvriers et de gens de bas étage, attirés par les travaux que faisait faire le roi et par les privilèges qu'il accorda aux premiers propriétaires de la ville. Les marguilliers de la paroisse, se considérant comme les représentants des bourgeois de la ville, ne voulurent pas laisser passer une occasion si favorable de se distinguer ; ce qui amena une scène assez plaisante.

Ils allèrent trouver Bontemps, premier valet de chambre du roi et alors gouverneur de Versailles. Il lui représentèrent que, dans une circonstance aussi solennelle, ils ne pouvaient se dispenser de porter au roi les félicitations des habitants de Versailles, et le prièrent de les présenter à Louis XIV. Bontemps en parla au roi qui voulut bien les recevoir, et leur assigna une heure le lendemain.

A l'heure indiquée, Bontemps, comme gouverneur de Versailles, avait cru devoir se mettre à la tête de la députation. Il les introduisit dans le salon où se trouvait le Roi. Mais à peine y furent-ils entrés, que, sans donner à Bontemps le temps de prononcer la formule d'usage : « Sire, voici les bourgeois de Versailles que je présente à Votre Majesté » l'un des marguilliers, nommé Colette, épicier de profession, chargé de faire le compliment, enthousiasmé sans doute par la présence du roi, se mit à chanter à pleine gorge : *Domine salvum fac regem*, auquel les marguilliers électrisés à leur tour par la voix de lutrin de leur orateur répondirent : *Et exaudi nos in die qua invocaverimus te.* — Louis XIV ne s'attendait pas à un pareil discours. Il ne put conserver sa gravité et se mit à rire ainsi que tous les seigneurs qui l'entouraient. Mais Bontemps, peu flatté du rôle que venaient de lui faire jouer les marguilliers, leur fit de vifs reproches et les poussa hors du salon, d'où ils se retirèrent un peu confus de leur réception.

(2) Louis XIV aimait le faste et la représentation. Lorsqu'il résolut de venir habiter Versailles, l'un de ses premiers soins, fut d'ordonner la construction

Le roi était assis sur son trône d'argent; il avait auprès de lui, d'un côté le duc de Bouillon, grand chambellan, le duc de Créqui et le prince de Marsillac; de l'autre le duc d'Aumont, le duc de Saint-Aignan et le marquis de Gesvres. Une foule de courtisans les environnait. Le duc de Luxembourg, capitaine des gardes de quartier, allait recevoir les ambassadeurs à la porte de la salle des gardes.

Le roi écouta leur compliment avec gravité, et leur répondit avec une grande affabilité. Ils allèrent ensuite chez le dauphin, le duc de Bourgogne et Monsieur. Madame la maréchale de La Mothe répondit pour le petit prince.

Toutes ces audiences durèrent cinq heures, après lesquelles ces messieurs furent reconduits avec les mêmes cérémonies. Ils n'eurent audience de la reine et de Madame que l'après-dînée, parce qu'elles n'en donnaient jamais le matin.

Tel est le récit de ce qui se passa dans Versailles à la naissance du duc de Bourgogne. La joie de cette ville se répandit partout avec rapidité, et l'on peut voir, dans la plupart des écrits du temps, les détails des réjouissances extraordinaires dans toute la France à cette occasion.

(Notice publiée par M. J.-A. Le Roi, dans : *Mémoires de la Société des Sciences-Morales de Seine-et-Oise*, tome Ier, et l'*Union médicale*, année 1586.)

NOTE 5

La grande opération faite au Roi Louis XIV, en 1686.

Le 18 novembre 1686, Versailles apprit avec surprise et effroi que le roi Louis XIV venait de *subir la grande opération;* c'est ainsi que l'on nommait alors l'opération *de la fistule à l'anus*.

d'un escalier qui annonçât dignement la magnificence des appartements de ce Palais. Levau et Dorbay furent chargés de sa construction, et Lebrun de sa décoration. Ce bel escalier passait alors pour un chef-d'œuvre. Il fut détruit sous Louis XV, lorsque l'on fit de nouvelles distributions. Il était situé tout-à-fait en face de l'escalier de Marbre ou *de la Reine*, existant encore de l'autre côté de la cour Royale. Il était vraiment digne, si l'on en croit sa description et les

Le 5 février 1686, le roi fut obligé de prendre le lit à la suite de vives douleurs dont il souffrait depuis plusieurs jours; l'on s'aperçut alors qu'il s'était formé un abcès à la marge de l'anus. *Félix de Tassy*, son premier-chirurgien, l'un des hommes les plus instruits de cette époque, en proposa immédiatement l'ouverture ; mais, ainsi que le remarque Dionis, *on ne trouve pas toujours dans les grands cette déférence nécessaire pour obtenir la guérison :* mille gens proposèrent des remèdes qu'ils disaient infaillibles, et l'on préféra à la lancette du chirurgien, un emplâtre fait par une grande dame de la Cour, *madame de la Daubière.* L'inventeur du remède assista elle-même à la pose de son emplâtre, qui, probablement, ne pouvait avoir d'effet que sous ses yeux. Tel infaillible que fût cet emplâtre, on l'ôta cinq jours après son application, n'ayant eu d'autre résultat que d'augmenter les souffrances du roi. Enfin, le 23, c'est-à-dire plus de vingt jours après l'apparition de la tumeur, on se décida à donner issue au pus. Félix voulait employer le bistouri; mais pour ménager le royal malade, auquel on craignait de faire subir une opération sanglante, on eut recours, pour l'ouverture de l'abcès, à l'application de la *pierre à cautère.* « Ce matin, à dix heures, dit *Dangeau, dans son Journal*, on appliqua au roi la pierre à cautère sur la tumeur ; on l'y laissa une heure et demie, et puis on ouvrit la peau avec le ciseau ; mais on ne toucha point au vif. » C'est-à-dire qu'on se contenta de fendre l'escarrhe, et, lorsque celle-ci tomba, il se forma, comme le dit Dionis, un petit trou par où la matière s'écoula et continua à suppurer. Bientôt on constata la présence d'une fistule communiquant dans l'intérieur de l'intestin.

En pareille occurrence, et pour débarrasser le roi de cette dégoûtante infirmité, il ne restait plus qu'à pratiquer l'opération ; mais il n'en est pas des rois *comme de simples particuliers*, et, avant de pouvoir leur faire entendre les paroles graves et réfléchies de la science, il faut préalablement que le médecin s'attende à voir défiler devant lui tout le cortége des empressés, plus ou moins ignorants, flanqués chacun de leurs remèdes *infaillibles*, sans compter encore le charlatanisme, exploiteur si habile et des grands et du peuple.

planches de Baudet représentant les peintures du plafond, des grands artistes auxquels Louis XIV en avait confié l'exécution. Cet escalier portait aussi le nom d'*escalier des Ambassadeurs* parce que c'était par là que les ambassadeurs entraient dans les appartements du roi, lors des grandes réceptions.

C'est ce qui arriva à Louis XIV.

Dès que l'on sut le roi atteint de la fistule, il y eut encore un bien plus grand nombre de remèdes proposés, que quand il s'était agi d'une simple tumeur.

Cependant, *Louvois* était alors le principal ministre, et avait en quelque sorte la responsabilité de la vie du roi. Il ne voulut permettre l'usage d'aucun de ces remèdes, avant qu'il n'eût été préalablement expérimenté.

Parmi tous ces moyens, un fut surtout préconisé, et le roi paraissait assez décidé à l'essayer, c'était l'emploi des eaux de Barèges. Mais avant que Louis XIV partît pour ces eaux, comme le bruit en avait couru, on jugea convenable d'en constater les effets. On chercha quatre personnes ayant la même maladie que le roi, et on les envoya à Barèges à ses dépens, sous la conduite de *Gervais*, chirurgien de l'hôpital de la Charité. C'était l'un des hommes les plus instruits de Paris, et il s'était acquis surtout une très grande réputation pour la guérison des tumeurs. Ces quatre malades furent soumis par lui à l'action des eaux sous toutes les formes, en bains, à l'intérieur, et surtout en injections répétées dans le trajet fistuleux. Ce traitement dura fort longtemps, et ne fut suivi d'aucune espèce d'amélioration ; en sorte qu'ils revinrent tous aussi *avancés dans leur guérison que quand ils étaient partis* (1).

Une dame de la Cour ayant raconté, qu'allée aux eaux de Bourbon pour une maladie particulière, elle s'était trouvée guérie, par leur usage, d'une fistule qu'elle avait avant, on envoya à Bourbon l'un des chirurgiens du roi, avec quatre autres malades ; ils furent soumis aux mêmes expériences que ceux de Barèges, et en revinrent comme eux, sans changement dans leur état.

Mais l'essai des remèdes ne devait point s'arrêter là. Un religieux Jacobin vint trouver Louvois, et lui apporta une eau avec laquelle il guérissait, disait-il, toutes sortes de fistules. Un autre annonçait posséder un onguent qui n'en manquait aucune. D'autres proposaient aussi des remèdes avec lesquels ils avaient obtenu des cures merveilleuses. Le ministre, un peu embarrassé de toutes ces propositions, ne voulut cependant en rejeter aucune avant que l'expérience n'eût démontré son inefficacité. Pour juger en quelque sorte par lui-même de leur valeur, il fit meubler plusieurs chambres de son hôtel de la Surintendance (2), pour

---

(1) Dionis.

(2) Dans le bâtiment en face de la Bibliothèque de la ville de Versailles.

recevoir tous les malades atteints de fistules, voulant bien se soumettre à ces différents essais, et il les fit traiter, en présence de Félix, par les auteurs de ces remèdes.

Tous ces essais durèrent un temps fort long, sans aboutir à aucun résultat.

Louvois et Félix rendaient compte à Louis XIV des tentatives inutiles faites chaque jour pour trouver un remède pouvant lui éviter l'opération, sur laquelle le premier-chirurgien insistait de plus en plus. Mais avant de s'y décider, le roi voulut encore avoir l'avis de Bessières, chirurgien en renom de Paris. Bessières examina le mal, puis, Louis XIV lui ayant demandé ce qu'il en pensait, il lui répondit librement *que tous les remèdes du monde n'y feraient rien sans l'opération* (1). Le roi n'hésita plus, et l'opération fut décidée.

Mais quelle méthode devait-on employer?

Il y avait alors à Paris un nommé Lemoyne, d'une grande réputation pour la guérison des fistules. Voici ce qu'en dit Dionis : « Sa méthode consistait dans l'usage du caustique, c'est-à-dire qu'avec un onguent corrosif, dont il couvrait une petite tente qu'il fourrait dans l'ouverture de l'ulcère, il en consumait peu à peu la circonférence, ayant soin de grossir tous les jours la tente, de telle manière qu'à force d'agrandir la fistule, il en découvrait le fond. S'il y avait de la callosité, il la rongeait avec son onguent qui lui servait aussi à ruiner les clapiers, et enfin, avec de la patience, il en guérissait beaucoup. Cet homme est mort vieux et riche, parce qu'il se faisait bien payer, en quoi il avait raison, car le public n'estime les choses qu'autant qu'elles coûtent. Ceux à qui le ciseau faisait horreur se mettaient entre ses mains, et, comme le nombre des poltrons est fort grand, il ne manquait point de pratiques. » — Ainsi, Lemoyne avait remis en honneur la cautérisation. La ligature était le mode d'opérer le plus généralement suivi. Puis, restait l'incision que Félix proposait au roi. Mais avant de se déterminer à suivre l'avis de son premier-chirurgien, Louis XIV voulut qu'il lui expliquât la préférence donnée par lui à cette méthode sur les autres. Félix fut alors obligé de décrire au roi les trois procédés ; puis il lui fit remarquer, nous raconte Dionis, que le caustique fait une douleur continuelle pendant cinq ou six semaines qu'on est obligé de s'en servir; que la ligature ne coupe les chairs qu'après un long espace de temps, et qu'il ne faut pas manquer de la serrer tous les jours, ce qui ne se fait pas sans

---

(1) Dionis.

douleurs; que l'incision cause à la vérité une douleur plus vive, mais qu'elle est de si peu de durée, qu'elle ne doit point alarmer une personne qui veut guérir sans crainte de retour; car outre qu'elle achève en une minute ce que les deux autres manières n'opèrent qu'en un mois, c'est que par celles-ci la guérison est douteuse, et qu'elle est sûre par l'incision. — Ces raisons, appuyées par d'Aquin, Fagon et Bessières, déterminèrent le roi, et il se décida pour l'incision.

C'était une grave résolution qu'avait prise Félix. L'opération par l'instrument tranchant paraissait alors si terrible, que chacun tremblait de la subir, d'où son nom de *grande opération*.

Mais Félix n'était point un chirurgien ordinaire. Fils de François Félix de Tassy, homme d'un grand talent, et aussi premier-chirurgien du même prince, il fut l'élève de son père qui, le destinant à le remplacer auprès du monarque, ne négligea aucun des moyens pouvant le rendre digne d'occuper un emploi aussi important. Exerçant sa profession dans les hôpitaux civils, puis dans ceux des armées, il fut, fort jeune encore, compté parmi les plus habiles chirurgiens de son temps ; ses confrères le nommèrent chef du collége de Saint-Côme, devenu l'Académie de chirurgie ; puis il succéda à son père dans la charge de premier-chirurgien du roi, en 1676.

Dès que Félix se fut assuré de la maladie du roi, il le rassura sur sa vie, et promit de le délivrer de son horrible incommodité. Ce grand chirurgien n'avait jamais fait l'opération qu'il méditait, mais il avait lu tout ce que les auteurs anciens avaient écrit sur la maladie dont le roi était attaqué ; il se traça alors un plan d'opération, et, tandis que le temps s'écoulait en essais de remèdes n'ayant aucun résultat, Félix occupait le sien d'une manière profitable à ses desseins. Pendant plusieurs mois, tous les malades atteints de la maladie du roi, se trouvant dans les hôpitaux de Paris ou à la Charité de Versailles, furent opérés par lui, et lorsque Louis XIV fut enfin décidé, il avait acquis l'expérience d'un chirurgien consommé dans cette partie de l'art opératoire.

Pour faire l'incision de la fistule, Galien avait inventé un instrument d'une forme particulière, auquel il avait donné le nom de syringotome, du nom même de la fistule—(Syrinx, flûte). C'était un bistouri en forme de croissant, à manche contourné et dont la pointe était terminée par un stylet long, pointu et flexible. On introduisait la pointe dans l'ouverture extérieure de la fistule et on poussait le stylet jusque dans l'intestin ; le doigt indicateur de la main gauche, placé dans le rectum, ramenait la pointe par l'anus, puis la lame du bistouri, poussée dans la fistule, achevait l'incision. Félix fit subir à l'instrument de Galien un notable changement. Il fit faire un simple bistouri courbe, à lame très étroite, terminée, comme le syringotome, par un stylet, mais en argent recuit, et long de plusieurs pouces. Le tranchant de la lame était recouvert d'une chape d'argent faite exprès pour être introduite dans la fistule sans blesser les parties. Cet instrument ainsi disposé, on poussait le stylet dans la fistule, et on le ramenait par le fondement ; puis le bistouri étant entré après le stylet, on retirait doucement la chape qui enveloppait le tranchant, et, tenant d'une main le bout du stylet et de l'autre le manche du bistouri, en tirant à soi, on tranchait tout d'un coup toute la fistule.

Cet instrument, dont Félix se servit pour le roi, reçut, depuis ce moment, le nom de *Bistouri à la Royale*.

Ce fut le 18 novembre 1686 qu'eut lieu l'opération.

Qu'on nous pardonne les détails peut-être un peu minutieux, dans lesquels nous allons entrer ; mais, outre qu'il s'agit d'une opération qui, par son retentissement et son succès, changea toutes les idées reçues à cette époque, il s'agit d'un fait historique que l'on peut encore suivre sur place dans ses plus petits incidents.

Le roi était à Fontainebleau, lorsque l'opération fut arrêtée. Afin de s'y préparer et en même temps pour ôter tout soupçon de ce qui allait se passer, deux médecines lui furent administrées dans ce séjour. Arrivé à Versailles le vendredi 15 novembre, rien ne décéla en lui la grave détermination qu'il avait prise. Le dimanche 17, veille de l'opération, il monta à cheval, alla visiter ses jardins, ses réservoirs, et les nombreux travaux en cours d'exécution, et parut fort tranquille et fort gai pendant toute la promenade (1).

La chambre à coucher de Louis XIV, dans laquelle il fut opéré, n'était point celle connue aujourd'hui sous ce nom : elle était située dans la pièce précédant celle-ci, et portant actuellement le nom si célèbre de salon de l'Œil-de-Bœuf. Ce salon de l'Œil-de-Bœuf était alors coupé en deux : la pièce la plus rapprochée de la chambre à coucher actuelle était la chambre du roi, et l'autre pièce était un cabinet orné des tableaux du Bassan, et portant pour cela le nom de cabinet des Bassans.

Le lundi 18 novembre, de grand matin, tout se préparait dans le cabinet des Bassans pour *la grande opération*. Vers cinq heures, les apothicaires entrèrent chez le roi et lui administrèrent le lavement prépa-

(1) Dangeau.

ratoire. Un peu avant sept heures, Louvois alla prendre chez elle madame de Maintenon ; ils entrèrent ensemble chez le roi, auprès duquel se trouvait déjà le père de La Chaise, son confesseur. Félix, d'Aquin, premier-médecin du roi, Fagon qui le devint quelques années après, Bessières, les quatre apothicaires du roi et Laraye, *élève* de Félix, mais que l'on appelait alors son *garçon*, étaient réunis dans le cabinet des Bassans pour préparer tout ce qui devait servir à l'opération.

A sept heures, ils entrèrent dans la chambre du roi; Louis XIV ne parut nullement ému de leur présence. Il fit approcher Félix, lui demanda l'usage de chacun des instruments et des diverses pièces de l'appareil, puis s'abandonna avec confiance à son talent.

Le roi fut placé sur le bord de son lit, un traversin sous le ventre pour élever les fesses, tournées du côté de la fenêtre, les cuisses écartées et assujetties par deux des apothicaires.

Voici comment procéda l'opérateur. Une petite incision, faite avec la pointe d'un instrument ordinaire, fut d'abord pratiquée à l'orifice externe de la fistule, afin de l'agrandir et de pouvoir plus facilement y introduire le bistouri à la Royale. L'incision fut ensuite pratiquée avec cet instrument, à l'aide de la manœuvre déjà indiquée. Une fois le trajet fistuleux mis à découvert, il s'agissait de détruire les callosités qu'on supposait devoir empêcher la réussite de l'opération : huit coups de ciseaux enlevèrent toutes les callosités que Félix rencontra sous son doigt. Cette partie si douloureuse de l'opération fut supportée avec beaucoup de courage par Louis XIV : pas un cri, pas un mot ne lui échappa.

L'opération terminée, on introduisit dans l'anus une grosse tente de charpie, recouverte d'un liniment composé d'huile et de jaune d'œuf. On la fit entrer avec force, afin d'écarter les lèvres de la plaie ; on garnit ensuite la plaie de plumasseaux, enduits du même liniment, et on appliqua les compresses et le bandage comme on le fait à présent.

Rien ne saurait dire l'étonnement dans lequel fut toute la cour, quand on apprit que le roi venait de subir une opération que chacun regardait comme si dangereuse. Le récit fait de cet évènement par le *Mercure Galant*, journal officiel de la cour, fera mieux comprendre qu'on ne pourrait le dire, l'effet produit par cette nouvelle inattendue. — « Quoique le roi, dit-il, fût dans une santé parfaite, à la réserve de l'incommodité qui lui était survenue il y a environ onze mois, et qu'il fût même en état de monter à cheval et de chasser, comme il faisait très souvent, S. M., qui vit qu'elle courait risque de souffrir toute sa vie de cette sorte d'incommodité, à laquelle sont sujets ceux qui manquent du courage nécessaire pour s'en tirer, prit une résolution digne de sa fermeté ; et, comme ce mal était grand, plutôt par la douleur que l'opération lui devait faire souffrir que par la nature dont il était, il cacha ce qu'il avait résolu de faire, comme il fait de toutes choses qu'il juge à propos de tenir secrètes. Il savait l'inquiétude que donnerait le mal qu'il devait endurer, et ne doutait point que la crainte de quelque accident et l'amour qu'on a pour lui ne fissent trouver des raisons pour l'en détourner. Mais ce prince voulait souffrir, afin d'être plus en état de travailler sans cesse pour le bien et pour le repos de ses sujets ; et, pour éviter les contestations qui se pourraient former là-dessus, il aima mieux se charger de toute la douleur que de jouir du soulagement d'être plaint, ce qui console beaucoup ceux qui souffrent. — D'ailleurs, il savait que ce bruit, venant à se répandre, aurait jeté de la crainte et de l'abattement dans tous les cœurs, et qu'il rendrait incapables d'agir tous ceux qui étaient occupés pour les affaires de l'Etat, et il voulait endurer seul, sans que l'Etat en souffrît un seul moment. Ainsi ayant pris sa résolution, il travailla à la faire exécuter sans que l'on s'en aperçût.

« Comme jamais prince ne sut régner sur lui-même avec tant d'empire, il en vint à bout sans peine. Il se purgea deux fois à Fontainebleau, parce que venant ensuite à Versailles, ce changement de lieu devait ôter l'idée qu'on aurait pu prendre, s'il avait été possible qu'on eût soupçonné quelque chose de son dessein. Il monta à cheval le dimanche 17 de ce mois, soupa ce jour-là avec la famille Royale, et s'informa, de Monseigneur, où était le rendez-vous de chasse le lendemain. On connut le jour suivant, que ce prince, quoiqu'il dût alors sentir les premières atteintes de la peur que lui pouvait causer l'opération, avait demandé ce rendez-vous d'une âme tranquille, afin que s'il arrivait quelque accident, il pût en faire avertir Monseigneur. On a même remarqué qu'il se coucha ce jour-là plus tard qu'à l'ordinaire. Il marqua, pour le lundi 18, l'heure de son lever, où la plus grande partie de la Cour se trouve ordinairement. Il avait pris la sienne plus matin pour l'opération. Ceux qui devaient y travailler, ou dont la présence était nécessaire, entrèrent par différents endroits, ce qui empêcha qu'on en eût aucun soupçon. Quoique je ne fasse point ici le détail du reste, je puis vous dire qu'il s'y passa mille choses dignes de l'inébranlable fermeté du roi. Il voulut voir tout ce qui devait le faire souffrir, et ne fit que sourire au lieu d'en paraître étonné. Il fit ensuite ce qu'un prince aussi chrétien que lui doit faire en pareille occasion et souffrit patiemment, étant toujours dans l'état d'un homme libre et qui est assuré d'être maître de sa douleur. Aucun cri ne lui échappa, et, loin de témoigner de la crainte, il demanda si on ne l'avait point épargné, parce qu'il avait recommandé sur toutes choses de ne le pas faire. Sitôt qu'on eut achevé l'opération, la porte fut ouverte à ce qu'on appelle la première entrée, c'est-à-dire aux personnes qui ont droit d'entrer les premières au lever. Les autres n'entrèrent pas, parce qu'il n'y eut point de lever.

« Le bruit de cette opération s'étant répandu dans Versailles, comme on s'imagine toujours voir les maux que l'on craint, quand même ils ne seraient point à craindre, la douleur parut sur tous les visages, et l'on eût dit, à voir le roi, que ce monarque était le seul qui se portait bien. Ayant remarqué que l'on ne faisait aucun bruit, il ordonna que toutes choses se fissent à l'ordinaire, tint conseil dès le jour même, et permit dès le lendemain aux ministres étrangers de le saluer. Quoique de semblables maux aient accoutumé de causer un peu de fièvre, sans pourtant qu'il y ait sujet d'en appréhender aucune suite fâcheuse, il semble que le Ciel, pour ne nous pas alarmer, n'ait pas voulu qu'il en eût le moindre ressentiment. »

A ces détails, Dangeau ajoute : « Dès que l'opération fut faite, le roi l'envoya dire à Monseigneur qui était à la chasse, à madame la Dauphine, dès qu'elle fut éveillée, à Monsieur et à Madame, qui étaient à Paris, et à M. le Prince et à M. le Duc qui étaient à Fontainebleau, auprès de madame la duchesse de Bourbon, leur défendant de venir. Dès l'après-dîner, le roi tint son conseil; il vit beaucoup de courtisans, et voulut qu'il y eût appartement, et que l'on commençât le grand jeu de reversi qu'il avait ordonné à Fontainebleau. Madame de Montespan partit en diligence pour venir trouver le roi ; mais ayant appris à Essonnes que le roi se portait très bien, elle retourna auprès de madame de Bourbon. Monseigneur, apprenant la nouvelle, quitta la chasse et revint ici à toute bride et en pleurant. »

Dans son Journal, Dangeau nous a conservé, jour par jour, l'état du roi après son opération. L'on y voit que les premiers jours se passèrent fort bien. Les pansements se faisaient avec régularité, et le malade n'en éprouvait aucune douleur; tout enfin semblait annoncer une guérison solide et prompte ; mais, soit que l'on se fût trop vite empressé de diminuer la grosseur de la mèche, soit pour tout autre motif, l'on s'aperçut, le quinzième jour, qu'une partie des bords s'était cicatrisée avant le fond, et que la fistule menaçait de reparaître de nouveau. Le 6 décembre, l'on chercha à détruire, par quelques légers coups de ciseaux, cette cicatrisation trop rapide, mais sans obtenir le résultat désiré. Enfin, le lundi 7 décembre, c'est-à-dire vingt-un jours après la première opération, l'on fut obligé de détruire la nouvelle cicatrice, à l'aide de plusieurs incisions, et de mettre à nu le fond de la fistule.

Le roi supporta cette seconde opération avec beaucoup de courage, mais il paraît qu'elle fut extrêmement douloureuse, car, pendant plusieurs jours, il renvoya son conseil, ce qui n'était pas arrivé la première fois. Quoiqu'il en soit, de ce moment la cicatrisation marcha avec régularité ; et, le samedi 11 janvier 1687, cinquante-quatre jours après l'opération, et trente-trois après les dernières incisions, le roi fut assez bien guéri pour sortir à pied de ses appartements, et se promener pendant fort longtemps dans l'Orangerie.

Louis XIV venait d'être débarrassé d'une grave infirmité, grâce à l'habileté de son chirurgien. Mais si le service était grand, la récompense fut royale. Félix reçut cinquante mille écus et la terre des *Moulineaux*, estimée à la même somme ; d'Aquin, le premier-médecin, cent mille livres ; Fagon, quatre-vingt mille livres, et Leraye, l'élève de Félix, quatre cents pistoles ; les quatre apothicaires chacun douze mille livres ; le tout formant un total de cinq cent soixante-douze mille livres, qui, comparé à la valeur actuelle de l'argent, représente presque un million !!!

La réussite de l'opération pratiquée à Louis XIV, en mettant le comble à la réputation de Félix, mit aussi à la mode son procédé ; et il fut facile de constater immédiatement son efficacité, car, depuis l'opération faite au roi, il semblait que tout le monde fût attaqué de la fistule. « C'est une maladie, dit Dionis, qui est devenue à la mode depuis celle du roi. Plusieurs de ceux qui la cachaient avec soin, avant ce temps, n'ont plus eu honte de la rendre publique ; il y a eu même des courtisans qui ont choisi Versailles pour se soumettre à cette opération, parce que le roi s'informait de toutes les circonstances de cette maladie. Ceux qui avaient quelque petit suintement ou de simples hémorrhoïdes ne différaient pas à présenter leur derrière au chirurgien pour y faire des incisions ; j'en ai vu plus de trente qui voulaient qu'on leur fît l'opération, et dont la folie était si grande qu'ils paraissaient fâchés lorsqu'on les assurait qu'il n'y avait point nécessité de la faire. »

Tel est le récit de cette grande opération de Louis XIV. Ainsi, grâce à l'heureuse tentative de Félix, la méthode de l'incision a été remise en honneur, et, par suite des travaux de la chirurgie moderne, ce mode opératoire, le plus généralement suivi, est devenu d'une telle simplicité, qu'il n'est pas nécessaire d'être le premier-chirurgien d'un roi pour le pratiquer avec succès.

Notice publiée par J. A. Le Roi, dans les *Mémoires de la Société des Sciences naturelles et médicales de Seine-et-Oise,* année 1857, et dans l'*Union médicale,* année 1858.

NOTE 6.

Mort de Louvois, 1691.

Louvois mourut à Versailles, dans l'ancien hôtel de la Surintendance des bâtiments du roi (1), le 16 juillet 1691.

La mort de Louvois fut un évènement si important, et donna lieu à tant de commentaires, qu'il n'est pas sans intérêt d'en rechercher les véritables causes.

Depuis un certain temps, Louvois, jusqu'alors si puissant, baissait dans la faveur du roi, et tout le monde s'attendait à une disgrâce prochaine du ministre. C'est dans ces circonstances que, le 15 juillet 1691, il a, chez madame de Maintenon, une vive altercation avec Louis XIV.

Cette scène est ainsi racontée dans une note écrite par le duc de Luynes, sur le manuscrit de Dangeau (2) :

« Nous avons déjà vu ce qui s'était passé au siége de Mons, et le mauvais gré que le roi fit à M. de Louvois, de trouver le prince d'Orange si près de lui. On prétendit aussi qu'il imputa à ce ministre la levée du siége de Coni. Ajoutez à cela le bombardement de Liége auquel le roi s'était opposé parce que des ennemis de M. de Louvois, ou de bons citoyens avaient fait entendre à S. M. que son ministre entretenait la haine de ses voisins, par les cruautés qu'il exerçait partout. Il avait insisté sur le bombardement qui se fit le 4 juin. Le roi avait déclaré précisément

---

(1) Cet hôtel, situé rue de la Bibliothèque n° 6, fut construit en 1670. C'est l'une des plus anciennes maisons de Versailles. Devenu trop petit pour la Surintendance, on en construisit un plus vaste dans la même rue, n° 9, aujourd'hui le Petit-Séminaire. L'ancien hôtel resta l'habitation des Surintendants.

(2) Journal de Dangeau, publié par MM. Soulié, Dussieux, de Chennevières et de Montaiglon.

qu'il n'en voulait rien faire, et, enfin, ce ministre fut obligé d'avouer qu'il n'était plus temps de s'en dédire, parce que les ordres étaient donnés. Cette explication se passait chez madame de Maintenon ; le roi, qui d'ailleurs était mal disposé par ce que nous venons de dire, et parce qu'en général toutes les choses violentes lui répugnaient, fut indigné de tant de précipitation, et lui laissa voir son ressentiment. M. de Louvois, qui n'était pas accoutumé à être contredit, au lieu de chercher à se justifier, répondit au roi assez brusquement et jeta son portefeuille sur la table du roi. Le roi se leva et prit sa canne. Madame de Maintenon, craignant l'effet de la colère de S. M., se mit entre elle et son ministre ; mais le roi la rassura en lui disant qu'il n'avait eu nulle intention. »

M. de Louvois se retira et rentra chez lui tout ému. Cependant le lendemain 16, il alla, comme à l'ordinaire, chez le roi pour travailler avec lui ; mais à peine eut-il commencé la lecture d'une dépêche, qu'il se sentit indisposé, se retira dans son appartement, et mourut au bout de quelques instants, malgré les soins rapides qui lui furent donnés.

Une mort aussi prompte et dans de pareilles circonstances, fit généralement croire à un empoisonnement. Dangeau et Saint-Simon en parlent dans ce sens : « Le 16 juillet, dit ce dernier, j'étais à Versailles..... Sortant le même jour du dîner du roi, je le rencontrai (Louvois) au fond d'une très petite pièce qui est entre la grande salle des Gardes et ce grand salon qui donne sur la petite cour des Princes ; M. de Marsan lui parlait, et il allait travailler chez madame de Maintenon avec le roi, qui devait se promener après dans les jardins de Versailles, à pied, où les gens de la Cour avaient la liberté de le suivre. Sur les quatre heures après midi du même jour, j'allai chez madame de Chateauneuf, où j'appris qu'il s'était trouvé un peu mal chez madame de Maintenon, que le roi l'avait forcé de s'en aller, qu'il était retourné à pied chez lui, où le mal avait subitement augmenté ; qu'on s'était hâté de lui donner un lavement qu'il avait rendu aussitôt, et qu'il était mort en le rendant, et demandant son fils Barbésieux, qu'il n'eut pas le temps de voir, quoique celui-ci accourût de sa chambre. »

« La soudaineté du mal et de la mort de Louvois fit tenir bien des discours, bien plus encore *quand on sut, par l'ouverture de son corps, qu'il avait été empoisonné.*

« Il était grand buveur d'eau, et en avait toujours un pot sur la cheminée de son cabinet, à même duquel il buvait. On sut qu'il en avait bu ainsi en sortant pour aller travailler avec le roi, et qu'entre sa sortie de dîner avec bien du monde, et son entrée dans son cabinet pour prendre les papiers qu'il voulait porter à son travail avec le roi, un frotteur du logis était entré dans ce cabinet, et y était resté quelques moments seul. Il fut arrêté et mis en prison. Mais à peine y eut-il demeuré quatre jours, et la procédure commencée, qu'il fut élargi par ordre du roi, ce qui avait déjà été fait jeté au feu, et défense de faire aucune recherche. Il devint même dangereux de parler là-dessus, et la famille de Louvois étouffa tous ces bruits, d'une manière à ne laisser aucun doute que l'ordre très précis n'en eût été donné. »

Puis, comme si ce n'était pas encore assez de toutes ces insinuations pour prouver l'empoisonnement, Saint-Simon ajoute l'histoire suivante du médecin de Louvois, qui, dit-il, lui fut racontée par un gentilhomme attaché à la maison de ce ministre : « Il m'a conté, dit Saint-Simon, étant toujours à madame de Louvois depuis la mort de son mari, que *Séron*, médecin-domestique de ce ministre, et qui l'était demeuré de madame de Barbésieux, logé dans la même chambre au château de Versailles, dans la Surintendance que Barbésieux avait conservée, quoiqu'il n'eût pas succédé aux bâtiments, s'était un jour barricadé dans cette chambre, seul, quatre ou cinq mois après la mort de Louvois; qu'aux cris qu'il y fit on était accouru à sa porte, qu'il ne voulut jamais ouvrir; que ces cris durèrent presque toute la journée, sans qu'il voulût ouïr parler d'aucun secours temporel ni spirituel, ni qu'on pût venir à bout d'entrer dans sa chambre; que, sur la fin, on l'entendit s'écrier qu'il n'avait que ce qu'il méritait, que ce qu'il avait fait à son maître, qu'il était un misérable indigne de tout secours ; et qu'il mourut de la sorte en désespéré au bout de huit ou dix heures, sans avoir jamais parlé de personne, ni prononcé aucun nom. — A cet événement, les discours se réveillèrent à l'oreille; il n'était pas sûr d'en parler. Qui a fait le coup? C'est ce qui est demeuré dans les plus épaisses ténèbres. »

Le récit de Saint-Simon et les détails circonstanciés dans lesquels il entre, semblent ne point devoir laisser de doutes sur la nature de la mort de Louvois. Aussi les historiens, tout en admettant avec une certaine circonspection les insinuations de Saint-Simon, n'ont-ils jamais repoussé complétement l'idée du poison. Une phrase de son récit, si elle était vraie, serait surtout la preuve certaine de l'empoisonnement, c'est celle-ci : *On sut par l'ouverture de son corps qu'il avait été empoisonné*. En effet, si les médecins ont constaté la présence du poison, il ne peut plus y avoir d'incertitude que sur la main qui a commis le crime et sur *la personne qui l'a commandé*. Eh bien! cette affirmation de Saint-Simon est tout-à-fait démentie par l'ouverture du corps de

Louvois, et si les historiens n'ont pas été plus affirmatifs, c'est qu'ils n'ont pas eu connaissance de ce document enfoui dans un livre de médecine, où ils étaient bien éloignés d'aller chercher une pièce si importante.

Dionis était le chirurgien de Louvois. C'était un chirurgien fort instruit. Il publia plusieurs ouvrages encore recherchés aujourd'hui pour les observations curieuses qu'ils renferment. Dans l'un de ces ouvrages, intitulé : *Dissertation sur la mort subite* (1), voici comment il raconte la mort de Louvois: « Le 16 juillet 1691 M. le marquis de Louvois, après avoir dîné chez lui et en bonne compagnie, alla au conseil. En lisant une lettre au roi, il fut obligé d'en cesser la lecture, parce qu'il *se sentait fort oppressé*; il voulut en reprendre la lecture, mais, ne pouvant pas la continuer, il sortit du cabinet du roi, et, s'appuyant sur le bras d'un gentilhomme à lui, il prit le chemin de la Surintendance où il était logé.

« En passant par la galerie qui conduit de chez le roi à son appartement, il dit à un de ses gens de me venir chercher au plus tôt. J'arrivai dans sa chambre comme on le déshabillait ; il me dit : Saignez-moi vite, car j'étouffe. Je lui demandai s'il sentait de la douleur plus dans un des côtés de la poitrine que dans l'autre ; il me montra la région du cœur, me disant : Voilà où est mon mal. Je lui fis une grande saignée, en présence de M. *Séron*, son médecin. Un moment après, il me dit : Saignez-moi encore, car je ne suis point soulagé. M. *d'Aquin* et M. *Fagon* arrivèrent, qui examinèrent l'état fâcheux où il était, le voyant souffrir avec des angoisses épouvantables ; il sentit un mouvement dans le ventre comme s'il voulait s'ouvrir ; il demanda la chaise, et, peu de temps après s'y être mis, il dit : Je me sens évanouir. Il se jeta en arrière, appuyé sur les bras d'un côté de M. Séron, et de l'autre d'un de ses valets de chambre. Il eut des râlements qui durèrent quelques minutes, et il mourut.

« On voulut que je lui appliquasse des ventouses avec scarifications, ce que je fis : on lui apporta et on lui envoya de l'eau apoplectique, des gouttes d'Angleterre, des eaux divines et générales ; on lui fit avaler de tous ces remèdes qui furent inutiles, puisqu'il était mort, et en peu de temps, car il ne se passa pas une demi-heure depuis le moment qu'il fut attaqué de son mal jusqu'à sa mort.

« Le lendemain M. Fagon vint chez moi me dire que la famille sou-

(1) Paris 1710.

haitait que ce fût moi qui en fisse l'ouverture. Je la fis en présence de MM. *d'Aquin, Fagon, Duchesne* et *Féron.*

« En faisant prendre le corps pour le porter dans l'antichambre, je vis son matelas tout baigné de sang ; il y en avait plus d'une pinte qui avait distillé pendant vingt-quatre heures par les scarifications que je lui avais faites aux épaules ; et ce qui est de particulier, c'est qu'étant sur la table, je voulus lui ôter la bande qui était encore à son bras de la saignée du jour précédent, et que je fus obligé de la remettre, parce que le sang en coulait, ce qui gâtait le drap sur lequel il était.

« Le cerveau était dans son état naturel et très bien disposé ; *l'estomac était plein de tout ce qu'il avait mangé à son dîner ;* il y avait plusieurs petites pierres dans la vésicule du fiel ; *les poumons étaient gonflés et pleins de sang ;* le cœur était gros, flétri, molasse, et semblable à du linge mouillé, n'ayant pas une goutte de sang dans ses ventricules.

« On fit une relation de tout ce qu'on avait trouvé, qui fut portée au roi après avoir été signée par les quatre médecins que je viens de nommer, et par quatre chirurgiens, qui étaient : MM. *Félix, Gervais, Dutertre* et *moi.*

« *Le jugement certain qu'on peut faire de la cause de cette mort, est l'interception de la circulation du sang ; les poumons en étaient pleins, parce qu'il y était retenu, et il n'y en a point dans le cœur, parce qu'il n'y en pouvait point entrer ; il fallait donc que ses mouvements cessassent, ne recevant point de sang pour les continuer ; c'est ce qui s'est fait aussi, et ce qui a causé une mort si subite.* »

Telle est l'opinion des hommes de l'art ; c'est à une *apoplexie pulmonaire* qu'ils attribuent avec juste raison la cause de la mort, et l'on ne voit nulle part qu'ils aient parlé d'empoisonnement, ainsi que l'affirme Saint-Simon. D'ailleurs Louvois était menacé depuis longtemps de cette fin ; il éprouvait fréquemment des oppressions. Les médecins cherchaient à les combattre en lui donnant les eaux de Forges, qu'il allait prendre tous les matins dans l'Orangerie, *où le suivaient ses commis pour ne pas discontinuer son travail ordinaire.* (1)

Il résulte de ces faits que Louvois a été frappé d'une attaque d'apoplexie pulmonaire, et qu'il faut reléguer au rang des fables tous les bruits d'empoisonnement répandus à sa mort, et recueillis avec avidité par le caustique Saint-Simon.

(1) Dionis, ouv. cité.

L'appartement occupé par Louvois était au premier étage de l'hôtel de la Surintendance ; cet appartement a vue sur le Parc, du côté de la Petite-Orangerie. Cela explique le passage de Saint-Simon, dans lequel il parle de la promenade de Louis XIV, le jour de la mort de son ministre.

« Quoique je n'eusse guère que quinze ans, je voulus voir la contenance du roi à un événement de cette qualité. J'allai l'attendre, et le suivis tout le temps de sa promenade. Il me parut avec sa majesté accoutumée, mais avec je ne sais quoi de leste et de délivré, qui me surprit assez pour en parler après, d'autant plus que j'ignorais alors, et longtemps depuis, les choses que je viens d'écrire. Je remarquai encore qu'au lieu d'aller visiter ses fontaines, et de diversifier sa promenade, comme il faisait toujours, dans ces jardins, il ne fit qu'aller et venir *le long de la balustrade de l'Orangerie*, d'où il voyait, en revenant vers le château, le logement de la Surintendance où Louvois venait de mourir, qui terminait l'ancienne aile (1) du château sur le flanc de l'Orangerie, et vers lequel il regarda sans cesse toutes les fois qu'il revenait vers le château. »

Le corps de Louvois fut porté aux Invalides. Voici son acte de décès, tel qu'il est inscrit sur les registres de la paroisse Notre-Dame de Versailles.

« Le seizième jour de juillet mil six cent quatre-vingt-onze, est décédé au château, dans l'appartement de la Surintendance, très haut et puissant seigneur Monseigneur Michel-François Le Tellier, marquis de Louvois, ministre et secrétaire d'État, surintendant des bâtiments, des fortifications, des arts et manufactures de France, grand-maître des postes, vicaire-général de l'ordre de Saint-Lazare, commandeur et chancelier des ordres du roi, âgé de cinquante-deux ans, dont le corps, ayant d'abord été apporté en cette église paroissiale, a été ensuite transporté à Paris, dans l'hôtel royal des Invalides, pour être inhumé dans l'église : ses entrailles laissées à Meudon, aux révérends pères Capucins, et son cœur porté aux Capucines de la rue Saint-Honoré, par moi, soussigné, supérieur de la maison de la congrégation de la Mission de Versailles, et curé de la même ville, en présence de MM. Henry Moreau et François Maricourt, qui ont signé : MOREAU, de MARICOURT, prêtres de la congrégation de la Mission; et plus bas, signé : HÉBERT.

Ext. de l'*Histoire des rues de Versailles*, par J. A. Le Roi.

(1) L'aile du midi, construite en 1679, s'appelait *l'ancienne aile*, et celle du nord, élevée en 1685, *l'aile neuve*.

NOTE 7.

1693.

D'Aquin était encore médecin de Louis XIV lorsque le roi eut cette fièvre. Madame de Maintenon ne quittait presque plus la chambre du roi depuis qu'il était indisposé. Elle ne pouvait souffrir d'Aquin, et n'avait de confiance qu'en Fagon. On voit, par le récit de cette fièvre, que le roi désirait avoir son avis, et qu'il était quelquefois appelé, quoiqu'il ne fût pas son médecin ; mais ces visites se faisaient toujours en présence de d'Aquin. Dans cette maladie, Fagon trouva le moyen, ainsi qu'il le dit lui-même, de demeurer seul auprès du roi pendant la nuit, et de ce moment aussi data sa faveur auprès de Louis XIV. Voici comment, à l'occasion de la grande opération à laquelle assistait Fagon, l'abbé de Choisy raconte cette première entrevue, seul à seul, de Louis XIV et de Fagon :

« Fagon commençait à avoir beaucoup de crédit. Le public l'avait toujours cru plus habile que d'Aquin, et le roi ne faisait que de s'en apercevoir. Madame de Maintenon le protégeait depuis qu'il avait accompagné le duc du Maine à Barèges. S. M. n'avait jamais le moindre mal de tête qu'elle ne le fît appeler, toutefois après le premier-médecin, dont l'autorité, établie depuis longtemps, ne pouvait être ébranlée qu'à la longue. Il ne fut chassé que cinq ou six ans après. La **** (1) m'a conté que le roi, étant à Marly, eut un fort grand accès de fièvre. Les médecins, sur le minuit, voyant que la fièvre diminuait, lui firent prendre un bouillon ; d'Aquin dit : « Voilà qu'il est sur son déclin, je m'en vais me coucher. » Fagon fit semblant de le suivre, et s'arrêta dans l'antichambre, en disant entre ses dents : « Quand donc veillerons-nous ? nous avons un si bon maître, et qui nous paie si bien ! » Il se mit sur un fauteuil, appuyé sur son bâton ; il y était aussi bien que dans sa chambre, parce qu'il ne se déshabille jamais, et ne dort qu'à son séant, à cause de son asthme. Une heure après, le roi appela le premier-valet de chambre, et se plaignit à lui que sa fièvre durait encore. Il lui dit : « Sire, M. d'Aquin s'est allé coucher ; mais M. Fagon est là-dedans : le ferai-je entrer ? — Que me dira-t-il ? lui dit le roi, qui craignait que le premier-médecin ne le sût. — Sire, reprit Nyert (et ce que je dis ici, je le sais

---

(1) Le nom est ainsi indiqué dans le manuscrit de l'abbé de Choisy.

de lui), il vous dira peut-être quelque chose; il vous consolera. » Fagon entra, tâta le pouls, fit prendre de la tisane, fit changer de côté, et enfin se trouva *seul* auprès du roi pour la première fois de sa vie. D'Aquin eut son congé trois mois après, sur une bagatelle dont on lui fit une querelle d'allemand. Il avait demandé l'archevêché de Tours pour son fils. Si demander plus qu'il ne devait eût été un crime, il y avait longtemps qu'il eût été criminel. »

(*Mémoires de l'abbé de Choisy,* collection Petitot, tom. LXIII, pag. 354.)

NOTE 8.

Querelle entre les deux provinces de Bourgogne et de Champagne, au sujet de leurs vins.

Legrand-d'Aussy raconte ainsi cette querelle, dans son histoire de la vie privée des Français :

« En 1652, un jeune docteur soutint à Paris une thèse pour prouver que, de toutes les boissons dont l'homme peut faire usage, la plus agréable, ainsi que la plus saine, était le vin de Beaune. Cette thèse ne fit qu'une sensation médiocre. Mais, quarante ans après, un autre Bourguignon, sans doute, ayant avancé que le Bourgogne méritait la préférence sur les vins de Rheims ; que ces derniers agaçaient les nerfs; qu'ils produisaient des maladies dangereuses, telles que la goutte ; enfin, que Fagon, premier-médecin du roi, avait eu raison de les interdire récemment à Louis XIV, la nouvelle thèse devint une étincelle qui alla porter l'incendie dans la province qu'on attaquait.

Les Rhémois crurent leur honneur intéressé à repousser cette insulte; et ce fut la Faculté de médecine, établie dans cette ville, qui se chargea de la venger. En 1700, elle publia, et soutint dans ses écoles, une thèse par laquelle elle réfutait à la fois les deux thèses de Paris, et où elle prodiguait à son tour aux vins de Bourgogne tout le mépris qu'on avait témoigné pour les siens. Cependant, afin de rendre sa cause meilleure par le nombre, et se fortifier en quelque sorte par des auxiliaires, elle eut l'adresse d'associer à sa querelle quelques autres cantons de Champagne. Selon elle, Aï, Pierry, Versenay, Sillery, Hauvillers, Tassy, Montbré, Vinet et Saint-Thierry, l'emportaient de beaucoup sur le Bourgogne. Ils offraient une couleur plus limpide, un parfum plus doux, plus de corps enfin, et plus de durée.

C'était là rendre les Bourguignons responsables de l'étourderie d'un jeune homme ; c'était leur déclarer formellement la guerre ; et une guerre d'autant plus injuste, qu'ils n'avaient ni commencé, ni mérité des hostilités pareilles. Aussi furent-ils très ardents à les repousser ; mais, comme jusqu'alors les trois thèses n'avaient guère été que des questions d'hygiène, et, par conséquent, du ressort de la médecine, on crut devoir remettre entre les mains d'un médecin l'intérêt de la patrie commune ; et ce fut un nommé *Salins*, doyen de ceux de Beaune, qui en fut nommé le défenseur.

Salins publia en 1704 une réponse à la thèse de Rheims, qu'il intitula : *Défense du vin de Bourgogne contre le vin de Champagne ;* et qui, comme il est aisé de l'imaginer, ne contenait que deux choses : éloge de l'un, inculpation sur l'autre. Quant au premier article, il en appelle aux Cours d'Angleterre, d'Allemagne, de Danemarck, et d'Italie, qui n'ont, dit-il, d'autre boisson que le Bourgogne. Pour le Champagne, il ne doit, ajoute l'auteur, sa réputation qu'aux deux ministres Colbert et Le Tellier; lesquels, possédant des vignobles près de Rheims, et voulant leur donner de la valeur, les vantèrent beaucoup. Selon lui, le Champagne manque de cette force, de cette vigueur que les anciens nommaient *générosité ;* il est faible, mou, aqueux ; ce qui le rend sujet à changer de couleur, et incapable de supporter un long transport ; au lieu que le Volnay, bu en Pologne au couronnement de Sobiesky, et que le Beaune, servi à Venise par le provéditeur Morosini, dans le festin qu'il donna aux sénateurs après la conquête de la Morée, furent regardés comme les meilleurs vins de l'Europe. Enfin, un avantage inestimable que la Bourgogne a sur sa rivale, continue *Salins*, c'est de fournir successivement des vins *en boîte* pour toutes les saisons de l'année. D'abord Pomard, Beaune et Volnay ; ensuite les vins blancs de Mulsant ; puis les rosés d'Alosse et de Savigny ; après ceux-ci, Chassagne, Santenay, Saint-Aubin, Mergeot et Blégny ; enfin Nuits, *qui n'a pas son pareil et ne peut être assez prisé.*

L'ouvrage du médecin de Beaune eut beaucoup de succès, puisqu'en moins de quatre ans on en fit cinq éditions différentes. Néanmoins on se doute bien que les Champenois ne laissèrent pas ses inculpations sans réponse. L'auteur de la thèse de Rheims publia une réplique pour le réfuter. Là il avance que jamais Le Tellier ni Colbert ne possédèrent de vignobles en Champagne ; et que ce n'est point à eux par conséquent que le vin de Rheims doit sa renommée, mais aux grands seigneurs qui, accompagnant Louis XIV à son sacre, et s'étant trouvés à portée d'en boire, lui firent une réputation. Il soutint que si le roi, par l'avis de son médecin, avait renoncé au Champagne, ses courtisans n'avaient eu garde d'y renoncer comme lui ; ou que si quelques-uns, par flatterie, avaient, sur ce point, adopté son exemple, ils avouaient de bonne foi que, depuis ce moment, *ils avaient eu moins de plaisir à boire.* Selon lui, l'Angleterre, l'Allemagne et tout le nord de l'Europe achetaient beaucoup plus de vins de Champagne que de Bourgogne. Depuis qu'on avait trouvé dans la province le secret de les tirer au clair, on pouvait, sans risque. dit-il, les transporter jusqu'au bout du monde. *Tavernier* en avait porté en Perse ; un autre voyageur, à Siam et à Surinam. Enfin, l'auteur cite l'anecdote de Venceslas, roi des Romains, qui, étant venu à Rheims en 1397, pour traiter avec Charles VI, *s'y enivra plusieurs fois, tellement qu'un jour s'étant mis hors d'état d'entrer en négociation, il aima mieux accorder ce qu'on lui demandait que de cesser un moment de boire du vin de Rheims.* L'écrivain termine son apologie par ce passage tiré d'une lettre de Saint-Evremont au duc d'Olonne : « *Fussiez-vous à deux cents lieues de Paris, n'épargnez aucune dépense pour avoir des vins de Champagne. Ceux de Bourgogne ont perdu leur crédit auprès des gens qui ont le goût délicat ; et à peine conservent-ils un reste de réputation chez les marchands. Il n'y a point de province qui produise de plus excellents vins pour toutes les saisons que la Champagne.*

Le champion de Rheims, celui de Beaune, ne furent pas les seuls qui combattirent en cette occasion pour leur patrie. D'autres entrèrent aussi dans la lice, et vinrent les seconder. Bientôt la querelle devint une espèce de guerre civile qui, après avoir divisé les deux provinces, passa jusque dans la capitale, et partagea en quelque sorte la nation.... Prosateurs, rimailleurs, poètes latins de collége, tout, jusqu'à quelques beaux esprits même, écrivit et prit parti pour ou contre la Bourgogne. Coffin, professeur au collége de Beauvais, ayant fait, en faveur du Champagne une ode latine, la ville de Rheims crut devoir récompenser celui qui avait si bien combattu pour sa gloire, et lui envoya un présent considérable de ce vin qu'il avait tant chanté.

Une distinction pareille ne fit qu'animer de plus en plus les combattants dans chaque parti. Pendant plusieurs années, Paris fut inondé de pièces en vers et en prose, dont les principales, recueillies par l'imprimeur Thiboust, forment un recueil qu'il publia en 1712...

Toutes ces futiles disputes tombèrent enfin d'elles-mêmes. Des événements plus importants détournèrent ailleurs les esprits, et à peine, aujourd'hui, sait-on qu'elles ont existé. En vain l'on chercha, en 1724, à réveiller l'ancienne querelle par une suite de thèses qui furent soutenues successivement aux écoles de Paris, et où l'on avançait que les vins des environs de cette capitale sont plus salutaires que ceux de Bourgogne, de Champagne et des autres provinces; en vain l'on y agita, en 1741, cette autre question : *Le vin de champagne est-il aussi salutaire qu'agréable?* En vain le docteur Navier a soutenu, dans les écoles de Rheims, que ce vin pouvait être employé très utilement dans les fièvres putrides; ni la thèse singulière de Navier, ni la thèse contraire qui fut soutenue à Paris pour le réfuter, ni toutes les autres, n'excitèrent la moindre fermentation. Malgré tous ces arrêts des médecins et d'auteurs, chacun but à son gré, ou le Bourgogne ou le Champagne, selon qu'il préférait l'un ou l'autre; et ce vieux procès sur le mérite de la blonde ou de la brune est resté et restera encore longtemps indécis.

Pendant qu'on l'avait agité, Auxerre n'avait pas été distingué spécialement par ceux qui soutenaient le parti de la Bourgogne. Confondu dans la foule, en quelque sorte, il n'avait, si l'on peut parler ainsi, servi jusqu'alors que d'auxiliaire. Mais à son tour, enfin, il trouva des champions qui, dans le cours des deux années 1723 et 1724, publièrent trois lettres ou plutôt trois panégyriques, où ils entreprirent de lui faire jouer un rôle. Il est vrai que sous le nom d'Auxerre ils comprenaient Irancy, les Iles, Coulanges, Chanvent, Côtes-Chaudes, La Chenette, La Palette, Migraine, Boivin, Quétard, Clérion, Chaumout, Mantelle, Chapoté, Motembase, Saint-Nitasse et Poiry... Les trois auteurs mettent le vin d'Auxerre au-dessus de tous les vins de France. Selon eux, c'est le vin d'Auxerre qu'on servait à la table de Louis XV, dans le temps où fut publiée leur lettre; c'est le vin d'Auxerre que choisit Louis XIV, quand Fagon lui interdit l'usage des vins de Rheims ; enfin, c'est du vin d'Auxerre, et de ceux d'Irancy et de Coulanges, que Henri IV faisait sa boisson ordinaire, et cet honneur, ajoutent-ils, a même produit dans l'Auxerrois une vieille chanson qu'on y chante :

> Auxerre est la boisson des rois,
> Heureux qui les boira tous trois.

Tant d'éloges, prodigués si exclusivement, choquèrent les propriétaires du territoire de Joigny. On sait que, depuis longtemps, ceux-ci ont la prétention d'égaler leurs vins aux vins d'Auxerre. Un habitant de Joigny, nommé *Lebœuf*, voulut rabaisser l'orgueil des Auxerrois, et relever celui de ses compatriotes. Tel est le but d'une lettre qu'il publia en 1731, lettre qui est plaisante à force d'être ridicule, et où, pour prouver que le vin de Joigny est excellent, il avance, entre autres choses, *que le bon vin fait faire des enfants mâles*, et que c'est la raison pour laquelle il y a dans Joigny moitié plus de garçons que de filles.

Ces petites rixes particulières n'ont duré qu'un instant; leur histoire aujourd'hui n'est que risible. Heureuse la nation qui ne connaîtra jamais d'autres guerres civiles !

Voir sur ce sujet : *Lettre* de M** à M**, auteur de la thèse qui conclut que le vin de Rheims est plus agréable et plus sain que le vin de Bourgogne. — Voir *Journal des Savants,* année 1706, tom II, pag. 566, in-12.

Voir sur le même sujet : *Mercure de France* de 1723, novembre. *Éloge des vins d'Auxerre.* Et *Mercure* de 1723, décembre, — Lettre écrite à l'auteur de l'*Éloge des vins d'Auxerre.*

Lettre aux auteurs du *Mercure de France*, sur la bonté des vins d'Auxerre, suivie d'une pièce de vers, intitulée : *Description des approches de la vendange,* avec un éloge du vin. *Mercure de France*, 1724, septembre. Fameuse partie de longue-paume, jouée à Auxerre, ensuite d'un cartel de défi, le 6 et le 7 août 1724, par suite de la querelle entre ces deux villes (*Auxerre et Joigny*), à l'occasion de la supériorité de leur vin.

Mercure français, septembre 1724.

Lettre sur la bonté des vins de Joigny. *Mercure de France*, février 1731.

NOTE 9.

Formulaire pour le roi Louis XIV.

Lavement calmant pour le roi, 1652 (VALLOT).

Prenez : *Huile d'amandes douces* ℥i.
Miel violet ℥iβ.
Electuaire lénitif ℥β

Dissolvez dans une décoction d'orge. — Faites un clystère à prendre ce matin.

Lavement calmant pour le roi, 1652 (VALLOT).

Prenez : *Electuaire lénitif* ʒβ.
Miel violet ʒij.
Huile d'amandes douces ʒi.

Dissolvez dans une décoction de farine d'orge et de graines de lin. — Faites un clystère à prendre aujourd'hui.

—

Lavement purgatif pour le roi, 1653 (VALLOT).

Prenez : *Manne.* ʒj.

Faites bouillir légèrement dans suffisante quantité de décoction de farine d'orge et de graines de lin. — Dissolvez dans la colature :

Miel violet ʒiβ.
Electuaire lénitif ʒβ.
Huile d'amandes douces ʒi.

Faites un clystère à prendre ce matin.

—

Emplâtre résolutif pour le roi, 1653 (VALLOT).

Prenez : *Emplâtre divin de Palmier*
Emplâtre de grenouilles, } àà ʒiii.
simple et composé
Emplâtre de mucilages

Malaxez ensemble, avec de l'huile d'amandes douces. — Faites un emplâtre, étendez sur de la peau, et appliquez sur la partie malade.

—

Parfum contre le Coryza, pour le roi, 1653 (VALLOT).

Prenez : *Succin*
Sucre blanc } àà ʒj.

Faites une poudre qu'on jetera sur des charbons pour respirer pendant le mal de tête et au commencement du coryza, peu de temps avant de se mettre au lit, si l'on veut en éprouver du bien.

Pommade anti-dartreuse pour le roi, 1653 (VALLOT).

Prenez : *Cérat très blanc* ℥ij.
Huile d'amandes douces ℥x.

Mêlez ensemble et agitez avec une spatule de bois.

Ajoutez, après la coagulation, baume noir du Pérou, q. s. — Faites un baume.

—

Bouillon purgatif pour le roi, 1653 (VALLOT).

Prenez : *Cristal minéral* ⎫
Crême de tartre ⎬ ãã ℥i.
Manne ℥iβ.
Follicules de séné ℥ij.

Faites bouillir légèrement dans une infusion de viande de veau et d'herbes rafraîchissantes. — Faites une colature à prendre le matin à l'aurore.

—

Notre eau martiale contre le flux de ventre, 1653 (VALLOT).

Prenez : *Limaille d'acier* ℥iβ.
Suc d'orange ℥ij.

Faites digérer ensemble dans un vase de verre, pendant vingt-quatre heures au bain-marie.—Ensuite versez ℔iiii d'eau de fontaine très pure. —Faites de nouveau digérer le tout dans le même bain-marie, pendant vingt-quatre heures, dans un vase parfaitement clos. — Faites enfin bouillir légèrement pendant une heure. — Séparez l'eau du dépôt, et conservez-la dans un vase de verre, dans un lieu froid.

De laquelle prenez ℥vj, plusieurs jours de suite le matin, deux heures avant le déjeûner.

Pour le roi, 1653 (VALLOT).

—

Notre tablette martiale anti-lientérique, 1653 (VALLOT).

Prenez : *Poudre de notre confection martiale* grains v.
Broyez dans un mortier de marbre,
sucre candi grains ii
Mêlez selon l'art, avec sucre très
blanc ℥j.

Et ajoutez cinq grains de gomme adragante, dissoute petit-à-petit dans l'eau de roses, ou de buglosse.

Faites une tablette à prendre le matin à jeun, peu de temps avant le déjeûner.

Continuez sans crainte plusieurs jours de suite.

Notre tablette stomachique, 1653 (VALLOT).

Prenez : *De notre spécifique stomachique*   *six grains.*
           De notre or diaphorétique   *quatre grains.*
           Perle préparée   *huit grains.*

Mêlez ensemble avec s. q. de sucre, et de solution de gomme adragante dans l'eau de roses. — Faites une tablette à prendre le matin une heure avant le déjeûner, pendant le mois de juillet.

Pour le roi, 1653 (VALLOT).

Lavements pour le roi, en son flux de ventre, 1653 (VALLOT).

Prenez : *Jalap d'Alexandrie*   } *àà* ℥β.
          Miel de roses
          Confection minérale   ℨvj.
          Huile d'amandes douces   ℥i.
          Eau de roses   ℥iiij.

Versez dans ℔β de décoction de farine d'orge et de graine de lin. — Faites un clystère.

Autre lavement, 1653 (VALLOT).

Prenez : *Eau de roses*   ℥iiii.
          Huile d'amandes douces   ℥ii.
          Jalap d'Alexandrie   } *àà* ℥j.
          Miel de roses

Faites dissoudre dans ℥v de décoction de feuilles de Thlaspicum-verbascum et de graines de lin. — Faites un clystère.

Autre lavement astringent, 1653 (VALLOT).

Prenez : *Confection minérale*   ℥β.
          Huile d'amandes douces   ℥i.

Miel de roses ℥iβ.
Eau de roses ℥iii.

Faites dissoudre dans une décoction de graines de lin, et de farine d'orge. — Faites un clystère.

Autre lavement laxatif, 1653 (VALLOT).

Prenez : Manne
Miel commun } ãã ℥iβ.

Faites bouillir légèrement dans une décoction de racines entières de guimauve et de grande consoude.

Ajoutez : Huile d'amandes douces ℥iβ.
Electuaire lénitif ʒiii.

Pour un lavement.

Autre lavement calmant, 1653 (VALLOT).

Prenez : Eau de roses
Décoction de graine de lin } ãã ℥x.

Faites dissoudre : Axonge de coq
Beurre récent } ãã ℥iβ.

Faites un clystère à prendre au moment de la douleur.

Autre lavement astringent, 1653 (VALLOT).

Prenez : Confection minérale ℥i.
Miel de roses ℥iβ.

Dans une décoction de têtes de véronique, ou de graines de lin et de racines de guimauve. — Faites un clystère.

Autre lavement laxatif, 1653 (VALLOT).

Prenez : Manne ℥ii.

Faites bouillir dans une décoction de têtes de véronique.
Faites dissoudre dans la colature :

Jalap d'Alexandrie ℥i.
Miel de nénuphar ℥iβ.

Faites un clystère.

Autre lavement laxatif, 1653 (Vallot).

Prenez : Miel de roses } ãã ʒi.
Jalap d'Alexandrie
Electuaire lénitif ℥vj.
Eau de roses ℥iβ.

Faites dissoudre dans une décoction de Thlaspicum-verbascum et de farine d'orge. — Faites un clystère.

Autre lavement calmant, 1653 (Vallot).

Prenez : *Mucilages de semences de psyllium et de lin, faits dans l'eau de roses ãã* ʒi.
Beurre récent ʒii.

Faites dissoudre dans une décoction de guimauve entière, de feuilles de Thlaspicum-verbascum, et de la véronique femelle, et de l'eau de petit-lait. — Faites un clystère.

Opiat pour le roi, 1655 (Vallot).

Prenez : *Opiat de roses de Provins vitriolé.*
Perles et magister de pierres d'écrevisses.

Tablettes pour le roi, 1655 (Vallot).

Prenez : *Baume de mars, préparé à ma manière, et incorporé avec les perles préparées. Le tout en forme de tablettes.*

Tisane pour le roi, 1655 (Vallot).

Prenez : *Décoction de râclure de cornes de cerf et d'ivoire, dans laquelle on dissout deux ou trois grains de sel de mars.*

Tablettes pour le roi, 1655 (Vallot).

Prenez : *Or diaphorétique.*
Perles préparées.
Specificum stomachicum.

Faites des tablettes.

Liniment pour le roi, 1655 (VALLOT).

Prenez : *Essence de fourmis.*
Esprit d'écrevisse.
Baume du Pérou.

Faites un liniment pour frictionner les parties génitales et la poitrine.

Injection pour le roi, 1655 (VALLOT).

Prenez : *Eau sucré.*
Sel carabe.
Baume de Saturne, et un peu de miel rosat.

Médecine donnée au roi dans sa maladie de Calais, en 1658 (VALLOT).

Prenez : *Séné* ʒiii.
Crême de tartre ʒii.
Sel de tamaris } *ââ* ʒii.
Cristal minéral
Nitre fixe gr. xx.
Manne ʒij.

Dans une décoction de racines de chicorée, de buglosse, et de scorsonère.

Autre purgation (VALLOT).

Prenez : *Tisane laxative* trois prises.
Vin émétique ʒiij.

Mêlez. — A prendre en trois fois.

Lavement anodin, 1659 (VALLOT).

Prenez : *Eau rose* ʒiv.
Huile d'amandes douces ʒiij.

Dans une décoction de racines de guimauve, de feuilles de bouillon-blanc et de graine de lin.

Opiat contre les vertiges du roi, 1662 (VALLOT).

Prenez : *Fleurs de pivoine.*

Roses rouges.
Perles préparées.
Esprit de vitriol, bien préparé. q. s.

Pour un opiat, dont le roi prenait ʒβ. dans la matinée.

Nutritum nostrum, 1666 (VALLOT).
Pour la plaie du roi.

Prenez : *Eau de chaux vive* ʒi.
Décoction de vinaigre de litarge ʒβ.
Sel de Saturne ℈iiii.

Mêlez ensemble dans un mortier de marbre avec s. q. d'huile d'amandes douces, jusqu'à consistance voulue de *nutritum* auquel on ajoutera ensuite l'onguent suivant, que vulgairement on appelle pommade :

Prenez : *Cérat très blanc* ʒβ.
Huile de Jasmin ʒiβ.

Faites fondre sur un feu doux, agitez ensuite, et enfin mêlez avec le *nutritum* précédent.

Autre onguent pour la plaie du roi. (VALLOT).

Prenez : *Plomb brûlé.*
Cire jaune.
Huile d'œufs, préparée à la poêle.

Autre onguent. (VALLOT).

Prenez : *Huile de jaunes d'œufs.*
Huile et thérébentine de Venise.

Pierre rafraîchissante, 1666 (VALLOT).

Prenez : *Or.*
Mars.
Vitriol.

Pour une pierre, — dont on fait infuser quinze grains dans huit pintes d'eau de fontaine.

Remède pour les vapeurs du roi, 1670 (VALLOT).

Prenez : *Orgeat, un demi verre.*
Eau de mélisse tirée dans le bain-marie ʒiβ.

Ajoutez au mélange :
Esprit de vitriol de Cypre rectifié   gouttes v.

Bouillon purgatif pour le roi, 1671 (D'AQUIN).

Prenez : *Herbes de chicorée*
Oseille } *une poignée.*
Laitue

Ajoutez : *Quelques tranches de citron.*
Veau, un quart.

Faites bien cuire dans s. q. d'eau.

Ajoutez ensuite dans cette eau, et faites-y bouillir pendant demi-quart d'heure :
Séné   ʒiii.

Macéré pendant la nuit dans un peu d'eau et de jus d'orange.

Avec : *Manne*   ʒii.

Crême de tartre
Cristal minéral } *āā* ʒiβ.

Faites couler le bouillon, et ajoutez : — diagrède—gr. vj.

Lavement laxatif pour le roi, 1672 (D'AQUIN).

Prenez · *Herbes émollientes*
Graines de lin   *dans eau s. q.*
Graines d'orge

Ajoutez : *Miel violat*   ʒiii.
Lénitif fin   ʒi.
Huile d'amandes douces   ʒii.

Autre, contre les tranchées, 1672 (D'AQUIN).

Prenez : *Décoction d'orge et de graines de lin.*
Miel violat   ʒii.
Huile d'amandes douces   ʒii.

Lavement laxatif pour le roi, 1673 (D'AQUIN).

Prenez : *Manne* ℥ii.
Lénitif ℥i.
Miel violat. ℥iii.
Huile d'amandes douces ℥ii.

Dissolvez dans une décoction d'orge et de graines de lin.

Bouillon purgatif, 1673 (D'AQUIN).

Prenez : *Séné* *trois écus.*
Manne ℥ii.
Crême de tartre
Cristal minéral } *àà le poids d'un écu.*
Sccmmonée, mise en poudre avec un peu de sucre,
v grains, et dissoute dans le bouillon ordinaire.

Lavement émollient, 1673 (D'AQUIN).

Prenez : *Décoction de graines de lin et de psyllium.*
Huile d'amandes douces
Miel violat } *àà* ℥i.

Lavement anodin, 1674 (D'AQUIN).

Prenez : *Décoction anodine de miel violat.*
Catholicon double ℥β.

Sel pour les vapeurs du roi, 1675 (D'AQUIN).

Prenez : *Essence de cannelle et esprit de sel ammoniac.*
Mêlez pour respirer.

Bouillon purgatif, 1675 (D'AQUIN).

Prenez : *Séné* ℥iii.
Rhubarbe ℥i.

Faites macérer pendant la nuit dans un peu d'eau et de jus de citron,

et bouillir le matin légèrement dans un bouillon de veau et d'herbes, avec :

    Manne   ℥ii.
    Crême de tartre
    Cristal minéral   } ãã un écu.

Lavement calmant, 1675 (D'Aquin).

Prenez : *Graines de lin.*
    Graines de psyllium.
    Huile d'amandes douces.
    Miel nénuphar.
    Eau q. s.

Pilules pour les vapeurs du roi, 1675 (D'Aquin).

Prenez : *Sel de tamaris.*
    Spécifique chalybée.
Incorporés dans l'extrait de rhubarbe.
On rendait ces pilules purgatives en y ajoutant :
    Résine de jalap   gr. xx.
Pour trois pilules.

Liniment anti-rhumatismal pour le roi, 1675 (D'Aquin).

Prenez : *Esprit de sel.*
    Huile de Jasmin.
    Eau de la reine de Hongrie.

Pour frictions sur le genou malade, — et mettre par dessus un sachet fait avec :
  Le son et les roses de Provins, bouillis avec du gros vin.

Bouillon purgatif, 1676 (D'Aquin).

Prenez : *Trois écus de séné.*
    Un écu de rhubarbe.
    Manne   ℥ii β.
    Sel de tamaris   deux écus.

Pilules chalybées pour le roi, 1676 (D'AQUIN).

Prenez : *Diaphorétique minéral*   *gr.* vij.
          Yeux d'écrevisses   *gr.* vii.
          Sel de mars   *gr.* iv.
          Sel de tamaris   *gr.* x.

Le tout incorporé avec l'extrait de rhubarbe.
Faire trois pilules dorées, à prendre par jour, pour les vapeurs.

Pilules purgatives pour le roi, 1676 (D'AQUIN).

Prenez : *Jalap en poudre*   *gr.* xv.
          Diagrède   *gr.* vi.
          Trochisques alhandal.   *gr.* iii.

Incorporés dans l'extrait de rhubarbe.

Baume pour les douleurs du roi, 1678 (D'AQUIN)

Prenez : *Esprit de sel.*
          Esprit de vin.
          Un peu de vinaigre de litharge, et d'huile de lin.

Pour frotter le bras tous les soirs.

Condit astringent pour le roi, 1679 (D'AQUIN).

Prenez : *Perles.*   ℈j.

Incorporez dans :

          Conserves de roses   ℈j.
          Esprit de vitriol   quelques gouttes.

Boisson pour le rhume du roi, 1681 (D'AQUIN).

Détremper avec de l'eau, du sirop d'abricots, du sucre candi, et du sucre rosat.

Pour la goutte du roi, 1682 (D'AQUIN).

Bassiner deux fois le jour la partie malade avec de l'eau marinée tiède.

Contre les vapeurs du roi, 1683 (D'AQUIN).

Prenez : *Esprit de sel ammoniac* vj *gouttes.*
Eau de fleurs d'orangers deux cuillerées.

Embrocation pour le bras du roi. — Contusion, 1683 (D'AQUIN).

Prenez : *Huile rosat.*
Jaunes d'œufs.
Un peu de vinaigre et de l'eau de plantain.

Fomentation pour le bras du roi, 1683 (D'AQUIN).

Faites bouillir des balaustes, avec les baies de myrthe, et les feuilles d'absinthe, dans du gros vin.

Pommade pour le bras du roi, 1683 (D'AQUIN).

Prenez : *Os de pieds de bœufs, lavés dans plusieurs eaux pour ôter la mauvaise odeur, mêlés ensuite avec un peu de pommade de fleurs d'orangers.*

Liniment pour le rhumatisme du roi, 1684 (D'AQUIN).

Prenez : *Huile de palme.*
Esprit de vin.
Esprit de sel.
Vinaigre de litharge.

Gargarisme pour le roi, 1685 (D'AQUIN).

Prenez : *Esprit de vin*   *un quart.*
Eau vulnéraire distillée   *un quart.*
Eau de fleurs d'orangers   *moitié.*

Liniment pour la goutte du roi, 1685 (D'AQUIN).

Prenez : *Huile d'amandes douces.*
Sel décrépité.
Et un peu d'esprit de vin.

Cataplasme pour la tumeur du roi, 1686 (D'AQUIN).

Prenez : *Farines d'Orob.*
de fèves.
de seigle.
d'orge.
de graine de lin.

Faites bouillir dans l'oxicrat.
Renouvelez sur le mal toutes les cinq ou six heures.

Emplâtre pour la tumeur du roi, 1686 (D'AQUIN).

Prenez : *Emplâtre de céruse cuite, et ciguë.*

Emplâtre de *Manus-Dei*, pour la tumeur du roi, 1686.

Prenez : *Huile commune* ℔viii.
Litharge d'or préparée ℔iv.
Cire jaune. ℔ii.
Thérébentine de Venise ℔i.
Galbanum
Opoponax
Ammoniac
Sagapenum } *ãã* ℥viii.
Myrrhe
Oliban
Mastic.
Huile de laurier ℥vj.
Pierre calaminaire
Aimant préparé } *ãã* ℥iv.
Aristoloche longue et ronde

Faites un emplâtre.

Sparadrap de Gauthier, pour la tumeur du roi, 1686.

Prenez : *Emplâtre diapalme*
Diachylum ordinaire } *ãã* ℔i.
Emplâtre de céruse ℔β.

Faites-les fondre doucement, mêlez-les, et ajoutez :

        Poudre d'iris   ℨiβ.

Trempez-y des toiles usées que vous laisserez égoutter peu à peu.

Sparadrap de madame De la Daubière, pour la tumeur du roi, 1686.

Prenez : *Gomme élemi*   ℔β.
          Thérébentine cuite dans l'eau de plantain   ℔β.
          Cire jaune   ℨviii.
          Baume liquidambar
              ou baume du Pérou   } ℨiβ.

Baume vert, pour l'abcès du roi, 1686.

Prenez : *Huile de semence de lin tirée par expression* } ââ ℔i.
          Huile d'olives
          Huile de laurier   ℨi.
          Thérébentine de Venise   ℨii.

Mettez-les ensemble sur un très petit feu à fondre, puis, étant refroidies, mêlez :

          Huile distillée de baies de génevrier   ℨβ.
          Vert-de-gris, bien pulvérisé   ʒiii.
          Aloës-succotrin, bien pulvérisé   ʒii.
          Huile de girofles.   ʒi

Faites un baume.

Lotion pour l'ulcère du roi, 1686.

Prenez : *Décoction d'absinthe.*
                     de roses de Provins.
                     d'écorces de grenades.
                     de feuilles de myrthe.

Faites bouillir dans du vinaigre.
Trempez des compresses et appliquez sur le mal.

Onguent pour la plaie du roi, 1686.

Prenez : *Onguent suppuratif*   ℨi.
          Précipité rouge   ʒi.

Injections pour la fistule du roi, 1686.

Prenez : *Huile de myrrhe.*
Huile d'œufs.

Eau phagédénique, pour injections dans la fistule du roi, 1686.

Prenez : *Eau de chaux* ℔i.
Sublimé corrosif gr. xxx.
Mêlez et agitez dans un mortier de verre.

Eau vulnéraire, pour le roi, 1686 (D'AQUIN).

Prenez : *Véronique*
Bugle
Sanicle } *āā* ʒi.
Pervenche
Pyrole.
Faites infuser dans eau ℔ii.
Et bouillir jusqu'à la comsomption de la troisième partie, pour prendre tous les matins. ʒvii.

Vin de quinquina, pour le roi, 1686 (D'AQUIN).

Prenez : *Ecorce de racines de quina pulvérisée* ʒi.
Faites infuser dans vin de Bourgogne ℔ii.

Et remuer avec un bâton les premières vingt-quatre heures, puis le laisser bien reposer, et tirer par inclinaison doucement sans remuer le fond, afin qu'il soit fort clair.

A prendre par doses de quatre à cinq onces, de quatre heures en quatre heures, tant le jour que la nuit, jusqu'à cessation des accès.

Autre.

Ajoutez à chaque verre de celui ci-dessus, quinquina en poudre ʒβ.

Bouillon purgatif, pour le roi, 1688 (D'AQUIN).

Prenez : *Séné* ʒii.
Rhubarbe ʒi.

Manne ℥ii.

Crême de tartre ⎫
Cristal minéral ⎭ *ââ* ℥i.

Pour un bouillon.

Bol de quinquina.

Prenez : *Quinquina en poudre* ℥ii.
Faites deux bols.
Avalez par dessus un demi-verre de vin trempé.

Liniment pour le rhumatisme du roi, 1693 (FAGON).

Prenez : *Huile d'amandes douces* ⎫
Esprit de vin ⎭ *parties égales.*

Mêlez. — Frottez la partie malade, et appliquez par dessus un sachet de cendres chaudes.

Purgation pour le roi, 1694 (FAGON).

Prenez : *Rhubarbe*   le poids d'un écu.
          Manne   ℥iii.

Vin de quinquina, 1694 (FAGON).

Prenez : vin chargé de trois infusions de quinquina, de 48 heures. Ajoutez une once de quinquina sur la même pinte de vin. — Donnez une dose de quatre en quatre heures, avec une légère nourriture entre chaque dose. — Continuez jusqu'à cessation de la fièvre.

Cataplasme pour l'anthrax du roi, 1696 (FAGON).

Prenez : *Pulpe d'oseille.*
          Pulpe d'oignon de lys.
          Sain-doux.

Cataplasme émollient pour l'anthrax du roi, 1696 (FAGON).

Prenez : *Pulpe de mauves.*
              de guimauves.

Pulpe d'oignon de lys.
   de ciguë.
   de telephium.
   de camomille.
Et un peu de liquidambar, sans graisse.

Emplâtre pour l'anthrax du roi, 1696 (FAGON).

Prenez : *Litharge.*
   Aimant.
   Thérébentine.
   Huile d'olives.

Potion vulnéraire pour le roi, 1696 (FAGON).

Prenez : *Teintures de véronique*
      de sauge } *ā̄ā parties égales.*

Confection pour le roi, 1701 (FAGON).

Prenez : *Confection d'hyacinthe*   ʒi.
   avec un peu d'eau de noix.
Prendre par dessus la teinture de sauge et de véronique.
Pour la diarrhée du roi.

Pour le rhume du roi, 1705 (FAGON).

Prenez : *Pâte de violettes récentes*   *quatre fois par jour.*
   ou sirop violat   *quatre fois par jour.*

Gargarisme pour le roi, 1705 (FAGON).

Prenez : *Miel de Narbonne.*
   Eau chaude.
   Ou eau de veau tiède respirée par le nez.

Bain de pieds, pour le roi, 1705 (FAGON).

Prenez : *Savon, fondu dans l'eau bouillante, avec un peu d'esprit-de-vin, jeté dans le bain quand la chaleur est un peu tempérée. — Prendre trois bains.*

Baume pour le genou du roi, 1705 (FAGON).

Prenez : *Baume blanc de fioraventi.*
Avec addition de camphre.

Lavement pour le roi, 1709 (FAGON).

Prenez : *Diaphœnic (1)* ʒiβ.
Miel de mercuriale ʒiii.
Cristal minéral ʒiβ.

Dans une décoction de racines de guimauve, de feuilles de mauves, et sommités de camomille.

Bouillon purgatif pour le roi, 1709 (FAGON).

Prenez : *Bouillon purgatif ordinaire, dans lequel on ajoutera :*
Manne ʒi.
Infusion de fleurs de pêcher, sèches, infusées dans de l'eau bouillante ʒii.

Lavement purgatif et adoucissant pour le roi, 1709 (FAGON).

Prenez : *Pulpe de casse du levant, dissoute* ʒiβ.
Castor gr. vi.
Manne ʒiii.

Dans une décoction de racines de guimauve ; feuilles de mauves ; camomille ; graines de lin ; anis et coriandre.

Tisane pour le roi, 1709 (FAGON).

Prenez : *Eau pannée, un peu chauffée, avec des tranches de pain rassis.*

Bouillon purgatif, pour le roi, 1709 (FAGON).

Prenez : *Manne* ʒiii.
Infusion de rhubarbe ʒi.

Dans un bouillon de poulet.

---

(1) Voyez: *Electuarium Diaphœnicum;* — Dans *Pharmacopée*, de LÉMERY, Pag. 493.

Tisane pour le roi, 1709 (FAGON).

Prenez : *Eau de graine de lin infusée à froid.*

On en usera avec le vin. — Et on en boira tous les jours trois verres le matin.

Rossolis des cinq graines chaudes, pour le roi, 1710 (FAGON).

Prenez : *Semences d'anis*
de fenouil
d'aneth } *āā* ℥i.
de coriandre
de carvi.

Pilez-les, et faites-les macérer au soleil pendant trois semaines dans un vaisseau de verre bien bouché, avec :

Eau-de-vie s. q. pour qu'elle surnage de quatre doigts.

Passez au papier gris ; ajoutez à la colature s. q. de sirop fait, avec :

Sucre ℔i.
Eau de camomille s. q.

Mêlez et conservez pour l'usage.

Lavement pour le roi, 1710 (FAGON).

Prenez : *Décoction de mauves.*
guimauves.
sommités de camomille.
Graines de lin.
Baies d'alkekenge.

Dans laquelle on ajoutera ;

Cristal minéral ʒi.
Diaphœnic ℥i.
Miel de mercuriale ℥iii.
Castoreum gr. iv.

Autre lavement pour le roi. 1710 (FAGON).

Prenez : *Huile d'amandes douces*
Et castoreum gr. ii *de plus*

Que l'on ajoutera au lavement précédent.

Changement dans le bouillon purgatif du roi, 1710 (FAGON).

Tirer à froid avec plus d'eau la teinture de séné, en augmentant la dose de ʒi.

Mêlez cette teinture et celle de la rhubarbe dans le bouillon, passé, sans y faire bouillir, comme c'était la coutume, les feuilles de séné, et le marc de la rhubarbe avec le reste de ce qui entre dans la composition de ce bouillon purgatif.

On ajoutera dans le bouillon qui suivra la médecine quelques feuilles de *linocarpe*, avec les herbes potagères.

TABLE
DES
MATIÈRES

	Pages.
PRÉFACE.	I
INTRODUCTION.	III
Aperçu de la médecine sous Louis XIV.	IX
Biographie des médecins de Louis XIV.	XV
Cousinot.	XV
Vaultier.	XVI
Vallot.	XX
D'Aquin.	XXIV
Fagon.	XXIX
JOURNAL DE LA SANTÉ DU ROI LOUIS XIV.	1
Remarques générales sur la naissance et le tempérament du roi (par *Vallot*).	2

	Pages.
Relation de la petite-vérole du roi, du 11 novembre 1647. . .	2
Remarques particulières sur l'année 1652.	7
Remarques pour l'année 1653.	12
Flux de ventre du roi, fort opiniâtre, qui approchait de la dyssenterie et de la nature du flux mésentérique, lequel dura plus de huit mois. — Sa cause et sa guérison.	15
Ordre et suite des remèdes dont s'est servi Vallot pour la guérison du flux de ventre lientérique du roi, 1653.	18
Remarques pour l'année 1654.	24
Remarques pour l'année 1655.	26
Digression sur les eaux de Forges.	42
Digression sur l'incommodité du roi.	44
Remarques pour l'année 1656.	47
Remarques pour l'année 1656.	47
Remarques pour l'année 1657.	48
Remarques pour l'année 1658.	49
Histoire de la maladie du roi à Calais, 1658.	52
Remarques particulières sur la maladie du roi de l'année 1658. .	64
Remarques sur les accidents qui sont survenus au roi, durant sa maladie, qui commença à Mardick le samedi 29 juin 1658. .	67
Remèdes ordonnés au roi durant sa maladie.	69
La convalescence du roi.	70
Remarques pour l'année 1659.	73
Remarques pour l'année 1660.	76
Remarques pour l'année 1661.	77
Remarques pour l'année 1662.	79
Remarques pour l'année 1663.	81
Rougeole du roi.	82
Remarques pour l'année 1664.	87
Remarques pour l'année 1665.	89

Pages.

Bains du roi. 92
Eaux de Saint-Myon. 92
Remarques sur les bains. 92
Remarques sur les eaux du roi. 93
Remarques. 93
Remarques pour l'année 1666. 94
Remarques pour le roi. 95
Remarques pour l'année 1667. 98
Remarques pour l'année 1668. 98
Remarques pour l'année 1669. 100
Remarques pour l'année 1670. 102
Remarques sur l'usage de l'eau de rivière et de fontaine. . . . 105
Observation sur l'usage de l'eau de rivière. 106
Remarques pour l'année 1671 (par *d'Aquin*). 107
Remarques pour l'année 1672. 108
Réflexion. 111
Remarques pour l'année 1673. 114
Remarques pour l'année 1674. 119
Remarques pour l'année 1675. 123
Observations sur la maladie du roi, et sur la purgation donnée dans le commencement de sa fièvre. 128
Réflexions sur les vapeurs du roi. 130
Réflexion. 133
Remarques pour l'année 1676. 134
Remarques pour l'année 1677. 137
Remarques pour l'année 1678. 139
Remarques pour l'année 1679. 141
Remarques pour l'année 1680. 143
Remarques pour l'année 1681. 147
Remarques pour l'année 1682. 150

Pages.

Remarques pour l'année 1683. 155
Remarques pour l'année 1684. 161
Remarques pour l'année 1685. 162
Remarques pour l'année 1686. 166
Remarques pour l'année 1686. 175
Remarques pour l'année 1687. 175
Réflexion. 177
Suite des remarques pour l'année 1687. 180
Remarques pour l'année 1688. 185
Remarques pour l'année 1689. 195
Réflexion. 197
Remarques pour l'année 1690. 198
Remarques pour l'année 1691. 200
Remarques pour l'année 1692. 203
Remarques pour l'année 1693 (par *Fagon*). 204
Réflexions sur le tempérament du roi, et sur quelques autres articles des années précédentes. 208
Remarques pour l'année 1694. 215
Remarques pour l'année 1695. 223
Remarques pour l'année 1696. 225
Remarques pour l'année 1697. 234
Remarques pour l'année 1698. 236
Remarques pour l'année 1699. 238
Remarques pour l'année 1700. 243
Remarques pour l'année 1701. 246
Remarques pour l'année 1702. 251
Remarques pour l'année 1703. 254
Remarques pour l'année 1704. 258
Remarques pour l'année 1705. 272
Remarques pour l'année 1706 285

Remarques pour l'année 1707 292
Remarques pour l'année 1708. 300
Remarques pour l'année 1709. 309
Remarques pour l'année 1710. 325
Remarques pour l'année 1711. 339

OBSERVATIONS CRITIQUES. 348

PIÈCES JUSTIFICATIVES. 365

NOTE 1''. L'heureuse convalescence du roi, avec l'histoire de sa maladie. 365
Petite-vérole du roi, 1647. 370
Note 2. — Maladie du roi à Calais, 1658. 372
Note 3. — Rougeole du roi, 1663. 378
Note 4. — Naissance du duc de Bourgogne au château de Versailles, 1682. 380
Note 5. — La grande opération faite au roi Louis XIV en 1686. . 395
Note 6. — Mort de Louvois, 1691. 405
Note 7. — Fagon seul avec Louis XIV pendant un accès de fièvre du roi, 1693. 411
Note 8. — Querelle entre les deux provinces de Bourgogne et de Champagne, au sujet de leurs vins. 412
Note. 9. — Formulaire pour le roi Louis XIV. 416

Pages.

Remarques pour l'année 1683. 155
Remarques pour l'année 1684. 161
Remarques pour l'année 1685. 162
Remarques pour l'année 1686. 166
Remarques pour l'année 1686. 175
Remarques pour l'année 1687. 175
Réflexion. 177
Suite des remarques pour l'année 1687. 180
Remarques pour l'année 1688. 185
Remarques pour l'année 1689. 195
Réflexion. 197
Remarques pour l'année 1690. 198
Remarques pour l'année 1691. 200
Remarques pour l'année 1692. 203
Remarques pour l'année 1693 (par *Fagon*). 204
Réflexions sur le tempérament du roi, et sur quelques autres articles des années précédentes. 208
Remarques pour l'année 1694. 215
Remarques pour l'année 1695. 223
Remarques pour l'année 1696. 225
Remarques pour l'année 1697. 234
Remarques pour l'année 1698. 236
Remarques pour l'année 1699. 238
Remarques pour l'année 1700. 243
Remarques pour l'année 1701. 246
Remarques pour l'année 1702. 251
Remarques pour l'année 1703. 254
Remarques pour l'année 1704. 258
Remarques pour l'année 1705. 272
Remarques pour l'année 1706 285

	Pages.
Remarques pour l'année 1707	292
Remarques pour l'année 1708	300
Remarques pour l'année 1709	309
Remarques pour l'année 1710	325
Remarques pour l'année 1711	339
OBSERVATIONS CRITIQUES	348
PIÈCES JUSTIFICATIVES	365
NOTE 1re. L'heureuse convalescence du roi, avec l'histoire de sa maladie	365
Petite-vérole du roi, 1647	370
Note 2. — Maladie du roi à Calais, 1658	372
Note 3. — Rougeole du roi, 1663	378
Note 4. — Naissance du duc de Bourgogne au château de Versailles, 1682	380
Note 5. — La grande opération faite au roi Louis XIV en 1686	395
Note 6. — Mort de Louvois, 1691	405
Note 7. — Fagon seul avec Louis XIV pendant un accès de fièvre du roi, 1693	411
Note 8. — Querelle entre les deux provinces de Bourgogne et de Champagne, au sujet de leurs vins	412
Note. 9. — Formulaire pour le roi Louis XIV	416

www.ingramcontent.com/pod-product-compliance
Lightning Source LLC
Chambersburg PA
CBHW051618230426
43669CB00013B/2093